NCS 기반 출제기준에 따른

제과제빵 기능사 필기

제과제빵연구회 저

제과제빵연구회 공동저자

■ **양혜영**
- 중앙대학교 일반대학원 식품공학과(이학박사)
- 식품기술사
- 現 수원여자대학교, 안양평생학습원 강사

■ **김미경**
- 덕성여자대학교 대학원 식품영양전공(이학석사)
- 제과기능장
- 서울직업전문학교 호텔제과제빵과 교수

■ **최영심**
- 세종대학교 일반대학원 조리학과전공(이학박사)
- 한국조리학회 수석이사
- 現 수원여자대학교 호텔외식조리과 교수

■ **김현순**
- 건국대학교 대학원 바이오식품공학과 석사
- 제과기능장
- 現 동안평생학습센터, 남부여성발전센터 강사

머리말

한국산업인력공단이 주관 및 시행하고 있는 제과기능사 및 제빵기능사 국가자격시험은 국가기술자격법 시행규칙의 개정과 함께 필기 및 실기시험이 국가직무능력표준(NCS)을 활용한 현장직무중심의 평가로 진행되고 있습니다.

본 도서는 이러한 제과 및 제빵기능사 필기시험의 출제기준을 충실하게 반영함과 동시에 NCS의 능력단위를 고려하여 다음과 같은 특징을 갖고 집필하였습니다.

1. 제과 및 제빵의 제조공정은 종목에 따른 구분점이 명확하므로 제1부와 제2부에 별도로 구성하였습니다. 따라서, 제1부는 과자류 제조에 대한 제과 이론을 제2부는 빵류 제조에 대한 제빵 이론을 구분하여 다루고 있습니다.
2. 제과 및 제빵의 재료 및 위생관리 등은 개편된 출제기준은 물론 NCS 지침 및 평가과정에서도 동일한 이론 내용을 서술하고 있기에 우리 도서에서도 제3부의 4장으로 구성된 공통 이론편에서 종합적으로 서술하고 있습니다.
3. 또한, 제4부와 제5부는 한국산업인력공단이 주관하여 시행한 최근 제과기능사 출제문제 및 제빵기능사 출제문제를 각각 수록하고 있습니다. 비록 출제기준이 변경되었다 하더라도 공단의 기출문제는 시험에 대비하는 수험생들에게는 놓칠 수 없는 학습자료이기 때문입니다.

이러한 본 교재의 구성을 감안하여 응시 종목에 따라 수험생이 학습해야 할 내용은 다음과 같습니다.

- 제과 및 제빵기능사 응시 : 본 도서의 모든 내용
- 제과기능사 응시 : 제1부 제과 이론, 제3부 공통 이론, 제4부 제과기능사 최근 기출문제
- 제빵기능사 응시 : 제2부 제빵 이론, 제3부 공통 이론, 제5부 제빵기능사 최근 기출문제

책을 쓰는 동안 내용의 오류가 없도록 나름 최선의 노력을 다했지만, 여전히 부족함이 있을 수 있을 것입니다. 이는 이후 독자들의 의견과 개편된 과정에 따른 출제문제를 반영해나감으로써 꾸준히 개선해 나가도록 하겠습니다.

끝으로, 이 교재의 발간을 위해 도움을 주신 많은 교육 현장의 선생님들과 ㈜도서출판 책과 상상의 임직원 여러분들에게 감사의 말씀을 드립니다.

저자 일동

기술검정안내

개요
제과·제빵에 관한 숙련기능을 가지고 제과·제빵의 제조와 관련되는 업무를 수행할 수 있는 능력을 가진 전문인력을 양성하고자 자격제도 제정

직무내용
제과·제빵제품 제조에 필요한 재료의 배합표 작성, 재료 평량을 하고 각종 제과·제빵용 기계 및 기구를 사용하여 반죽, 발효, 성형, 굽기 등의 공정을 거쳐 각종 제과·제빵류를 만드는 업무 수행

진로 및 전망
- 식빵류, 과자빵류를 제조하는 제빵 전문업체, 비스킷류, 케익류 등을 제조하는 제과 전문생산업체, 빵 및 과자류를 제조하는 생산업체, 손작업을 위주로 빵과 과자를 생산 판매하는 소규모 빵집이나 제과점, 관광업을 하는 대기업이 제과, 제빵부서, 기업체 및 공공기관의 단체 급식소, 장기간 여행하는 해외 유람선이나 해외로 취업이 가능하다. 현재 자격이 있다고 해서 취직에 결정적인 요소로 작용하는 것은 아니지만, 제과점에 따라 자격수당을 주며, 인사고과 시 유리한 혜택을 받을 수 있다.
- 해당 직종에 점차로 전문성을 요구하는 방향으로 나아가고 있어 제과제빵사를 직업으로 선택하려는 사람에게는 필요한 자격직종이다.

취득방법
1. 실시기관 : 한국산업인력공단
2. 실시기관 홈페이지 : http://q-net.or.kr
3. 시험과목
    - 필기 : (과자류·빵류) 재료, 제조 및 위생관리
    - 실기 : (제과·제빵)실무
4. 검정방법
    - 필기 : 객관식 4지 택일형, 60문항(1시간)
    - 실기 : 작업형(2~4시간 정도)
5. 합격기준 : 100점 만점에 60점 이상
6. 응시자격 : 제한없음

○ 제과기능사 필기시험 출제기준

시험 과목	주요 항목	세부 항목
과자류 재료, 제조 및 위생관리	1. 재료 준비	1. 재료 준비 및 계량
	2. 과자류 제품 제조	1. 반죽 및 반죽 관리 2. 충전물·토핑물 제조 3. 팬닝 4. 성형 5. 반죽 익히기
	3. 제품저장관리	1. 제품의 냉각 및 포장 2. 제품의 저장 및 유통
	4. 위생안전관리	1. 식품위생 관련 법규 및 규정 2. 개인위생관리 3. 환경위생관리 4. 공정 점검 및 관리

○ 제빵기능사 필기시험 출제기준

시험 과목	주요 항목	세부 항목
빵류 재료, 제조 및 위생관리	1. 재료 준비	1. 재료 준비 및 계량
	2. 빵류 제품 제조	1. 반죽 및 반죽 관리 2. 충전물·토핑물 제조 3. 반죽 발효 관리 4. 분할하기 5. 둥글리기 6. 중간발효 7. 성형 8. 팬닝 9. 반죽 익히기
	3. 제품저장관리	1. 제품의 냉각 및 포장 2. 제품의 저장 및 유통
	4. 위생안전관리	1. 식품위생 관련 법규 및 규정 2. 개인위생관리 3. 환경위생관리 4. 공정 점검 및 관리

NCS(국가직무능력표준) 안내

NCS(국가직무능력표준)와 NCS 학습모듈

- 국가직무능력표준(NCS, National Competency Standards)이란 산업현장에서 직무를 수행하기 위해 요구되는 지식·기술·소양 등의 내용을 국가가 산업부문별·수준별로 체계화한 것으로 국가적 차원에서 표준화한 것을 의미합니다.
- NCS 학습모듈은 NCS 능력단위를 교육 및 직업훈련 시 활용할 수 있도록 구성한 교수·학습자료입니다. 즉, NCS 학습모듈은 학습자의 직무능력 제고를 위해 요구되는 학습 요소(학습 내용)를 NCS에서 규정한 업무 프로세스나 세부 지식, 기술을 토대로 재구성한 것입니다.

NCS 개념도

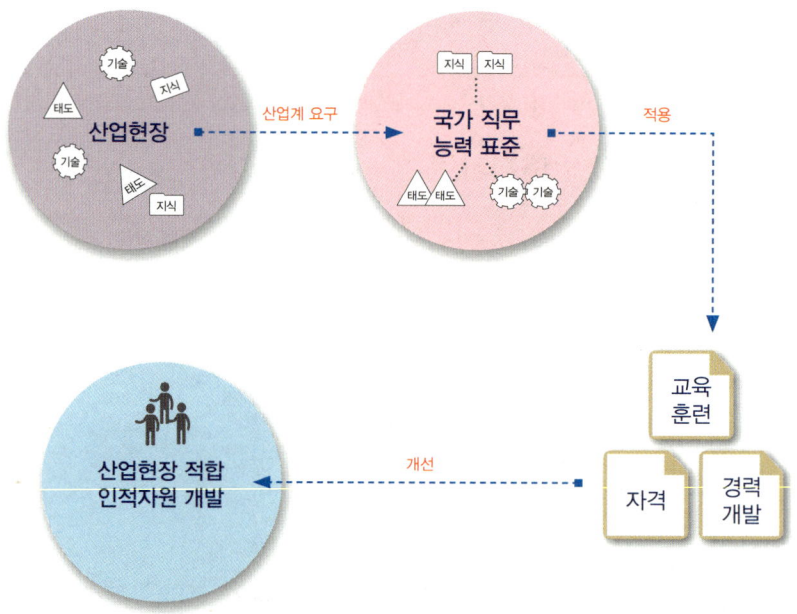

NCS의 활용영역

구분		활용 콘텐츠
산업현장	근로자	평생경력개발경로, 자가진단도구
	기업	현장수요 기반의 인력채용 및 인사관리기준, 직무기술서
교육훈련기관		직업교육 훈련과정 개발, 교수계획 및 매체·교재개발, 훈련기준 개발
자격시험기관		자격종목설계, 출제기준, 시험문항, 시험방법

◉ NCS 학습모듈의 특징

- NCS 학습모듈은 산업계에서 요구하는 직무능력을 교육훈련 현장에 활용할 수 있도록 성취목표와 학습의 방향을 명확히 제시하는 가이드라인의 역할을 합니다.
- NCS 학습모듈은 특성화고, 마이스터고, 전문대학, 4년제 대학교의 교육기관 및 훈련기관, 직장교육기관 등에서 표준교재로 활용할 수 있으며 교육과정 개편 시에도 유용하게 참고할 수 있습니다.

◉ NCS와 NCS 학습모듈의 연결 체제

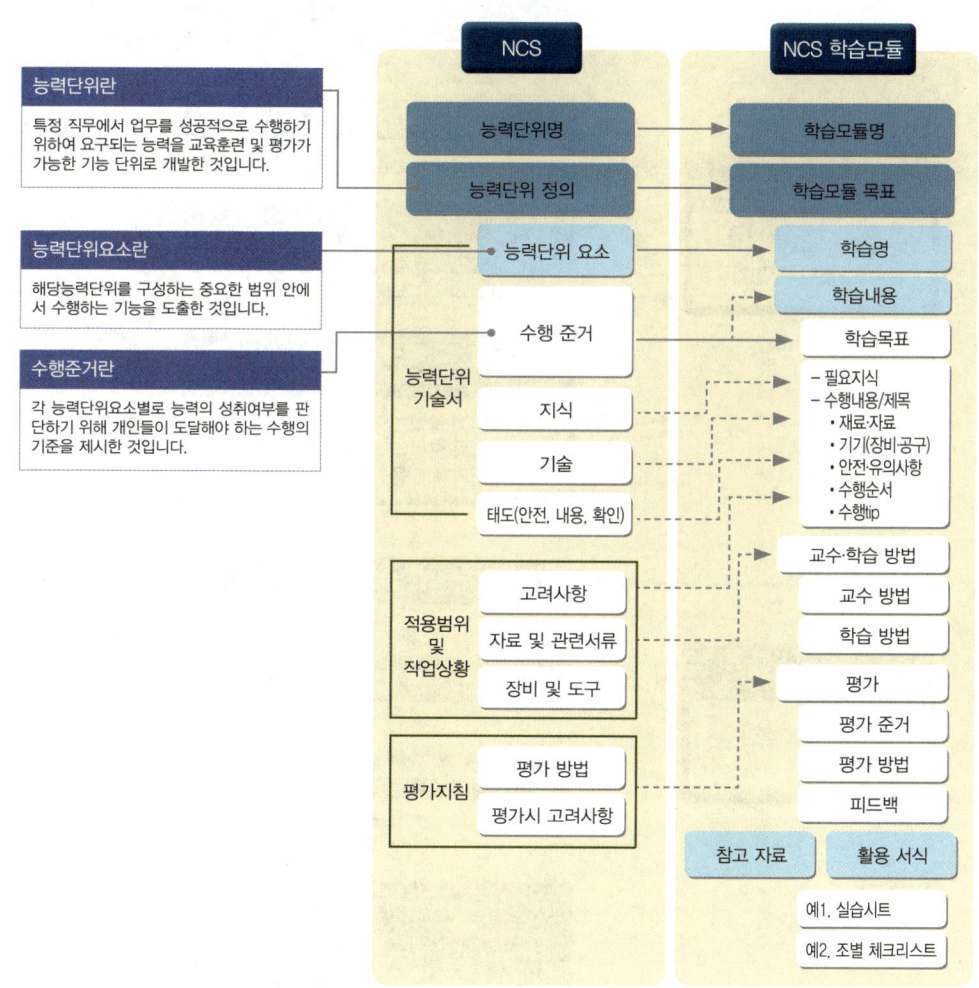

과정평가형 자격취득 안내

◉ 과정평가형 자격

과정평가형 자격은 국가기술자격법에 근거하여 국가직무능력표준(NCS)에 따라 설계된 교육·훈련과정을 체계적으로 이수한 교육·훈련생에게 내·외부 평가를 통해 국가기술자격증을 부여하는 새로운 개념의 국가기술자격 취득 제도로서 2015년부터 시행되고 있다.

◉ 과정평가형 자격 운영 절차

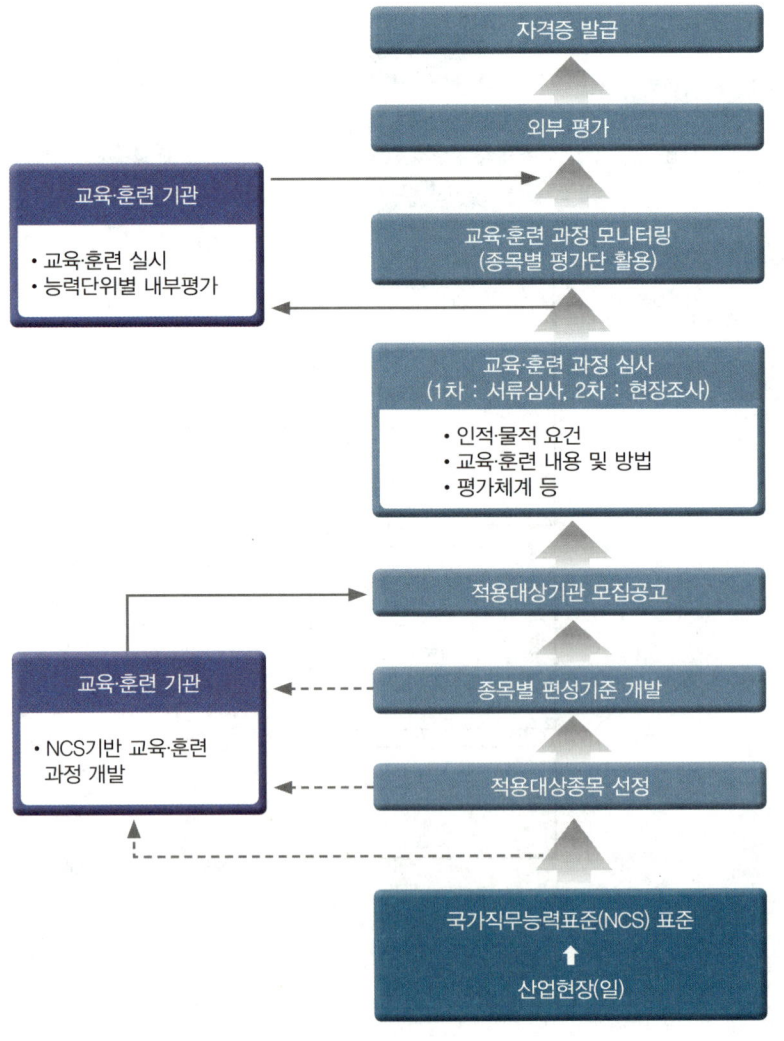

⊙ 시행 대상

국가기술자격법의 과정평가형 자격 신청자격에 충족한 기관 중 공모를 통하여 지정된 교육·훈련기관의 단위과정별 교육·훈련을 이수하고 내부평가에 합격한 자

⊙ 교육·훈련생 평가

① 내부평가(지정 교육·훈련기관)
  ㉮ 평가대상 : 능력단위별 교육·훈련과정의 75% 이상 출석한 교육·훈련생
  ㉯ 평가방법
    ㉠ 지정받은 교육·훈련과정의 능력단위별로 평가
    ㉡ 능력단위별 내부평가 계획에 따라 자체 시설·장비를 활용하여 실시
  ㉰ 평가시기
    ㉠ 해당 능력단위에 대한 교육·훈련이 종료된 시점에서 실시하고 공정성과 투명성이 확보되어야 함
    ㉡ 내부평가 결과 평가점수가 일정수준(40%) 미만인 경우에는 교육·훈련기관 자체적으로 재교육 후 능력단위별 1회에 한해 재평가 실시
② 외부평가(한국산업인력공단)
  ㉮ 평가대상 : 단위과정별 모든 능력단위의 내부평가 합격자
  ㉯ 평가방법 : 1차·2차 시험으로 구분 실시
    ㉠ 1차 시험 : 지필평가(주관식 및 객관식 시험)
    ㉡ 2차 시험 : 실무평가(작업형 및 면접 등)

⊙ 합격자 결정 및 자격증 교부

① 합격자 결정 기준
  내부평가 및 외부평가 결과를 각각 100점을 만점으로 하여 평균 80점 이상 득점한 자
② 자격증 교부
  기업 등 산업현장에서 필요로 하는 능력보유 여부를 판단할 수 있도록 교육·훈련 기관명·기간·시간 및 NCS 능력단위 등을 기재하여 발급

NCS 및 과정평가형 자격에 대한 내용은 NCS국가직무능력표준 홈페이지(www.ncs.go.kr)에서 보다 자세하게 살펴볼 수 있습니다.

CBT 필기시험제도 안내

◎ 변경된 제도 개요

기능사 CBT(컴퓨터 기반 시험) 필기시험제도는 한국산업인력공단 상설시험장과 외부기관의 시설 및 장비를 임차하여 시행하기 때문에 시험장 사정에 따라 시험일자가 달라질 수 있으며, 수험생들이 선호하는 시험장은 조기 마감될 수 있으므로 주의하여야 합니다.

◎ 원서접수 기간 및 접수처

- 한국산업인력공단이 주관 및 시행하는 기능사 정기 CBT 필기시험 및 상시 CBT 필기시험과 관련한 정보는 큐넷 홈페이지(http://www.q-net.or.kr)를 방문하여 확인합니다.
- 기능사 필기시험의 원서접수는 인터넷으로만 가능하며 정기 및 상시시험 모두 큐넷 홈페이지(http://www.q-net.or.kr)에서 접수할 수 있습니다.
- 기능사 상시시험 종목 : 한식조리기능사, 양식조리기능사, 일식조리기능사, 중식조리기능사, 제과기능사, 제빵기능사, 미용사(일반), 미용사(피부), 미용사(네일), 미용사(메이크업), 굴착기운전기능사, 지게차운전기능사, 건축도장기능사, 방수기능사 [14종목]
   ※ 건축도장기능사, 방수기능사 2종목은 정기검정과 병행 시행

◎ CBT 부별 시험시간 안내

구분	입실시간	시험시간	비고
1부	09:30	09:50~10:50	
2부	10:00	10:20~11:20	
3부	11:00	11:20~12:20	
4부	11:30	11:50~12:50	
5부	13:00	13:20~14:20	시험실 입실 시간은 시험 시작 20분 전
6부	13:30	13:50~14:50	
7부	14:30	14:50~15:50	
8부	15:00	15:20~16:20	
9부	16:00	16:20~17:20	
10부	16:30	16:50~17:50	

※ 지역별 접수인원에 따라 일일 시행횟수는 변동될 수 있으며, 원거리 시험장으로 이동할 수 있습니다.

◎ 합격자 발표

종이 시험과 달리 CBT 필기시험은 시험이 종료된 후 시험점수와 함께 합격 여부를 확인할 수 있으며, 이 결과는 시험일정 상의 합격자 발표일에 최종 확인할 수 있습니다.

CBT 필기시험 체험하기

01 CBT 필기시험 응시를 위해 지정된 좌석에 앉으면 해당 컴퓨터 단말기가 시험감독관 서버에 연결되었음을 알리는 연결 성공 메시지가 나타납니다.

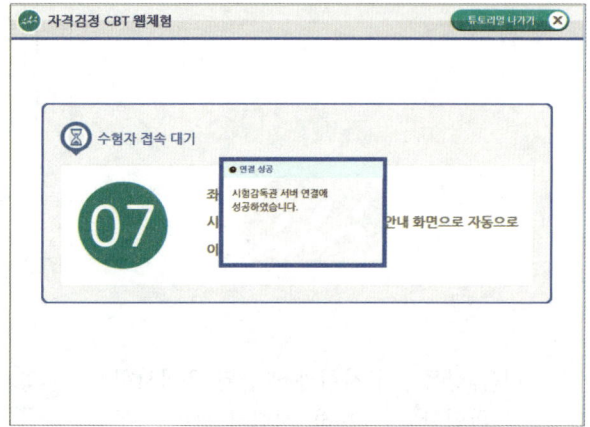

02 수험자 접속 대기 화면에서 좌석번호를 확인합니다. 좌석번호 확인이 끝나면 시험감독관의 지시에 따라 시험 안내 화면으로 자동으로 이동합니다.

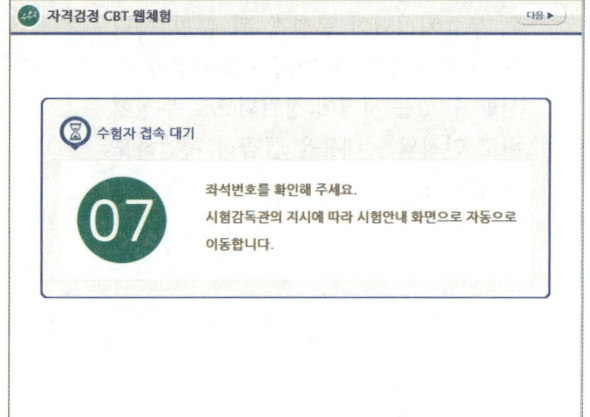

03 수험자 정보를 확인합니다. 감독관의 신분 확인 절차가 진행됩니다. 신분 확인이 모두 끝나면 시험을 시작할 수 있습니다.

04 CBT 필기시험에 대한 안내사항이 나타납니다. 화면은 예제이며, 실제 기능사 필기시험은 총 60문제로 구성되며, 60분간 진행됩니다.

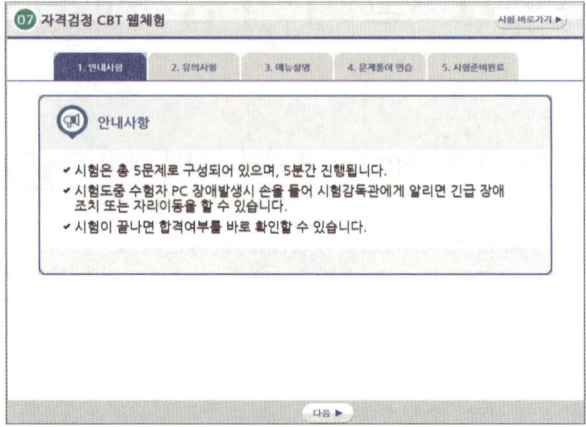

05 다음 항목에서 시험과 관련된 유의사항을 확인합니다. 특히, 시험과 관련한 부정행위 적발 시 퇴실과 함께 해당 시험은 무효처리되어 불합격 될 뿐만 아니라, 이후 3년간 국가기술자격검정에 응시할 수 있는 자격이 정지되므로 부정행위로 인정되는 내용을 꼼꼼히 확인하도록 합니다.

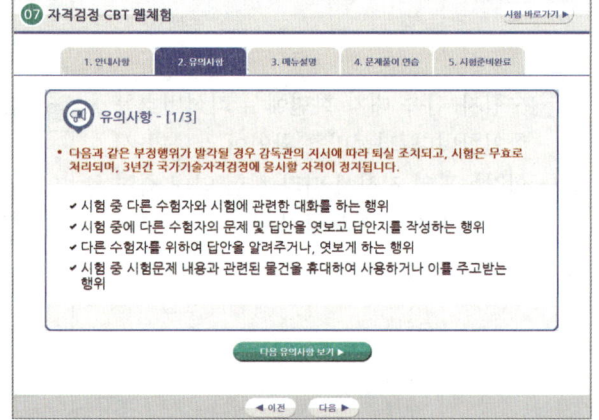

06 메뉴설명 항목에서는 문제풀이와 관련된 메뉴에 대한 설명을 확인할 수 있습니다. CBT 화면에서는 글자 크기를 크게 하거나 작게 할 수 있을 뿐 아니라, 화면 배치를 1단 또는 2단 화면 보기 혹은 한 문제씩 보기로 선택할 수 있습니다.

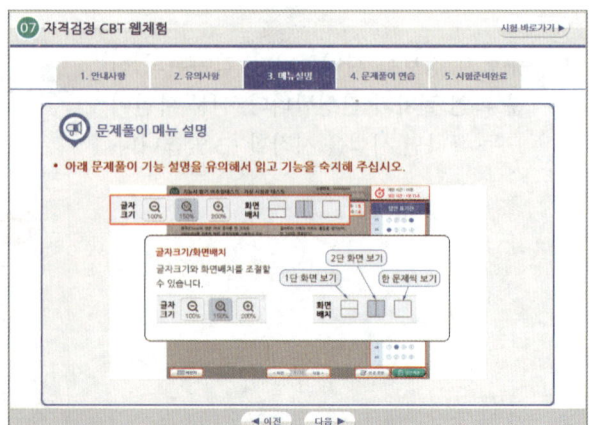

07 문제풀이 연습 항목에서는 실제 문제를 풀어보는 과정을 연습할 수 있습니다. 실제 시험에서 실수하지 않도록 하기 위해 [자격검정 CBT 문제풀이 연습] 버튼을 클릭합니다.

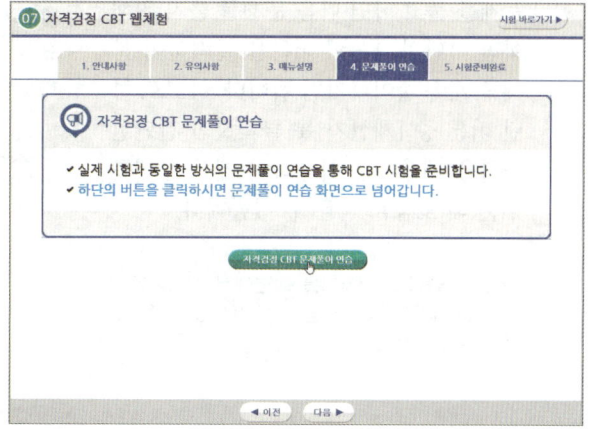

08 보기의 연습 문제는 국가기술자격시험의 정부 위탁기관인 한국산업인력공단의 본부 청사 소재지를 묻는 것입니다. 현재 한국산업인력공단 본부는 울산광역시에 소재하고 있습니다. 문제 아래의 보기에서 번호 항목을 클릭하거나 답안 표기란의 번호 항목에서 해당 답안을 클릭하여 답안을 체크합니다.

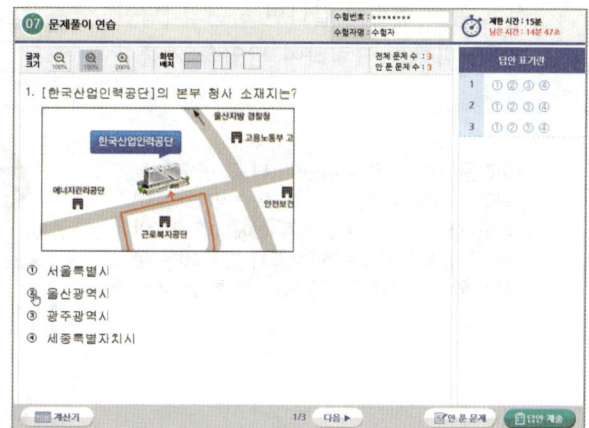

09 문제 아래의 보기를 클릭하거나 오른쪽 답안 표기란의 답안 항목을 클릭하면 화면과 같이 선택한 답안이 OMR 카드에 색칠한 것과 같이 색이 채워집니다.

답안을 수정할 때는 마찬가지 방법으로 수정하고자 하는 문제의 보기 항목이나 답안 표기란의 보기 항목에서 수정하고자 하는 답안을 클릭합니다.

10 문제를 풀고 나면 다음 문제를 풀기 위해 화면 하단의 [다음] 버튼을 클릭하여 문제를 계속 풀어나가면 됩니다. 참고로 하단 버튼 중 [계산기]를 클릭하면 간단한 공학용 계산기를 사용하여 계산 문제를 푸는 데 도움을 받을 수 있습니다.

> 계산이 끝나고 계산기를 화면에서 사라지게 하려면 계산기 창의 오른쪽 상단에 있는 닫기 ⊠ 버튼을 클릭합니다.

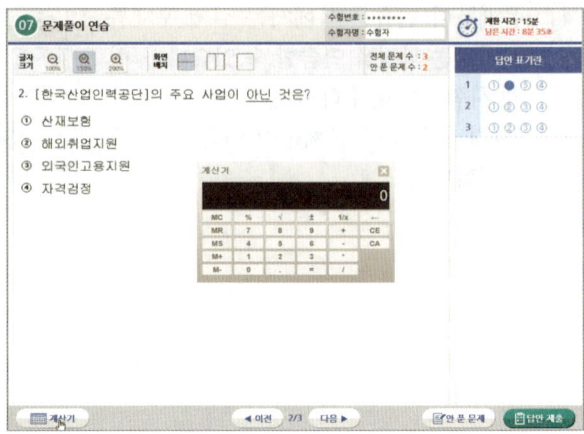

11 문제 풀이 연습이 끝나면 하단의 [답안 제출] 버튼을 클릭하여 답안을 제출합니다.

> 어려운 문제의 경우 하단의 [다음] 버튼을 클릭하여 다음 문제를 풀 수도 있습니다. 단, 이러한 경우 답안을 제출하기 전에 하단의 [안 푼 문제] 버튼을 클릭하여 혹시 풀지 않은 문제가 있는 지 최종적으로 확인하도록 합니다.

12 답안 제출을 클릭하면 나타나는 화면입니다. 수험생들이 실수로 답안을 모두 체크하지 않고 제출할 수 있는 실수를 방지하기 위해 2회에 걸쳐 주의 화면이 나타납니다. 답안을 제출하려면 [예] 버튼을 누릅니다.

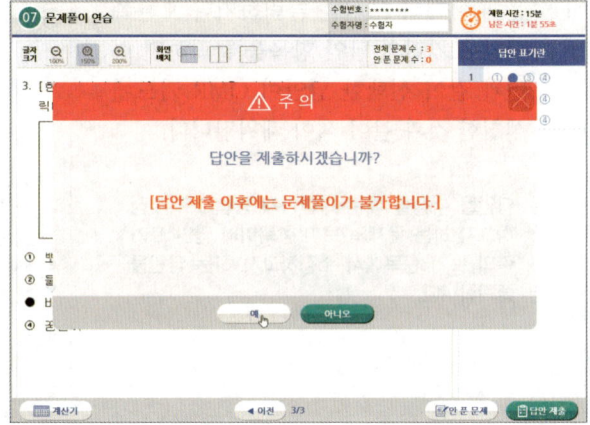

13 문제풀이 연습을 모두 마치면 나타나는 화면에서 [시험 준비 완료] 버튼을 클릭합니다. 이후 시험 시간이 되면 시험감독관의 지시에 따라 시험이 자동으로 시작됩니다.

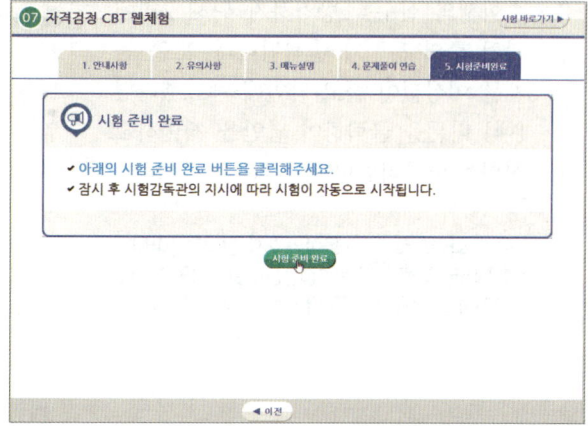

14 본 시험이 시작되면 첫 번째 문제가 화면에 나타납니다. 앞서 문제풀이 연습 때와 마찬가지 방법으로 문제의 보기에서 정답을 클릭하거나 답안 표기란에 해당 문제의 정답 항목을 클릭하여 답을 선택합니다.

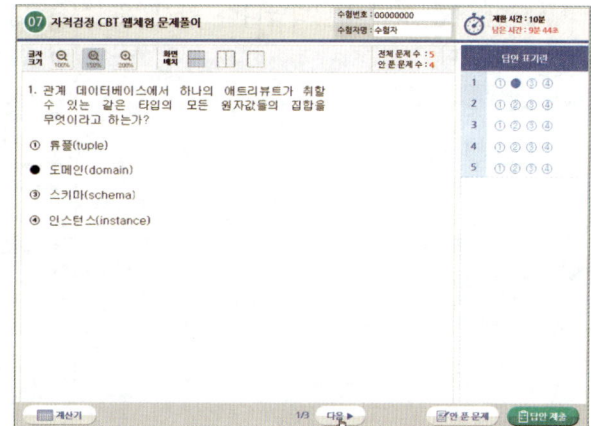

15 화면 하단의 [다음] 버튼을 클릭하면 다음 문제를 풀 수 있습니다. 앞서와 마찬가지 방법으로 답안에 체크하고 모든 문제를 풀었다면 [답안 제출] 버튼을 클릭합니다.

> 화면의 상단 오른쪽에 제한 시간과 남은 시간이 표시됩니다. 본 예제는 체험을 위한 것으로 실제 시험시간은 60분이며, 이에 따라 남은 시간도 표시됩니다.

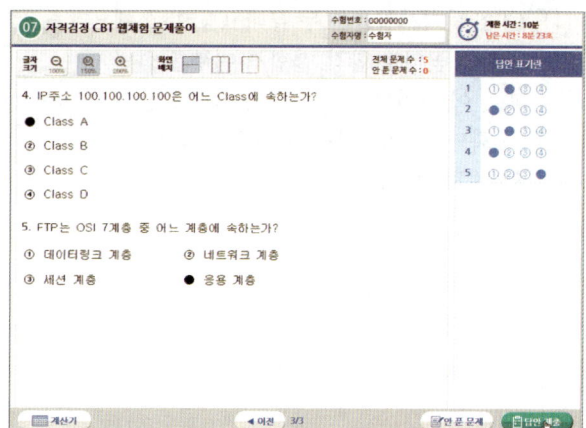

16 수험생의 실수를 방지하기 위해 2회에 걸쳐 주의 문구가 출력됩니다. 모든 문제를 이상없이 풀고 답안에 체크했다면 [예] 버튼을 클릭하여 답안을 제출하고 시험을 마무리합니다.

> 문제 화면으로 다시 돌아가고자 한다면 [아니오] 버튼을 클릭하여 이미 푼 문제들을 다시 확인하고 필요한 경우 답안을 수정할 수 있습니다.

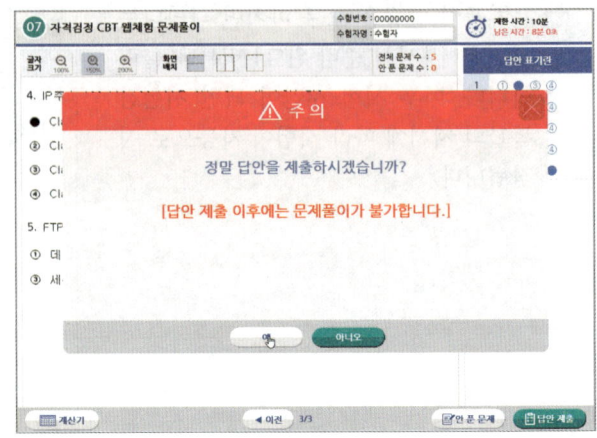

17 답안 제출 화면이 나타납니다. 잠시 기다립니다.

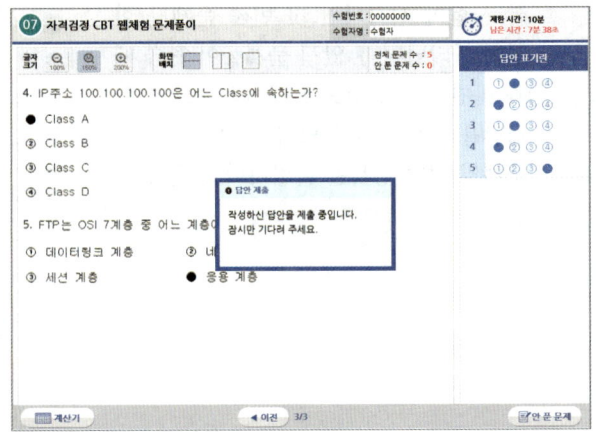

18 CBT 필기시험을 모두 끝내고 답안을 제출하면 곧바로 합격, 불합격 여부를 화면과 같이 확인할 수 있습니다. 독자분들은 꼭 화면과 같은 합격 축하 문구를 볼 수 있기를 기원합니다.

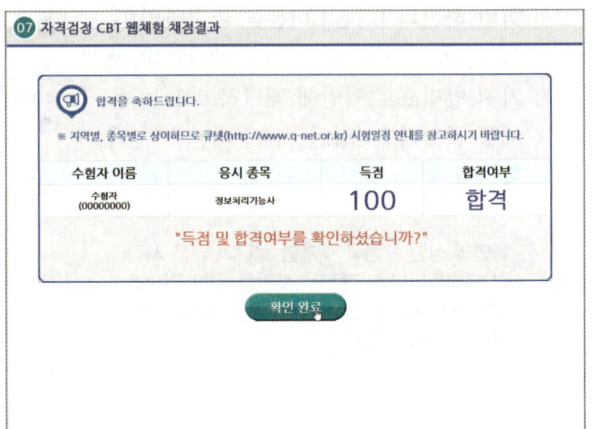

19 앞서의 합격 여부 화면에서 [확인 완료] 버튼을 클릭하면 CBT 필기시험이 종료됩니다. 고생하셨습니다.

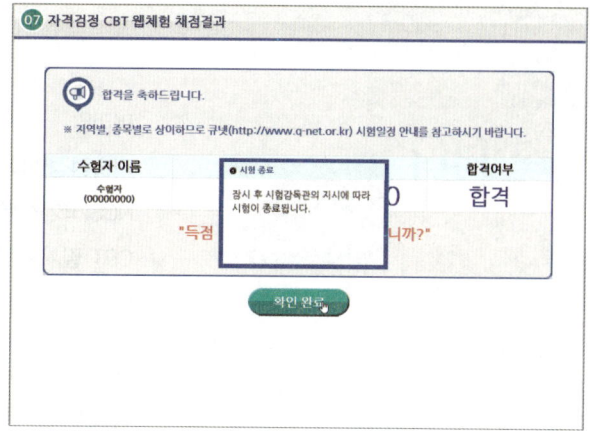

본 도서에 수록된 CBT 필기시험 체험하기 내용은 한국산업인력공단의 CBT 체험하기 과정을 인용하여 구성 및 정리한 것입니다. 직접 한국산업인력공단에서 제공하는 CBT 필기시험을 체험하고자 하는 독자께서는 한국산업인력공단이 운영하는 큐넷 홈페이지(www.q-net.or.kr)를 방문하시기 바랍니다.

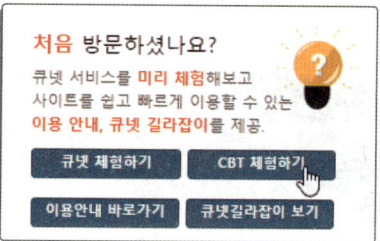

Contents

PART 00

머리말
기술검정안내
NCS(국가직무능력표준) 안내
CBT 필기시험제도 안내

PART 01 제과 이론

CHAPTER 01 과자류제품 재료 혼합
- 01 과자의 개요 ·· 24
- 02 재료 준비 및 계량 ································ 26
- 03 반죽 및 반죽 관리 ································ 28
- 04 충전물 · 토핑물 제조 ··························· 32

CHAPTER 02 과자류제품 반죽 정형
- 01 팬닝 ·· 33
- 02 제품별 성형 방법 및 특징 ···················· 34

CHAPTER 03 과자류제품 반죽 익힘
- 01 반죽 익히기 방법의 종류 및 특징 ········ 43
- 02 익히기 중 성분 변화의 특징 ················ 43
- 03 관련 기계 및 도구 ································ 44

CHAPTER 04 과자류제품 포장
- 01 과자류제품의 냉각방법 및 특징 ··········· 45
- 02 장식 재료의 특성 및 제조방법 ············· 46
- 03 과자류제품의 포장 및 제품관리 ··········· 47

CHAPTER 05	과자류제품 저장·유통
	01 저장방법의 종류 및 특징 ·· 49
	02 과자류제품의 유통·보관방법 ··································· 51
	03 과자류제품의 저장·유통 중의 변질 및 오염원 관리방법 ·· 51
	제과 이론 출제 예상문제 ··· 53

PART 02 제빵 이론

CHAPTER 01	빵류제품 재료 혼합
	01 빵의 개요 ·· 76
	02 재료 준비 및 계량 ··· 77
	03 반죽 및 반죽 관리 ··· 79
	04 충전물·토핑물 제조 ·· 88

CHAPTER 02	빵류제품 반죽 발효
	발효 조건 및 상태 관리 ··· 89

CHAPTER 03	빵류제품 반죽 정형
	01 분할하기 ··· 92
	02 둥글리기 ··· 92
	03 중간발효(Intermediate proofing, Bench time) ············· 93
	04 성형(Molding) ·· 93
	05 팬닝(Panning) ·· 94

Contents

CHAPTER 04 빵류제품 반죽 익힘
- 01 반죽 익히기 방법의 종류 및 특징 ·················· 95
- 02 익히기 중 성분 변화의 특징 ·················· 96
- 03 관련 기계 및 도구 ·················· 97

CHAPTER 05 빵류제품 마무리
- 01 빵류제품의 냉각 및 포장 ·················· 98
- 02 빵류제품의 저장 및 유통 ·················· 103

제빵 이론 출제 예상문제 ·················· 105

PART 03 공통 이론

CHAPTER 01 기초재료과학
- 01 기초재료과학 ·················· 130
- 02 재료과학 ·················· 135

CHAPTER 02 재료의 영양학적 특성
- 01 영양소의 기능별 분류 ·················· 152
- 02 탄수화물(당질) ·················· 152
- 03 지방(지질) ·················· 154
- 04 단백질 ·················· 156
- 05 무기질 ·················· 158
- 06 비타민 ·················· 159
- 07 물(수분) ·················· 161

CHAPTER 03 위생안전관리
- 01 식품위생 관련 법규 및 규정 ·· 162
- 02 개인위생관리 ··· 166
- 03 환경위생관리 ··· 173
- 04 공정 점검 및 관리 ·· 178

CHAPTER 04 과자·빵류제품 생산작업준비
- 01 작업환경 점검 및 작업자 위생 점검 ························· 179
- 02 기기안전관리 ··· 180

공통 이론 출제 예상문제 ·· 182

PART 04 제과기능사 최근 기출문제

- 01회 | 최근 기출문제 ·· 230
- 02회 | 최근 기출문제 ·· 238
- 03회 | 최근 기출문제 ·· 246
- 04회 | 최근 기출문제 ·· 255
- 05회 | 최근 기출문제 ·· 264
- 06회 | 최근 기출문제 ·· 273
- 07회 | 최근 기출문제 ·· 282
- 08회 | 최근 기출문제 ·· 291

Contents

PART 05 제빵기능사 최근 기출문제

01회	최근 기출문제 ………………………… 302
02회	최근 기출문제 ………………………… 310
03회	최근 기출문제 ………………………… 318
04회	최근 기출문제 ………………………… 327
05회	최근 기출문제 ………………………… 336
06회	최근 기출문제 ………………………… 345
07회	최근 기출문제 ………………………… 353
08회	최근 기출문제 ………………………… 362

PART 01

제과 이론

CHAPTER

01. 과자류제품 재료 혼합
02. 과자류제품 반죽 정형
03. 과자류제품 반죽 익힘
04. 과자류제품 포장
05. 과자류제품 저장·유통
06. 적중예상문제

과자류제품 재료 혼합

Lesson 01 과자의 개요

(1) 과자의 정의
곡식가루에 갖가지 감미료를 혼합하여 만든 것으로, 주식 이외에 먹는 기호식품

(2) 과자와 빵의 분류 기준

분류기준	과자	빵
팽창형태	화학적·물리적	생물학적
설탕의 함량과 기능	많음, 윤활작용	적음, 이스트의 먹이
밀가루의 종류	박력분	강력분
반죽상태	글루텐의 생성을 가능한 억제	글루텐의 생성·발전

(3) 제과의 분류
① **팽창형태에 따른 분류**
   ㉮ 공기팽창(물리적 방법)
      ㉠ 제조방법 : 달걀을 휘저어 거품을 만들면서 공기를 집어넣은 후 팽창시키는 방법
      ㉡ 적용사례 : 스펀지케이크, 엔젤푸드케이크, 롤케이크, 오믈렛, 시폰케이크, 머랭, 거품형 쿠키 등
   ㉯ 화학적 팽창
      ㉠ 제조방법 : 베이킹파우더, 소다(중조, 탄산수소나트륨) 등과 같은 팽창제를 사용하는 화학적 팽창방법
      ㉡ 적용사례 : 레이어케이크, 케이크도넛, 파운드케이크, 반죽형쿠키, 머핀, 와플, 과일케이크 등
   ㉰ 유지팽창
      ㉠ 제조방법 : 유지가 반죽 안에서 층을 형성하게 한 후, 굽는 동안 유지가 녹아 발생하는 증기압에 의해 들떠 부풀도록 하는 방법
      ㉡ 적용사례 : 퍼프페이스트리 등

④ 무팽창
  ㉠ 제조방법 : 아무런 팽창 작용을 주지 않고 수증기압의 영향만 받아 조금 부풀린 제품
  ㉡ 적용사례 : 사과파이, 쿠키 등
⑤ 복합 팽창
  ㉠ 제조방법 : 두 가지 이상의 팽창형태를 병용해 부풀린 제품
  ㉡ 적용사례 : 이스트팽창 + 화학팽창, 화학팽창 + 공기팽창 등

② **가공형태에 따른 분류**
  ㉮ 케이크류
    ㉠ 양과자류 : 반죽형, 거품형, 시퐁형의 서구식 과자 등
    ㉡ 생과자류 : 수분함량(30% 이상)이 높은 과자류로 일본식 과자 등
    ㉢ 페이스트리류 : 퍼프페이스트리, 각종 파이 등
    ㉣ 건과자류 : 수분함량(5% 이하)이 낮은 과자
    ㉤ 냉과자류 : 차가운 상태에서 먹는 과자. 무스, 푸딩, 바바로와, 젤리, 블랑망제 등
  ㉯ 데커레이션케이크 : 여러 가지 장식을 하여 맛과 시각적 효과를 높인 케이크
  ㉰ 공예과자 : 미적 효과를 살린 과자로 먹을 수 없는 재료의 사용이 가능
  ㉱ 초콜릿과자 : 배합에 초콜릿을 사용한 제품과 샌드 또는 코팅을 한 제품

(4) 제과의 기본 제조 공정

1	반죽법 결정	제품의 성격에 맞는 반죽 방법을 결정
2	배합표 작성	과자 반죽은 고형물질과 수분과의 균형으로 배합을 결정
3	재료 계량	미리 작성한 배합표에 따라 재료의 무게를 정확히 계량
4	반죽 만들기	적정온도, 비중, pH를 고려하여 반죽
5	정형·팬닝	과자의 모양을 만듦
6	굽기 또는 튀기기	과자의 제조 성격에 따라 굽기 또는 튀기기
7	마무리	제품의 맛과 시각적 멋을 고려
8	포장	유통과정에서 제품의 가치 및 상태 보호

Lesson 02 재료 준비 및 계량

(1) 배합표 작성 및 점검

① **배합표 작성** : 배합표란 제품을 만드는데 필요한 재료의 종류, 재료의 비율, 무게를 숫자로 표시한 표

② **배합표 작성법**
  ㉮ Baker's % : 밀가루의 양을 100%로 기준하고 각 재료가 차지하는 양을 %로 표시
  ㉯ True % : 전 재료의 양을 100%로 보고 각 재료가 차지하는 양을 %로 표시

③ **배합량 계산법**
  ㉮ 각 재료의 무게(g) = 밀가루 무게(g) × 각 재료의 비율(%)

  ㉯ 밀가루 무게(g) = $\dfrac{\text{밀가루 비율(\%)} \times \text{총 반죽무게(g)}}{\text{총 배합률(\%)}}$

  ㉰ 총 반죽무게(g) = $\dfrac{\text{총 배합률(\%)} \times \text{밀가루 무게(g)}}{\text{밀가루 비율(\%)}}$

④ **고율배합과 저율배합**

고율배합	저율배합
설탕 > 밀가루	설탕 ≤ 밀가루
전체 액체(달걀 + 우유) > 밀가루	전체 액체(달걀 + 우유) ≤ 밀가루
전체 액체 > 설탕	전체 액체 = 설탕
달걀 ≥ 쇼트닝	달걀 ≥ 쇼트닝

⑤ **고율배합과 저율배합의 비교**

비교 항목	고율배합	저율배합
반죽속의 공기 혼입 정도	많다	적다
반죽의 비중	낮다	높다
화학팽창제 사용량	줄임	늘임
굽기 온도	저온장시간	고온단시간

(2) 재료 준비 및 계량

① 결정된 배합표에 따라 재료를 준비하는 작업으로 배합표대로 재료의 양을 정확히 달아서 사용한다.

■ **제과용 저울** : 부등비저울, 전자저울, 접시저울

② 재료의 전처리
　㉮ 가루 재료 : 밀가루, 탈지분유, 베이킹파우더 등 가루 상태의 재료는 체로 쳐서 사용한다.
　㉯ 우유 : 살균한 뒤 차게 해서 사용한다.
　㉰ 유지 : 크림을 만들 경우 적절한 유연성을 가지게 한다.
　㉱ 물 : 흡수율과 반죽온도를 고려하여 양을 정한 후 물의 온도를 조절한다.
　㉲ 탈지분유 : 수분을 흡수하여 덩어리가 생기므로 설탕 또는 밀가루와 분산시켜 사용한다.

> **가루재료를 체로 치는 이유**
> - 가루 속의 덩어리나 불순물을 제거한다.
> - 재료를 고르게 분산시킨다.
> - 밀가루 부피를 15%까지 증가시킨다.
> - 흡수율이 증가한다.
> - 가루 사이에 공기가 혼입되어 제품을 구울 때 팽창 효과를 준다.

(3) 재료의 성분 및 특징

① 구조형성과 연화작용
　㉮ 구조형성에 관여하는 재료
　　㉠ 역할 : 단백질을 가지고 있어 구조형성에 관여
　　㉡ 재료 : 밀가루, 달걀, 우유
　㉯ 연화작용에 관여하는 재료
　　㉠ 역할 : 글루텐의 형성을 억제시켜 단단해 지는 것을 방해
　　㉡ 재료 : 설탕, 유지, 베이킹파우더(B.P), 노른자

② 밀가루
　㉮ 구조형성(구성재료)
　㉯ 밀가루 특유의 향
　㉰ 일반적인 케이크는 단백질 함량이 7~9%, 회분 함량이 0.4% 이하인 박력분 사용

③ 설탕
　㉮ 감미제 : 단맛과 향을 준다.
　㉯ 캐러멜화 : 껍질색을 진하게 한다.
　㉰ 수분 보유력 : 노화를 지연시킨다.
　㉱ 쿠키의 퍼짐성에 영향을 미친다.
　㉲ 연화작용 : 밀가루 단백질을 부드럽게 한다.
　㉳ 윤활작용 : 반죽의 유동성을 좋게 한다.
　㉴ 변질 방지 효과

④ 유지의 기능
    ㉮ 크리밍성 : 공기를 포집하여 크림이 되는 성질
    ㉯ 가소성 : 고체에 힘을 주면 유동체와 같은 성질을 띠고 힘을 없애도 변형시킨 모양이 그대로 남는 성질
    ㉰ 쇼트닝성 : 제품에 부드러움과 바삭함을 주는 성질
    ㉱ 안정성 : 산패에 견디는 성질

⑤ 달걀의 기능
    ㉮ 구조형성 : 밀가루의 단백질을 보완한다.
    ㉯ 수분 공급제 : 전란의 75%가 수분이다.
    ㉰ 결합제 : 커스터드 크림을 엉기게 한다.
    ㉱ 팽창작용 : 거품이 공기를 혼입하여 굽기 중 팽창한다.
    ㉲ 유화제 : 노른자의 레시틴이 유화제 역할을 한다.
    ㉳ 연화작용 : 노른자의 지방이 제품을 부드럽게 한다.
    ㉴ 색 : 노른자의 황색계통은 식욕을 돋우는 속의 색을 만든다.

⑥ 우유의 기능
    ㉮ 단백질을 함유하고 있어 제품의 구조형성
    ㉯ 유당은 껍질색을 진하게 하고 수분보유제 역할

⑦ 물의 기능
    ㉮ 반죽의 되기와 온도를 조절
    ㉯ 제품의 식감을 조절
    ㉰ 밀가루와 결합해 글루텐 형성에 필수적 역할
    ㉱ 굽기 과정 중 증기압을 형성하여 팽창에 관계

⑧ 소금의 기능
    ㉮ 맛의 상승 : 다른 재료들의 맛을 내게 한다.
    ㉯ 감미도 조절 : 설탕의 단맛을 순화시킨다.
    ㉰ 캐러멜화 촉진 : 당의 열반응 온도를 낮추어 캐러멜화를 촉진시킨다.

⑨ 베이킹파우더(B.P)의 기능
    ㉮ 제품의 식감을 부드럽게 하는 연화작용을 한다.
    ㉯ 제품의 부피를 증가시키는 팽창작용을 한다.

Lesson 03 반죽 및 반죽 관리

(1) 반죽법의 종류 및 특징
    ① 반죽형 반죽
        ㉮ 특징

㉠ 많은 양의 유지를 사용하고 화학팽창제를 이용하는 반죽으로 밀가루, 유지, 설탕, 달걀을 기본재료로 한다.
　　　㉡ 레이어케이크, 파운드케이크, 머핀, 과일케이크 등
　㉯ 블렌딩법(Flour batter method)
　　　㉠ 밀가루와 유지를 섞어 밀가루가 유지에 쌓이게 한다. 나머지 건조재료, 액체재료 순서로 혼합한다.
　　　㉡ 글루텐이 만들어지지 않으므로 유연감이 좋은 제품을 만들기에 적합하다.
　㉰ 크림법(Sugar batter method)
　　　㉠ 유지에 설탕을 넣고 휘저어 크림상태로 만든다. 달걀을 서서히 넣어 부드러운 크림을 만든다. 건조재료를 혼합한다.
　　　㉡ 가장 많이 이용되는 방법으로 부피가 큰 제품을 만들 수 있다.
　　　㉢ 반죽기 볼의 스크랩핑을 자주 해야 한다.
　㉱ 1단계법
　　　㉠ 모든 재료를 한꺼번에 넣고 반죽하는 방법이다.
　　　㉡ 대량생산에 많이 사용되며 노동력과 제조시간이 절약된다.
　㉲ 설탕/물 반죽법
　　　㉠ 설탕과 물의 비율을 2:1로 하여 시럽을 만들어 넣는 방법이다.
　　　㉡ 대량생산에 적합하며 설탕 입자가 남지않아 고운 속결과 껍질색이 균일한 제품을 생산할 수 있다. 스크래핑(scraping)이 필요없다.

② **거품형 반죽**
　㉮ 특징
　　　㉠ 달걀 단백질의 기포성과 유화성, 열에 대한 응고성을 이용해 부피를 형성하는 반죽
　　　㉡ 스펀지케이크, 머랭, 엔젤푸드케이크 등
　㉯ 머랭 반죽
　　　㉠ 흰자에 설탕을 넣고 거품을 낸 반죽
　　　㉡ 냉제머랭, 온제머랭, 이탈리안머랭, 스위스머랭으로 구분된다.
　㉰ 스펀지 반죽 : 달걀에 설탕을 넣고 거품을 낸 후 다른 재료와 섞는 반죽
　　　㉠ 공립법 : 흰자와 노른자를 함께 섞어 거품내는 방법이다.
　　　　• 더운 방법(hot sponge method)
　　　　　– 달걀과 설탕을 중탕하여 37~43℃까지 데운 후 거품을 내는 방법이다.
　　　　　– 고율배합에 사용하며 기포성이 양호하다.
　　　　　– 설탕의 용해도가 좋아 껍질색이 균일하며 손으로 하는 작업에 편리하다.
　　　　• 찬 방법(cold sponge method)
　　　　　– 중탕하지 않고 달걀과 설탕을 거품내는 방법이다.
　　　　　– 저율배합에 적합하며 베이킹파우더를 사용할 수 있다.
　　　㉡ 별립법
　　　　• 달걀을 흰자와 노른자로 분리하여 각각에 설탕을 넣고 거품을 낸 후 다른 재료와 함께 섞어주는 방법이다.

- 공립법에 비해 제품이 부드럽다.
   ⓒ 단단계법(Single stage method)
   - 모든 재료를 한꺼번에 넣고 거품내는 방법이다.
   - 기포제 또는 유화제를 사용한다.
   ② 제노와즈법(Genoise method)
   - 스펀지케이크 반죽에 유지를 넣어 만든다.
   - 유지는 60℃ 이상으로 중탕하여 사용한다.
   - 중탕한 유지는 반죽 최종 단계에 넣어 가볍게 섞는다.
③ 시퐁형 반죽
   ㉮ 특징
      ⊙ 흰자와 노른자를 분리한 후 별립법과 달리 노른자는 거품을 내지 않고 거품 낸 흰자와 화학팽창제를 이용해 부피를 형성하는 반죽이다.
      ⓒ 시퐁케이크
   ㉯ 시퐁법
      ⊙ 노른자와 식용유 섞은 다음, 설탕과 건조재료를 체에 쳐서 넣고 섞는다.
      ⓒ 물을 조금씩 넣으면서 매끄러운 상태로 만든다.
      ⓒ 따로 흰자에 설탕을 조금씩 넣으면서 머랭을 만든 뒤, 앞의 재료와 섞어준다.

(2) 반죽의 결과 온도

① 반죽의 온도는 사용하는 물의 온도로 맞춘다.
② 반죽의 온도가 제품에 미치는 영향
   ㉮ 온도가 낮을 경우 : 제품의 기공이 조밀해 부피가 작고 식감이 나쁘다. 표면이 터지고 거칠다.
   ㉯ 온도가 높을 경우 : 제품의 기공이 커져 조직이 거칠고 노화가 빠르다.
③ 반죽온도 조절 공식
   ㉮ 마찰계수 = (반죽의 결과온도 × 6) - (실내온도 + 밀가루 온도 + 설탕 온도 + 유지 온도 + 달걀 온도 + 수돗물 온도)
      ⊙ 반죽의 결과온도는 마찰계수를 고려하지 않은 상태에서의 반죽 혼합 후 온도를 나타낸다.
      ⓒ 숫자 6은 마찰계수에 영향을 미치는 요소들 즉, 실내온도, 밀가루 온도, 설탕 온도, 유지 온도, 달걀 온도, 수돗물 온도를 나타낸다.
   ㉯ 사용할 물 온도 = (희망 반죽온도 × 6) - (밀가루 온도 + 실내온도 + 설탕 온도 + 유지 온도 + 달걀 온도 + 마찰계수)
   ㉰ 얼음 사용량 = $\dfrac{\text{물 사용량} \times (\text{수돗물 온도} - \text{사용할 물 온도})}{(80 + \text{수돗물 온도})}$
      ※ 계산된 물의 온도가 수돗물 온도보다 낮을 경우 얼음 사용
④ 각 제품의 적정 반죽온도
   ㉮ 반죽형 케이크 : 20~24℃(유지의 적정 품온 : 18~25℃)
   ㉯ 거품형 케이크 : 23~24℃

④ 쿠키 : 18~24℃
㉴ 파이, 퍼프페이스트리 : 18℃

(3) 반죽의 비중 및 pH

① 비중의 정의
㉮ 부피가 같은 물의 무게에 대해 반죽의 무게를 숫자로 0에서 1 사이의 숫자(소수)로 나타낸 값이다.
㉯ 수치가 적을수록 비중이 낮고, 비중이 낮을수록 반죽 속에 공기가 많다는 것을 의미한다.

② 제품에 미치는 영향
㉮ 비중이 낮은 경우 : 공기가 많이 포함되어 기공이 열려 조직이 거칠고 부피가 크다.
㉯ 비중이 높은 경우 : 공기의 포함이 작아 기공이 조밀하여 무겁고 부피가 작다.

③ 비중 측정법
㉮ 전자저울 사용 시 비중 = $\dfrac{\text{같은 부피의 반죽무게}}{\text{같은 부피의 물무게}}$

㉯ 추저울 사용 시 비중 = $\dfrac{(\text{비중컵 + 반죽})\text{의 무게} - \text{컵의 무게}}{(\text{비중컵 + 물})\text{의 무게} - \text{컵의 무게}}$

④ 각 제품의 적정 비중
㉮ 반죽형 케이크 : 0.8~0.85
㉯ 거품형 케이크
  ㉠ 버터스펀지케이크 : 0.50~0.60
  ㉡ 시퐁케이크, 롤케이크 : 0.40~0.50

⑤ 반죽의 pH
㉮ pH의 정의와 개념
  ㉠ 용액의 수소이온 농도를 나타내며 범위는 pH 1~pH 14로 표시한다.
  ㉡ pH 7은 중성이며 pH가 1에 가까워지면 산성, 14에 가까워지면 알칼리성이 커진다.
㉯ 제품의 적정 pH
  ㉠ 대표적인 적정 pH는 엔젤푸드케이크 pH 5.2~6.0, 데블스푸드케이크 pH 8.5~9.2, 초콜릿케이크 pH 7.8~8.8, 파운드케이크 pH 6.6~7.1 등이다.
  ㉡ 산도가 제품에 미치는 영향

구분	산성에 치우쳤을 때의 제품	알칼리성에 치우쳤을 때의 제품
기공	너무 고운 기공	거친 기공
색	여린 껍질색	어두운 색
향	연한 향	강한 향
맛	톡 쏘는 신맛	소다 또는 비누 맛
부피	빈약한 제품의 부피	정상보다 제품의 부피가 크다.

㉰ pH 조절
　　㉠ pH를 낮추고자 할 때는 산성인 주석산을, 높이고자 할 때는 알칼리성인 중조를 넣는다.
　　㉠ 향과 색을 진하게 하려면 알칼리로, 연하게 하려면 산성으로 조절한다.

Lesson 04 충전물·토핑물 제조

(1) 충전물
① 충전물은 타르트, 파이, 슈 등에 내용물을 채우는 것으로, 일반적으로 필링(Filling)이라고 부른다.
② **충전물의 형태**
　㉮ 성형할 때 넣어 굽는 형태
　㉯ 구운 후 충전하는 형태

(2) 충전물의 종류
① **크림 충전물**
　㉮ 우유나 생크림을 주재료로 하고 달걀, 설탕, 버터 등의 재료를 더한 것
　㉯ 우유, 생크림, 버터 등은 재료의 특성상 세균의 번식이 쉬우므로 랩으로 싸거나 뚜껑을 덮어 냉장고에 보관하면서 사용
② **과일 충전물** : 과일에 설탕을 넣고 졸여 만들며, 타르트, 파이, 페스트리 등에 충전용으로 주로 사용
③ **충전물용 농화제**
　㉮ 종류 : 옥수수전분, 타피오카 전분, 감자전분, 쌀전분, 식물성 검류 등
　㉯ 사용 목적 : 충전물을 조릴 때 호화속도 촉진, 적정농도 유지

과자류제품 반죽 정형

Lesson 01 팬닝

(1) 팬닝의 정의

① 반죽을 여러 가지 모양의 틀에 채워 넣거나 성형하여 철판에 올려놓는 과정으로 적정량의 반죽을 분할하는 것이 중요하다.

② 반죽무게 = $\dfrac{\text{틀 부피}}{\text{비용적}}$

(2) 틀 부피 계산법

① **옆면이 똑바른 원형틀** : 팬의 부피(cm^3) = 밑넓이 × 높이 = 반지름 × 반지름 × 3.14 × 높이
② **옆면의 경사진 원형틀** : 팬의 부피(cm^3) = 평균 반지름 × 평균 반지름 × 3.14 × 높이
③ **옆면이 경사지고 중앙에 경사진 관이 있는 원형틀** : 팬의 부피 = 전체 둥근틀 부피 − 관이 차지한 부피
④ **옆면이 경사진 사각틀** : 팬의 부피(cm^3) = 평균 가로길이 × 평균 세로길이 × 높이

(3) 각 제품의 비용적

① **반죽 1g이 차지하는 부피를 의미(단위 cm^3/g, cc/g)**
  ㉮ 파운드케이크 : $2.40cm^3/g$
  ㉯ 레이어케이크 : $2.96cm^3/g$
  ㉰ 엔젤푸드케이크 : $4.71cm^3/g$
  ㉱ 스펀지케이크 : $5.08cm^3/g$
② 같은 크기의 용기에 같은 양의 반죽을 넣었을 때 가장 작은 부피를 나타내는 것은 파운드케이크이고, 가장 큰 부피를 나타내는 것이 스펀지케이크이다.

(4) 각 제품의 적정 팬높이

① 레이어케이크 : 팬 높이의 45~55%까지 채운다.
② 스펀지케이크 : 팬 높이의 50~60%까지 채운다.
③ 엔젤푸드케이크 : 팬 높이의 60~70%까지 채운다.

④ **파운드케이크** : 팬 높이의 70%까지 채운다.

⑤ **커스터드 푸딩** : 팬 높이의 95%까지 채운다.

Lesson 02 제품별 성형 방법 및 특징

(1) 과자의 모양을 만드는 방법

① **짜기(짜내기)** : 반죽을 짤주머니에 채워 일정한 크기와 모양을 철판에 짜놓는 방법

② **찍기(찍어내기)** : 반죽을 밀어 펴서 모양틀로 찍어 눌러 모양을 뜨는 방법

③ **접어밀기** : 밀가루 반죽에 유지를 감싼 뒤 밀어펴고 접기를 되풀이하는 방법

(2) 파운드케이크(Pound Cake)

① **정의와 기본 배합률**

㉮ 정의 : 밀가루, 설탕, 유지, 달걀을 각각 1파운드씩 같은 양으로 배합해 만든 케이크

㉯ 기본 배합률

재료명	비율(%)	재료명	비율(%)
밀가루	100	유지	100
설탕	100	달걀	100

② **제조 공정**

㉮ 크림법, 블렌딩법, 1단계법, 설탕·물 반죽법 중에서 선택하며 주로 크림법을 사용한다.

㉯ 팬닝
 ㉠ 틀의 안쪽에 종이를 깔고 틀 높이의 70% 정도만 채운다.
 ㉡ 파운드케이크는 반죽 1g당 2.4cm³의 비용적을 갖는다.

㉰ 굽기
 ㉠ 180℃ 전·후의 온도에서 굽는다.
 ㉡ 윗면을 자연스럽게 터트려 굽거나 터지지 않게 하려면 굽기 전에 증기를 분무하여 굽는다.

> 🟧 **윗면이 터지는 원인**
> - 반죽의 수분 부족
> - 높은 온도에서 구워 껍질이 빨리 생김
> - 틀에 채운 후 바로 굽지 않아 표피가 마름
> - 반죽의 설탕이 다 녹지 않음

③ 응용 제품
  ㉮ 마블케이크 : 초콜릿과 코코아를 첨가해 코코아 반죽으로 만든 후 나머지 흰 반죽과 섞어 대리석 무늬를 만든 케이크
  ㉯ 과일파운드케이크
    ㉠ 반죽에 첨가하는 과일량은 전체 반죽의 25~50%이다.
    ㉡ 과일은 건조 과일을 쓰거나 시럽에 담근 과일을 사용한다.
    ㉢ 시럽에 담근 과일은 사용 전에 시럽을 충분히 뺀 뒤 사용한다.
    ㉣ 과일은 밀가루에 묻혀 사용하면 과일이 가라앉는 것을 방지할 수 있다.
    ㉤ 과일류는 반죽의 최종 단계에 넣는다.

(3) 스펀지케이크(Sponge Cake)

① **사용재료의 특성과 기본 배합률**
  ㉮ 사용재료의 특성
    ㉠ 부드러운 제품을 만들고자 할 경우에는 박력분을 사용한다.
    ㉡ 중력분 사용 시 전분(12% 이하)을 섞어 사용할 수 있다.
  ㉯ 기본 배합률

재료명	비율(%)	재료명	비율(%)
밀가루	100	달걀	166
설탕	166	소금	2

② **제조 공정**
  ㉮ 믹싱법은 공립법, 별립법, 1단계법 중에서 선택한다.
  ㉯ 팬닝 : 철판, 원형틀에 60% 정도 반죽을 채운다.
  ㉰ 굽기가 끝나면 즉시 팬에서 꺼내야 냉각 중 과도한 수축을 막을 수 있다.

(4) 롤 케이크(Roll Cake)

① **정의와 제조 공정**
  ㉮ 정의 : 스펀지케이크를 변형시킨 제품
  ㉯ 제조 공정
    ㉠ 거품형 반죽에서 전란을 사용하여 만드는 스펀지 반죽으로 만든다.
    ㉡ 스펀지 반죽을 만드는 제법인 공립법, 별립법, 1단계법에서 선택한다.

② **롤 케이크 말기를 할 때 표면의 터짐을 방지하는 방법**
  ㉮ 설탕의 일부는 물엿과 시럽으로 대치한다.
  ㉯ 덱스트린을 사용하여 점착성을 증가시키면 터짐이 방지된다.
  ㉰ 팽창제 사용을 감소하거나 믹싱 상태를 조절한다.
  ㉱ 노른자의 비율이 높은 경우 노른자를 줄이고 전란을 증가시킨다.
  ㉲ 겉면이 마르기 때문에 오버베이킹을 하지 않는다.

ⓑ 밑불이 너무 강하지 않도록 하여 굽는다.
ⓢ 반죽온도가 낮으면 굽는 시간이 길어지므로 온도가 너무 낮지 않도록 한다.
③ 롤 케이크 자체가 축축한 원인과 조치
㉮ 원인
㉠ 배합에 수분이 많거나 고온으로 단시간 굽기를 했을 때
㉡ 조직이 조밀하고 습기가 많을 때
㉢ 팽창이 부족한 경우
㉯ 조치 : 물 사용량 감소, 믹싱 증가, 적절한 굽기

(5) 엔젤푸드케이크(Angel Food Cake)
① 정의 및 기본 배합률
㉮ 정의 : 거품형 케이크이며, 달걀의 흰자만을 이용한다.
㉯ 기본 배합률(True %)

재료명	비율(%)	재료명	비율(%)
밀가루	15~18	흰자	40~50
설탕	30~42	소금	0.375~0.5
주석산	0.5~0.625		

㉰ 배합률 조절
㉠ 1단계 : 흰자 사용량 결정
㉡ 2단계 : 밀가루 사용량 결정
㉢ 3단계 : 주석산 + 소금 = 1%
㉣ 설탕의 사용량 결정
- 설탕 = 100 − (흰자 + 밀가루 + 1)
- 설탕 × 2/3 = 입상형 설탕, 설탕 × 1/3 = 분당
㉤ 제품의 풍미를 더욱 살리기 위해 당밀을 넣을 경우 8~10% 사용

② 엔젤푸드케이크의 특성
㉮ 표백이 잘되고 저회분인 특급 박력분을 사용한다.
㉯ 주석산은 흰자의 알칼리성에 대한 중화 역할로 단단한 거품을 만든다.
㉰ 머랭과 함께 주석산을 섞는 산전처리법과 밀가루와 함께 주석산을 섞는 산후처리법을 사용한다.
㉱ 팬닝 : 틀의 60~70% 정도 반죽을 채운다.

③ 흰자를 거품 내어 머랭을 올리는 방법
㉮ 흰자
㉠ 기름기 또는 노른자가 섞이지 않아야 한다.
㉡ 신선하여 고형질 함량이 높은 것을 사용한다.

ⓒ 설탕을 넣기 전에 흰자를 60% 정도 기포를 살려야 설탕을 잘 흡수하고 강하게 거품을 낼 수 있다.
㉯ 거품의 상태
ⓐ 1단계(젖은 피크, wet peak) : 흰자의 거품이 많지 않고 수분이 많아서 흐르는 정도
ⓑ 2단계(중간 피크, medium peak) : 더욱 휘저어 거품기에 묻혀 치켜들면 휘는 정도
ⓒ 3단계(건조 피크, dry peak) : 물기가 없이 완전한 거품체로서 끝이 뾰족하게 서는 정도

(6) 퍼프 페이스트리(Puff Pastry)

① 정의 및 기본 배합률
㉮ 반죽에 유지를 싸서 밀어 결을 형성시키는 과자의 대표적인 제품, 프렌치 파이라고도 한다.
㉯ 기본 배합률

재료명	비율(%)	재료명	비율(%)
밀가루(강력분)	100	유지	100
물(냉수)	50	소금	1

㉰ 재료의 특성
ⓐ 양질의 강력분을 사용
ⓑ 충전용 유지는 가소성의 범위가 넓은 파이용 또는 퍼프용 마가린 사용
ⓒ 본 반죽에 넣는 유지를 증가시킬수록 밀어펴기는 쉽게 되지만 결이 나빠지고 부피가 줄게 되므로 50% 미만으로 사용한다.

② 제조 공정
㉮ 반죽법
ⓐ 반죽형(스코틀랜드식) : 유지를 호두 크기로 자르고 물과 밀가루를 섞어 반죽하는 간편한 방법
ⓑ 접기형(프랑스식, roll-in법) : 밀가루 + 일부 유지(반죽용) + 물로 반죽을 만든 후 유지(롤인용)를 싸서 만드는 법
㉯ 정형 시 주의사항
ⓐ 전체적으로 똑같은 두께로 밀어 편다.
ⓑ 잘 드는 칼을 이용해 원하는 모양으로 자른다.
ⓒ 굽기 전 30~60분간 휴지시킨다.
ⓓ 달걀물을 칠한다.

■ 굽는 동안 유지가 흘러나오는 원인
• 밀어 펴기의 부적절
• 오븐의 온도가 지나치게 높거나 낮음
• 과도한 밀어 펴기
• 약한 밀가루 사용
• 오래된 반죽

(7) 케이크 도넛(Cake Doughnuts)

① **정의와 재료 특성**
- ㉮ 정의 : 케이크 도넛은 화학팽창제를 사용하여 팽창시키며 도넛의 껍질 안쪽 부분이 보통의 케이크와 조직이 비슷하여 붙여진 이름이다.
- ㉯ 재료의 특성
  - ㉠ 밀가루는 중력분을 쓴다.
  - ㉡ 프리믹스 : 밀가루에 팽창제, 설탕, 분유를 섞은 것으로, 물만 부어 반죽할 수 있도록 만든 가루
  - ㉢ 프리믹스 사용 시 장점
    - 계량시의 실수를 줄여 균일한 품질의 제품을 얻을 수 있다.
    - 좁은 장소에서 사용하기 편리하다.
    - 재료의 가격 변동에 대비할 수 있다.
    - 노동력이 절약된다.

② **제조 공정**
- ㉮ 공립법 또는 크림법으로 제조한다.
- ㉯ 반죽온도는 22~24℃이다.
- ㉰ 휴지 후 성형한다. 휴지시킴으로 얻어지는 효과는 다음과 같다.
  - ㉠ 이산화탄소 가스의 발생
  - ㉡ 각 재료의 수화
  - ㉢ 껍질형성(표피가 마르는 현상)을 느리게 함
  - ㉣ 밀어 펴기 등 취급이 쉬워짐
- ㉱ 휴지시킨 반죽 1cm 두께로 밀어 펴고, 도넛용 틀로 찍는다.
- ㉲ 10분 정도 휴지시킨다.
- ㉳ 튀김기에 붓는 기름의 적정 깊이 : 12~15cm 정도
  - ㉠ 튀김 기름의 양이 적으면 도넛을 뒤집기 어렵고, 과열되기 쉽다.
  - ㉡ 기름이 많으면 튀김 기름 온도를 높이는데 시간이 많이 걸리고 기름이 낭비된다.
- ㉴ 튀김온도 : 180~195℃(제품의 크기에 따라 조정)
  - ㉠ 튀김기름의 4대 적 : 온도, 공기, 수분, 이물질
  - ㉡ 발연점 : 기름을 비등점 이상으로 계속 가열하면 일정 온도에서 푸른 연기를 내기 시작하는데, 이 때의 온도를 발연점이라 한다.
- ㉵ 마무리로는 충전과 아이싱을 한다.
  - ㉠ 글레이즈나 퐁당 아이싱은 도넛이 식기 전에 한다.
  - ㉡ 도넛 설탕이나 계피 설탕은 도넛이 40℃ 전후일 때 뿌린다(점착력 증가).
  - ㉢ 글레이즈와 퐁당의 사용온도는 45~50℃이다.
  - ㉣ 충전물은 도넛이 충분히 냉각된 후 충전한다.

③ **도넛의 주요 문제점**
- ㉮ 발한현상

㉠ 정의 : 수분에 의해 도넛에 묻은 설탕이나 글레이즈가 녹는 현상
㉡ 조치
- 설탕 사용량 증가
- 충분한 냉각
- 도넛의 튀기는 시간을 증가
- 점착력이 높은 튀김 기름을 사용

④ 황화, 회화현상
㉠ 정의 : 지방이 도넛 설탕을 적시는 현상
㉡ 조치 : 경화제 스테아린을 튀김 기름의 3~6% 첨가

⑤ 도넛에 기름이 많은 원인
㉠ 설탕, 유지, 팽창제의 사용량이 많음
㉡ 튀김 시간이 김
㉢ 글루텐이 부족할 경우
㉣ 믹싱 시간이 짧을 경우
㉤ 반죽에 수분이 너무 많음
㉥ 튀김 온도가 낮음

(8) 레이어 케이크(Layer Cakes)

① 정의와 재료 사용범위

㉮ 정의 : 반죽형 반죽 과자의 대표적인 제품으로 설탕 사용량이 밀가루 사용량보다 많은 고배합 제품

㉯ 재료 사용범위

제품명	공식
옐로레이어케이크	• 쇼트닝 : 30~70% • 전란 = 쇼트닝 × 1.1 • 설탕 : 110~140% • 우유 = 설탕 + 25 - 전란
화이트레이어케이크	• 쇼트닝 : 30~70% • 흰자 = 쇼트닝 × 1.43 • 설탕 : 110~160% • 우유 = 설탕 + 30 - 흰자
데블스푸드케이크	• 쇼트닝 : 30~70% • 설탕 : 110~180% • 전란 = 쇼트닝 × 1.1 • 우유 = 설탕 + 30 + (코코아 × 1.5) - 전란 • 중조 = 천연코코아 × 0.07(천연코코아의 7%)
초콜릿케이크	• 쇼트닝 : 30~70% • 설탕 : 110~180% • 코코아 = 초콜릿 × 5/8(62.5%) • 코코아 버터 = 초콜릿 × 3/8(37.5%) • 쇼트닝 = 원래 쇼트닝 - (카카오버터 × 1/2)

※ 우유는 탈지분유 10%와 물 90%로 대체 가능

② 제조 공정
  ㉮ 재료 계량
  ㉯ 믹싱 : 반죽형 반죽을 만들 수 있는 제법 모두를 이용할 수 있으나 크림법이 가장 일반적이다. 단, 데블스푸드 케이크는 블렌딩법으로 제조한다.
  ㉰ 팬닝 : 팬의 55~60% 정도 반죽을 채운다.
  ㉱ 굽기 : 180~200℃의 온도에서 25~35분

(9) 파이(Pie)
① 정의
  ㉮ 쇼트(바삭한) 페이스트리
  ㉯ 파이 반죽에 여러 가지 충전물을 채워 다양한 맛의 제품을 만든다. 아메리칸 파이라고 한다.
② 반죽의 특징
  ㉮ 결의 길이
    ㉠ 긴 결 : 유지 입자를 호두알 크기로 밀가루와 혼합(유지의 입자 크기에 따라 파이의 결이 결정)
    ㉡ 중간 결 : 유지 입자를 강낭콩 크기로 밀가루와 혼합
    ㉢ 가루모양 : 유지 입자를 미세한 상태로 밀가루와 혼합
  ㉯ 굽기 : 220℃(낮은 온도에서 구우면 시간이 오래 걸리고 과일이 끓기 쉽다)
  ㉰ 충전물이 끓어 넘쳤다.
    ㉠ 껍질에 수분이 많았다.
    ㉡ 위·아래 껍질을 잘 붙이지 않았다.
    ㉢ 껍질에 구멍을 뚫지 않았다.
    ㉣ 낮은 오븐 온도
    ㉤ 충전물의 온도가 높다.
    ㉥ 바닥 껍질이 너무 얇다.
    ㉦ 천연산이 많이 든 과일을 사용했다.
    ㉧ 설탕이 너무 적다.
  ㉱ 껍질이 단단하고 정형·굽기 중 수축한다.
    ㉠ 강력분을 사용했다.
    ㉡ 반죽 시간과 휴지 시간이 부족했다.
    ㉢ 지나치게 반죽하고 밀어 폈다.
    ㉣ 자투리 반죽을 많이 썼다.
    ㉤ 바닥 껍질이 위 껍질보다 얇다.
    ㉥ 틀이나 철판에 기름칠을 잘못하여 반죽이 달라붙었다.

📖 파이 반죽의 휴지 목적
- 전 재료를 수화시킨다.
- 밀어 펴기가 용이하게 된다.
- 유지와 반죽의 굳은 정도를 같게 한다.
- 끈적거림을 방지하여 작업성이 향상된다.

(10) 쿠키(Cookie)

① 정의 및 보관온도
- ㉮ 정의 : 수분 함량(5% 이하)이 낮고 크기가 작은 과자로 장기간 보존할 수 있는 다양한 제품이다.
- ㉯ 쿠키의 포장, 보관온도 : 10℃ 정도

② 쿠키의 분류
- ㉮ 반죽형 반죽 쿠키
  - ㉠ 드롭(소프트) 쿠키
    - 달걀의 사용량이 많아 반죽형 쿠키 중에서 수분이 가장 많다.
    - 짤주머니로 짜서 성형한다.
  - ㉡ 스냅(슈거) 쿠키
    - 달걀 사용량이 적다.
    - 밀어 펴서 성형기로 찍어 굽는다.
    - 낮은 온도에서 오래 구워 바삭바삭하다.
  - ㉢ 쇼트 브레드 쿠키
    - 스냅 쿠키와 배합이 비슷하지만 유지 사용량이 많다.
    - 밀어 펴는 형태의 쿠키이다.
    - 식감은 부드럽고 바삭바삭하다.
- ㉯ 거품형 반죽 쿠키
  - ㉠ 머랭 쿠키
    - 흰자와 설탕을 주재료로 만든 쿠키
    - 낮은 온도(100℃ 이하)에서 건조시키는 정도로 굽는다.
    - 짤주머니를 이용하여 짜서 성형한다.
  - ㉡ 스펀지 쿠키
    - 전란을 사용하여 공립법으로 만들며 수분이 가장 많은 쿠키
    - 짤주머니로 짜서 성형한다.
    - 종류에는 핑거쿠키가 있다.

③ 쿠키의 퍼짐성에 영향을 주는 요인
- ㉮ 과도한 퍼짐
  - ㉠ 알칼리성 반죽
  - ㉡ 입자가 크거나 많은 양의 설탕 사용
  - ㉢ 부족한 믹싱
  - ㉣ 묽은 반죽
  - ㉤ 낮은 오븐 온도
- ㉯ 퍼짐의 부족
  - ㉠ 산성 반죽
  - ㉡ 고운 입자의 설탕
  - ㉢ 과도한 믹싱
  - ㉣ 된 반죽
  - ㉤ 높은 오븐 온도

(11) 슈(Choux)

① **슈의 특징**
- ㉮ 밀가루를 먼저 호화시킨 뒤 굽는다.
- ㉯ 물, 유지, 밀가루, 달걀을 기본 재료로 한다. 기본 재료에 설탕은 들어가지 않는다.

② **제조 공정**
- ㉮ 반죽 만들기
  - ㉠ 물에 소금과 유지를 넣고 센 불에서 끓인 후 밀가루를 넣고 완전히 호화시킨다.
  - ㉡ 60~65℃로 냉각시킨 다음 달걀을 소량씩 넣으면서 매끈한 반죽을 만든 후 베이킹파우더를 넣고 균일하게 혼합한다.
  - ㉢ 평철판 위에 짠 후, 굽기 중에 껍질이 너무 빨리 형성되는 것을 막기 위해 분무 또는 물에 적신다.
- ㉯ 굽기
  - ㉠ 초기에는 아래 불을 높여 굽다가 표피가 갈라지면 아래 불을 줄이고 윗 불을 높여 굽는다.
  - ㉡ 찬 공기가 들어가면 슈가 주저앉게 되므로 팽창과정 중에 오븐 문을 여닫지 않도록 한다.
  - ㉢ 굽기 : 210~220℃에서 20~30분

(12) 냉과

① **정의** : 냉장고에서 마무리하는 모든 과자를 말한다.

② **종류** : 바바루아, 무스, 푸딩, 젤리, 블라망제 등
- ㉮ 무스
  - ㉠ 프랑스어로 거품이란 뜻
  - ㉡ 초콜릿, 과일 퓌레 등에 생크림, 젤라틴 등을 넣고 굳혀 만든 제품
  - ㉢ 바바루아와 무스에 공통적으로 사용하는 안정제는 젤라틴이다.
- ㉯ 푸딩
  - ㉠ 특징
    - 달걀, 설탕, 우유 등을 혼합하여 중탕으로 구운 제품이다.
    - 육류, 과일, 야채, 빵을 섞어 만들기도 한다.
    - 달걀의 열변성에 의한 농후화 작용을 이용한 제품이다.
    - 설탕과 달걀의 비는 1 : 2의 비로 배합한다.
  - ㉡ 제조 공정
    - 우유와 일부의 설탕을 80~90℃까지 데운다.
    - 다른 그릇에 달걀, 소금, 나머지 설탕을 넣고 혼합한다.
    - 혼합물에 데운 우유를 넣고 섞은 후 체에 걸러 알끈을 제거한다.
    - 팬 넣기는 푸딩 컵의 95%까지 한다.
    - 물이 담긴 평철판에 배열한 후 160~170℃ 정도에서 오븐에 굽는다.

과자류제품 반죽 익힘

Lesson 01 반죽 익히기 방법의 종류 및 특징

(1) 굽기
① 고율배합, 많은 양의 반죽일수록 낮은 온도에서 오랫동안 구워야 한다.
② **부적당한 굽기의 현상**
  ㉮ 오버 베이킹(Over baking) : 너무 낮은 온도에서 오래 구워 윗면이 평평하고 수분 손실이 크다.
  ㉯ 언더 베이킹(Under baking) : 너무 높은 온도에서 단시간에 구워 설익고 중심 부분이 갈라지고 수분이 많아 주저앉기 쉽다.

(2) 튀기기
① 튀김 기름의 표준온도는 180~195℃이다.
② 튀김 기름의 온도가 너무 낮으면 껍질이 많이 부풀어 거칠고 기름을 많이 흡수한다.

Lesson 02 익히기 중 성분 변화의 특징

① **캐러멜화 반응** : 높은 온도(160~180℃)에 의해 당류가 갈색으로 변하는 반응이다.
② **메일라드 반응** : 당류와 아미노산이 결합하여 갈색 색소인 멜라노이딘을 만드는 반응으로 낮은 온도에서 진행되며 캐러멜화 반응에서 생성되는 향보다 중요한 역할을 한다.

> **껍질의 갈색 변화**
> 캐러멜 반응과 메일라드 반응에 의하여 껍질이 진하게 갈색으로 나타나는 현상

Lesson 03 관련 기계 및 도구

(1) 오븐(Oven)

① **형태에 의한 분류**
- ㉮ 데크 오븐(Deck oven) : 소규모 제과점에서 사용하는 오븐으로 반죽을 넣는 입구와 제품을 꺼내는 출구가 같으며 윗불과 아랫불을 조절할 수 있다.
- ㉯ 터널 오븐(Tunnel oven) : 반죽이 들어가는 입구와 제품이 나오는 출구가 서로 다른 오븐으로 대량 생산 공장에서 많이 사용된다.
- ㉰ 로터리 래크 오븐(Rotary reck oven) : 팬을 래크에 끼운 채로 오븐에 넣어 굽는다. 열 전달이 고르게 되며 동시에 많은 양을 구울 수 있다.
- ㉱ 컨벡션 오븐(Convection oven) : 내부에 송풍기(fan)가 부착되어 있어 열을 강제 순환시켜 제품을 균일하게 착색시킨다.
- ㉲ 릴 오븐(Reel oven) : 구움대를 물레방아처럼 회전시키면서 굽는 방식의 오븐. 열 분포가 균일하다.

② **열급원에 의한 분류** : 가스 오븐, 전기 오븐, 증기 오븐(찜기), 장작 오븐, 석탄 오븐, 고주파 오븐 등이 있다.

(2) 튀김기(Fryer)

자동온도 조절 장치를 통하여 수동 또는 자동으로 튀기는 기계

(3) 찜기(Steamer)

제품을 찔 수 있도록 고압, 고온의 증기를 공급하고 시간 조절 장치가 부착되어 있다.

과자류제품 포장

Lesson 01 과자류제품의 냉각방법 및 특징

(1) 냉각의 목적

① **곰팡이 및 기타 균의 피해 방지**

구운 제품을 그대로 포장하거나 상자에 넣으면 냉각되면서 수분이 방출되어 포장 표면에 응축되었다가 제품 속으로 흡수되어 제품의 수분 활성이 높아져 곰팡이나 기타 균이 발생할 위험이 커진다. 따라서 이를 방지하기 위한 냉각이 필요하다.

② **절단, 포장에 용이**

구운 직후의 제품은 내부에 많은 수분을 보유하고 있어 매우 부드러워 잘 잘리지 않는 경향이 있다. 따라서 냉각 후 모양 보전이 잘되는 상태로 절단과 포장을 하는 것이 좋다.

(2) 냉각 방법

① **자연 냉각**

제품을 냉각 팬에 올려 실온에 두고 3~4시간 냉각시키는 방법이며, 냉각 시에는 지나치게 높은 온도와 습도는 피해야 한다. 자연 냉각을 위해 실온을 15~20℃의 온도를 유지한다.

② **냉각기 이용 냉각**

㉮ 냉장고 : 식품을 냉각 또는 저온에서 보관하는 기계로 0~5℃의 온도를 유지하고 제과 제품의 보관에 많이 사용된다. 오븐에서 바로 꺼낸 제품의 냉각 시에는 수분이 발생할 수 있으므로 주의해야 한다.

㉯ 냉동고 : 식품을 냉각 또는 얼리는 기능이 있고 완만한 냉동고와 급속냉동고가 있다. 완만한 냉동고는 -20℃ 이상으로 냉동하고, 급속냉동은 -40℃ 이하에서 냉동한다. 무스와 같은 냉과류를 빨리 냉각하여 장식하기 위한 목적으로 냉동고를 사용하기도 한다.

㉰ 냉각 컨베이어 : 냉각실에 22~25℃의 냉각 공기를 불어넣어 냉각시키는 방법으로 대규모 공장에서 많이 쓰이고 소형 베이커리에서는 많이 사용하지 않는다.

Lesson 02 장식 재료의 특성 및 제조방법

(1) 아이싱의 정의
분설탕(슈가파우더)에 물 또는 흰자를 섞은 혼합물을 가리키는 명칭임과 동시에 빵·과자 제품에 설탕을 위주로 한 재료를 덮거나 한 겹 씌우는 일

(2) 아이싱(Icing)의 분류
① **단순 아이싱** : 글레이즈 등과 같이 단순히 혼합하여 만든 아이싱으로 토핑용으로 사용
  ㉮ 배합 재료 : 분설탕, 물, 물엿, 향료를 섞고 경우에 따라 소량의 기름을 단순히 혼합하여 만든 아이싱
  ㉯ 제조 방법 : 재료를 섞고 43℃까지 데워 되직한 페이스트 상태로 만든다.
  ㉰ 사용 방법 : 작업 중 아이싱이 굳으면 중탕으로 가온하여 녹여 사용하거나 설탕 시럽을 넣어 연하게 만든다.
  ㉱ 보관 방법 : 쓰고 남은 아이싱은 표면에 물을 뿌려 굳지 않도록 보관한다.

② **크림 아이싱** : 버터 크림, 퐁당, 마시멜로, 퍼지 아이싱 등 크림화 시킨 아이싱으로 장식용, 충전용, 토핑용으로 사용
  ㉮ 배합 재료 : 분설탕, 유지, 분유, 달걀, 물, 소금, 향료, 안정제 등
  ㉯ 제조 방법 : 유지, 설탕에 달걀을 넣는 크림법과 흰자, 시럽을 거품 내어 유지와 섞는 방법이 있다.

③ **조합형 아이싱** : 단순 아이싱과 크림 아이싱을 섞은 것으로 장식용으로 사용

(3) 아이싱의 종류
① **휘핑 크림(생크림)** : 유지방 함량이 18~40%인 크림이다. 유지방이 35% 이상인 크림이 거품내기에 알맞다. 생크림, 설탕, 양주를 휘핑하여 만든 크림으로 생크림의 보관이나 작업의 온도는 3~7℃가 적당하다.

② **버터크림**
  ㉮ 단순 버터 크림 : 유지와 분당을 크림화하여 가볍고 부드럽게 만든다.
  ㉯ 머랭타입 버터 크림 : 버터와 머랭으로 만드는 가벼운 아이싱
  ㉰ 후렌치 버터 크림 : 끓인 시럽에 달걀 노른자를 혼합한 후 가벼운 크림으로 만든다.
  ㉱ 퐁당타입 버터 크림 : 버터와 퐁당을 같은 양으로 혼합

> ■ **오버런(over run)**
> 어떤 물질에 공기를 포함시켰을 때 나타나는 양적 팽창을 나타낸 것으로 오버런이 100%라는 것은 체적이 2배로 증가된 것을 나타낸다.
>
> $$오버런(\%) = \frac{휘핑\ 후\ 부피 - 휘핑\ 전\ 부피}{휘핑\ 전\ 부피} \times 100$$

③ **디프로매트 크림** : 우유 1ℓ로 만든 커스터드 크림에 무가당 생크림 1ℓ로 거품을 낸 휘핑 크림을 혼합한 조합형 크림

> ■ **커스터드크림**
> 우유, 설탕, 달걀을 섞고 안정제로 전분이나 박력분을 사용하여 끓인 크림

④ **머랭(Meringue)** : 흰자를 설탕과 같이 거품내어 만든 제품
  ㉮ 냉제 머랭 : 흰자와 설탕의 비율을 1:2로 하여 18~24℃의 실온에서 거품을 올린다. 거품 안정을 위해 소금 0.5%와 주석산 0.5%를 넣기도 한다.
  ㉯ 온제 머랭 : 흰자와 설탕을 섞어 43℃로 데운 뒤 거품을 낸 후 안정되면 분설탕을 넣는다. 흰자 100%, 설탕 200%, 분설탕 20%를 넣는다. 공예 과자, 세공품, 머랭쿠키 등을 만들 때 사용한다.
  ㉰ 스위스 머랭 : 흰자와 설탕의 비율을 100:180으로 하여 일부를 43℃로 데우고 거품을 내면서 레몬즙을 첨가한 후, 나머지 흰자와 설탕을 섞어 만든 일반 머랭을 혼합한다. 하루쯤 두었다가 써도 괜찮다.
  ㉱ 이탈리안 머랭 : 흰자를 거품내면서 뜨겁게 끓인 시럽(설탕 100에 물 30을 넣고 114~118℃로 끓임)을 부어 만든 머랭으로 흰자의 일부가 열에 응고하여 기포가 아주 안정된다. 무스나 크림 등 굽지 않는 제품을 만들 때 사용한다.
  ㉲ 퐁당(Fondant) : 설탕 100에 대하여 물 30을 넣고 114~118℃로 끓인 뒤 냉각하여 희뿌연 상태로 재결정화 시킨 것으로 38~44℃에서 사용한다.

(4) 아이싱의 끈적거림 방지법
① 아이싱에 최소의 액체를 사용한다.
② 크림은 35~43℃로 가온하여 되기를 맞추어 사용한다.
③ 굳은 것을 사용할 때는 시럽을 첨가하거나 중탕으로 40℃ 전후로 데워서 사용한다.
④ 젤라틴, 한천 등과 같은 안정제를 사용한다.
⑤ 전분이나 밀가루와 같은 흡수제를 사용한다.

Lesson 03 과자류제품의 포장 및 제품관리

(1) 포장
① **포장의 정의** : 포장은 제품의 유통과정에서 제품의 가치 및 상태를 보호하기 위해 담는 것을 말한다.
② **제품 포장의 목적**
  ㉮ 수분의 증발을 방지한다.

㉯ 미생물에 의한 오염을 방지한다.
　　　㉰ 상품의 상태를 보호하여 가치를 높인다.
　③ **포장용기의 선택 시 고려사항**
　　　㉮ 방수성이 있고 통기성이 없어야 한다.
　　　㉯ 포장했을 때 상품의 가치를 높일 수 있어야 한다.
　　　㉰ 단가가 낮고 포장에 의하여 제품이 변형되지 않아야 한다.
　　　㉱ 공기의 자외선 투과율, 내약품성, 내산성, 내열성, 투명성, 신축성 등을 고려한다.
　　　㉲ 제품에 접촉되어 먹었을 때 유해물질이 함유되지 않도록 위생적이어야 한다.
　　　㉳ 작업성이 좋아야 한다.
　④ **포장재별 특성**
　　　㉮ 합성수지 : 수지 종류 중 페놀 수지, 요소 수지, 멜라민 수지, 염화비닐 수지, 폴리에틸렌, 폴리프로필렌, 폴리스티렌 등이 사용된다.
　　　㉯ 금속제 : 통조림용 관의 재질에 사용되는 것으로 주석 또는 납의 용출에 유의하여야 한다.
　　　㉰ 유리 : 액체 식품용 용기 재질에 사용되는 것으로 알칼리 성분 및 규산의 용출에 유의하여야 한다.
　　　㉱ 도자기 : 도자기, 옹기류 재질에 사용되는 것으로 유약, 안료 성분의 납 등의 용출에 유의하여야 한다.
　　　㉲ 셀로판 : 투명하고 무미, 무취의 재질이나 찢어지기 쉬우며 내수성이 약하다.
　　　㉳ 알루미늄 : 알루미늄 단독 또는 종이나 플라스틱에 붙여 사용하나 내약품성이 약하고 접히는 부분이 찢어지기 쉽다.
　⑤ **포장방법**
　　　㉮ 기능에 따라 : 겉 포장, 속 포장, 낱개 포장
　　　㉯ 형태에 따라 : 상자 포장, 천 포장, 종이봉투 포장, 나무통 포장, 자루 포장
　　　㉰ 방습포장, 방수 포장, 가스 치환 포장, 무균 포장 등

(2) 제품관리

　① **제품의 평가기준**
　　　㉮ 외부적 특성
　　　　　㉠ 부피 : 크기와 비교하여 알맞게 부풀어야 한다.
　　　　　㉡ 껍질색 : 식욕을 돋우는 색상으로 부위별 색상이 균일하고 반점과 줄무늬가 없어야 한다.
　　　　　㉢ 형태의 균형 : 움푹 들어가거나 찌그러진 곳 없이 좌·우·전·후 대칭이 균형 잡혀야 한다.
　　　　　㉣ 껍질의 특성 : 얇으면서 부드러운 껍질이 좋다.
　　　㉯ 내부적 특성
　　　　　㉠ 기공 : 기공막이 얇고 크기가 고른 조직이 바람직하다.
　　　　　㉡ 속색 : 밝은 빛을 띠고 윤기가 있어야 한다.
　　　　　㉢ 향 : 신선하고 달콤하며 천연적인 향이 바람직하다.
　　　　　㉣ 맛 : 제품마다 각기 다른 특성의 맛을 살려야 한다.

과자류제품 저장·유통

CHAPTER 05

Lesson 01 저장방법의 종류 및 특징

(1) 저장 관리의 목적

① 저장 관리는 입고된 재료 및 제품을 품목별, 규격별, 품질 특성별로 분류한 후에 적합한 저장 방법으로 저장고에 위생적인 상태로 보관하는 것이다.
② 저장 과정에서 발생할 수 있는 도난·폐기·발효에 의한 손실을 최소화하여 생산에 차질이 발생하지 않도록 하는 데 목적이 있다.
③ 폐기에 의한 재료 손실을 최소화함으로써 원재료의 적정 재고를 유지하는 데 있다.
④ 재료를 위생적이며 안전하게 보관함으로써 손실을 방지하기 위한 올바른 출고 관리에 있다.
⑤ 출고된 재료의 양을 조절·관리하여 재료 낭비로 인한 원가상승을 막는 데 있다.
⑥ 출고된 재료는 매일 총계를 내어 정확한 출고량을 파악·관리한다.

(2) 저장 관리의 원칙

① **저장 위치 표시의 원칙** : 다양한 재료와 제품의 저장 위치를 손쉽게 알 수 있도록 물품별 카드에 의거하여 재료와 제품의 위치를 쉽게 파악할 수 있게 한다.
② **분류 저장의 원칙** : 재료의 식별이 어렵지 않게 명칭, 용도 및 기능별로 분류하여 효율적인 저장 관리가 이루어질 수 있도록 동종 물품끼리 저장한다.
③ **품질 보존의 원칙** : 재료의 성질과 적절한 온도, 습도 등의 특성을 고려하여 저장함으로써 재료와 제품의 변질을 최소화시키고 사용가능한 상태로 보존할 수 있다.
④ **선입선출의 원칙** : 재료가 효율적으로 순환되기 위하여 유효일자나 입고일을 꼭 기록하고 먼저 구입하거나 생산한 것부터 순차적으로 판매 혹은 제조하는 것으로, 재료의 선도를 최대한 유지하고 낭비의 가능성을 최소화할 수 있다.
⑤ **공간 활용 극대화의 원칙** : 저장 시설에 있어서 충분한 저장 공간의 확보가 중요하며, 재료 자체가 점유하는 공간 외에 이동의 효율성과 운송 공간도 고려되어야 한다.
⑥ **안전성 확보의 원칙** : 저장 물품의 부적절한 유출을 방지하기 위해서는 저장고의 방범 관리와 출입 시간 및 절차를 명확히 준수해야 한다.

(3) 저장 방법

저장고는 크게 실온 저장·냉장 저장·냉동 저장으로 분류된다.

① **실온 저장**
- ㉮ 건조식자재를 저장·보관하는 건조저장고는 적합한 공간과 사용 현장과의 위치, 저장 식재료의 안전성을 고려해야 한다.
- ㉯ 적정온도와 습도 : 건조창고의 온도는 10~20℃, 상대습도 50~60%를 유지하며, 채광과 통풍이 잘되어야 한다.
- ㉰ 저장 조건
    - ㉠ 방충, 방서 시설, 통풍 및 환기시설을 구비한다.
    - ㉡ 건조창고의 내부에 온도계와 상대습도를 측정할 수 있는 습도계를 부착하고 주기적으로 확인한다.

② **냉장 저장**
- ㉮ 적정온도와 습도 : 냉장 저장온도는 0~10℃로 보통 5℃ 이하로 유지하는 것이 좋으며, 습도는 75~95%에서 저장·관리한다.
- ㉯ 냉장 저장고의 종류
    - ㉠ 물품 창고식 대형 냉장고(walk-in refrigerator) : 대량의 재료나 제품을 직접 들어가 이동형 선반으로 운반·보관하도록 설계된 것으로 안에서 문을 열 수 있는 장치가 설치되어 안전하게 이용할 수 있다.
    - ㉡ 편의형 소형 냉장고(reach-in refrigerator) : 소규모 냉장고로 작업실 내 설치하여 전처리 식품이나 당일 사용할 재료를 보관할 수 있다.
    - ㉢ 앞뒤 양면에 문이 있는 냉장고(pass-through unit) : 주로 완제품을 보관하는 것으로 앞뒤로 문을 열 수 있어 판매대와의 연결에서 효율적으로 사용할 수 있다.
- ㉰ 시설
    - ㉠ 워크인 냉장고의 문은 안에서도 열려야 한다.
    - ㉡ 조명이나 신호 장치에 의해 냉장고 내부에 사람이 있음을 알릴 수 있어야 한다.
    - ㉢ 냉장고 내부의 벽은 내구성과 위생성이 좋은 재질을 사용하며, 배수구와 환기시설을 설치한다.
    - ㉣ 선반은 위생성과 이동성, 견고성을 고려한 조립식 트레이 선반을 사용하면 편리하다.

③ **냉동 저장**
- ㉮ 냉동은 식품에 함유된 이용 가능한 수분을 불활성화시키는 과정으로, 식품의 저장기간을 연장하기 위한 수단으로 이용하고 있다.
- ㉯ 식품을 낮은 온도로 처리할 때 농도와 지질의 변화, 생리적 숙성, 미생물의 증식 억제·노화·냉해·풍미 변화 등의 이화학적 변화가 일어나는데, 특히 동결 중에는 변색을 비롯하여 단백질의 변성, 지방의 분해, 무기질과 비타민의 성분 변화, 건조에 따른 감량, 냉동 화상 등의 변화가 일어나 식품의 조직과 물성을 저하시키게 된다.
- ㉰ 냉동 저장온도는 -23~-18℃, 습도 75~95%에서 관리한다.

Lesson 02 과자류제품의 유통·보관방법

(1) 유통기한의 의의

유통기한의 의미는 섭취가 가능한 날짜(Expiration Date)가 아닌 Sell by date, 즉 식품의 제조일로부터 소비자에게 판매가 가능한 기한을 말한다. 또한 이 기한 내에서 적정하게 보관·관리한 식품은 일정 수준의 품질과 안전성이 보장됨을 의미한다.

(2) 제품 유통 중 온도 관리 기준에 따라 적정온도를 설정한다.

① **실온 유통 제품의 적정온도를 아래와 같이 설정한다.**
  실온이라 함은 1~35℃를 말한다. 원칙적으로 35℃를 포함하되, 제품의 특성에 따라 봄, 여름, 가을, 겨울을 고려하여 설정한다.

② **상온 유통 제품의 적정온도를 아래와 같이 설정한다.**
  상온이라 함은 15~25℃를 말하며, 25℃를 포함하여 설정한다.

③ **냉장 유통 제품의 적정온도를 아래와 같이 설정한다.**
  냉장이라 함은 0~10℃를 말하며, 보통 5℃ 이하로 유지한다. 다만, 「식품의 기준 및 규격」, 「축산물의 가공 기준 및 성분 규격」에 정한 경우 그 조건을 따른다.

④ **냉동 유통 제품의 적정온도를 아래와 같이 설정한다.**
  ㉮ 냉동이라 함은 -18℃ 이하를 말하며, 품질 변화가 최소화될 수 있도록 냉동 온도를 설정한다. 다만, 「식품의 기준 및 규격」, 「축산물의 가공 기준 및 성분 규격」에 정한 경우 그 조건을 따른다.
  ㉯ 냉동제품은 표면에서 식품의 중심부까지 -20℃ 정도의 냉기를 유지하고 있다. 따라서 운반할 때와 보존할 때 반드시 -20 ~ -23℃ 정도로 유지한다.
  ㉰ 냉동식품 유통 시 제품을 쌓거나 내릴 때 외부의 영향으로 온도가 상승하여 품질을 저하시킬 수 있으므로 취급을 최우선으로 신속하게 운반한다.

Lesson 03 과자류제품의 저장·유통 중의 변질 및 오염원 관리방법

(1) 변질의 종류

① **부패**(putrefaction)
  ㉮ 단백질 식품이 미생물에 의해 분해되어 저분자의 간단한 물질로 변화하는 현상이다.
  ㉯ 악취와 인체에 유해한 물질(아민류, 암모니아, 페놀, 황화수소, 메르캅탄, 개미산 등)이 생성된다.

② 발효(fermentation)
  ㉮ 식품에 미생물이 번식하여 식품의 성질이 변화를 일으키는 현상이다.
  ㉯ 그 변화가 인체에 유익한 경우를 말하며 빵, 술, 간장, 된장 등은 모두 발효를 이용한 식품들이다.
③ 변패(deterioration)
  ㉮ 단백질 이외의 탄수화물 등을 많이 함유하는 식품이 미생물의 분해작용으로 일어난다.
  ㉯ 변패가 일어나면 맛이나 냄새가 변화한다.
④ 산패(rancidity)
  ㉮ 지방의 산화 등에 의해 악취나 변색이 일어나는 현상이다.
  ㉯ 불쾌한 냄새가 나고 맛, 색, 점성 증가 등의 변화로 품질이 낮아진다.

(2) 오염원 관리방법

① 재료의 사용 시 선입선출 기준에 따라 아래와 같이 관리한다.
  ㉮ 재료 보관 선반에 재료명을 표기하여 재료별로 정리한다.
  ㉯ 재료 겉면에 수령 일자가 잘 보이도록 표시한다.
  ㉰ 선입선출이 용이하게 먼저 입고된 것을 앞쪽에, 나중에 입고된 것을 뒤쪽에 위치하도록 보관한다.
  ㉱ 먼저 입고된 것부터 먼저 꺼내어 사용하도록 한다.

② 작업 편의성을 고려하여 아래와 같이 정리 정돈한다.
  ㉮ 재료 보관 선반의 재질은 목재나 스테인리스를 선택한다.
  ㉯ 선반은 4~5단으로 폭 60cm 이내, 바닥에서 15cm 이상, 벽에서 5cm의 공간을 띄우도록 한다.
  ㉰ 제품 보관 선반에 제품명을 부착하고 품목별로 정해진 위치에 보관·관리한다.
  ㉱ 건조재료는 원래의 포장상태로 저장하는 것이 좋으며, 일단 개봉 후에는 밀폐용기에 담아 저장하여 벌레, 미생물에 의한 오염을 방지한다.
  ㉲ 교차 오염을 막기 위해 재료를 덜기 위한 기구를 재료 속에 담가서 보관하지 않도록 한다.
  ㉳ 캔 제품은 우그러지거나 부풀어 오른 것, 녹슨 것은 보관하여서는 안 되며, 캔을 열면 내용물을 반드시 다른 그릇에 담아 사용하고, 유효기간이 표시된 빈 캔은 따로 보관한다.
  ㉴ 선반에 물품을 저장할 때 윗부분에는 가벼운 것을, 아랫부분에는 무거운 것을 저장한다.
  ㉵ 재료 보관 선반에 재료명을 부착하고 재료별로 정해진 위치에 정리한다.
  ㉶ 주 1회 이상 청소를 실시하여 청결을 유지한다.
  ㉷ 입구에 안전한 잠금장치를 부착하고 비상열쇠를 별도로 보관한다.

출제 예상문제

PART 01 | 제과 이론

001 분할 무게 520g 짜리 4개를 만드는 배합이 분할까지의 손실률은 1%이고, 모든 재료를 합한 비율은 421.5%이다. 밀가루의 무게는 약 어느 정도인가(단, 배합표는 Baker's percentage에 따른다.)?

① 298.5g
② 398.5g
③ 498.5g
④ 598.5g

> • 분할 반죽의 무게
> = 완제품 중량 ÷ (1 − 손실률)
> = (520 × 4) ÷ (1 − 0.01) = 2101.01g
> • 밀가루 무게(g) = $\frac{밀가루\ 비율(\%) \times 총\ 반죽무게(g)}{총\ 배합률(\%)}$
> = $\frac{100(\%) \times 2,101.01(g)}{421.5(\%)}$
> = 498.46(g)

002 일반 파운드 케이크의 배합율이 올바르게 설명된 것은?

① 소맥분 100, 설탕 100, 달걀 200, 버터 200
② 소맥분 100, 설탕 100, 달걀 100, 버터 100
③ 소맥분 200, 설탕 200, 달걀 100, 버터 100
④ 소맥분 200, 설탕 100, 달걀 100, 버터 100

> 파운드 케이크는 밀가루, 설탕, 유지, 달걀이 같은 양으로 배합되어 만들어지는 반죽형 케이크이다.

003 물엿을 계량할 때 바람직하지 못한 방법은?

① 될 수 있는 대로 스테인리스 그릇 혹은 플라스틱 그릇을 사용한다.
② 살짝 데워서 계량하면 수월할 수 있다.
③ 설탕 계량 후 그 위에 계량한다.
④ 일반 갱지를 잘라서 그 위에 계량하는 것이 좋다.

> 물엿을 갱지 위에 계량하면 손실이 많다.

004 케이크에서 설탕의 역할과 거리가 먼 것은?

① 감미를 준다.
② 껍질색을 진하게 한다.
③ 수분 보유력이 있어 노화가 지연된다.
④ 제품의 형태를 유지시킨다.

> 제품의 형태를 유지시키는 구조형성에 관여하는 재료는 밀가루, 달걀, 우유 등이다.

005 옥수수 가루를 이용하여 스펀지 케이크를 만들 때 가장 좋은 제품의 부피를 얻을 수 있는 것은?

① 메옥수수 가루
② 찰옥수수 가루
③ 메옥수수 가루를 호화시킨 것
④ 찰옥수수 가루를 호화시킨 것

006 찜류 또는 만쥬 등에 사용하는 팽창제인 이스파타의 특성이 아닌 것은?

① 팽창력이 강하다.
② 제품의 색을 희게 한다.
③ 암모니아 냄새가 날 수 있다.
④ 중조와 산제를 이용한 팽창제이다.

> 이스파타는 이스트와 베이킹 파우더의 복합어로 염화암모늄에 중조를 혼합한 것으로 찜류의 팽창제로 많이 사용한다.

007 소금이 제과에 미치는 영향이 아닌 것은?

① 다른 재료의 맛을 내게 한다.
② 감미를 조절한다.
③ 껍질색에 관계한다.
④ pH를 조절한다.

> 제과에서 소금의 기능
> • 다른 재료들의 맛을 내게 한다.
> • 감미도 조절 기능으로 설탕의 단맛을 순화시킨다.
> • 당의 열반응 온도를 낮추어 캐러멜화를 촉진시킨다.

정답 001 ③ 002 ② 003 ④ 004 ④ 005 ① 006 ④ 007 ④

008 버터 케이크 반죽으로 제조되는 제품은?

① 파운드 케이크
② 스펀지 케이크
③ 슈크림
④ 파이

🔍 많은 양의 유지를 사용하고 화학팽창제를 이용하는 반죽으로 파운드 케이크, 레이어 케이크 등이 있다.

009 케이크류의 제조와 관계가 먼 원료는?

① 달걀　　② 설탕
③ 강력분　④ 박력분

🔍 일반적인 케이크는 단백질 함량이 7~9%, 회분 함량이 0.4% 이하인 박력분을 사용한다.

010 일반적으로 가장 낮은 회분 함량을 가진 밀가루로 만들어야 좋은 제품은?

① 스펀지 케이크
② 쿠키
③ 파이
④ 크래커

🔍 스펀지 케이크는 회분 함량과 단백질 함량이 적은 특급 박력분을 사용한다.

011 케이크를 부풀게 하는 증기압의 주재료로 알맞은 것은?

① 달걀　　② 쇼트닝
③ 밀가루　④ 베이킹 파우더

🔍 달걀은 팽창 작용으로 거품이 공기를 혼입하여 굽기 중 팽창한다.

012 반죽형 케이크 제조 시 일반적으로 유화제는 쇼트닝의 몇 %를 사용하는 것이 가장 적당한가?

① 6~8%　　② 10~12%
③ 3~4%　　④ 1~2%

🔍 유화제는 유지에 녹으면서 물에도 분산되고 유화 식품을 안정시키는 역할을 하는 것으로 쇼트닝 제품에 유지의 6~8%를 사용한다.

013 버터 스펀지 케이크는 만드는 방법에 따라 별립법과 공립법으로 나눈다. 다음 설명 중 맞는 것은?

① 달걀의 흰자, 노른자를 분리하여 각각 거품을 올리는 것을 별립법이라 한다.
② 공립법은 달걀을 사용하지 않고 케이크를 제조하는 방법을 말한다.
③ 별립법에서는 흰자, 노른자를 분리하지 않고 사용한다.
④ 별립법과 공립법은 차이가 없다.

🔍 공립법은 흰자와 노른자를 함께 섞어 거품 내는 방법이며 별립법은 달걀을 흰자와 노른자로 분리하여 각각에 설탕을 넣고 거품을 낸 후 다른 재료와 함께 섞어주는 방법이다.

014 스펀지 케이크 제조 시 더운 방법을 사용할 때 달걀 설탕은 몇 ℃로 가온하여 믹싱 하는가?

① 30℃
② 43℃
③ 55℃
④ 70℃

🔍 더운 방법(hot sponge method)은 달걀과 설탕을 중탕하여 37~43℃까지 데운 후 거품을 내는 방법이다.

015 반죽형 케이크를 제조할 때 크림법으로 믹싱 하는 방법은?

① 설탕 + 쇼트닝
② 밀가루 + 쇼트닝
③ 설탕 + 달걀
④ 설탕 + 밀가루

🔍 크림법은 유지에 설탕을 넣고 크림 상태를 만든 후 달걀을 서서히 넣어 부드러운 크림을 만든다.

016 달걀의 기포성(起泡性)과 포집성이 가장 좋은 것은 몇 도에서인가?

① 0℃
② 5℃
③ 30℃
④ 50℃

정답 008 ①　009 ③　010 ①　011 ①　012 ①　013 ①　014 ②　015 ①　016 ③

017 데블스 푸드를 블렌딩법으로 제조 시 반죽 제조 순서가 맞는 것은?

① 유지 + 밀가루 → 설탕, 분유, 코코아, 유화제 → 물 → 달걀 → 물
② 유지 + 설탕 → 밀가루, 분유, 코코아 → 유화제 → 물 → 소금
③ 유지 + 밀가루 → 설탕, 달걀 → 소금 → 유화제 → 물
④ 유지 + 설탕 → 분유, 코코아 → 유화제 → 소금 → 달걀

> 블렌딩법은 밀가루와 유지를 섞어 밀가루가 유지에 감싸이게 한 후 나머지 건조재료, 액체 재료 순서로 혼합한다.

018 스펀지 케이크 반죽에 버터를 사용하고자 할 때 버터의 온도는 얼마가 가장 좋은가?

① 30℃
② 35℃
③ 60℃
④ 85℃

> 반죽에 분산이 잘 되도록 60℃ 이상으로 중탕한 후 마지막 단계에서 넣어 준다.

019 밀가루와 유지를 믹싱한 후 다른 건조재료와 액체 재료 일부를 투입하여 믹싱하는 것으로 제품의 유연감 즉 부드러움을 목적으로 할 때 가장 좋은 믹싱 방법은?

① 크림법(creaming method)
② 블렌딩법(blending method)
③ 설탕/물법(sugar/water method)
④ 1단계법(single stage method)

020 반죽형 케이크 반죽을 부피 위주로 만들 때 사용할 믹싱방법은?

① 1단계법
② 설탕/물법
③ 블렌딩법
④ 크림법

> 크림법은 가장 많이 이용되는 방법으로 부피가 큰 제품을 만들 수 있다.

021 거품형 제품 제조 시 가온법의 장점이 아닌 것은?

① 껍질색이 균일하다.
② 기포시간이 단축된다.
③ 기공이 조밀하다.
④ 달걀의 비린내가 감소된다.

> 달걀과 설탕을 중탕하여 37~43℃까지 데운 후 거품내는 방법으로 고율배합에 사용하며 기포성이 양호하다. 설탕의 용해도가 좋아 껍질색이 균일하며 손으로 하는 작업에 편리하다.

022 과자의 반죽 방법 중 시퐁형 반죽이란?

① 생물학 팽창제를 사용한다.
② 유지와 설탕을 믹싱한다.
③ 모든 재료를 한꺼번에 넣고 믹싱한다.
④ 달걀을 흰자와 노른자를 분리하여 믹싱한다.

> 시퐁형은 흰자와 노른자를 분리하여 별립법과 달리 노른자는 거품을 내지 않고 거품 낸 흰자와 화학팽창제를 이용해 부피를 형성하는 반죽을 말한다.

023 거품형 케이크의 반죽 순서는?

① 저속 – 중속 – 고속
② 고속 – 중속 – 저속
③ 저속 – 고속 – 중속 – 저속
④ 고속 – 중속 – 저속 – 고속

024 반죽형 케이크의 특징으로 알맞지 않은 것은?

① 식감이 부드럽다.
② 반죽의 비중이 낮다.
③ 유지의 사용량이 많다.
④ 주로 화학팽창제를 사용한다.

> 반죽형 케이크 반죽의 비중은 0.8 정도로 거품형 케이크 반죽의 비중 0.5 정도에 비하여 높다.

정답 017 ① 018 ③ 019 ② 020 ④ 021 ③ 022 ④ 023 ③ 024 ②

025 반죽형 케이크 제조 시 분리 현상이 일어나는 원인이 아닌 것은?

① 반죽온도가 낮다.
② 노른자 사용 비율이 높다.
③ 반죽 중 수분량이 많다.
④ 일시에 투입하는 달걀의 양이 많다.

🔍 달걀 노른자에는 천연 유화성분인 레시틴이 들어 있어 유지와 분리되는 것을 방지하는 유화제 역할을 한다.

026 거품형 케이크 제조에서 수분량(달걀+우유)에 따른 체적의 변화 중 케이크의 부피가 최대인 수분량은?

① 135%
② 155%
③ 175%
④ 195%

027 다음 설명 중 저율배합에 대한 고율배합의 상대적 비교로 틀린 것은?

① 고율배합은 믹싱 중 공기 혼입이 적은 편이다.
② 고율배합의 비중은 낮아진다.
③ 고율배합에는 화학팽창제의 사용량을 감소한다.
④ 고율배합의 제품은 상대적으로 낮은 온도에서 오래 굽는다.

🔍 고율배합은 믹싱 중 공기 혼입이 많은 편이다.

028 다음 제법 중 비교적 스크래핑을 가장 많이 해야 하는 제법은?

① 공립법   ② 별립법
③ 설탕/물법   ④ 크림법

🔍 크림법은 된 반죽이며 설탕입자가 남아있어 스크래핑을 자주 해야 한다.

029 스펀지 케이크 제조 시 달걀의 사용량을 줄이려고 한다. 옳지 않은 것은?

① 물을 조금 더 사용한다.
② 유화제를 더 쓴다.
③ 설탕 사용량을 줄인다.
④ 베이킹 파우더 사용량을 늘인다.

🔍 달걀의 사용량을 줄이면 수분 함량과 팽창 요인이 줄어든다.

030 전란을 사용하여 공립법으로 만드는 쿠키는?

① 스냅 쿠키
② 머랭 쿠키
③ 스펀지 쿠키
④ 드롭 쿠키

🔍 스펀지 쿠키는 전란을 사용하여 공립법으로 만들며 수분이 가장 많은 쿠키로 짤주머니로 짜서 성형한다.

031 전통적인 퍼프 페이스트리의 기본 배합율로 강력분 : 유지 : 냉수 : 소금의 비율로 가장 적당한 것은?

① 100 : 100 : 50 : 1
② 100 : 50 : 100 : 1
③ 100 : 50 : 50 : 1
④ 100 : 50 : 25 : 1

032 밀가루 100%, 달걀 166%, 설탕 166%, 소금 2%인 배합율은 어떤 케이크 제조에 적당한가?

① 파운드 케이크
② 옐로우 레이어 케이크
③ 스펀지 케이크
④ 엔젤 푸드 케이크

🔍 스펀지 케이크의 필수 재료는 밀가루, 달걀, 설탕, 소금이다.

033 전통적인 스펀지 케이크 반죽과 제노아즈 반죽의 가장 큰 차이점은?

① 유지 함량
② 설탕 함량
③ 달걀 함량
④ 밀가루 함량

🔍 제노아즈는 버터를 녹여 첨가시킨 반죽이다.

정답 025 ② 026 ② 027 ① 028 ④ 029 ③ 030 ③ 031 ① 032 ③ 033 ①

034 쿠키의 크기를 크게 하기 위한 조치는?

① 팽창제를 적게 사용한다.
② 설탕 대신 분당을 사용한다.
③ 산성재료의 사용량을 늘린다.
④ 오븐 온도를 낮춘다.

🔍 오븐의 온도를 낮추면 구조형성이 늦어 쿠키의 크기가 커진다.

035 마카롱 쿠키는 주로 아몬드를 사용하는 쿠키로 밀가루를 사용하지 않는 경우도 있다. 이 쿠키는 다음의 어느 쿠키에 속하는가?

① 드롭 쿠키
② 스냅 쿠키
③ 스펀지 쿠키
④ 머랭 쿠키

036 다음 보기의 조건에서 계산된 물 온도는?

• 반죽 희망 온도 : 23℃	• 밀가루 온도 : 25℃
• 실내 온도 : 25℃	• 설탕 온도 : 25℃
• 쇼트닝 온도 : 20℃	• 달걀 온도 : 20℃
• 수돗물 온도 : 20℃	• 마찰계수 : 20

① 3℃
② 8℃
③ 12℃
④ 20℃

🔍 물 온도
= (반죽 희망 온도 × 6) − (밀가루 온도 + 실내 온도 + 설탕 온도 + 쇼트닝 온도 + 달걀 온도 + 마찰계수)
= (23 × 6) − (25 + 25 + 25 + 20 + 20 + 20) = 3℃

037 다음 중 반죽의 희망 결과온도가 가장 낮은 제품은?

① 슈
② 카스텔라
③ 퍼프 페이스트리
④ 소프트 롤 케이크

🔍 파이, 퍼프페이스트리의 반죽온도는 18℃, 거품형 케이크의 반죽온도는 23~24℃ 이다.

038 반죽온도가 정상보다 낮을 때 나타나는 제품의 결과 중 틀린 것은?

① 부피가 작다.
② 큰 기포가 형성된다.
③ 기공이 조밀하다.
④ 오븐 통과시간이 약간 길다.

🔍 반죽온도가 낮을 경우에는 제품의 기공이 조밀해 부피가 작고 식감이 나쁘다. 표면이 터지고 거칠다.

039 레이어 케이크 반죽의 온도를 조절하려 할 때, 실내 온도 25℃, 밀가루 온도 25℃, 설탕 온도 25℃, 수돗물 온도 20℃, 유화쇼트닝 온도 20℃, 달걀 온도 20℃, 마찰계수 28, 희망 온도 23℃라면 사용할 물의 온도로 적당한 것은?

① 3℃
② 23℃
③ −5℃
④ 12℃

🔍 사용할 물 온도
= (희망 반죽온도 × 6) − (밀가루 온도 + 실내온도 + 설탕 온도 + 쇼트닝 온도 + 달걀 온도 + 마찰계수)
= (23 × 6) − (25 + 25 + 25 + 20 + 20 + 28) = −5℃

040 케이크 반죽의 온도가 높은 경우의 제품은?

① 부피가 작다.
② 큰 기공이 많다.
③ 굽는 시간이 길어진다.
④ 속결이 조밀하다.

🔍 반죽의 온도가 높은 경우에는 제품의 기공이 커져 조직이 거칠고 노화가 빠르다.

041 일반적으로 옐로우 레이어 케이크의 반죽온도는 어느 정도가 가장 적당한가?

① 10℃
② 16℃
③ 24℃
④ 34℃

042 일반적인 과자 반죽의 믹싱 완료 정도를 파악하기 어려운 것은?

① 반죽의 비중
② 글루텐의 발전 정도
③ 반죽의 점도
④ 반죽의 색

정답 034 ④ 035 ④ 036 ① 037 ③ 038 ② 039 ③ 040 ② 041 ③ 042 ②

043 40g의 계량컵에 물을 가득 채웠더니 240g이었다. 어느 과자 반죽을 넣고 달아보니 220g이 되었다면 이 반죽의 비중은 얼마인가?

① 0.85　　② 0.9
③ 0.92　　④ 0.95

🔍 반죽의 비중 = $\dfrac{(비중컵 + 반죽)의\ 무게 - 컵의\ 무게}{(비중컵 + 물)의\ 무게 - 컵의\ 무게}$
　　　　　　 = $\dfrac{220 - 40}{240 - 40}$ = 0.9

044 제과 반죽이 너무 산성에 치우쳐 발생하는 현상과 거리가 먼 것은?

① 연한 향
② 여린 껍질색
③ 빈약한 부피
④ 거친 기포

🔍 반죽이 산성으로 치우쳤을 때의 특징은 너무 고운 기공, 여린 껍질색, 연한 향, 톡 쏘는 신맛, 빈약한 제품의 부피 등의 특징을 가진다.

045 케이크 반죽의 비중이 정상보다 높을 때의 현상으로 맞는 것은?

① 부피가 커진다(분할 무게가 같을 때).
② 내부에 큰 기포가 생긴다.
③ 무게에 비해 가벼운 제품이 된다.
④ 기공이 조밀해진다.

🔍 비중이 높은 경우의 제품은 공기의 포함이 작아 기공이 조밀하여 무겁고 부피가 작다.

046 데블스 푸드 케이크를 만들려고 한다. 반죽의 비중을 재기 위하여 필요한 무게가 아닌 것은?

① 비중컵의 무게
② 코코아를 담은 비중컵의 무게
③ 물을 담은 비중컵의 무게
④ 반죽을 담은 비중컵의 무게

🔍 비중은 부피가 같은 물의 무게에 대해 반죽의 무게를 숫자로 나타낸 값으로 비중컵의 무게, 물을 담은 비중컵의 무게, 반죽을 담은 비중컵의 무게를 알아야 한다.

047 같은 용적의 팬에 같은 무게의 반죽을 팬닝하였을 경우 부피가 가장 작은 제품은?

① 시퐁 케이크　　② 레이어 케이크
③ 파운드 케이크　④ 스펀지 케이크

🔍 비용적은 반죽 1g이 차지하는 부피를 의미(단위 cm^3/g, cc/g)하며 파운드 케이크 : $2.40cm^3/g$, 레이어 케이크 : $2.96cm^3/g$, 엔젤 푸드 케이크 : $4.71cm^3/g$, 스펀지 케이크 : $5.08cm^3/g$

048 레몬즙이나 식초를 첨가한 반죽을 구웠을 때 나타나는 현상은?

① 조직이 치밀하다.　② 껍질색이 진하다.
③ 향이 짙어진다.　　④ 부피가 증가한다.

🔍 레몬즙이나 식초를 첨가한 반죽은 산성에 치우치게 되어 치밀한 조직을 나타낸다.

049 반죽의 비중과 관계가 가장 적은 것은?

① 제품의 부피　② 제품의 기공
③ 제품의 조직　④ 제품의 점도

🔍 반죽의 비중은 공기의 혼입 정도에 따라 달라지며 기공, 조직, 부피에 영향을 끼친다.

050 일반적으로 우유 1ℓ로 만든 커스터드 크림과 무당 휘핑크림 1ℓ로 만든 생크림을 혼합하여 만드는 제품은?

① 디프로매트 크림(diplomat cream)
② 퐁당(fondant)
③ 마시멜로우(marshmallow)
④ 퍼지 아이싱(fudge icing)

051 파운드 케이크 반죽을 팬에 넣을 때 적당한 팬닝비(%)는?

① 50%　　② 55%
③ 70%　　④ 100%

🔍 적당한 팬 넣기는 레이어 케이크 45~55%, 스펀지 케이크 50~60%, 엔젤 푸드 케이크 60~70%, 파운드 케이크 70%까지 채운다.

정답 043 ②　044 ④　045 ④　046 ②　047 ③　048 ①　049 ④　050 ①　051 ③

052 케이크 팬 용적 410cm³에 100g의 스펀지 케이크 반죽을 넣어 좋은 결과를 얻었다면 팬 용적 1230cm³에 넣어야 할 스펀지 케이크의 반죽 무게는?

① 123g　　② 200g
③ 300g　　④ 410g

> 비용적은 반죽 1g이 차지하는 부피를 의미(단위 cm³/g, cc/g)한다. 문제에서의 스펀지 케이크 비용적은 4.1cm³/g 이다. 따라서, 분할할 반죽 무게(g) = 팬 용적 ÷ 비용적 = 1230 ÷ 4.1 = 300

053 완제품 440g인 스펀지 케이크 500개를 주문 받았다. 굽기 손실이 12%라면 전체 반죽은 얼마나 준비하여야 하는가?

① 125kg　　② 250kg
③ 300kg　　④ 600kg

> 분할량 = 완제품 중량 ÷ (1 - 손실률)
> = (440 × 500) ÷ (1 - 0.12)
> = 220kg ÷ 0.88 = 250kg

054 다음 제품 중 비용적이 가장 큰 제품은?

① 파운드 케이크
② 옐로우 레이어 케이크
③ 스펀지 케이크
④ 식빵

> 반죽 1g이 차지하는 부피를 의미(단위 cm³/g, cc/g)
> • 파운드 케이크 : 2.40cm³/g
> • 레이어 케이크 : 2.96cm³/g
> • 엔젤 푸드 케이크 : 4.71cm³/g
> • 스펀지 케이크 : 5.08cm³/g
> • 식빵 : 3.2~3.4cm³/g

055 케이크 반죽의 팬닝에 대한 설명으로 틀리는 것은?

① 케이크의 종류에 따라 반죽량을 다르게 팬닝한다.
② 새로운 팬은 비용적을 구하여 팬닝한다.
③ 팬 용적을 구하기 어려운 것은 유채씨로 부피를 측정한다.
④ 비중이 무거운 반죽은 분할량을 작게한다.

> 비중이 무거운 것은 팽창이 작기 때문에 분할량을 많게 한다.

056 커스터드 푸딩은 틀에 몇 % 정도 채우는가?

① 75%　　② 85%
③ 95%　　④ 105~110%

057 엔젤 푸드 제조 시 팬에 사용하는 이형제로 적당한 것은?

① 쇼트닝　　② 밀가루
③ 라드　　　④ 물

058 다음 쿠키 중에서 다른 셋은 짜는 형태인데 비하여 상대적으로 수분이 적어서 밀어 펴는 형태로 만드는 제품은?

① 드롭 쿠키　　② 스냅 쿠키
③ 스펀지 쿠키　④ 머랭 쿠키

> 스냅 쿠키와 쇼트 브레드 쿠키는 수분함량이 적어 밀어 펴는 형태로 만들어진다.

059 다음 제품 중 정형하여 팬닝할 경우 제품의 간격을 가장 충분히 유지하여야 하는 제품은?

① 슈
② 오믈렛
③ 애플 파이
④ 쇼트 브레드 쿠키

060 일반 파운드 케이크와 비교할 때 마블 파운드 케이크에 들어가는 재료는?

① 코코아　　② 버터
③ 밀가루　　④ 달걀

> 마블 파운드는 코코아를 첨가해 코코아 반죽으로 만든 후 나머지 흰 반죽과 섞어 대리석 무늬를 만든 케이크이다.

061 케이크 도넛의 성형 방법이다. (　)에 들어 갈 공정은?

| 반죽 뭉치기 → (　　) → 정형 |

① 반죽되기 조절하기　② 밀어 펴기
③ 튀기기　　　　　　④ 덧가루 첨가하기

정답 052 ③　053 ②　054 ③　055 ④　056 ④　057 ④　058 ②　059 ①　060 ①　061 ②

062 사과 파이 껍질을 만들기 위하여 버터를 호두알만한 크기로 자르고 밀가루와 다른 건조재료를 넣어 비빈 후에 찬물을 투입하여 반죽을 완료했다면 제품의 특성은?

① 중간 결 껍질
② 긴 결 껍질
③ 가루 모양 껍질
④ 크래커 모양 껍질

🔍 파이 껍질의 결의 크기는 유지의 양과 크기에 따라 달라진다.

063 과일 파이의 충전물을 만들 때 주스에 대한 일반적인 전분의 사용량으로 가장 적당한 것은?

① 1~2%   ② 6~8%
③ 12~14%   ④ 17~19%

064 과일 파이에서 과일 충전물이 끓어 넘치는 이유가 아닌 것은?

① 과일 충전물 배합이 부정확하다.
② 오븐 온도가 높아 굽는 시간이 너무 짧다.
③ 파이 껍질의 수분이 너무 많다.
④ 파이 껍질에 구멍을 뚫지 않았다.

065 옐로 레이어 케이크 배합표에서 설탕을 120%, 쇼트닝을 54%를 사용했다면 분유의 사용 비율은?

① 4.37%   ② 5.45%
③ 72.4%   ④ 8.56%

🔍 전란 = 쇼트닝 × 1.1, 우유 = 설탕 + 25 − 전란, 분유는 우유의 10%이므로 전란 = 54 × 1.1 = 59.4, 우유 = 120 + 25 − 59.4 = 85.6이다. 따라서, 분유는 8.56%

066 다음은 쿠키의 퍼짐성을 크게 하기 위한 조치다. 관계가 적은 것은?

① 입자가 큰 설탕 사용
② 과도한 믹싱
③ 팽창제 사용
④ 오븐 온도를 높게 함

🔍 오븐 온도가 높으면 구조가 빨리 형성이 되어 퍼짐성이 약하다.

067 엔젤 푸드 케이크의 필수 재료가 아닌 것은?

① 밀가루   ② 전란
③ 산염   ④ 흰자

🔍 엔젤 푸드 케이크는 거품형 케이크로 달걀의 흰자만 사용한다.

068 엔젤 푸드 케이크 제조 시 설탕을 2회로 나누어 넣는데 첫 번째 넣는 설탕의 비율은?

① 10~30%   ② 40~50%
③ 60~70%   ④ 80~90%

🔍 • 설탕 = 100 − (흰자 + 밀가루 + 1)
• 설탕 × 2/3 = 입상형 설탕
• 설탕 × 1/3 = 분당

069 파이 제조 시 유지를 많이 넣었을 때의 파이의 결은?

① 결의 길이가 길다.
② 결의 길이가 짧다.
③ 미세한 결이 만들어진다.
④ 상관없다.

🔍 파이의 결은 유지의 양과 크기에 의해 조절된다. 양이 많고 크기가 크면 결의 길이가 길어진다.

070 화이트 레이어 케이크 제조 시 주석산 크림을 사용하는 목적 중 틀린 것은?

① 색을 희게 한다.
② pH 수치를 낮춘다.
③ 흰자를 강하게 한다.
④ 흡수율을 높인다.

🔍 주석산은 흰자의 pH를 낮추어 색을 희게 하고 강하게 하는 역할을 한다.

071 푸딩을 만들 때 설탕과 달걀의 배합비는?

① 1 : 1   ② 2 : 1
③ 1 : 2   ④ 3 : 2

🔍 푸딩은 달걀의 열변성에 의한 농후화 작용을 이용한 제품으로 설탕과 달걀의 비는 1 : 2 의 비로 배합한다.

정답 062 ② 063 ② 064 ④ 065 ④ 066 ④ 067 ② 068 ③ 069 ① 070 ④ 071 ③

072 푸딩을 제조할 때 경도의 조절은 어떤 재료를 증감하면 되는가?

① 베이킹 파우더 ② 설탕
③ 달걀 ④ 소금

> 푸딩은 달걀의 열변성을 이용한 제품으로 달걀의 양에 의해 경도가 조절된다.

073 오믈렛에 충전할 수 없는 것은?

① 딸기
② 생크림(휘핑 크림)
③ 바나나
④ 전분

074 데블스 푸드 케이크에서 우유 사용량을 구하는 공식은?

① 설탕 + 30 + (코코아 × 1.5) − 전란
② 설탕 + 30 − (코코아 × 1.5) − 전란
③ 설탕 + 30 − (코코아 × 1.5) + 전란
④ 설탕 − 30 + (코코아 × 1.5) + 전란

> 코코아가 1% 증가할 때마다 물은 1.5% 증가한다.

075 데블스 푸드 케이크에서 천연 코코아 사용량이 30%일 때 소다의 사용량은?

① 1.2% ② 2.1%
③ 2.8% ④ 5.2%

> 소다(중조)는 천연 코코아 사용양의 7%를 사용하기 때문에 30 × 0.07 = 2.1%이다.

076 파운드 케이크 제조 시 쇼트닝을 많이 넣었을 때 조치사항으로 맞는 것은?

① 달걀 증가 ② 베이킹 파우더 증가
③ 박력분 증가 ④ 소금 감소

> 쇼트닝의 사용량을 늘리면 달걀의 사용량도 늘린다. 달걀과 쇼트닝의 역할은 팽창 작용이기 때문에 양이 늘어나면 베이킹 파우더는 감소시킨다.

077 과일 케이크의 키위, 파인애플 위에 젤라틴을 덧씌우는 이유는?

① 과일의 효소 때문에
② 설탕이 부족해서
③ 잘 굳게 하기 위해
④ 이유가 없다.

078 기본 퍼프 페이스트리에서 밀가루가 100일 때 유지, 물의 비율은?

① 50 : 50 ② 100 : 100
③ 50 : 100 ④ 100 : 50

> 퍼프 페이스트리의 기본 배합은 밀가루 : 100, 유지 : 100, 물 : 50, 소금 : 1이다.

079 옐로우 레이어 케이크에서 설탕 120%, 유화 쇼트닝 50%를 사용한 경우 우유 사용량은?

① 60% ② 70%
③ 80% ④ 90%

> • 전란 = 쇼트닝 × 1.1
>   우유 = 설탕 + 25 − 전란
> • 전란 = 50 × 1.1 = 55
>   우유 = 120 + 25 − 55 = 90

080 정형한 파이 반죽에 구멍 자국을 내주는 가장 주된 이유는?

① 제품을 부드럽게 하기 위해
② 제품의 수축을 막기 위해
③ 제품의 원활한 팽창을 위해
④ 제품에 기포나 수포가 생기는 것을 막기 위해

> 반죽에 구멍을 내지 않으면 공기가 빠지지 못해 기포나 수포가 생긴다.

081 케이크 도넛에 대두분을 사용하는 목적이 아닌 것은?

① 흡유율 증가 ② 껍질 구조 강화
③ 껍질색 강화 ④ 식감의 개선

082 파운드 케이크의 배합율 조정에 관한 사항 중 밀가루, 설탕을 일정하게 하고 쇼트닝을 증가시킬 때 조치 중 틀린 것은?

① 전란 사용량을 증가시킨다.
② 우유 사용량을 감소시킨다.
③ 베이킹파우더를 증가시킨다.
④ 유화제 사용량을 증가시킨다.

> 파운드 케이크 재료 사용 범위
> • 설탕 사용량이 일정하면 전체 수분의 양(달걀 + 우유)이 일정하다.
> • 달걀 사용량이 증가하면 우유 사용량은 감소한다.
> • 쇼트닝의 양이 증가하면 달걀 사용량도 증가한다.
> • 달걀과 쇼트닝의 기능은 부피 증가이기 때문에 베이킹 파우더 양은 감소한다.
> • 유지에 소금이 포함되어 있기 때문에 소금의 양은 감소한다.

083 젤리 롤(Jelly roll)을 마는데 터지는 경우를 감소시키기 위한 다음의 조치 중 부적당한 것은?

① 설탕 일부를 물엿으로 대체한다.
② 팽창제 사용을 증가시킨다.
③ 덱스트린의 점착성을 이용한다.
④ 노른자를 감소하고 전란을 증가시킨다.

> 과도한 팽창은 젤리 롤을 터지게 하는 원인이 되므로 팽창제 사용을 감소시킨다.

084 슈 크림의 제조 공정에 대한 설명으로 틀린 항목은?

① 물에 소금과 유지를 넣고 센 불에서 끓인 후 밀가루를 넣고 저으면서 완전히 호화시킨다.
② 60~65℃로 냉각시키고 달걀을 소량씩 넣으면서 매끈한 반죽을 만든다.
③ 보통은 원형 모양깍지를 이용하여 평철판에 짜놓고 물을 분무하여 껍질이 빨리 형성되는 것을 막아준다.
④ 굽기 초기에는 윗불을 강하게 하여 표피 색상을 빨리 내며, 굽는 열에 예민하기 때문에 수시로 오븐 문을 열고 슈의 굽기 상태를 확인해야 된다.

> 초기에는 아래 불을 높여 굽다가 표피가 갈라지면 아래 불을 줄이고 윗 불을 높여 굽는다. 찬 공기가 들어가면 슈가 주저앉게 되므로 팽창과정 중에 오븐 문을 여닫지 않도록 한다.

085 다음 제품 중 냉과류에 속하는 제품은?

① 무스 케이크
② 젤리 롤 케이크
③ 소프트 롤 케이크
④ 양갱

> 냉과류는 냉장고에서 마무리하는 과자를 말하며 바바루아, 무스, 푸딩, 젤리, 블라망제 등이 있다.

086 과일 케이크를 만들 때 과일이 가라앉는 이유에 대한 설명으로 틀린 것은?

① 강도(强度)가 약한 밀가루의 사용
② 믹싱이 지나치고 큰 공기방울이 반죽에 남는 경우
③ 진한 속색을 위한 탄산수소나트륨의 과다 사용
④ 시럽에 담근 과일의 시럽을 배수시켜 사용

> 시럽에 담근 과일은 사용 전에 물을 충분히 뺀 뒤 사용하고 밀가루에 묻혀 사용하면 과일이 가라앉는 것을 방지할 수 있다.

087 무스 케이크 제조 시 수분에 대한 젤라틴의 사용 비율로 알맞은 것은?

① 2%
② 5%
③ 8%
④ 12%

088 어떤 제품을 만드는데 보기와 같은 배합표가 작성되었다면 이 제품명은?

물 1ℓ, 버터 450g, 소금 10g, 소맥분 650g, 달걀 25개

① 버터 스펀지 케이크
② 비스킷
③ 슈
④ 파운드 케이크

> 슈의 반죽에는 설탕이 들어가지 않는다.

정답 082 ③ 083 ② 084 ④ 085 ① 086 ④ 087 ① 088 ③

089 케이크 도넛의 부위 중 팽창작용이 가장 좋으며 보통 케이크와 같은 내상을 갖는 부위는 어느 곳인가?

① 전 부위가 동일하다.
② 속(중앙) 부위
③ 껍질 부위
④ 껍질과 속의 중간

🔍 껍질과 속의 중간 부위는 도넛의 대부분을 차지하고 케이크와 유사한 상태로 유지가 조금 흡수된다.

090 유화 쇼트닝을 60% 사용한 옐로우 레이어 케이크 배합에 32%의 초콜릿을 넣어 초콜릿 케이크를 만들 때 원래의 쇼트닝 60%는 얼마로 조절해야 하는가?

① 48%   ② 54%
③ 60%   ④ 72%

🔍
- 코코아 버터 = 초콜릿 × 3/8(37.5%), 쇼트닝 = 원래 쇼트닝 − (코코아버터 × 1/2)
- 코코아 버터 = 32 × 3/8 = 12%, 쇼트닝 = 60 − (12 × 1/2) = 54(%)

091 핑거 쿠키 성형 방법 중 옳지 않은 것은?

① 원형 깍지를 이용하여 일정한 간격으로 짠다.
② 철판에 기름을 바르고 짠다.
③ 5~6cm 정도의 길이로 짠다.
④ 짠 뒤 윗면에 고르게 설탕을 뿌려준다.

🔍 핑거 쿠키는 수분이 많아 팬에서 잘 떨어지지 않아 팬 종이를 사용하여 짠다.

092 퍼프 페이스트리 제조 시 다른 조건이 같을 때 충전용 유지에 대한 설명으로 틀리는 것은?

① 충전용 유지가 많을수록 결이 분명해진다.
② 충전용 유지가 많을수록 밀어 펴기가 쉬워진다.
③ 충전용 유지가 많을수록 부피가 커진다.
④ 충전용 유지는 가소성 범위가 넓은 파이용이 적당하다.

🔍 충전용 유지가 많으면 반죽에 사용되는 유지의 양이 적어 밀어 펴기 어려워진다.

093 다음 중 표준 옐로우 레이어 케이크 제조 시 물의 함량이 81%인 경우 분유의 사용량은 얼마인가?

① 7%   ② 9%
③ 11%   ④ 13%

🔍 우유는 90%의 물과 10%의 분유로 대체할 수 있다.

094 푸딩에 관한 설명 중 맞는 것은?

① 반죽을 푸딩컵에 먼저 부은 후에 캐러멜 소스를 붓고 굽는다.
② 달걀, 설탕, 우유 등을 혼합하여 직화로 구운 제품이다.
③ 달걀의 열변성에 의한 농후화 작용을 이용한 제품이다.
④ 육류, 과일, 야채, 빵을 섞어 만들지는 아니한다.

🔍 푸딩의 특징
- 달걀, 설탕, 우유 등을 혼합하여 중탕으로 구운 제품
- 육류, 과일, 야채, 빵을 섞어 만들기도 한다.
- 달걀의 열변성에 의한 농후화 작용을 이용한 제품
- 설탕과 달걀의 비는 1 : 2의 비로 배합

095 파운드 케이크를 구운 직후 달걀 노른자에 설탕을 넣어 칠하는 방법이 있다. 이 때 설탕의 역할이 아닌 것은?

① 광택제 효과   ② 보존기간 개선
③ 탈색 효과   ④ 맛의 개선

🔍 달걀 노른자 100%에 설탕 20~40% 정도를 넣어 칠하면 광택 효과, 맛의 개선, 껍질색 개선, 보존기간 개선 등의 효과가 있다.

096 케이크 도넛 반죽에 휴지를 주는 이유로 틀리는 것은?

① 이산화탄소 가스를 발생시킨다.
② 도넛 제품이 적절한 부피를 갖도록 한다.
③ 생 재료가 제품에 남지 않게 한다.
④ 껍질형성을 빠르게 한다.

097 다음 제품 중 나무틀을 이용하여 팬닝하는 제품으로 알맞은 것은?

① 슈   ② 밀푀유
③ 카스텔라   ④ 퍼프 페이스트리

정답
089 ④ 090 ② 091 ② 092 ② 093 ② 094 ③ 095 ③ 096 ④ 097 ③

098 다음 케이크 중 달걀 노른자를 사용하지 않는 것은?

① 파운드 케이크
② 화이트 레이어 케이크
③ 데블스 푸드 케이크
④ 소프트 롤 케이크

🔍 화이트 레이어 케이크는 흰자만 사용하는 반죽형 케이크이다.

099 롤 케이크를 만들려고 한다. 다음 설명 중 틀린 것은?

① 구운 후 어느 정도 냉각되면 압력을 가하여 수평을 맞춘다.
② 양이 적은 반죽은 높은 온도에서 굽는다.
③ 얇은 반죽은 낮은 온도에서 굽는다.
④ 두꺼운 반죽은 낮은 온도에서 굽는다.

🔍 얇은 반죽은 높은 온도에서 빨리 구워야 수분이 손실되는 것을 방지할 수 있다.

100 나가사키 카스텔라 제조 시 휘젓기를 하는 이유로 알맞지 않은 것은?

① 반죽온도를 균일하게 한다.
② 껍질 표면을 매끄럽게 한다.
③ 내상을 균일하게 한다.
④ 팽창을 원활하게 한다.

101 구워낸 케이크 제품이 너무 딱딱한 경우가 있다. 그 원인으로 틀린 것은?

① 배합비에서 설탕의 비율이 높을 때
② 소맥분의 단백질 함량이 너무 많을 경우
③ 지나친 믹싱(mixing)
④ 온도가 낮은 오븐에서 장시간 굽기 했을 때

🔍 설탕은 수분을 보유하는 성질이 있어 케이크를 부드럽게 한다.

102 다음 쿠키 반죽 중 유지 사용량이 가장 많은 것은?

① 마카롱 쿠키
② 핑거 쿠키
③ 머랭 쿠키
④ 쇼트 브레드 쿠키

🔍 쇼트 브레드 쿠키는 스냅 쿠키와 배합이 비슷하지만 유지 사용량이 많으며, 밀어 펴는 형태의 쿠키로 식감은 부드럽고 바삭바삭하다.

103 커스터드 또는 초콜릿, 과일 퓨레에 생크림, 머랭, 젤라틴을 넣어 굳혀 만든 제품으로 표면의 젤리가 거울처럼 광택이 난다는 데서 붙여진 제품의 이름은?

① 푸딩(pudding)
② 바바루아(bavarois)
③ 무스(mousse)
④ 블랑망제(blancmanger)

104 스펀지 케이크 제조 시 아몬드 분말을 사용할 경우의 장점인 것은?

① 노화가 지연되며 맛이 좋다.
② 식감이 단단하다.
③ 원가가 절감된다.
④ 반죽이 안정적이다.

105 퍼프 페이스트리 제조 시 휴지의 목적이 아닌 것은?

① 밀가루가 수화를 완전히 하여 글루텐을 안정시킨다.
② 밀어 펴기를 쉽게 한다.
③ 저온 처리를 함으로 향이 좋아진다.
④ 반죽과 유지의 '되기'를 같게 한다.

106 코코아 20%에 해당하는 초콜릿을 사용하여 케이크를 만들려고 할 때 초콜릿 사용량은?

① 16%
② 20%
③ 28%
④ 32%

🔍 코코아 = 초콜릿 × 5/8,
초콜릿 = 코코아 × 8/5
∴ 20% × 8/5 = 32(%)

정답 098 ② 099 ③ 100 ④ 101 ① 102 ④ 103 ② 104 ① 105 ③ 106 ④

107 짜는 형태의 쿠키에 분당을 사용하는 이유로 가장 알맞은 것은?

① 제품의 형태를 잘 유지한다.
② 퍼짐이 커진다.
③ 가격이 저렴하다.
④ 감미도가 낮아진다.

🔍 설탕을 사용하면 반죽에 설탕의 입자가 남아있어 퍼짐의 원인이 된다.

108 다음 파이 종류 중 성형의 형태가 다른 것은?

① 호박 파이　　② 파인애플 파이
③ 사과 파이　　④ 체리 파이

109 과일 케이크(fruit cake)를 구울 때 오븐에 증기를 넣고 굽기를 했다. 다음 설명 중 틀린 것은?

① 껍질을 두껍게 만든다.
② 향의 손실을 방지한다.
③ 수분 손실을 방지한다.
④ 제품 표면의 번짐을 방지한다.

110 데블스 푸드 케이크 제조 시 중조를 8g 사용했을 경우 가스 발생량으로 비교했을 때 베이킹 파우더 몇 g의 효과와 같은가?

① 8g　　② 16g
③ 24g　　④ 32g

🔍 중조는 베이킹 파우더에 비해 3배의 효과를 낸다.

111 파이 정형 시 유의점이 아닌 것은?

① 반죽은 차야 좋다.
② 반죽 후 냉장고에 넣어 휴지시킨 후 사용한다.
③ 충전물 충전 시 적온은 38℃이다. 충전물 온도가 낮으면 굽기 중 끓어 넘친다.
④ 성형 시 윗 껍질에 구멍을 뚫어 주는 것은 수증기가 빠져 나오게 하기 위함이다.

🔍 충전물의 온도가 너무 높으면 굽기 중 끓어 넘친다.

112 슈 반죽을 만들기에 적당하지 않은 것은?

① 밀가루는 버터가 다 녹지 않은 상태에서 넣어 호화해야 한다.
② 달걀은 불에서 내려 반죽되기를 보면서 소량씩 넣는다.
③ 굳기는 나무 주걱으로 떠 올렸을 때 천천히 떨어지는 정도가 좋다.
④ 슈 반죽을 만들 때 밀가루가 잘 호화되도록 가열하여야 한다.

🔍 버터와 물을 팔팔 끓인 후 밀가루를 넣어 호화시킨다.

113 푸딩 제조 공정에 관한 설명으로 틀린 것은?

① 모든 재료를 섞어서 체에 거른다.
② 푸딩컵에 반죽을 부어 중탕으로 굽는다.
③ 우유와 설탕을 섞어 설탕이 캐러멜화될 때까지 끓인다.
④ 다른 그릇에 달걀, 소금 및 나머지 설탕을 넣고 혼합한 후 우유를 섞는다.

🔍 우유와 설탕을 섞어 80℃ 정도까지 데운다.

114 슈 제조 시 팽창제의 투입시기로 알맞은 것은?

① 밀가루와 함께 투입한다.
② 호화 직전에 투입한다.
③ 호화 후 투입한다.
④ 마지막 달걀 투입 시 투입한다.

🔍 슈 제조 시 팽창제는 마지막 단계에서 투입한다. 밀가루와 팽창제를 같이 계량하지 않는다.

115 반죽형 쿠키 중 수분을 가장 많이 함유하는 쿠키는?

① 쇼트 브레드 쿠키
② 드롭 쿠키
③ 스냅 쿠키
④ 스펀지 쿠키

🔍 반죽형 쿠키에는 쇼트 브레드 쿠키, 드롭 쿠키, 스냅 쿠키가 있다. 수분의 양이 많아 짜는 형태의 쿠키는 드롭 쿠키이다.

정답　107 ①　108 ②　109 ①　110 ③　111 ③　112 ①　113 ③　114 ④　115 ②

116 엔젤 푸드 케이크 제조 시 불필요한 재료는?

① 주석산 크림　② 중조
③ 설탕　　　　④ 소금

🔍 중조는 알칼리 제품으로 제품의 내상을 누렇게 한다.

117 고온에서 빨리 구워야 하는 제품은?

① 파운드 케이크　　② 고율배합 제품
③ 저율배합 제품　　④ 팬닝량이 많은 제품

🔍 저율배합은 고온에서 단시간에 굽는다.

118 튀김 온도로 적당한 온도 범위는?

① 160~180℃　　② 185~195℃
③ 195~200℃　　④ 200~210℃

119 분할 무게 50g짜리 도넛을 190℃의 튀김기름에서 튀겨 좋은 제품이 되었다면 분할 무게 60g짜리 도넛 반죽은 몇 도에서 튀기는 것이 가장 좋은가?

① 160℃　　② 185℃
③ 195℃　　④ 200℃ 이상

🔍 튀김의 적당한 온도는 180~195℃ 사이이며 분할 무게가 클수록 낮은 온도에서 오래 튀겨야 한다.

120 가압하지 않는 찜기의 내부 온도로 가장 적당한 것은?

① 65℃　　② 97℃
③ 150℃　④ 200℃

🔍 찜은 수증기에 의한 열의 대류에 의한 것으로 100℃ 이상 올라가지 않는다.

121 언더 베이킹(under baking)이란?

① 낮은 온도에서 장시간 굽는 방법
② 높은 온도에서 단시간 굽는 방법
③ 윗불을 낮게 밑불을 높게 굽는 방법
④ 윗불을 낮게 밑불을 낮게 굽는 방법

🔍 낮은 온도에서 장시간 굽는 방법은 오버 베이킹이다.

122 케이크가 굽는 도중에 수축하는 경우가 있다. 그 원인으로 틀린 것은?

① 베이킹 파우더의 사용이 과다한 경우
② 반죽에 과도한 공기 혼입이 된 경우
③ 소맥분의 글루텐(gluten)의 함량이 표준치 보다 적은 경우
④ 오븐의 온도가 너무 낮은 경우

123 카스텔라의 굽기 온도 중 가장 적당한 것은?

① 140~150℃
② 180~190℃
③ 220~240℃
④ 250~270℃

124 열원으로 찜(수증기)을 이용했을 때 열 전달 방식은?

① 대류　　② 전도
③ 초음파　④ 복사

125 스펀지 케이크 제조 시 제품의 중앙 부분이 함몰하는 원인으로 가장 알맞은 것은?

① 반죽의 비중이 높다.
② 굽기가 부족하다.
③ 팽창제 사용량을 감소시켰다.
④ 밀가루 사용량을 증가시켰다.

🔍 굽기가 부족하면 가운데 부분에 수분이 남아 있어 굽기 후에 주저앉는 원인이 된다.

126 다음 제품 중 굽기 전 침지 또는 분무하여 굽는 것은?

① 슈　　　② 오믈렛
③ 핑거 쿠키　④ 다쿠와즈

🔍 슈는 굽는 도중 껍질이 빨리 생성되는 것을 방지하기 위하여 침지 또는 분무하여 굽는다.

정답 116 ②　117 ③　118 ②　119 ①　120 ②　121 ①　122 ③　123 ②　124 ①　125 ②　126 ①

127 다음 제품 중 찜류 제품이 아닌 것은?
① 만쥬　　② 무스
③ 푸딩　　④ 치즈 케이크

> 무스는 프랑스어로 거품이란 뜻으로 초콜릿, 과일 퓌레 등에 생크림, 젤라틴 등을 넣고 굳혀 만든 제품을 말한다.

128 케이크 도넛을 제조할 때 설탕을 정상보다 많이 사용하면 나타나는 결과는?
① 기름 흡수가 적다.　② 껍질이 부드럽다.
③ 기공이 열린다.　④ 조직이 거칠다.

129 파운드 케이크 제조 시 윗면이 터지는 이유가 아닌 것은?
① 반죽에 수분이 충분할 때
② 설탕 입자가 용해되지 않는 경우
③ 팬닝 후 장시간 실온에서 방치한 경우
④ 오븐 온도가 높아 껍질형성이 빠를 때

130 찜(수증기)을 이용하여 만들어진 제품이 아닌 것은?
① 소프트 롤　　② 찜 케이크
③ 중화 만두　　④ 호빵

> 소프트 롤은 거품형 반죽으로 오븐에 굽는 제품이다.

131 다음 제품 중 오븐에 넣기 전에 약한 충격을 가하여 굽기 하는 제품은?
① 파운드 케이크　② 젤리 롤 케이크
③ 슈　　　　　　④ 피칸 파이

> 젤리 롤 케이크 반죽은 오븐에 넣기 전 약한 충격을 주면 거품을 고르게 깨 주는 역할을 한다.

132 과자를 성형한 후 물을 뿌려주는 이유가 아닌 것은?
① 덧가루의 제거
② 소성 후 철판에서 잘 떨어짐
③ 껍질색의 균일화
④ 껍질의 터짐 방지

133 다음 제품 중 굽기 전 충분한 휴지를 한 후 굽는 제품은?
① 오믈렛
② 버터 스펀지 케이크
③ 오렌지 쿠키
④ 퍼프 페이스트리

134 슈 제조 시 반죽 표면을 분무 또는 침지를 시키는 이유가 아닌 것은?
① 껍질을 얇게 한다.
② 팽창을 크게 한다.
③ 기형을 방지한다.
④ 제품의 구조를 강하게 한다.

135 다음 반죽 중 튀김용 반죽으로 적당한 것은?
① 퍼프 페이스트리 반죽
② 스펀지 케이크 반죽
③ 슈 반죽
④ 쇼트 브레드 쿠키 반죽

136 도넛 튀김기에 붓는 기름의 평균 깊이로 가장 적당한 것은?
① 5~8cm　　② 9~12cm
③ 12~15cm　④ 16~19cm

> 튀김기름의 깊이는 12~15cm 정도가 가장 적당하다.

137 커스터드 푸딩을 컵에 채워 몇 ℃의 오븐에서 중탕으로 굽는 것이 가장 적당한가?
① 210~220℃　② 160~170℃
③ 190~200℃　④ 225~235℃

138 푸딩 표면에 기포 자국이 많이 생기는 이유로 알맞은 것은?
① 가열이 지나친 경우
② 달걀의 양이 많은 경우
③ 달걀이 오래된 경우
④ 오븐 온도가 낮은 경우

정답 127 ②　128 ③　129 ①　130 ①　131 ②　132 ②　133 ④　134 ④　135 ③　136 ③　137 ②　138 ①

139 다음 중 윗불이 아랫불에 비해 높아야 할 제품은?

① 오렌지 쿠키
② 파운드 케이크
③ 시퐁 케이크
④ 머핀 케이크

140 맛있는 양질의 도넛을 만들기 위한 튀김 기름 중의 유리 지방산 함량으로 가장 적당한 것은?

① 0.5%   ② 1.5%
③ 2.5%   ④ 3.5%

141 오버 베이킹에 관한 설명으로 틀린 것은?

① 윗면이 평행하다.
② 윗면 중앙이 터진다.
③ 수분 손실이 크다.
④ 향이 부족하다.

> 오버 베이킹(Over baking)은 너무 낮은 온도에서 오래 구워서 윗면이 평평하고 수분 손실이 크다.

142 스펀지 케이크의 굽기 중에 나타나는 현상이 아닌 것은?

① 공기 팽창   ② 전분의 호화
③ 밀가루 혼합   ④ 단백질 응고

> 밀가루의 혼합은 반죽 단계에서 일어나는 현상이다.

143 굽기를 할 때 갈색화 반응을 가장 잘 일으키는 당은?

① 포도당   ② 과당
③ 갈락토오스   ④ 만노오스

144 케이크 굽기 시의 캐러멜 반응은 다음 어느 성분의 변화로 일어나는가?

① 당류   ② 단백질
③ 지방   ④ 비타민

145 슈 제조 시 굽기 중간에 오븐 문을 자주 열어주면 완제품은 어떻게 되는가?

① 껍질색이 유백색이 된다.
② 부피 팽창이 작게 된다.
③ 제품 내부에 공간이 크게 된다.
④ 울퉁불퉁하고 벌어진다.

> 슈를 굽는 중간에 오븐 문을 열면 찬 공기가 들어가 슈가 주저앉게 되므로 팽창 과정 중에 오븐 문을 열지 않도록 한다.

146 튀김 시 과도한 흡유 현상이 나타나지 않는 것은?

① 반죽의 수분이 과다할 때
② 믹싱 시간이 짧을 때
③ 글루텐이 부족할 때
④ 튀김 기름 온도가 높을 때

> 튀김의 흡유 현상은 튀김 기름의 온도가 낮을 때 나타난다.

147 소프트 롤 케이크를 구운 후 즉시 팬에서 꺼내는 이유로 알맞지 않은 것은?

① 찐득거리는 것을 방지하기 위해
② 수축방지를 위해
③ 냄새제거를 위해
④ 표면이 터지지 않게 하기 위해

148 파운드 케이크 제조 시 2중팬을 사용하는 목적이 아닌 것은?

① 제품 바닥의 두꺼운 껍질형성을 방지하기 위하여
② 제품 옆면의 두꺼운 껍질형성을 방지하기 위하여
③ 제품의 조직과 맛을 좋게 하기 위하여
④ 오븐에서의 열전도 효율을 높이기 위하여

> 2중팬의 사용은 열전도 효율을 낮추어 껍질색이 진하게 되는 것을 방지한다.

정답 139 ① 140 ① 141 ② 142 ③ 143 ② 144 ① 145 ② 146 ④ 147 ③ 148 ④

149 슈(choux)의 제조 공정상 구울 때 주의할 사항 중 잘못된 것은?

① 220℃ 정도의 오븐에서 바삭한 상태로 굽는다.
② 너무 빠른 껍질 형성을 막기 위해 처음에 윗불을 약하게 한다.
③ 굽는 중간 오븐 문을 자주 여닫아 수증기를 제거한다.
④ 너무 빨리 오븐에서 꺼내면 찌그러지거나 주저앉기 쉽다.

> 굽는 중간에 오븐 문을 열면 찬 공기가 들어가 슈가 주저앉게 되므로 팽창 과정 중에 오븐 문을 여닫지 않도록 한다.

150 파이나 퍼프 페이스트리는 무엇에 의하여 팽창되는가?

① 중조에 의한 팽창
② 화학적인 팽창
③ 유지에 의한 팽창
④ 이스트에 의한 팽창

> 파이나 퍼프 페이스트리는 유지에 의해 생성된 증기압에 의해 팽창된다.

151 도넛의 흡유량이 높았다면 그 이유는?

① 고율배합 제품이다.
② 튀김 시간이 짧다.
③ 튀김 온도가 높다.
④ 휴지 시간이 짧다.

152 모카 아이싱(Mocha Icing)의 특징이 결정되는 재료는?

① 커피　② 코코아
③ 초콜릿　④ 분당

> 모카는 커피 생산지의 명칭이다.

153 커스터드 크림을 제조할 때 결합제의 역할을 하는 것은?

① 설탕　② 소금
③ 밀가루　④ 달걀

> 달걀은 결합제로 작용하여 커스터드 크림을 엉기게 한다.

154 스펀지 케이크 제조 시 강력분이나 중력분을 사용할 경우 전분으로 몇 %까지 대체 가능한가?

① 12%　② 19%
③ 29%　④ 30%

> 부드러운 스펀지 케이크를 만들고자 할 경우에는 박력분을 사용하며 그 외의 밀가루를 사용할 경우에는 12% 이하의 전분을 섞어서 사용할 수 있다.

155 데커레이션 케이크의 장식에 쓰이는 분당의 성분은?

① 포도당　② 설탕
③ 전화당　④ 과당

> 분당은 설탕을 곱게 마쇄시킨 것으로 고형화 되는 것을 방지하기 위하여 3% 정도의 전분을 혼합한다.

156 다음 머랭 종류에서 설탕을 끓여 시럽으로 만들어 제조하는 것은?

① 이탈리안 머랭
② 스위스 머랭
③ 따뜻한 물로 중탕하여 제조하는 머랭
④ 얼음물로 차게 하여 제조하는 머랭

> 이탈리안 머랭은 흰자를 거품내면서 뜨겁게 끓인 시럽(설탕 100에 물 30을 넣고 114~118℃ 끓임)을 부어 만든 머랭으로 흰자의 일부가 열에 응고하여 기포가 아주 안정된다.

157 초콜릿을 템퍼링(Tempering)할 때 처음 녹이는 공정의 온도 범위에 적합한 것은?

① 30~32℃　② 38~40℃
③ 45~47℃　④ 52~54℃

> 초콜릿의 템퍼링은 40℃로 처음 용해한 후 27~29℃로 냉각시켰다가 30~32℃로 두 번째 용해시켜 사용한다.

158 무스 크림을 만들 때 가장 많이 이용되는 머랭의 종류는?

① 이탈리안 머랭　② 스위스 머랭
③ 온제 머랭　④ 냉제 머랭

> 이탈리안 머랭은 흰자의 일부가 열에 응고하여 기포가 아주 안정되며 무스나 크림 등 굽지 않는 제품을 만들 때 사용한다.

정답 149 ③　150 ③　151 ①　152 ④　153 ④　154 ①　155 ②　156 ①　157 ②　158 ①

159 데코레이션케이크 재료인 생크림에 대한 설명이다. 적당치 않은 것은?

① 크림 100에 대하여 1.0~1.5%의 분설탕을 사용하여 단맛을 낸다.
② 유지방 함량 35~45% 정도의 진한 생크림을 휘핑하여 사용한다.
③ 휘핑 시간이 적정 시간보다 짧으면 기포가 너무 크게 되어 안정성이 약해진다.
④ 생크림의 보관이나 작업 시 제품온도는 3~7℃가 좋다.

🔍 생크림을 거품 낼 때 10% 정도의 설탕을 사용하여 단맛을 낸다.

160 케이크 제품에 응용하는 아이싱이 끈적거리거나 포장지에 붙는 경향을 감소시키는 방법으로 틀리는 것은?

① 아이싱을 다소 덥게 하여(38℃) 사용한다.
② 아이싱에 최대의 액체를 사용한다.
③ 굳은 것은 설탕 시럽을 첨가하거나 데워서 사용한다.
④ 젤라틴, 한천 등과 같은 안정제를 적절하게 사용한다.

🔍 아이싱이 끈적거리거나 포장지에 붙는 경향을 감소시키는 방법으로는 최소한의 액체를 사용한다.

161 도넛 글레이즈의 사용 온도로 가장 적당한 것은?

① 49℃   ② 39℃
③ 29℃   ④ 19℃

162 커피 시럽을 사용한 아이싱을 무엇이라 하는가?

① 후렛 아이싱(Flat icing)
② 버터 스카치 아이싱(Butter scotch icing)
③ 캐러멜 아이싱(Caramel icing)
④ 모카 아이싱(Mocha icing)

163 생크림 기포 시 품온으로 가장 알맞은 것은?

① −5~−1℃   ② 0~10℃
③ 10~20℃   ④ 21~24℃

164 초콜릿의 맛을 크게 좌우하는 가장 중요한 요인은?

① 카카오 버터   ② 카카오 단백질
③ 코팅 기술   ④ 코코아 껍질

🔍 카카오 버터의 α, β, β′, γ형의 분자결정을 β형의 미세한 결정으로 만들어 매끈한 광택의 초콜릿을 만든다.

165 버터 크림 제조 시 당액의 온도로 가장 알맞은 것은?

① 80~90℃   ② 98~104℃
③ 114~118℃ ④ 150~155℃

166 설탕 공예용 당액 제조 시 고농도화된 당의 결정을 막아주는 재료는?

① 중조   ② 물엿
③ 포도당 ④ 베이킹 파우더

167 아이싱의 안정제로 사용되는 것 중 동물성인 것은?

① 한천
② 젤라틴
③ 로커스트 빈 검
④ 카라야 검

🔍 젤라틴은 동물의 껍질과 연골 속에 있는 콜라겐을 정제한 것으로 찬물에는 팽윤하나 더운물에는 녹아 졸(sol)이 된다.

168 가나슈 크림에 대한 설명 중 맞는 것은?

① 생크림은 절대 끓여서 사용하지 않는다.
② 초콜릿과 생크림의 배합비율은 10 : 1이 원칙이다.
③ 초콜릿 종류는 달라도 카카오 성분은 같다.
④ 끓인 생크림에 초콜릿을 더한 크림이다.

169 캔디의 재결정을 막기 위해 사용되는 원료가 아닌 것은?

① 물엿   ② 과당
③ 설탕   ④ 전화당

🔍 설탕은 다른 당류에 비해서 결정화하기 쉬운 성질을 가지고 있다.

정답 159 ① 160 ② 161 ① 162 ④ 163 ② 164 ① 165 ② 166 ② 167 ② 168 ④ 169 ③

170 버터 크림에 사용하기에 가장 알맞은 향료는?

① 오일 타입
② 엣센스 타입
③ 농축 타입
④ 분말 타입

171 퐁당에 대한 내용 중 맞는 것은?

① 시럽을 214℃까지 끓인다.
② 20℃ 전후로 식혀서 휘젓는다.
③ 물엿, 전화당 시럽을 첨가하면 수분 보유력을 높일 수 있다.
④ 유화제를 사용하면 부드럽게 할 수 있다.

> 퐁당(Fondant)은 설탕 100에 대하여 물 30을 넣고 114~118℃로 끓인 뒤 냉각하여 희뿌연 상태로 재결정화 시킨 것으로 38~44℃에서 사용한다.

172 커스터드 크림의 재료에 속하지 않는 것은?

① 우유
② 달걀
③ 설탕
④ 생크림

> 커스터드 크림은 우유, 설탕, 달걀을 섞고 전분이나 박력분을 안정제로 사용하여 끓인 크림이다.

173 다음 크림 중 수분함량이 가장 낮은 것은?

① 유지방 35%의 순수 생크림
② 일반 데커레이션 케이크용 버터크림
③ 슈크림빵 커스터드 크림
④ 시퐁 케이크용 머랭크림

174 아이싱 즉, 당의(Frostings)를 제조하였는데 너무 되게 되었다. 이 때의 조치법 중 적당하지 않은 것은?

① 물을 사용한다.
② 설탕 시럽(설탕 : 물 = 2 : 1)을 사용한다.
③ 가온을 시킨다.
④ 젤라틴을 녹여 넣는다.

175 버터 크림 당액 제조 시 설탕에 대한 물 사용량으로 가장 알맞은 것은?

① 25%
② 80%
③ 100%
④ 125%

176 머랭 제조에 대한 설명으로 옳은 것은?

① 믹싱 용기에는 기름기가 없어야 한다.
② 기포가 클수록 좋은 머랭이 된다.
③ 믹싱은 저속을 위주로 작동한다.
④ 전란을 사용해도 무방하다.

177 초콜릿을 녹여 사용하는 방법 중 틀린 것은?

① 작은 조각으로 만들어 녹인다.
② 뜨거운 시럽이나 기름을 붓는다.
③ 뜨거운 물을 붓는다.
④ 이중 용기나 중탕을 사용한다.

178 굳어진 설탕 아이싱 크림을 여리게 하는 방법으로 부적당한 것은?

① 설탕 시럽을 더 넣는다.
② 중탕으로 가열한다.
③ 전분이나 밀가루를 넣는다.
④ 소량의 물을 넣고 중탕으로 가온한다.

179 다음 중 젤리 제조에 사용되는 겔(gel)화제가 아닌 것은?

① 한천   ② 물엿
③ 펙틴   ④ 젤라틴

180 다음 중 무스 제조 시 젤라틴을 팽윤시키려 할 때 물 사용량으로 알맞은 것은?

① 젤라틴과 같은 양
② 젤라틴의 2~3배
③ 젤라틴의 4~5배
④ 젤라틴의 8~10배

정답 170 ② 171 ③ 172 ④ 173 ② 174 ④ 175 ① 176 ① 177 ③ 178 ③ 179 ② 180 ③

181 도넛에 묻힌 설탕이 녹는 현상을 제거하기 위한 방법이 아닌 것은?

① 점착력이 있는 튀김기름 사용
② 충분히 냉각시킨 후 설탕을 묻힘
③ 냉각 중 환기를 충분히 함
④ 튀김 시간을 짧게 함

🔍 수분에 의해 도넛에 묻은 설탕이나 글레이즈가 녹는 발한현상을 없애기 위한 조치로는 설탕 사용량 증가, 충분한 냉각, 도넛의 튀기는 시간을 증가, 점착력이 높은 튀김 기름을 사용하는 방법 등이 있다.

182 초콜릿의 품온이 32℃라면 초콜릿을 굳히기 위한 실내 온도로 가장 알맞은 것은?

① 20℃   ② 28℃
③ 32℃   ④ 45℃

🔍 초콜릿 작업 시 적정 실내 온도는 18~20℃ 이다.

183 쿠키의 포장 온도로 가장 적당한 것은?

① 2~5℃   ② 8~10℃
③ 25~30℃   ④ 45~50℃

184 아이싱(icing)이란 설탕 제품이 주요 재료인 피복물로 빵·과자 제품을 덮거나 피복하는 것을 말한다. 다음 중 크림 아이싱(creamed icing)이 아닌 것은?

① 퍼지 아이싱(fudge icing)
② 퐁당 아이싱(fondant icing)
③ 단순 아이싱(flat icing)
④ 마시멜로 아이싱(marshmallow icing)

🔍 크림 아이싱은 버터크림, 퐁당, 마시멜로, 퍼지 아이싱 등 크림화 시킨 아이싱으로 장식용, 충전용, 토핑용으로 사용한다.

185 다음 제과용 포장 재료로 알맞지 않는 것은?

① P.E(Poly ethylene)
② O.P.P(Oriented Poly propyrene)
③ P.P(Poly propyrene)
④ 일반 형광종이

🔍 P.E는 포장재로 많이 사용되나 불투명한 단점이 있고 O.P.P와 P.P는 가볍고 투명성이 있다. 형광 물질이 있는 일반 형광종이는 식품용으로 사용할 수 없다.

186 과자 제품의 평가 시 내부적 평가 요인으로 알맞지 않은 것은?

① 맛
② 방향
③ 기공
④ 부피

🔍 제품의 내부적 특성 평가 요인은 기공, 속색, 맛, 향 등이 있다.

187 제과 제품을 평가하는데 있어 외부 특성에 해당되지 않는 것은?

① 부피   ② 껍질색
③ 기공   ④ 균형

🔍 제품의 외부적 평가 요인은 부피, 껍질색, 균형, 껍질의 특성 등이 있다.

188 케이크의 노화 지연 방법이 아닌 것은?

① 정확한 공정을 지킨다.
② 신선한 재료를 사용한다.
③ 제품을 4~10℃에서 보관한다.
④ 제품을 실온에서 보관한다.

🔍 노화가 가장 빨리 되는 온도는 냉장 온도로 0~7℃ 정도이다.

189 제품의 생산 원가를 계산하는 목적에 해당하지 않는 것은?

① 원부재료 관리   ② 설비 보수
③ 판매가격 결정   ④ 이익 계산

190 제과, 제빵공장에서 생산관리 하는데 매일 점검할 사항이 아닌 것은?

① 제품당 평균 단가   ② 설비 가동율
③ 원재료율   ④ 출근율

정답 181 ④ 182 ① 183 ② 184 ③ 185 ④ 186 ④ 187 ③ 188 ③ 189 ② 190 ①

191 생산 공장 시설의 효율적 배치에 대한 설명 중 적합하지 않은 것은?

① 작업용 바닥면적은 그 장소를 이용하는 사람들의 수에 따라 달라진다.
② 판매장소와 공장의 면적배분(판매3:공장1)의 비율로 구성되는 것이 바람직하다.
③ 공장의 소요면적은 주방설비의 설치면적과 기술자의 작업을 위한 공간면적으로 이루어진다.
④ 공장의 모든 업무가 효과적으로 진행되기 위한 기본은 주방의 위치와 규모에 대한 설계이다.

192 방역 설계와 시공 시 조치사항으로 잘못된 것은?

① 환기 장치는 대형의 1개보다 소형의 여러 개가 효과적이다.
② 주방의 천정은 낮을수록 좋다.
③ 바닥의 배수구는 측면에 설치한다.
④ 냉장고와 발열 기구는 가능한 멀리 배치한다.

193 제과·제빵 공정 상 작업 내용에 따라 조도 기준을 달리한다면 표준 조도를 가장 높게 하여야 할 작업내용은?

① 마무리 작업   ② 계량, 반죽 작업
③ 굽기, 포장 작업 ④ 발효 작업

🔍 제과 제빵 공정 상의 표준 조도(Lux)는 발효 50Lux, 계량·반죽·조리·성형은 200Lux, 굽기·포장·장식 100Lux, 장식·마무리 500Lux이다.

194 공장 주방설비 중 작업의 효율성을 높이기 위한 작업 테이블의 위치는?

① 오븐 옆에 설치한다.
② 냉장고 옆에 설치한다.
③ 발효실 옆에 설치한다.
④ 주방의 중앙부에 설치한다.

195 오븐을 열원에 따라 분류했을 때 사용치 않는 열원은?

① 석탄 오븐   ② 가스 오븐
③ 전기 오븐   ④ 오일 오븐

🔍 초기에는 석탄을 이용한 오븐을 사용했으나 현대에는 사용하지 않는다.

196 제과용 기계 설비로 알맞지 않은 것은?

① 오븐   ② 라운더
③ 에어믹서   ④ 데포지터

🔍 라운더(rounder)는 제빵 공정의 둥글리기에 필요한 기계 설비이다.

197 파이 롤러의 위치에 가장 적합한 곳은?

① 냉장고, 냉동고 옆
② 오븐 옆
③ 싱크대 옆
④ 작업 테이블 옆

🔍 파이 롤러(Pie roller)는 반죽의 두께를 조절하여 얇게 또는 두껍게 밀어 펴는 기계를 말한다.

198 에어 믹서 사용에 있어 일반적으로 공기 압력이 가장 높아야 되는 제품은?

① 스펀지 케이크
② 엔젤 푸드 케이크
③ 옐로 레이어 케이크
④ 파운드 케이크

🔍 에어 믹서는 외부로부터 공기를 강제로 불어넣으면서 믹싱하는 믹서로 제품의 비중이 낮을수록 에어 믹서의 공기 압력을 높인다.

199 케이크 믹서의 용량은 다음 어느 것을 기준으로 하는가?

① 볼의 높이   ② 볼의 부피
③ 믹서의 무게   ④ 믹서의 높이

🔍 믹서의 용량은 리터(liter) 또는 쿼터(quater)로 나타내며 믹서 볼의 부피를 기준으로 한다.

정답 191 ②　192 ②　193 ①　194 ④　195 ①　196 ②　197 ①　198 ②　199 ②

PART

02

제빵 이론

CHAPTER

01. 빵류제품 재료 혼합
02. 빵류제품 반죽 발효
03. 빵류제품 반죽 정형
04. 빵류제품 반죽 익힘
05. 빵류제품 마무리
06. 적중예상문제

CHAPTER 01 빵류제품 재료 혼합

Lesson 01 빵의 개요

(1) 빵의 정의
밀가루 혹은 그 외의 곡물에 이스트, 소금, 물 등을 넣고 반죽을 만든 후 이를 발효시켜 구운 것을 말한다.

(2) 빵과 과자의 분류 기준

분류기준	과자	빵
팽창형태	화학적·물리적	생물학적
설탕의 함량과 기능	많음, 윤활작용	적음, 이스트의 먹이
밀가루의 종류	박력분	강력분
반죽상태	글루텐의 생성을 가능한 억제	글루텐의 생성·발전

(3) 빵의 분류

① 식빵류
  ㉮ 정의 : 주식 또는 요리의 보완 식품
  ㉯ 종류 : 식빵, 바게트, 하드롤 등

② 과자빵류
  ㉮ 정의 : 설탕이나 유지를 많이 넣어 만든 빵
  ㉯ 종류 : 앙금빵, 크림빵, 스위트롤, 커피케이크, 크루아상 등

③ 특수빵류
  ㉮ 정의 : 기름에 튀기거나 스팀에 찌거나 두 번 굽는 등 만드는 방법이 특이한 빵류
  ㉯ 종류
    ㉠ 튀김류 : 도넛
    ㉡ 스팀류 : 찜빵
    ㉢ 두 번 굽는 빵류 : 러스크, 토스트 등

④ 조리빵
  ㉮ 정의 : 식빵·과자빵·특수빵류에 각종 부식을 첨가해서 만든 빵류
  ㉯ 종류 : 샌드위치, 피자, 햄버거 등

Lesson 02 재료 준비 및 계량

(1) 배합표 작성 및 점검
① **배합표 작성** : 배합표란 빵을 만드는데 필요한 재료의 명칭, 재료의 비율, 무게를 숫자로 표시한 표
② **배합표 작성법**
  ㉮ Baker's % : 밀가루의 양을 100%로 기준하고 각 재료가 차지하는 양을 %로 표시
  ㉯ True % : 전 재료의 양을 100%로 보고 각 재료가 차지하는 양을 %로 표시
③ **배합량 계산법**
  ㉮ 각 재료의 무게(g) = 밀가루 무게(g) × 각 재료의 비율(%)
  ㉯ 밀가루 무게(g) = $\dfrac{\text{밀가루 비율(\%)} \times \text{총 반죽무게(g)}}{\text{총 배합률(\%)}}$
  ㉰ 총 반죽무게(g) = $\dfrac{\text{총 배합률(\%)} \times \text{밀가루 무게(g)}}{\text{밀가루 비율(\%)}}$

(2) 재료 준비 및 계량
① 결정된 배합표에 따라 재료를 준비하는 작업으로 배합표대로 재료의 양을 정확히 달아서 사용한다.

> ■ **제빵용 저울** : 부등비저울, 전자저울, 접시저울

② **재료의 전처리**
  ㉮ 가루 재료 : 밀가루, 탈지분유, 설탕 등 가루 상태의 재료는 체로 쳐서 사용한다.

> ■ **가루재료를 체로 치는 이유**
> • 가루 속의 덩어리나 불순물을 제거한다.
> • 재료를 고르게 분산시킨다.
> • 밀가루 부피를 15%까지 증가시킨다.
> • 흡수율이 증가한다.
> • 가루 사이에 공기가 혼입되어 제품을 구울 때 팽창 효과를 준다.

㉯ 생이스트 : 잘게 부수어 밀가루에 혼합하여 사용하거나 5배의 물(20~25℃)에 녹여 사용한다.
　㉰ 제빵개량제 : 가루 재료에 혼합하여 체로 쳐서 사용한다.
　㉱ 우유 : 살균한 뒤 차게해서 사용한다.
　㉲ 유지 : 반죽 속에 넣을 경우 적절한 유연성을 가지게 한다.
　㉳ 물 : 밀가루 단백질의 양에 따라 차이가 있으므로 흡수율과 반죽온도를 고려하여 양을 정한 후 물의 온도를 조절한다.
　㉴ 탈지분유 : 수분을 흡수하여 덩어리가 생기므로 설탕 또는 밀가루와 분산시켜 사용한다.

(3) 재료의 성분 및 특징

① **밀가루**
　㉮ 구조형성(구성재료)
　㉯ 흡수력이 좋고 내구성이 있는 밀가루 사용
　㉰ 단백질 함량이 11~13% 이상인 강력분을 주로 사용

② **이스트**
　㉮ 생물학적 팽창제
　㉯ 발효작용을 조절
　㉰ 탄산가스와 알코올을 발생시켜 향미와 부피를 생성

③ **설탕**
　㉮ 감미제 : 단맛과 향을 준다.
　㉯ 캐러멜화 : 껍질색을 진하게 한다.
　㉰ 수분 보유력 : 노화를 지연시킨다.
　㉱ 이스트에 발효성 당을 공급한다.
　㉲ 연화작용 : 밀가루 단백질을 부드럽게 한다.
　㉳ 윤활작용 : 반죽의 유동성을 좋게 한다.
　㉴ 방부제 역할

④ **유지의 기능**
　㉮ 유지의 독특한 맛과 향을 공급
　㉯ 껍질을 얇고 부드럽게 한다.
　㉰ 노화를 지연시킨다.
　㉱ 반죽을 부드럽게 늘어나게 하여 가스보유력을 증가시킨다.
　㉲ 반죽에 유동성을 준다.

⑤ **달걀의 기능**
　㉮ 구조형성 : 밀가루의 단백질을 보완한다.
　㉯ 수분 공급제 : 전란의 75%가 수분이다.
　㉰ 영양가를 높인다.
　㉱ 제품의 색을 향상시킨다.
　㉲ 유화제 : 노른자의 레시틴이 유화제 역할을 한다.

　　　　㉻ 연화작용 : 노른자의 지방이 제품을 부드럽게 한다.
　　　　㉼ 색 : 노른자의 황색계통은 식욕을 돋우는 속의 색을 만든다.
　⑥ **탈지분유의 기능**
　　　　㉮ 단백질을 함유하고 있어 제품의 구조형성
　　　　㉯ 유당은 껍질색을 진하게 하고 수분보유제 역할을 한다.
　　　　㉰ 발효를 조절한다.
　⑦ **물의 기능**
　　　　㉮ 반죽의 되기와 온도를 조절
　　　　㉯ 제품의 식감을 조절
　　　　㉰ 밀가루와 결합해 글루텐 형성에 필수적 역할
　　　　㉱ 반죽 내 효소의 활성을 돕는다.
　⑧ **소금의 기능**
　　　　㉮ 맛의 상승 : 다른 재료들의 맛을 내게 한다.
　　　　㉯ 감미도 조절 : 설탕의 단맛을 순화시킨다.
　　　　㉰ 캐러멜화 촉진 : 당의 열반응 온도를 낮추어 캐러멜화를 촉진시킨다.
　⑨ **제빵개량제**
　　　　㉮ 물의 경도를 조절한다.
　　　　㉯ 이스트에 질소를 공급하여 이스트의 활성을 높인다.
　　　　㉰ 반죽에 탄력성과 신장성을 높여 가스보유력과 제품의 부피에 영향을 준다.

Lesson 03 반죽 및 반죽 관리

(1) 반죽(Mixing)

① **반죽의 정의** : 밀가루, 이스트, 소금, 그 밖의 재료와 물을 혼합하여 치대어 재료를 균일하게 혼합시켜 글루텐을 발전시키는 일

② **반죽의 목적**
　　㉮ 배합 재료를 균일하게 분산하여 혼합
　　㉯ 반죽에 공기를 혼입
　　㉰ 글루텐을 숙성(발전)시켜 반죽의 탄력성과 점성을 최적의 상태로 만듦
　　㉱ 밀가루에 물을 충분히 흡수시켜 수화 촉진

③ **반죽 단계**
　　㉮ 혼합단계(1단계, pick-up stage)
　　　　㉠ 밀가루 등 재료에 물을 첨가하여 대충 혼합하는 단계이다.
　　　　㉡ 반죽에 끈기가 없어 끈적거리는 상태이다.

ⓒ 반죽기는 저속으로 사용한다.
㉯ 클린업 단계(2단계, clean-up stage)
　㉠ 반죽이 한 덩어리가 되고 반죽기 볼이 깨끗해진다.
　㉡ 글루텐이 형성되기 시작하는 단계로 유지를 넣는다(유지를 처음부터 넣으면 밀가루 입자와 유지가 부착되어 물의 흡수를 방해하고 글루텐 형성을 저해한다).
　㉢ 글루텐의 결합은 적고 반죽을 펼쳐도 두꺼운 채로 끊어진다.
　㉣ 클린업 단계는 끈기가 생기는 단계로 흡수율을 높이기 위하여 이 단계에서 소금을 넣기도 한다(후염법).
㉰ 발전 단계(3단계, development stage)
　㉠ 반죽의 탄력성이 최대로 증가하며 반죽이 강하고 단단해지는 단계로 반죽이 건조하고 매끈해진다.
　㉡ 반죽기의 최대 에너지가 요구된다.
　㉢ 프랑스빵, 공정이 많은 빵의 반죽이 여기서 그친다.
㉱ 최종 단계(4단계, final stage)
　㉠ 반죽을 펼치면 찢어지지 않고 얇게 늘어난다.
　㉡ 탄력성과 신장성이 가장 좋으며, 반죽이 부드럽고 윤이 난다.
　㉢ 글루텐이 결합되는 마지막 단계로 대부분의 빵 반죽에서 이 단계가 최적의 상태이다.
㉲ 과반죽 단계(5단계, let down stage)
　㉠ 반죽이 탄력성을 잃으며 신장성이 커져 고무줄처럼 늘어지며 점성이 많아진다.
　㉡ 오버 반죽, 늘어지는 단계라고 한다.
　㉢ 잉글리시머핀, 햄버거빵 반죽은 이 단계까지 한다.
㉳ 파괴 단계(6단계, break down stage)
　㉠ 글루텐이 더 이상 결합하지 못하고 끊어지는 단계로 탄력성을 완전히 잃어 빵을 만들 수 없는 단계를 말한다.
　㉡ 이 반죽으로 빵을 만들어 구우면 팽창이 일어나지 않고 제품이 거칠게 나온다.

④ 반죽의 흡수율에 영향을 미치는 요소
　㉮ 단백질 1% 증가에 흡수율은 1.5~2% 증가된다.
　㉯ 손상 전분 1% 증가에 흡수율은 2% 증가된다.
　㉰ 설탕이 5% 증가하면 흡수율은 1% 감소된다.
　㉱ 분유가 1% 증가하면 흡수율도 0.75~1% 증가한다.
　㉲ 소금을 클린업 단계 이후 넣으면 흡수량이 많아진다.
　㉳ 연수를 사용하면 글루텐이 약해지며 흡수량이 적고, 경수를 사용하면 글루텐이 강해지며 흡수량이 많다.
　㉴ 반죽온도가 5℃ 증가함에 따라 물 흡수율은 3% 정도 감소한다.

⑤ 반죽 시간에 영향을 미치는 요소
　㉮ 반죽기의 회전속도가 느리고 반죽량이 많으면 길어진다.
　㉯ 소금을 클린업 단계에 이후에 넣으면 짧아진다.
　㉰ 설탕의 양이 많으면 반죽의 구조가 약해지므로 길어진다.

㉔ 탈지분유, 우유의 양이 많으면 단백질의 구조를 강하게 하여 길어진다.
㉕ 유지를 클린업 단계 이후에 넣으면 짧아진다.
㉖ 물 사용량이 많아 반죽이 질면 반죽 시간이 길어진다.
㉗ 반죽온도가 높을수록 반죽 시간이 짧아진다.
㉘ pH 5.0 정도에서 글루텐이 가장 질기고 반죽 시간이 길어진다.
㉙ 밀가루 단백질의 양이 많고, 질이 좋고 숙성이 잘 되었을수록 반죽 시간이 길어진다.

(2) 제빵 순서 및 제빵법 결정

① 제빵 순서는 제빵법에 따라서 달라지나 스트레이트법의 기본적인 순서는 다음과 같다.

> 제빵법 결정 → 배합표 작성 → 재료 계량 → 재료의 전처리 → 반죽(믹싱) → 1차 발효 → 정형과정[분할 → 둥글리기 → 중간발효 → 성형 → 팬닝] → 2차 발효 → 굽기 → 냉각 → 슬라이스 → 포장

② **제빵법 결정** : 기계 설비, 제조량, 노동력, 판매 형태, 소비자의 기호 등을 고려하여 결정한다.

(3) 반죽법의 종류 및 특징

제빵법은 반죽을 만드는 방법을 기준으로 분류한다. 기본적인 것에는 스트레이트법, 스펀지도우법, 액체발효법이 있고, 그 외는 앞의 세 가지 방법을 약간씩 변형한 것이다.

① **스트레이트법**(Straight dough method)
  ㉮ 정의와 특징
    ㉠ 모든 재료를 한꺼번에 반죽기에 넣고 반죽하는 방법으로 직접 반죽법이라고 한다.
    ㉡ 일반 대규모 제빵공장보다 소규모 제과점에서 주로 많이 사용하는 방법이다.
  ㉯ 기본 제조 공정
    재료 계량 → 반죽 → 1차 발효 → 분할 → 둥글리기 → 중간 발효 → 정형(분할 → 둥글리기 → 중간발효 → 성형 → 팬닝) → 2차 발효 → 굽기 → 냉각 → 포장
  ㉰ 장·단점(스펀지도우법과 비교)
    ㉠ 장점
      • 제조공정이 단순하다.
      • 제조 장소, 제조 장비가 간단하다.
      • 노동력과 시간이 절감된다.
      • 발효 손실을 줄일 수 있다.
    ㉡ 단점
      • 발효 내구성이 약하다.
      • 잘못된 공정을 수정하기 어렵다.
      • 제품의 노화가 빠르다.
      • 제품의 부피가 작고, 제품의 결이 고르지 못하다.

㉣ 기본 배합

재료명	비율(%)	재료명	비율(%)
밀가루	100	물	60~64
이스트	2~3	이스트푸드	0.1~0.2
소금	1.75~2.0	쇼트닝	3~4
설탕	4~7	탈지분유	3~5

② **스펀지도우법**(Sponge dough method)
  ㉮ 정의와 특징
    ㉠ 두 번에 걸쳐 반죽하는 방법이다. 처음의 반죽을 스펀지(sponge), 나중의 반죽을 본반죽(도우, dough)이라 하며 중종법이라고도 한다.
    ㉡ 발효 공정상 다른 제법보다 실패율이 적어 일반 소규모 제과점보다는 대규모 제빵공장에서 사용되는 방법이다.
  ㉯ 제조 공정상의 특징
    ㉠ 스펀지의 사용재료 : 밀가루, 물, 이스트, 이스트푸드
    ㉡ 스펀지의 밀가루 사용 범위 : 55~100%
    ㉢ 스펀지 만들기
      • 반죽 : 저속에서 4~6분
      • 온도 : 22~26℃(통상 24℃)
    ㉣ 스펀지 발효(1차 발효)
      • 27℃, 75~80%, 3~5시간
      • 발효가 진행되면 온도는 올라가고 pH는 떨어진다.
    ㉤ 본반죽(도우) 만들기 : 스펀지 반죽과 본반죽용 재료를 전부 넣고 섞는다.
      • 반죽 : 8~12분
      • 온도 : 25~29℃(통상 27℃)
    ㉥ 플로어 타임
      • 반죽 시 파괴된 글루텐 층을 재결합시키는 시간을 말한다.
      • 반죽 시간이 길어질수록 플로어 타임도 길어진다.
      • 발효시간 : 20~40분
    ㉦ 분할 이후 공정은 스트레이트법과 동일하다.
  ㉰ 스펀지 발효의 완료점
    ㉠ 반죽의 부피가 4~5배로 부푼 상태
    ㉡ 수축 현상이 일어나 반죽 중앙이 오목하게 들어가는 현상(드롭, drop)이 생길 때
    ㉢ 발효 초기의 pH는 5.5 정도이나 발효가 완료되면 pH 4.8로 떨어진다.
    ㉣ 반죽 표면은 유백색을 띠며 핀홀이 생긴다.

- ㉑ 장·단점(스트레이트법과 비교)
    - ㉠ 장점
        - 작업 공정에 대한 융통성이 있어 잘못된 공정을 수정할 기회가 있다.
        - 발효 내구성이 강하다.
        - 노화가 지연되어 제품의 유통기간이 길어진다.
        - 부피가 크고 속의 결이 부드럽다.
    - ㉡ 단점
        - 발효 손실이 크다.
        - 시설, 노동력, 장소 등 경비가 증가한다.

③ **액체 발효법**
- ㉮ 정의와 특징 : 이스트, 이스트푸드, 물, 설탕, 분유 등을 섞어 2~3시간 발효시킨 액종을 만들어 사용하는 스펀지 반죽법의 변형이다.
- ㉯ 제조 공정상의 특징
    - ㉠ 액종 만들기
        - 액종용 재료를 넣고 섞는다.
        - 온도 : 30℃
        - 발효시간 : 2~3시간 발효(액종 발효시 소포제로 쇼트닝을 사용)
    - ㉡ 본 반죽 만들기
        - 반죽기에 액종과 본반죽용 재료를 넣고 반죽한다.
        - 반죽온도 : 28~32℃
    - ㉢ 플로어 타임
    - ㉣ 분할 이후 공정은 스트레이트법과 동일하다.
- ㉰ 장·단점
    - ㉠ 장점
        - 한 번에 많은 양을 발효시킬 수 있다.
        - 공간, 설비가 감소된다.
        - 발효손실에 따른 생산손실을 줄일 수 있다.
        - 균일한 제품생산이 가능하다.
        - 단백질 함량이 낮아 내구력이 약한 밀가루를 사용하여 빵을 생산하는 것도 가능하다.
    - ㉡ 단점
        - 산화제 사용량이 늘어난다.
        - 환원제, 연화제가 필요하다.
- ㉱ 종류
    - ㉠ 아드미법 : 완충제로 탈지분유를 사용하는 액종법으로 아드미(ADMI, 미국분유협회)가 개발한 방법
    - ㉡ 브루법(플라이슈만법) : 완충제로 탄산칼슘을 넣는 액종법

④ **연속식 제빵법**(Continuous dough mixing system)
  ㉮ 정의와 특징 : 액체 발효법이 더 발달된 방법으로 공정이 자동으로 진행되며 기계적인 설비를 사용하여 적은 인원으로 많은 빵을 만들 수 있는 방법이다.
  ㉯ 특징
    ㉠ 액체 발효법으로 발효시킨 액종과 본반죽용 재료를 예비 혼합기에 모아 고루 섞은 뒤 반죽기(디벨로퍼-고속회전하며 글루텐 형성), 분할기로 보내 연속적으로 반죽, 분할, 팬닝이 이루어지게 한다.
    ㉡ 대규모 공장에서 단일 품목을 대량 생산하기에 알맞은 방법이다.
  ㉰ 장·단점
    ㉠ 장점
      • 설비감소, 설비공간 감소
      • 노동력을 1/3로 감소시킬 수 있다.
      • 발효 손실을 감소시킬 수 있다.
    ㉡ 단점 : 기계 구입 비용의 부담이 크다.

⑤ **재반죽법**(Remixed straight dough method)
  ㉮ 정의와 특징
    ㉠ 스트레이트법의 변형으로 모든 재료를 한 번에 넣고 물만 8% 정도 남겨 두었다가 발효 후 나머지 물을 넣고 반죽하는 방법이다.
    ㉡ 스펀지법에서 얻을 수 있는 장점을 갖게 되어 반죽의 기계 내성이 좋아진다.
  ㉯ 장점
    ㉠ 반죽의 기계 내성이 양호하다.
    ㉡ 스펀지도우법에 비해 공정시간이 단축된다.
    ㉢ 균일한 제품의 생산이 가능하다.
    ㉣ 식감과 색상이 양호하다.

⑥ **노타임 반죽법**(No-time dough method)
  ㉮ 정의와 특징
    ㉠ 발효에 의한 글루텐의 숙성을 산화제와 환원제를 사용하여 발효시간을 단축하여 제조하는 방법이다.
    ㉡ 반죽한 뒤에 잠깐 휴지시키는 일 이외에 보통 발효라는 할 수 있는 공정을 거치지 않으므로 무발효 반죽법이라고도 한다.
  ㉯ 산화제와 환원제
    ㉠ 산화제
      • 역할 : 밀가루 단백질의 S-H기를 S-S기로 변화시켜 단백질의 구조를 강하게 하고 가스 포집력을 증가시킨다.
      • 종류 : 브롬산칼륨(지효성 작용), 요오드칼륨(속효성 작용)
    ㉡ 환원제
      • L-시스테인 : S-S결합을 절단시켜 글루텐을 약하게 하며, 반죽시간을 25% 단축시킨다.
      • 프로테아제 : 단백질을 분해하는 효소

⓷ 장·단점
  ㉠ 장점
    - 반죽의 기계 내성이 양호하다.
    - 반죽이 부드러우며 흡수율이 좋다.
    - 제조시간이 절약된다.
    - 빵의 속결이 치밀하고 고르다.
  ㉡ 단점
    - 제품의 질이 고르지 않다.
    - 맛과 향이 좋지 않다.
    - 반죽의 발효 내구성이 떨어진다.
    - 제품에 광택이 없다.

⑦ **비상반죽법**(Emergency dough method)
  ㉮ 정의와 특징
    ㉠ 표준 반죽시간을 늘리고 발효속도를 촉진시켜 전체 공정시간을 줄임으로써 짧은 시간에 제품을 만들어 내는 방법으로 갑작스런 상황에 빠르게 대처할 수 있다.
    ㉡ 표준 스트레이트법과 표준 스펀지도우법을 변형할 수 있다.
  ㉯ 비상 반죽법의 필수조치와 선택조치
    ㉠ 필수조치
      - 물 사용량 : 1% 증가(작업성 향상)
      - 설탕 사용량 : 1% 감소(껍질색 조절)
      - 반죽 시간 : 20~30% 증가(반죽의 신장성)
      - 이스트 : 2배 증가(발효속도 촉진)
      - 반죽온도 : 30℃(발효속도 촉진)
      - 1차 발효시간 : 15분~30분(공정시간 단축)
    ㉡ 선택조치
      - 소금을 1.75%로 감소(이스트 활동 방해요소 줄임)
      - 이스트푸드 사용량 증가(이스트의 양 증가에 따름)
      - 분유 감량(발효 완충제 역할 감소)
      - 식초 첨가(반죽의 pH를 낮춤)
  ㉰ 장·단점
    ㉠ 장점
      - 제조시간이 짧아 노동력, 임금을 절약할 수 있다.
      - 비상 시 빠른 대처가 가능하다.
    ㉡ 단점
      - 노화가 쉽다.
      - 저장성이 짧다.
      - 제품의 부피가 고르지 않다.
      - 이스트 냄새가 난다.

⑧ **냉동반죽법**(Frozen dough methods)
　㉮ 정의와 특징
　　㉠ 분할, 둥글리기가 끝난 상태 또는 성형 후 −40℃로 급속냉동시켜 −18~−25℃ 전후로 보관한 후 해동시켜 제조하는 방법이다.
　　㉡ 냉동 반죽을 급속냉동하는 이유는 최대 얼음 결정 형성대를 빨리 통과시키기 위함이다.
　㉯ 제조 공정상의 특징
　　㉠ 이스트를 3.5~5%(2배) 정도 사용한다. 냉동 중에는 이스트가 죽어 이스트 사용량을 늘린다.
　　㉡ 반죽법은 비상스트레이트법, 노타임 반죽법을 사용한다.
　　　• 반죽온도 : 20℃
　　　• 수분 : 63% → 58%(물이 많아지면 이스트가 파괴되므로 가능한 수분량을 줄인다)
　　　• 노화방지제 사용 : 스테아릴젖산나트륨(SSL) 0.5%
　　　• 산화제 사용 : 비타민 C(제빵개량제에 포함), 브롬산칼륨(이스트푸드에 포함) 사용
　　㉢ 냉동저장 : −40℃로 급속냉동하여 −18~−25℃에서 보관
　　㉣ 해동 : 냉장고(5~10℃)에서 15~16시간 해동, 도우 컨디셔너나 리타더 사용
　㉰ 장·단점
　　㉠ 장점
　　　• 발효시간이 줄어 제조시간이 짧다.
　　　• 빵의 부피가 커지고 속결과 향기가 좋다.
　　　• 제품의 노화가 지연된다.
　　　• 다품종, 소량생산이 가능하다.
　　　• 운송, 배달이 용이하다.
　　㉡ 단점
　　　• 이스트가 죽어 가스 발생력이 떨어진다.
　　　• 반죽이 퍼지기 쉽다.
　　　• 많은 양의 산화제를 사용해야 한다.
　　　• 가스 보유력이 떨어진다.
⑨ **찰리우드법**(Chorleywood dough method)
　㉮ 영국의 찰리우드 지방에서 고안한 기계 반죽법으로 초고속 반죽기를 이용하여 반죽함으로 초고속 반죽법이라고도 한다.
　㉯ 화학적 발효에 따른 숙성을 대신한다. 초고속 반죽기로 반죽을 숙성시킴으로 플로어타임 후 분할한다.
⑩ **오버나이트스펀지법**(Over night sponge dough method)
　㉮ 밤새(12~24시간) 발효시킨 스펀지를 이용하는 방법으로 발효 손실(3~5%)이 최고로 크다.
　㉯ 효소의 작용이 천천히 진행되어 가스가 알맞게 생성되고 반죽이 알맞게 발전된다.
　㉰ 적은 양의 이스트를 사용하여 매우 천천히 발효시킨다.
　㉱ 반죽의 신장성이 좋고 풍부한 발효향을 지니고 있다.

(4) 반죽의 결과 온도

① **반죽온도 조절**

㉮ 반죽온도란 반죽이 완성된 직후에 나타나는 온도이다.

㉯ 반죽온도가 높고 낮음에 따라 반죽의 상태와 발효의 속도가 달라진다.

㉰ 온도 조절이 가장 쉬운 물을 사용해 반죽온도를 조절한다.

㉱ 제빵법에 따른 적합한 반죽온도

제법	반죽온도
스트레이트법	27℃(데니시페이스트리 18~22℃)
스펀지도우법	스펀지 : 23~24℃ 도우 : 27℃
액체 발효법	액종반죽온도 : 30℃
비상반죽법	비상 스트레이트법 : 30~31℃ 비상 스펀지도우법 : 30℃
노타임반죽법	30℃

② **스트레이트법에서의 반죽온도 계산**

㉮ 마찰 계수 = (결과 온도 × 3) − (밀가루 온도 + 실내온도 + 수돗물 온도)

㉯ 사용할 물 온도 = (희망 온도 × 3) − (밀가루 온도 + 실내온도 + 마찰계수)

㉰ 얼음 사용량 = $\dfrac{\text{사용할 물량} \times (\text{수돗물 온도} - \text{사용할 물 온도})}{80 + \text{수돗물 온도}}$

③ **스펀지법에서의 반죽온도 계산**

㉮ 마찰 계수 = (결과 온도 × 4) − (밀가루 온도 + 실내온도 + 수돗물 온도 + 스펀지 온도)

㉯ 사용할 물 온도 = (희망 온도 × 4) − (밀가루 온도 + 실내온도 + 마찰 계수 + 스펀지 온도)

㉰ 얼음 사용량 = $\dfrac{\text{사용할 물량} \times (\text{수돗물 온도} - \text{사용할 물 온도})}{80 + \text{수돗물 온도}}$

④ **계산법에서의 용어**

㉮ 실내온도 : 작업실 온도

㉯ 수돗물 온도 : 반죽에서 사용하는 물의 온도

㉰ 마찰계수 : 반죽이 이루어지는 반죽기 내에서 마찰력에 의해 상승한 온도

㉱ 결과온도 : 반죽이 종료된 후의 반죽온도

㉲ 희망온도 : 반죽 후의 원하는 결과 온도

㉳ 80 : 섭씨일 때 물 1g이 얼음 1g으로 되는 데 필요한 열량계수

(5) 반죽의 물리적 실험

① **파리노그래프(Farinograph)**

㉮ 밀가루의 흡수율(단백질 흡수율, 글루텐의 질) 측정

㉯ 반죽 내구성, 시간 등을 측정
㉰ 곡선이 500B.U.를 중심으로 그래프 작성

② **아밀로그래프(Amylograph)**
㉮ 밀가루의 호화정도 등 밀가루 전분의 질을 측정
㉯ 온도 변화에 따라 밀가루의 α-아밀라아제의 효과를 측정
㉰ 곡선 높이로는 400~600B.U.가 적당

③ **익스텐소그래프(Extensograph)**
㉮ 반죽의 신장성에 대한 저항 측정
㉯ 신장 내구성으로 발효시간 추정

④ **레오그래프(Rheograph)** : 반죽이 기계적 발달을 할 때 일어나는 변화를 측정할 수 있다.

⑤ **믹소그래프(Mixograph)**
㉮ 반죽하는 동안 글루텐의 발달 정도 측정
㉯ 글루텐의 양과 흡수율의 관계를 판단
㉰ 반죽시간, 반죽의 내구성 파악

Lesson 04 충전물 · 토핑물 제조

(1) 충전물

① 충전물은 단과자빵, 식빵, 파이, 페이스트리 등에 내용물을 채우는 것으로 일반적으로 필링(Filling)이라고 부른다.

② **충전물의 형태**
㉮ 성형할 때 넣어 굽는 형태
㉯ 구운 후 충전하는 형태

(2) 충전물의 종류

① **크림 충전물**
㉮ 우유나 생크림을 주재료로 하고 달걀, 설탕, 버터 등의 재료를 더한 것
㉯ 우유, 생크림, 버터 등 재료의 특성상 세균의 번식이 쉬우므로 랩으로 싸거나 뚜껑을 덮어 냉장고에 보관하면서 사용

② **과일 충전물** : 과일에 설탕을 넣고 졸여 만들며 타르트, 파이, 페스트리 등에 충전용으로 주로 사용

빵류제품 반죽 발효

Lesson 01 발효 조건 및 상태 관리

(1) 1차 발효(Fermentation)의 의미와 목적

① **발효의 의미**
   ㉮ 발효란 효모, 세균, 곰팡이 같은 미생물이 당류를 분해하거나 산화·환원시켜 알코올, 산, 케톤 등을 만드는 생화학적 변화를 말한다.
   ㉯ 1차 발효는 반죽이 완료된 후 정형 과정에 들어가기 전까지의 발효기간을 말한다.

② **발효의 목적**
   ㉮ 반죽의 팽창작용 : 글루텐의 가스 보유 능력을 개선한다.
   ㉯ 반죽의 숙성작용 : 효소가 작용하여 반죽을 부드럽게 만든다.
   ㉰ 빵의 풍미 생성 : 발효에 의해 생성된 알코올, 유기산, 에스테르 등을 축적하여 상품성 있는 빵으로써의 독특한 맛과 향을 부여한다.

③ **1차 발효의 조건**

제법	조건	발효의 완료점
스트레이트법	• 온도 : 27℃ • 습도 : 75~80%	• 부피 : 3~3.5배 증가 • 반죽 내부에 섬유질 생성 • 반죽을 손가락으로 눌렀을 때 누른 자국이 그대로 있는 상태
스펀지도우법(스펀지)	• 온도 : 27℃ • 습도 : 75~80%	• 표준발효시간 : 3~4 시간 • 부피가 4~5배 증가 • 드롭현상
액체발효법(액종)	• 온도 : 30℃	• 발효시간 : 2~3시간 • pH로 측정(pH 4.2~5.0)

④ **가스빼기(펀치, punch)**
   ㉮ 가스빼기의 시점 : 발효하기 시작하여 반죽의 부피가 2~2.5배(전체 발효시간의 2/3 되는 시점)가 되었을 때 반죽에 압력을 주어 가스를 뺀다.
   ㉯ 펀치를 하는 이유
      ㉠ 반죽에 산소를 공급한다.

ⓒ 이스트의 활성과 산화, 숙성을 촉진시켜 준다.
ⓒ 반죽온도를 균일하게 해준다.
ⓔ 발효를 촉진시킨다.

⑤ 발효에 영향을 주는 요소
㉮ 이스트의 양과 질
  ⊙ 이스트의 양이 많을수록, 신선할수록 발효시간은 짧아진다.
  ⓒ 변경할 이스트의 양 = $\dfrac{\text{기존 이스트의 양} \times \text{기존 발효시간}}{\text{변경할 발효시간}}$
㉯ 당의 양 : 당의 양 5%까지는 대략 비례적이나 그 이상이 되면 가스 발생력이 약해져 발효시간이 길어진다.
㉰ 반죽온도 : 반죽온도가 0.5℃ 상승하면 발효시간은 15분 단축된다.
㉱ 반죽의 pH
  ⊙ 이스트가 활동하기 가장 좋은 최적 pH : pH 4.5~5.5(최적 pH 4.7)
  ⓒ 제품의 pH와 발효 상태의 관계 : pH 5.0은 지친 반죽, pH 5.7은 정상 반죽, pH 6.0 이상은 어린 반죽
㉲ 소금의 양 : 소금은 표준량(1.75%)보다 많아지면 효소의 작용을 억제하기 때문에 가스 발생력이 줄어든다.
㉳ 이스트푸드
  ⊙ 암모늄염 : 이스트의 영양소 공급
  ⓒ 산화제 : 가스포집력 개선

⑤ 발효 손실
장시간 발효 중에 수분이 증발하고, 탄수화물이 발효에 의해 탄산가스와 알코올로 전환되어 발효 손실이 발생한다. 일반 발효 중에는 1~2% 정도 손실된다.

(2) 2차 발효(2nd fermentation, Final proofing)의 의미와 목적

① **2차 발효의 의미** : 정형한 반죽을 발효실에 넣어 숙성시켜 좋은 외형과 식감의 제품을 얻기 위하여 제품 부피의 70~80%까지 부풀리는 작업으로 발효의 최종단계이다.

② **2차 발효의 목적**
㉮ 가스가 빠진 반죽을 다시 부풀린다.
㉯ 빵의 향에 관계하는 알코올, 유기산 및 그 외의 방향성 물질을 생산한다.
㉰ 반죽의 신장성 증가로 오븐팽창이 잘 일어나도록 돕는다.
㉱ 반죽온도의 상승에 따라 이스트와 효소가 활성화된다.
㉲ 바람직한 외형과 식감을 얻을 수 있다.

③ 제품에 따른 2차 발효실의 온도, 습도

항목	온도	습도
일반적 조건	32~45℃	75~90%
식빵·과자빵류	38~40℃	85~90%
하스브레드(바게트, 하드롤)	32℃	75~80%
도넛	32℃	65~75%
데니시페이스트리, 브리오슈	27~32℃	75~85%

④ 발효조건과 결과
  ㉮ 습도가 높을 때
    ㉠ 껍질에 수포(기포, 물집)가 생긴다.
    ㉡ 거친 껍질이 형성되며 질기다.
    ㉢ 반점이나 줄무늬가 생긴다.
    ㉣ 제품의 윗면이 납작해진다.
  ㉯ 습도가 낮을 때
    ㉠ 부피가 작고 표면이 말라 터짐 현상이 발생된다.
    ㉡ 껍질색이 고르게 나지 않는다.
    ㉢ 얼룩이 생기기 쉬우며 광택이 부족하다.
    ㉣ 제품의 윗면이 솟아오른다.

⑤ 발효가 부족할 때(어린 반죽)
  ㉮ 글루텐의 신장성이 불충분하여 부피가 작다.
  ㉯ 껍질에 균열이 일어나기 쉽고 색이 짙고 붉다.
  ㉰ 속결은 조밀하고 조직은 가지런하지 않게 된다.

⑥ 발효가 지나칠 때(지친 반죽)
  ㉮ 당의 부족으로 껍질의 색이 옅다.
  ㉯ 산이 많이 생겨 향이 좋지 않다.
  ㉰ 옆면이 들어가며 주저앉기 쉽다.

CHAPTER 03 빵류제품 반죽 정형

Lesson 01 분할하기

(1) 분할의 개요

1차 발효를 끝낸 반죽을 미리 정한 무게만큼씩 나누는 것을 분할이라고 하며, 분할하는 과정에도 발효가 진행되므로 신속한 분할이 필요하다.

(2) 분할의 방법

① 기계분할
  ㉮ 대량생산 공장에서 하는 방법으로 부피를 기준으로 분할한다.
  ㉯ 분할기를 이용하여 식빵은 20분, 과자빵류는 30분 이내에 분할한다.
  ㉰ 반죽이 분할기에 달라붙지 않도록 유동파라핀 용액을 바른다.

② 손 분할
  ㉮ 소규모 공장에서 하는 방법으로 무게를 달아 분할한다.
  ㉯ 기계분할에 비하여 부드럽게 할 수 있으므로 약한 밀가루 반죽의 분할에 유리하다.
  ㉰ 덧가루는 제품의 줄무늬를 만들고 맛을 변질시키므로 가능한 적게 사용해야 한다.

Lesson 02 둥글리기

(1) 둥글리기의 목적

① 분할된 반죽을 성형하기 적절한 상태로 만든다.
② 가스를 균일하게 분산하여 반죽의 기공을 고르게 조절한다.
③ 흐트러진 글루텐의 구조와 방향을 정돈시킨다.
④ 표피를 형성하여 표면에 막을 만들어 점착성을 감소시킨다.

(2) 둥글리기의 방법

① **수동** : 분할된 반죽이 작은 경우에는 손에서 둥글리고 큰 경우에는 작업대에서 두 손으로 감싸서 둥글리기 한다.

② **자동** : 기계인 라운더(rounder)를 사용하여 빠르게 둥글리기를 할 수 있지만 반죽의 손상이 많다.

Lesson 03 중간발효(Intermediate proofing, Bench time)

(1) 중간발효의 의미와 목적
① **중간발효의 의미** : 둥글리기가 끝난 반죽을 성형하기 전에 잠시 발효시키는 것으로 벤치타임(bench time)이라고도 한다.
② **중간발효의 목적**
㉮ 분할, 둥글리기 과정에서 손상된 글루텐 구조를 재정돈한다.
㉯ 가스 발생으로 반죽의 유연성을 회복한다.
㉰ 반죽의 신장성을 증가시켜 성형과정에서의 밀어 펴기를 쉽게 한다.

(2) 중간발효의 조건과 방법
① **중간발효의 조건**
㉮ 온도 : 27~29℃
㉯ 습도 : 75%
㉰ 시간 : 10~20분
㉱ 부피 : 1.7~2.0배 팽창
② **중간발효 시키는 방법**
㉮ 수분이 방출되지 않도록 젖은 헝겊이나 비닐로 덮어둔다.
㉯ 작업대에 놓거나 발효실에 넣기도 한다.

Lesson 04 성형(Molding)

(1) 성형의 정의와 작업실 조건
① **정의** : 반죽을 틀에 넣기 전 제품의 형태 혹은 모양을 만드는 공정이다.
② **작업실 조건**
㉮ 온도 : 27~29℃
㉯ 상대습도 : 75% 내외

(2) 성형공정
① **밀기** : 반죽을 밀대나 롤러를 사용하여 밀어서 큰 가스를 빼고 고르게 분산시켜 반죽 내의 크고 작은 기포를 균일하게 한다.

② **말기** : 적당한 압력을 주면서 고르게 균형을 맞추어 말거나 접기를 한다. 성형기의 압력이 강하면 말은 반죽이 아령과 같은 모양이 되므로 주의한다.

③ **봉하기** : 2차 발효 중이나 굽는 과정에서 터지지 않도록 단단하게 봉한다.

Lesson 05 팬닝(Panning)

(1) 팬닝의 정의와 요령

① **팬닝의 정의** : 성형이 완료된 반죽을 팬에 채우거나 나열하는 공정으로 팬넣기라고도 한다.

② **팬닝의 요령**

㉮ 반죽의 무게와 상태를 정하여 비용적에 맞추어 적당한 반죽량을 넣는다.
  ㉠ 반죽의 분할량 = 팬의 용적 ÷ 비용적
  ㉡ 비용적 : 단위 질량을 가진 물체가 차지하는 부피를 말하며, 단위는 cm^3/g이다.
  ㉢ 산형 식빵(오픈형) : $3.2 \sim 3.4 cm^3/g$, 풀먼형 식빵(샌드위치형) : $3.3 \sim 4.0 cm^3/g$

㉯ 반죽의 이음매는 팬의 바닥에 놓아 2차 발효나 굽기 공정 중 이음매가 벌어지는 것을 방지한다.

㉰ 팬닝 전 팬의 온도 : 30~35℃

③ **팬닝의 방법**

㉮ 직접 팬닝 : 한 덩어리의 식빵같이 반죽이 성형기에서 말려 나오는 그대로 팬에 넣는다.

㉯ 교차 팬닝 : 풀먼 브레드 같이 뚜껑을 덮어 굽는 제품은 반죽을 길게 늘려 U자, N자, M자형으로 넣는다.

㉰ 트위스트 팬닝 : 반죽을 2~3개 꼬아서 팬에 넣는다.

㉱ 스파이럴 팬닝 : 스파이럴 몰더와 연결되어 있어 성형한 반죽이 자동으로 팬에 들어가게 된다.

(2) 팬 관리

① **목적** : 이형성을 좋게하여 분리가 쉽도록 하며 팬의 수명을 길게 한다.

② **방법**

㉮ 틀을 마른 천으로 닦아 유분과 더러움을 제거한다(물로 씻으면 안된다).

㉯ 기름을 바르지 않고 철판은 280℃, 양철판은 220℃에서 1시간 굽는다.

㉰ 60℃ 이하로 냉각 후 이형유를 얇게 바르고 다시 굽는다.

㉱ 다시 냉각하여 기름을 바르고 보관한다.

(3) 팬 오일

① 무색, 무미, 무취의 발연점이 높은 기름(210℃ 이상)을 사용한다.

② 반죽 무게의 0.1~0.2% 정도 사용하며, 과다 사용하면 제품의 밑껍질이 두껍고 어둡게 된다.

빵류제품 반죽 익힘

Lesson 01 반죽 익히기 방법의 종류 및 특징

(1) 굽기(Baking)의 의미와 목적

① 굽기의 의미
   ㉮ 반죽에 열을 주어 소화하기 쉽고, 향이 있는 제품으로 만들어 내는 것을 의미하며 제빵 과정에서 가장 중요한 공정이라 할 수 있다.
   ㉯ 생물학적 변화는 정지되고, 미생물과 효소도 불활성화된다.

② 굽기의 목적
   ㉮ 발효에 의해 생긴 탄산가스를 열팽창시켜 빵의 부피를 갖추게 한다.
   ㉯ 전분을 호화시켜 소화가 잘 되는 제품으로 만든다.
   ㉰ 껍질에 구운 색을 내어 맛과 향을 향상시킨다.

(2) 굽기 단계

① 1단계
   ㉮ 처음 굽기 시간의 25~30%로 부피가 급격히 커지는 단계
   ㉯ 탄산가스가 열을 받아 팽창하여 반죽 전체로 퍼짐으로써 반죽의 부피가 커진다.

② 2단계
   ㉮ 다음의 35~40%는 표피가 색을 띠기 시작하는 단계
   ㉯ 수분의 증발과 함께 캐러멜화 반응과 갈변 반응이 일어난다.

③ 3단계
   ㉮ 마지막 30~40%는 중심부까지 열이 전달되어 안정되는 단계
   ㉯ 제품의 옆면이 단단해지고 껍질의 색도 진해진다.

(3) 굽기의 원칙

① 저율배합과 발효가 지친 반죽은 고온에서 단시간 굽는다.
② 고율배합과 발효가 부족한 반죽은 저온 장시간 굽기가 좋다.
③ 높은 온도에서 단시간 구우면 수분이 많이 남아있어 언더베이킹 현상이 일어난다.
④ 낮은 온도에서 장시간 구우면 오버베이킹 현상이 일어난다.

Lesson 02 익히기 중 성분 변화의 특징

(1) 굽기의 변화

① **오븐 스프링**(Oven spring)
  ㉮ 반죽온도가 49℃에 달하면 반죽이 짧은 시간 동안 급격하게 부풀어 처음 크기의 약 1/3 정도 부피가 팽창하는 것을 말한다.
  ㉯ 발효하는 동안 생긴 가스세포가 열을 받으면서 압력이 커져 세포벽이 팽창한다.
  ㉰ 가스압 증가, 용해 탄산가스와 알코올이 기화(79℃)되면서 팽창한다.
  ㉱ 글루텐의 연화와 전분의 호화, 가소성화가 팽창을 돕는다.

② **오븐 라이즈**(Oven rise) : 반죽의 내부 온도가 아직 60℃에 이르지 않은 상태에서 이스트의 활동과 효소의 활성으로 반죽 속에 가스가 만들어지므로 반죽의 부피가 조금씩 커진다.

③ **전분의 호화**
  ㉮ 굽기 과정 중 전분 입자는 40℃에서 팽윤하기 시작하여 56~60℃에서 호화가 시작된다.
  ㉯ 전분의 호화는 주로 수분과 온도에 의해 영향을 받는다.

④ **단백질 변성** : 반죽온도가 74℃를 넘으면 단백질이 굳기 시작하며 호화된 전분과 함께 빵의 구조를 형성하게 된다.

⑤ **효소 작용** : 60℃에서 전분이 호화되기 시작하면서 효소 활동이 활성화된다.

⑥ **향의 생성**
  ㉮ 향은 주로 껍질에서 생성되어 빵 속으로 침투·흡수되어 형성된다.
  ㉯ 향의 원인은 사용 재료, 이스트에 의한 발효 산물, 화학적 변화, 열반응 산물이다.
  ㉰ 향에 관계하는 물질은 알코올류, 유기산류, 에스테르류, 케톤류이다.

⑦ **껍질의 갈색 변화** : 캐러멜화 반응과 메일라드 반응에 의하여 껍질이 진하게 갈색으로 나타나는 현상
  ㉮ 캐러멜화 반응 : 높은 온도(160~180℃)에 의해 당류가 갈색으로 변하는 반응
  ㉯ 메일라드 반응(마이얄 반응) : 당류와 아미노산이 결합하여 갈색 색소인 멜라노이딘을 만드는 반응

(2) 굽기 손실

① **굽기 손실** : 빵이 오븐에서 구워지는 동안 무게가 줄어드는 현상으로 발효 산물 중 휘발성 물질의 휘발과 수분이 증발한 탓에 생긴다.

② **굽기 손실에 영향을 주는 요인** : 배합, 굽는 온도, 굽는 시간, 제품의 크기와 형태 등 다양

③ **굽기의 실패 원인**

원인	제품에 나타나는 결과
너무 높은 오븐 온도	• 빵의 부피가 작고 껍질색이 진하다. • 굽기 손실도 작고 눅눅한 식감이 된다. • 과자빵은 반점이나 불규칙한 색이 난다.

원인	제품에 나타나는 결과
너무 낮은 오븐 온도	• 빵의 부피가 크며 구운 색이 엷고 광택이 부족하다. • 굽기 손실 비율이 크다. • 껍질이 두껍고 퍼석한 식감이 난다. • 풍미가 떨어진다.
과량의 증기	• 껍질이 두껍고 질기다. • 표피에 수포가 생기기 쉽다.
부족한 증기	• 껍질이 균열되기 쉽고, 낮은 온도에서 구운 빵과 비슷하다. • 구운 색이 엷고 광택이 없는 빵이 된다.
부적절한 열의 분배	• 오븐 내의 위치에 따라 빵의 굽기 상태가 달라진다. • 고르게 익지 않는다. • 빵을 슬라이스 할 때 찌그러지기 쉽다.
부적당한 팬의 간격	• 열 흡수량이 적어진다. • 반죽의 중량이 450g인 경우 2cm, 680g인 경우는 2.5cm의 간격을 유지한다.

Lesson 03 관련 기계 및 도구

(1) 오븐(Oven)

① 형태에 의한 분류

㉮ 데크 오븐(Deck oven) : 소규모 제과점에서 사용하는 오븐으로 제품반죽을 넣는 입구와 제품을 꺼내는 출구가 같으며 윗불과 아랫불을 조절할 수 있다.

㉯ 터널 오븐(Tunnel oven) : 반죽이 들어가는 입구와 제품이 나오는 출구가 서로 다른 오븐으로 대량 생산 공장에서 많이 사용된다.

㉰ 로터리 래크 오븐(Rotary reck oven) : 팬을 래크에 끼운 채로 오븐에 넣어 굽는다. 열 전달이 고르게 되며 동시에 많은 양을 구울 수 있다.

㉱ 컨벡션 오븐(Convection oven) : 내부에 송풍기(fan)가 부착되어 있어 열을 강제 순환시켜 제품을 균일하게 착색시킨다.

㉲ 릴 오븐(Reel oven) : 구움대를 물레방아처럼 회전시키면서 굽는 방식의 오븐으로 열 분포가 균일하다.

② 열급원에 의한 분류 : 가스 오븐, 전기 오븐, 증기 오븐(찜기), 장작 오븐, 석탄 오븐, 고주파 오븐 등이 있다.

(2) 튀김기(Fryer) : 자동온도 조절 장치를 통하여 수동 또는 자동으로 튀기는 기계이다.

(3) 찜기(Steamer) : 제품을 찔 수 있도록 고압, 고온의 증기를 공급하고 시간 조절장치가 부착되어 있다.

빵류제품 마무리

Lesson 01 빵류제품의 냉각 및 포장

(1) 빵류제품의 냉각 방법 및 특징

① **냉각(Cooling)의 정의와 특징**
  ㉮ 냉각의 정의 : 구워낸 빵을 식혀 상온의 온도로 낮추는 것이다.
  ㉯ 냉각의 특징
   ㉠ 냉각 온도 : 35~40℃
   ㉡ 수분 함량 변화
    • 굽기 직후 : 껍질 12~15%, 내부 42~45%
    • 냉각 후 : 전체 38%로 평형
   ㉢ 냉각 손실 : 식히는 동안 수분 증발로 인해 평균 2%의 무게 감소 현상이 일어난다.

② **냉각의 목적**
  ㉮ 곰팡이 및 기타 균의 피해를 막는다.
  ㉯ 빵의 절단 및 포장을 용이하게 한다.

③ **냉각온도에 따른 영향**
  ㉮ 냉각온도가 높을 경우
   ㉠ 수분과다로 수분이 응축되어 곰팡이가 발생하기 쉽다.
   ㉡ 썰기가 어려워 형태가 변하기 쉽다.
  ㉯ 냉각온도가 낮을 경우
   ㉠ 제품이 건조하다.
   ㉡ 노화가 빨리 진행된다.

④ **냉각 방법**
  ㉮ 자연 냉각 : 냉각판에 올려 상온에서 냉각하는 것으로 실온에서 3~4시간 냉각한다.
  ㉯ 터널식 냉각 : 공기배출기를 이용한 냉각으로 소요시간은 2~2.5시간이며 수분손실이 많다.
  ㉰ 에어컨디션식 냉각 : 온도 20~25℃, 습도 85%의 공기에 통과시켜 90분간 냉각하는 방법이다.

⑤ **슬라이스(Slice)** : 실온으로 식힌 빵을 일정한 두께로 자르거나 칼집을 내는 공정이다.

(2) 장식 재료의 특성 및 제조방법

① 토핑은 요리나 과자의 끝마무리에 재료를 올리거나 장식하는 것이고, 토핑물은 이때 사용되는 식품을 말한다.
② 빵류제품 마무리에서 다루는 토핑물은 빵류의 굽기 공정 후에 추가적으로 제품 위에 올리거나 장식하는 식품으로 견과류, 초콜릿, 폰당(fondant) 등이 있다.

(3) 제품 포장(Packing)의 정의와 목적

① **포장의 정의** : 유통과정에서 제품의 가치 및 상태를 보호하기 위하여 적합한 재료나 용기를 사용하여 장식하거나 담는 것으로 빵의 저장성을 높이는데 목적이 있다.
② **포장의 목적**
  ㉮ 수분의 증발 방지(제품의 노화지연)
  ㉯ 상품가치의 보존 및 향상
  ㉰ 제품의 미생물 오염방지
③ **포장온도** : 35~40℃

(4) 포장재별 특성과 포장방법

① **포장재별 특성**
  ㉮ 합성수지 : 수지 종류 중 페놀 수지, 요소 수지, 멜라민 수지, 염화비닐 수지, 폴리에틸렌, 폴리프로필렌, 폴리스티렌 등이 사용된다.
  ㉯ 금속제 : 통조림용 관의 재질에 사용되는 것으로 주석 또는 납의 요충에 유의하여야 한다.
  ㉰ 유리 : 액체 식품용 용기 재질에 사용되는 것으로 알칼리 성분 및 규산의 용출에 유의하여야 한다.
  ㉱ 도자기 : 도자기, 옹기류 재질에 사용되는 것으로 유약, 안료 성분의 납 등의 용출에 유의하여야 한다.
  ㉲ 셀로판 : 투명하고 무미, 무취의 재질이나 찢어지기 쉬우며 내수성이 약하다.
  ㉳ 알루미늄 : 알루미늄 단독 또는 종이나 플라스틱에 붙여 사용하나 내약품성이 약하고 접히는 부분이 찢어지기 쉽다.
② **포장용기의 선택 시 고려사항**
  ㉮ 제품에 접촉되어 먹었을 때 유해물질이 함유되지 않도록 위생적이어야 한다.
  ㉯ 방수성이 있고 통기성이 없어야 한다.
  ㉰ 포장했을 때 상품의 가치를 높일 수 있어야 한다.
  ㉱ 단가가 낮고 포장에 의하여 제품이 변형되지 않아야 한다.
  ㉲ 작업성이 좋아야 한다.
③ **포장방법**
  ㉮ 식빵류 포장
    ㉠ 냉각이 완료된 식빵은 슬라이스로 자른다.

ⓛ 직사각형의 비닐봉지를 준비한다.
　　　ⓒ 식빵을 비닐봉지에 넣고, PE 타이로 묶어 포장한다.
　㉯ 단과자빵 포장
　　　㉠ 냉각이 완료된 단과자빵을 준비한다.
　　　ⓒ 단과자빵 종류는 일반적으로 단위 포장인 낱개 포장을 하므로 정사각형에 가까운 비닐 포장지를 준비한다.
　　　ⓒ 단과자빵을 포장지에 넣고 10분 정도 기다려서 수증기가 발생하지 않는지 확인한다.
　　　ⓔ 냉각이 완료되면 포장지 입구에 붙어 있는 비닐스티커를 제거하고 접어서 붙인다.
④ **표시사항 표기**
　㉮ 식품 표시는 가공식품에 사용한 원료, 첨가물, 제조년월일, 유통기간, 보존방법 등을 식품 용기 밖에 표시하는 것이다. 식품 표시 정보의 활용은 소비자의 알 권리를 보장함과 동시에 국민 건강, 의료비 절감 등의 효과가 있을 수 있다.
　㉯ 표시사항 : 표시사항은 '개별표시사항 및 표시기준'에서 식품 등에 표시하도록 규정한 사항을 말한다. 제품명, 식품 유형, 영업소(장)의 명칭(상호) 및 소재지, 제조연월일, 유통기한 또는 품질유지기한, 내용량 및 내용량에 해당하는 열량, 원재료명, 성분명 및 함량, 영양성분 등이다.

(5) 제품관리

① **제품 평가** : 완성된 제품의 외부특성과 내부특성을 평가하여 상품적인 가치를 평가하는 것이며, 여러 가지 평가기준에서 가장 중요한 평가항목은 맛이다.
② **제품평가 항목**
　㉮ 외부평가항목
　　　㉠ 부피　　　　　　　　　　　ⓒ 외형의 균형
　　　ⓒ 껍질색　　　　　　　　　　ⓔ 굽기의 균일화
　　　ⓜ 터짐성　　　　　　　　　　ⓗ 껍질 특성
　㉯ 내부평가항목
　　　㉠ 조직　　　　　　　　　　　ⓒ 기공
　　　ⓒ 속결　　　　　　　　　　　ⓔ 속 색상
　　　ⓜ 냄새　　　　　　　　　　　ⓗ 맛
③ 어린 반죽과 지친 반죽으로 만든 제품 비교

항목	어린 반죽(발효, 반죽이 덜 된 것)	지친 반죽(발효, 반죽이 많이 된 것)
부피	작다.	크다(너무 지치면 작아진다).
껍질색	어두운 적갈색(잔당이 많기 때문)	밝은 색깔
브레이크와 슈레이드	찢어짐과 터짐이 아주 작다.	거칠다(너무 지치면 작다).
구운상태	어둡다.	연하다.

항목	어린 반죽(발효, 반죽이 덜 된 것)	지친 반죽(발효, 반죽이 많이 된 것)
외형의 균형	예리한 모서리	둥근 모서리, 움푹 들어간 옆면
기공	거칠고 열린 두꺼운 세포	거칠고 열린 얇은 세포막에서 지나치면 두꺼운 세포막
껍질 특성	두껍고 질기다.	두껍고 부서지기 쉽다.
속색	무겁고 어둡다.	색이 희고 윤기가 부족하다.
조직	조밀하다.	거칠다.
향	생밀가루 냄새	신 냄새
맛	덜 발효된 맛	과 발효된 맛

④ **분유를 과다 사용했을 때 나타나는 현상**
  ㉮ 껍질이 두껍다.
  ㉯ 껍질색이 진하다.
  ㉰ 세포벽이 두껍다.
  ㉱ 모서리가 예리하다.
  ㉲ 브레이크와 슈레이드(터짐과 뜯어짐)가 적다.

⑤ **소금을 많이 사용했을 때 나타나는 현상**
  ㉮ 발효시간이 길어지고 부피가 작다.
  ㉯ 저장기간이 길어진다.

⑥ **제품의 결함과 원인**
  ㉮ 식빵류에서 자주 발생하는 결함과 원인

결함	원인
껍질색이 흐리다.	• 설탕 사용량 부족 • 2차 발효실의 습도가 낮음 • 부적당한 반죽 • 효소제를 과다하게 사용 • 1차 발효시간의 초과 • 굽기 시간의 부족 • 오븐 속의 습도와 온도가 낮음
껍질색이 진하다.	• 과다한 설탕 사용량 • 높은 오븐 온도 • 2차 발효실의 습도가 높았다.
윗면이 납작하고 모서리가 날카롭다.	• 미숙성한 밀가루 사용 • 소금 사용량이 정량보다 많은 경우 • 지나친 반죽 • 질은 반죽 • 발효실의 높은 습도

결함	원인
브레이크와 슈레드 현상 부족 (터짐과 찢어짐)	• 발효가 부족했거나 지나치게 과다한 경우 • 효소제의 사용량이 지나치게 과다한 경우 • 2차 발효실 온도가 높았거나 시간이 길었거나 습도가 낮았음 • 연수사용 • 이스트 푸드 사용 부족 • 너무 높은 오븐 온도 • 질은 반죽 • 오븐 증기 부족 • 2차 발효 부족
빵 속의 줄무늬 발생	• 덧가루 과다 사용 • 밀가루를 체치는 작업 생략 • 반죽개량제의 과다 사용 • 건조한 중간발효 • 표면이 마른 스펀지 사용 • 반죽 중 마른 재료가 고루 섞이지 않음
빵의 옆면이 찌그러진 경우	• 지친 반죽 • 오븐 열이 고르지 못함 • 팬 용적보다 넘치는 반죽량 • 지나친 2차 발효
빵의 바닥이 움푹 들어감	• 지나친 2차 발효실 습도 • 반죽 조절의 오류 • 팬의 과도한 기름칠 • 초기 굽기의 지나친 온도 • 반죽이 질었음 • 팬의 온도가 높았음

㉴ 과자빵류에서 자주 발생하는 결함과 원인

결함	원인
껍질색이 짙다.	• 질 낮은 밀가루 사용 • 낮은 반죽온도 • 높은 습도 • 어린 반죽
껍질색이 엷다.	• 배합재료 부족 • 지친 반죽 • 발효시간 과다 • 반죽의 수분증발 • 덧가루 사용과다
풍미 부족	• 부적절한 재료 배합 • 저율배합 사용 • 낮은 반죽온도 • 낮은 오븐 온도 • 과숙성 반죽 사용 • 2차 발효실의 높은 온도

Lesson 02 빵류제품의 저장 및 유통

(1) 저장방법의 종류 및 특징

① **냉장법(冷藏法)**
  ㉮ 식품의 변질을 일시적으로 방지하기 위하여 보통 0~10℃의 저온에서 식품을 저장하는 방법이다.
  ㉯ 저온으로 미생물의 증식을 일시적으로 억제시켜 보관성을 증진한다.
  ㉰ 빵을 냉장 보관하면 노화가 빠르게 진행된다.

② **냉동법(冷凍法)**
  ㉮ −18℃ 이하로 식품 자체의 수분을 냉각시켜 저장하는 방법이다.
  ㉯ 식품 저장 중에 품질의 변화가 적으나 너무 오랜 기간 보관하게 되면 식품의 품질이 저하된다.
  ㉰ 빵은 노화를 방지하기 위하여 냉동 보관해야 한다.

(2) 빵류제품의 저장·유통 중의 변질

① **빵의 노화(Staling)**
  ㉮ 노화의 정의
    ㉠ 빵의 껍질과 속결에서 일어나는 물리·화학적 변화로 제품의 맛, 향미가 변화하며 딱딱해지는 현상을 의미한다.
    ㉡ 냉장온도(0~10℃)에서 노화가 가장 빠르게 진행된다.
  ㉯ 노화의 구분
    ㉠ 껍질의 노화
      • 빵 속 수분이 표면으로 이동하고, 공기 중의 수분이 껍질에 흡수된다.
      • 표피는 눅눅해지고 질겨진다.
    ㉡ 빵 속의 노화
      • 빵 속 수분이 껍질로 이동하며 발생된다.
      • 호화전분의 퇴화(β−화)가 주원인이다.
      • 조직이 거칠고 건조해진다.
  ㉰ 노화를 지연시키는 방법
    ㉠ 저장온도를 −18℃ 이하 또는 25~35℃로 보관한다.
    ㉡ 모노, 디−글리세리드 계통의 유화제를 사용한다.
    ㉢ 탈지분유와 달걀을 이용하여 단백질을 증가시킨다.
    ㉣ 물의 사용량을 높여 반죽의 수분함량을 증가시킨다.
    ㉤ 방습포장 재료로 포장한다.
    ㉥ 유지 제품을 사용하거나 당류를 첨가한다.
    ㉦ 반죽에 α−아밀라아제를 첨가한다.
    ㉧ 질 좋은 재료를 사용하고, 제조공정을 정확히 지킨다.

② 빵의 변질
- ㉮ 변질의 정의 : 식품의 질이 변하는 현상으로 대표적으로 부패와 변패, 산패가 있으며 발효도 변질의 일종이다.
- ㉯ 변질의 구분
  - ㉠ 부패 : 단백질이 미생물의 분해작용에 의해 악취를 내고 인체에 유해한 물질을 생성하는 현상
  - ㉡ 변패 : 탄수화물, 지방이 미생물의 작용에 의해 변질되는 현상
  - ㉢ 산패 : 지방을 공기, 햇볕 등에 오래 방치해 두었을 때 악취가 발생하는 현상
  - ㉣ 발효 : 미생물이나 효소의 작용에 의해 우리 몸에 유익한 균을 생성하는 현상
  - ※ 산패에 의한 식품의 변질에는 미생물이 관여하지 않는다.
- ㉰ 곰팡이 발생 방지대책
  - ㉠ 보존료(프로피온산나트륨, 프로피온산칼슘, 젖산, 아세트산 등)를 첨가한다.
  - ㉡ 곰팡이가 피지 않는 환경에서 보관한다.
  - ㉢ 곰팡이의 발생을 촉진하는 물질을 제거한다.
  - ㉣ 작업실, 작업도구, 작업자의 위생을 청결히 한다.

(3) 오염원 관리방법

① **재료의 사용 시 선입선출 기준에 따라 아래와 같이 관리한다.**
- ㉮ 재료 보관 선반에 재료명을 표기하여 재료별로 정리한다.
- ㉯ 재료 겉면에 수령 일자가 잘 보이도록 표시한다.
- ㉰ 선입선출이 용이하게 먼저 입고된 것을 앞쪽에, 나중에 입고된 것을 뒤쪽에 위치하도록 보관한다.
- ㉱ 먼저 입고된 것부터 꺼내어 사용하도록 한다.

② **작업 편의성을 고려하여 아래와 같이 정리 정돈한다.**
- ㉮ 재료 보관 선반의 재질은 목재나 스테인리스를 선택한다.
- ㉯ 선반은 4~5단으로 폭 60cm 이내 바닥에서 15cm 이상, 벽에서 5cm의 공간을 띄우도록 한다.
- ㉰ 제품 보관 선반에 제품명을 부착하고 품목별로 정해진 위치에 보관·관리한다.
- ㉱ 건조재료는 원래의 포장상태로 저장하는 것이 좋으며, 개봉 후에는 밀폐용기에 담아 저장하여 벌레, 미생물에 의한 오염을 방지한다.
- ㉲ 교차 오염을 막기 위해 재료를 덜기 위한 기구를 재료 속에 담가서 보관하지 않도록 한다.
- ㉳ 캔 제품은 우그러지거나 부풀어 오른 것, 녹슨 것은 보관하여서는 안 되며, 캔을 열면 내용물을 반드시 다른 그릇에 담아 사용하고, 유효기간이 표시된 빈 캔은 따로 보관한다.
- ㉴ 선반에 물품을 저장할 때 윗부분에는 가벼운 것을, 아랫부분에는 무거운 것을 저장한다.
- ㉵ 재료 보관 선반에 재료명을 부착하고 재료별로 정해진 위치에 정리한다.
- ㉶ 주 1회 이상 청소를 실시하여 청결을 유지한다.
- ㉷ 입구에 안전한 잠금장치를 부착하고 비상열쇠를 별도로 보관한다.

출제 예상문제 — CHECK POINT QUESTION

PART 02 | 제빵 이론

001 제빵 시 베이커 백분율(Baker's %)에서 기준이 되는 재료는?

① 설탕　　　② 물
③ 밀가루　　④ 유지

🔍 Baker's %는 밀가루의 양을 100%로 기준으로 하고 각 재료가 차지하는 양을 %로 표시한다.

002 총배합율 180%인 식빵을 제조하는데 밀가루 22kg을 사용하였더니 분할무게 600g 짜리 65개가 되었다. 이 제품의 발효 손실은 얼마로 보는가?

① 0.52%　　② 1.52%
③ 2.02%　　④ 2.52%

🔍 • 총 반죽무게 = (총배합률 × 밀가루무게) ÷ 밀가루비율
　　　　　　 = (180 × 22kg) ÷ 100 = 39.6kg
• 분할무게 = 완제품 중량 ÷ (1 − 손실률), 완제품중량
　　　　　 = 분할무게 × (1 − 손실률)
• 분할무게 : 39.6kg, 완제품중량 : 39kg,
　39kg = 39.6kg × (1 − 손실률), 손실률 = 1.52%

003 식빵 배합율 합계는 180%이며 밀가루 총 사용량은 3000g이라면 이 때 총 반죽의 무게는(단, 기타 손실은 없음)?

① 1620g　　② 3780g
③ 5400g　　④ 5800g

🔍 총 반죽무게 = (총 배합률(%) × 밀가루 무게(g)) / 밀가루 비율(%)
= (180% × 3000g) / 100% = 5400g

004 배합의 합계 %는 170%, 쇼트닝은 4%, 소맥분의 중량은 5kg이다. 이 때 쇼트닝의 중량은?

① 850g　　② 200g
③ 680g　　④ 800g

🔍 • 각 재료의 무게(g) = 밀가루 무게(g) × 각 재료의 비율(%)
• 쇼트닝의 무게 = 5000(g) × 0.04 = 200(g)

005 빵 제조 시 밀가루를 체로 치는 이유가 아닌 것은?

① 이물질 제거　　② 고른 분산
③ 제품의 색　　　④ 공기의 혼입

🔍 가루 재료를 체로 치는 이유
• 가루 속의 덩어리나 불순물을 제거
• 이스트가 호흡하는데 필요한 공기를 넣어 발효를 촉진
• 재료를 고르게 분산
• 밀가루 부피를 15%까지 증가
• 흡수율 증가

006 다음 중 함께 계량할 때 가장 문제가 되는 재료는?

① 소금, 설탕
② 밀가루, 반죽 개량제
③ 이스트, 소금
④ 밀가루, 호밀가루

🔍 소금의 삼투압 작용으로 인하여 이스트가 저해를 받게 된다.

007 제빵용 계량기구로 적당하지 않은 것은?

① 부등비 저울　　② 선별 저울
③ 접시 저울　　　④ 전자 저울

🔍 선별 저울은 일반적으로 식품 재료의 무게(과일, 채소, 달걀)를 이용하여 크기 별로 분류하기 위한 저울이다.

008 재료의 전처리 방법으로 올바르지 않은 것은?

① 밀가루, 탈지분유 등은 계량한 후 체질하여 사용한다.
② 이스트는 계량한 물의 일부분에 용해시켜 사용한다.
③ 이스트푸드는 이스트와 함께 녹여 사용한다.
④ 유지는 냉장고에서 꺼내어 약간의 유연성을 갖도록 실온에 놓아둔다.

🔍 이스트푸드는 가루 종류를 체질하여 사용한다.

정답 001 ③　002 ②　003 ③　004 ②　005 ③　006 ③　007 ②　008 ③

009 다음 재료 중 빵 껍질을 부드럽게 하는 것은?

① 소금
② 설탕
③ 마가린
④ 이스트푸드

> 제빵에서 유지의 기능
> • 풍미를 준다.
> • 빵을 부드럽게 만들어주며 저장성을 준다.
> • 가스 보유력을 높여 부피를 크게 한다.
> • 반죽의 취급이나 성형을 용이하게 한다.

010 스트레이트법(Straight method)으로 식빵 제조 시 유지의 최적 사용범위는?

① 0~2%
② 2~4%
③ 4~8%
④ 8~12%

> 제빵에서 유지의 사용량은 2~4%가 적당하다.

011 식빵을 만드는데 필요한 밀가루의 특성으로 맞는 것은?

① 단백질 12%, 회분 0.5%, 흡수율 62%
② 단백질 10%, 회분 0.75%, 흡수율 60%
③ 단백질 12%, 회분 0.75%, 흡수율 55%
④ 단백질 10%, 회분 0.5%, 흡수율 55%

> 밀가루의 특성으로 단백질 함량이 11~13% 사이인 강력분, 회분 함량은 0.4~0.5% 이내, 흡수율은 60~64% 정도가 적당하다.

012 제빵의 기본 재료가 아닌 것은?

① 밀가루
② 쇼트닝
③ 이스트
④ 물

> 제빵에서의 기본재료는 밀가루, 소금, 이스트, 물이다.

013 빵 제조 시 경수를 사용해야만 하는 지역에 있어서 조치 사항 중 틀린 것은?

① 효소 강화
② 이스트 사용량 증가
③ 이스트푸드 사용량 감소
④ 소금 사용량 증가

> 경수를 사용할 때에는 이스트푸드와 소금의 사용량을 감소시켜야 한다.

014 다음 중 계량한 활성 건조이스트(Active dry yeast)를 용해시키기에 적합한 물의 온도는?

① 0℃
② 15℃
③ 27℃
④ 40℃

> 활성 건조이스트는 반죽에 고루 분산시키기 위해 물에 녹여 사용하며, 이스트 양의 4배가 되는 40~45℃의 물에 5~10분간 예비 발효하여 사용한다.

015 활성 건조이스트를 수화시킬 때 발효력을 증가시키기 위하여 밀가루에 기준하여 1~3%를 물에 풀어 넣을 수 있는 재료는?

① 설탕
② 소금
③ 분유
④ 밀가루

> 활성 건조이스트는 이스트 양의 4배가 되는 40~45℃의 물에 5~10분간 예비 발효하여 사용(1~3%의 설탕을 첨가)한다.

016 소맥분 속의 수분 함량이 14% 이상 되면, 여러 가지 바람직하지 못한 결과가 초래되는데, 그 결과와 관련이 없는 것은?

① 곰팡이가 피기 쉽다.
② 효소 활동이 둔화된다.
③ 곤충과 진드기 번식이 용이하다.
④ 소맥분의 고형분 함량이 감소한다.

> 식품의 수분 함량이 14% 이상 되면 곰팡이 등 미생물 번식이 쉬워지고 효소활동이 활발해진다.

017 빵 반죽에 사용되는 물의 경도에 가장 큰 영향을 미치는 성분은?

① 비타민
② 무기질
③ 단백질
④ 지방

> 물의 경도에 영향을 미치는 성분은 물에 녹아 있는 칼슘염과 마그네슘염이다.

정답 009 ③ 010 ② 011 ① 012 ② 013 ④ 014 ④ 015 ① 016 ② 017 ②

018 다음 밀가루 성분 중 흡수율과 거리가 먼 것은?

① 단백질　　② 지방
③ 손상전분　　④ 펜토산

> 밀가루 단백질은 약 2배의 물 흡수, 손상전분은 약 2배의 물 흡수, 펜토산은 15배 물을 흡수한다.

019 다음 중 ppm 이란?

① g당 중량 백분율　　② g당 중량 만분율
③ g당 중량 십만분율　　④ g당 중량 백만분율

> ppm은 parts per million으로 백만분의 1을 표시한다.

020 일반적으로 스펀지 도우법 식빵을 만들 때 생지반죽(dough mixing)의 가장 적당한 온도는?

① 17℃　　② 27℃
③ 37℃　　④ 47℃

> 스펀지법의 적당한 스펀지 온도는 통상 24℃, 본 반죽의 온도는 27℃가 적당하다.

021 스트레이트법과 스펀지 도우법의 비교에서 스펀지 도우법의 장점은?

① 발효 손실이 크다.
② 노동력, 제조면적이 크다.
③ 잘못되었을 때 공정의 융통성이 있다.
④ 발효 시간이 짧다.

> 스펀지 도우법은 발효 내구성이 강하고 노화가 지연되어 제품의 저장성이 좋다. 또한, 부피가 크고 속결이 부드럽다.

022 스펀지 도우에 분유를 첨가하는 경우 중 거리가 먼 것은?

① 밀가루의 아밀라아제 활성이 클 때
② 저 단백질 밀가루일 때
③ 발효 시간을 길게 할 때
④ 반죽이 쉽게 지치는 경우

> 탈지분유는 발효에 대한 완충작용을 하여 반죽 내구력과 발효 내구력을 증가시킨다.

023 장시간 발효과정을 거치지 않고 배합 후 정형하여 2차 발효를 하는 제빵법은?

① 재반죽법
② 스트레이트법
③ 노타임법
④ 스펀지법

> 노타임법은 발효에 의한 글루텐의 숙성을 산화제와 환원제의 사용으로 대신함으로서 발효시간을 단축하여 제조하는 방법이다.

024 스펀지 발효의 발효점은 일반적으로 처음 반죽부피의 몇 배까지 팽창되는 것이 가장 적당한가?

① 1~2배
② 2~3배
③ 4~5배
④ 6~7배

> 스펀지 발효는 반죽의 부피가 4~5배 부푼 상태, 드롭현상이 생길 때, 반죽의 pH4.8 정도이며 핀홀이 생길 때 완료한다.

025 스펀지법으로 반죽할 때 스펀지의 소맥분 사용량에 변화를 주는 이유로 적당하지 않은 것은?

① 부피, 향, 저장성 등 품질을 개선시키고자 할 때
② 발효 시간을 변경할 필요가 있을 때
③ 기계 및 설비를 감소시킬 때
④ 소맥분의 품질이 변경되었을 때

> 스펀지 밀가루의 사용량을 바꾸는 이유
> • 밀가루의 품질이 바뀌었을 때
> • 발효 시간을 바꾸기 위하여
> • 빵의 품질을 개선시키기 위하여

026 액체 발효법에서 사용하는 소포제(anti foaming agent)로 적당하지 않은 것은?

① 분유
② 쇼트닝
③ 탄소수가 적은 지방산
④ 실리콘화합물

> 액체 발효법에서 분유는 발효의 완충제로 사용된다.

정답　018 ②　019 ④　020 ②　021 ③　022 ②　023 ③　024 ③　025 ③　026 ①

027 냉동 반죽에서 반죽의 가스보유력을 증가시키기 위하여 사용하는 재료의 설명으로 옳지 않은 것은?

① 단백질 함량이 11.75~13.5%로 비교적 높은 밀가루를 사용한다.
② L-시스테인(L-cysteine)과 같은 환원제를 사용한다.
③ 스테아릴 젖산 나트륨(S.S.L)과 같은 노화방지제를 사용한다.
④ 비타민 C(ascorbic acid)와 같은 산화제를 사용한다.

🔍 환원제인 L-시스테인은 밀가루 글루텐을 약화시킨다.

028 스펀지법에서 스펀지에 사용하는 일반적인 재료가 아닌 것은?

① 이스트   ② 밀가루
③ 이스트푸드   ④ 소금

🔍 스펀지에는 밀가루, 물, 이스트, 이스트푸드를 사용한다.

029 발효법에서 가장 적당한 발효점 측정법은?

① 부피증가   ② 거품의 상태
③ 산도측정   ④ 액의 색변화

🔍 액체 발효법의 발효온도는 30℃가 적당하며 발효시간은 2~3시간 정도이다. 발효 완료점은 pH로 측정하며 pH 4.2~5.0이다.

030 스트레이트법에서 스펀지법으로 배합표를 전환할 때 다음 중 사용량이 감소하지 않는 재료는?

① 소금   ② 이스트
③ 물   ④ 설탕

031 스펀지 발효에 생기는 결함을 없애기 위하여 만들어진 제조법으로 ADMI법이라고 불리는 제빵법은?

① 액체 발효법(brew method)
② 비상 반죽법(emergency dough method)
③ 노 타임 반죽법(no time dough method)
④ 스펀지법(sponge & dough method)

🔍 아드미법은 완충제로 탈지분유를 사용하는 액종법으로 아드미(ADMI : 미국분유협회)가 개발한 방법이다.

032 냉동 반죽을 2차 발효시키는 방법 중 가장 올바른 것은?

① 냉장고에서 15~16시간 냉장 해동시킨 후 30~33℃, 상대습도 80%의 2차 발효실에서 발효시킨다.
② 실온(25℃)에서 30~60분간 자연 해동시킨 후 38℃, 상대습도 85%의 2차 발효실에서 발효시킨다.
③ 냉동반죽을 30~33℃, 상대습도 80%의 2차 발효실에 넣어 해동시킨 후 발효시킨다.
④ 냉동반죽을 38~43℃, 상대습도 90%의 고온다습한 2차 발효실에 넣어 해동시킨 후 발효시킨다.

033 표준 스트레이트법을 비상 스트레이트법으로 전환할 때 필수적인 조치사항이 아닌 것은?

① 물 사용량을 1% 증가
② 이스트 사용량을 2배 증가
③ 설탕 사용량을 1% 증가
④ 반죽시간 증가

🔍 표준 스트레이트법을 비상 스트레이트법으로 전환할 때 필수적인 조치사항
 • 물 사용량 : 1% 증가
 • 설탕 사용량 : 1% 감소
 • 반죽시간 : 20~30% 증가
 • 이스트 : 2배 증가
 • 반죽온도 : 30℃
 • 1차 발효 시간 : 15분~30분

034 냉동 반죽법에 대한 설명 중 틀린 것은?

① 저율배합 제품은 냉동시 노화의 진행이 비교적 빠르다.
② 고율배합 제품은 비교적 완만한 냉동에 견딘다.
③ 저율배합 제품일수록 냉동 처리에 더욱 주의해야 한다.
④ 식빵 반죽은 비교적 노화의 진행이 느리다.

🔍 식빵은 저율배합으로 노화의 진행이 비교적 빠르다.

정답 027 ②　028 ④　029 ③　030 ①　031 ①　032 ①　033 ③　034 ④

035 이스트의 사멸로 가스 발생력, 보유력이 떨어지며 환원성 물질이 나와 반죽이 끈적거리고 퍼지기 쉬운 단점을 지닌 제빵법은?

① 냉동 반죽법　　② 호프종법
③ 연속식 제빵법　④ 액체 발효법

036 냉동 반죽의 해동방법에 해당되지 않는 것은?

① 실온 해동
② 온수 해동
③ 리타더(retarder) 해동
④ 도우 컨디셔너(dough conditioner)

> 리타더 : 반죽 냉장장치. 리타더에는 냉장기능 뿐만 아니라, 냉장중에 반죽이 마르지 않도록 온도를 조절할 수 있는 장치도 갖추어져 있다.

037 스펀지에서 드롭 또는 브레이크 현상이 일어나는 가장 적당한 시기는?

① 반죽의 약 1~2배 정도 부풀은 후
② 반죽의 약 2~3배 정도 부풀은 후
③ 반죽의 약 4~5배 정도 부풀은 후
④ 반죽의 약 6~7배 정도 부풀은 후

> 수축 현상이 일어나 반죽 중앙이 오목하게 들어가는 드롭 현상이 생길 때는 스펀지 발효의 완료점으로 반죽의 부피가 4~5배로 부푼 상태이다.

038 냉동 반죽법의 재료 준비에 대한 사항 중 틀린 것은?

① 저장은 -5℃에서 시행한다.
② 노화방지제를 소량 사용한다.
③ 반죽은 조금 되게 한다.
④ 크로와상 등의 제품에 이용된다.

> 냉동 반죽은 -40℃로 급속냉동시켜 -18~-25℃ 전후로 보관한다.

039 연속식 제빵법을 사용하는 장점으로 틀리는 것은?

① 인력의 감소
② 발효향의 증가
③ 공장 면적과 믹서 등 설비의 감소
④ 발효 손실의 감소

> 연속식 제빵법의 장점
> • 설비감소, 설비공간 감소
> • 노동력 1/3로 감소
> • 발효 손실 감소

040 냉동 반죽법의 단점이 아닌 것은?

① 휴일 작업에 미리 대처할 수 없다.
② 이스트가 죽어 가스 발생력이 떨어진다.
③ 가스 보유력이 떨어진다.
④ 반죽이 퍼지기 쉽다.

> 냉동 반죽법의 단점
> • 이스트가 사멸되어 나오는 환원성 물질이 반죽을 퍼지게 만든다.
> • 이스트 세포의 사멸로 인해 가스 발생력이 떨어진다.
> • 제조 조건이 나쁘면 수포가 발생한다.
> • 설비 면에서 비용이 많이 든다.

041 중종 반죽법에 있어 중종에 수분 배합량을 늘리면 반죽의 숙성 속도가 빨라진다. 물은 중종 밀가루 양의 몇 %가 바람직한가?

① 25%
② 35%
③ 45%
④ 55%

> 스펀지 반죽에 사용하는 물의 양은 스펀지 반죽에 사용하는 밀가루 양의 55~60% 정도 사용한다.

042 냉동 반죽법에서 반죽의 냉동온도와 저장온도로 가장 적합한 것은?

① -40℃, -25~-18℃
② -5℃, 0~4℃
③ -80℃, -18~0℃
④ -20℃, -18~0℃

> 냉동 반죽법은 1차 발효 또는 성형 후 -40℃로 급속냉동시켜 -18~-25℃ 전후로 보관한 후 해동시켜 제조하는 방법으로 냉동 반죽을 급속냉동하는 이유는 최대 얼음 결정 형성대를 빨리 통과시키기 위함이다.

정답 035 ①　036 ②　037 ③　038 ①　039 ②　040 ①　041 ④　042 ①

043 비상 스트레이트법의 장점 중 잘못 기술된 것은?

① 임금 절약 ② 짧은 공정시간
③ 주문에 신속 대처 ④ 저장성의 증가

> 비상 스트레이트법의 단점은 노화가 쉽고 저장성이 짧다는 것이다.

044 오버나이트 스펀지법(overnight sponge method)에 대한 설명 중 틀린 것은?

① 2개 이상의 본 반죽을 위한 대량의 스펀지 반죽을 제조한다.
② 시간과 노동력을 줄일 수 있다.
③ 소량의 이스트로 12~24시간 발효시킨다.
④ 식빵류에 종종 사용한다.

045 제조공정상 가장 많은 시간을 단축할 수 있는 공정은?

① 재료계량 ② 믹싱
③ 1차 발효 ④ 굽기

> 비상 스트레이트법은 1차 발효 시간을 30분 이내로 단축하여 전체 공정을 짧게 한다.

046 중종 반죽법에서 중종에 밀가루를 많이 사용하면 나타나는 현상이 아닌 것은?

① 본 반죽의 반죽시간이 줄어든다.
② 반죽의 신장성이 좋아진다.
③ 중종의 발효 시간은 짧아지고 본 반죽의 발효 시간은 길어진다.
④ 부피가 크고 기공막이 얇으며 조직이 부드러워 품질이 좋아진다.

> 중종에 밀가루를 많이 넣으면 중종 발효시간은 길어지고 본 반죽의 발효시간은 짧아진다.

047 액체 발효법에서 액종 발효 시 완충제의 역할을 하는 것은?

① 탈지분유 ② 설탕
③ 이스트 ④ 밀가루

> 액체 발효법은 미국분유연구소에서 개발한 제빵법으로 ADMI(아드미)법이라고도 불린다.

048 반죽법에 대한 설명 중 적합하지 못한 것은?

① 스펀지법은 반죽을 2번에 나누어 믹싱하는 방법으로 중종법이라고 한다.
② 직접법은 스트레이트법이라고 하며, 전재료를 한 번에 넣고 반죽하는 방법이다.
③ 비상반죽법은 제조시간을 단축할 목적으로 사용하는 반죽법이다.
④ 재반죽법은 직접법의 변형으로 스트레이트법 장점을 이용한 방법이다.

> 재반죽법은 스트레이트법의 변형으로 모든 재료를 한 번에 넣고 물만 8%정도 남겨 두었다가 발효 후 나머지 물을 넣고 반죽하는 방법이다. 스펀지법에서 얻을 수 있는 장점을 갖게 되어 반죽의 기계내성이 좋아진다.

049 스트레이트법의 반죽순서는?

① 반죽 – 성형 – 분할 – 발효 – 굽기
② 반죽 – 발효 – 분할 – 성형 – 굽기
③ 반죽 – 분할 – 성형 – 발효 – 굽기
④ 반죽 – 발효 – 성형 – 분할 – 굽기

> 스트레이트법의 기본 제조 공정순서는 제빵법 결정 → 배합표 작성 → 재료 계량 → 원료의 전처리 → 반죽(믹싱) → 1차 발효 → 정형(분할 → 둥글리기 → 중간 발효 → 성형 → 팬닝) → 2차 발효 → 굽기 → 냉각 → 슬라이스 → 포장 순이다.

050 클린업 단계에 넣어 흡수율을 높이는데 효과적인 것은?

① 소금 ② 설탕
③ 유지 ④ 이스트

> 클린업 단계는 끈기가 생기는 단계로 흡수율을 높이기 위하여 소금을 넣는 단계이다.

051 믹싱 중 생지 변화에 있어 탄력성이 증가하며 반죽이 강하고 단단해지는 단계는?

① 픽업 단계 ② 클린업 단계
③ 발전 단계 ④ 최종 단계

정답 043 ④ 044 ② 045 ③ 046 ③ 047 ① 048 ④ 049 ② 050 ① 051 ③

🔍 발전 단계는 반죽의 탄력성이 최대로 증가하며 반죽이 강하고 단단해지는 단계로 반죽이 건조하고 매끈해 진다.

052 식빵의 믹싱 공정 중 반죽의 신장성이 최대가 되는 단계는?

① 픽업(pick up) 단계
② 클린업(clean up) 단계
③ 최종(final) 단계
④ 파괴(break down) 단계

🔍 반죽의 신장성이 최대가 되는 단계는 최종 단계로 대부분의 빵 반죽이 완료되는 단계이다.

053 스트레이트법에 의한 제빵 반죽 시 유지는 보통 어느 단계에서 첨가하는가?

① 픽업 단계
② 클린업 단계
③ 발전 단계
④ 렛다운 단계

🔍 글루텐이 형성되기 시작하는 클린업 단계에서 유지를 넣는다 (유지를 처음부터 넣으면 밀가루 입자와 유지가 부착되어 물의 흡수를 방해하고 글루텐 형성을 저해한다).

054 다음 제품 중 반죽을 가장 많이 발전시키는 것은?

① 불란서빵
② 햄버거빵
③ 과자빵
④ 식빵

🔍 햄버거빵과 잉글리시 머핀은 과반죽 상태인 렛다운 단계까지 반죽한다.

055 제빵에서 믹싱의 주된 기능은?

① 거품 포집, 재료분산, 혼합
② 재료 분산, 온도상승, 글루텐 완화
③ 혼합, 이김, 두드림
④ 혼합, 거품 포집, 온도상승

056 빵 반죽의 흡수에 영향을 주는 요인들에 대한 설명이 잘못 된 것은?

① 반죽온도가 높아지면 흡수율이 감소되는 경향
② 연수는 경수보다 흡수가 증가하는 경향
③ 설탕 사용량이 많아지면 흡수율이 감소되는 경향
④ 손상전분이 적량 이상이면 흡수율 증가하는 경향

🔍 연수를 사용하면 글루텐이 약해지며 흡수량이 적고, 경수를 사용하면 글루텐이 강해지며 흡수량이 많다.

057 반죽 시 렛다운 단계(Let down stage)를 바르게 설명한 것은?

① 최종 단계를 지나 반죽이 탄력성을 잃으며 신장성이 최대인 상태
② 반죽이 처지며 글루텐은 완전히 파괴된 상태
③ 글루텐이 발전하는 단계로서 최고도의 탄력성을 가지는 상태
④ 수화는 완료되고 글루텐 일부가 결합된 상태

🔍 반죽이 탄력성을 잃으며 신장성이 커져 고무줄처럼 늘어지며 점성이 많아진다. 오버 믹싱, 과반죽이라고 한다. 잉글리시 머핀, 햄버거빵 반죽은 이 단계까지 한다.

058 다음 제품 중 반죽을 픽업단계에서 끝내는 제품은?

① 불란서빵   ② 데니시페이스트리
③ 과자빵   ④ 햄버거빵

🔍 데니시페이스트리의 전통적인 반죽방법은 픽업단계에서 반죽을 끝마친다. 기계성형시에는 발전단계까지 하기도 한다.

059 반죽 시 후염법에서 소금의 투입단계는?

① 각 재료와 함께 섞는다.
② 픽업단계 직전에 투입한다.
③ 클린업 단계 직후에 넣는다.
④ 믹싱이 끝날 때 넣어 혼합한다.

🔍 소금을 처음부터 넣으면 반죽시간이 길어진다. 후염법의 경우 반죽시간이 단축된다.

정답 052 ③ 053 ② 054 ② 055 ① 056 ② 057 ① 058 ② 059 ③

060 믹싱(Mixing)시 글루텐이 형성되기 시작하는 단계는?

① 픽업 단계(Pick up stage)
② 발전 단계(Development stage)
③ 클린업 단계(Clean up stage)
④ 렛다운 단계(Let down stage)

🔍 글루텐이 형성되는 시기는 클린업 단계로 유지를 첨가하는 시기이다.

061 반죽할 때 나타나는 현상이 아닌 것은?

① 재료를 균일하게 혼합한다.
② 흡수율을 좋게 한다.
③ 글루텐이 형성된다.
④ 색을 내게 한다.

🔍 반죽의 목적은 밀가루, 이스트, 소금, 그 밖의 재료와 물을 혼합하여 치대어 재료를 균일하게 혼합시켜 글루텐을 발전시키는 일이다.

062 다음 제품 중 반죽이 가장 진 것은?

① 식빵　　　　② 불란서빵
③ 잉글리시 머핀　④ 과자빵

🔍 잉글리시 머핀은 반죽에 들어가는 물의 사용량이 80~85%로 매우 질게 된다. 렛다운 단계까지 믹싱을 한다.

063 건포도 식빵, 옥수수 식빵, 야채 식빵을 만들 때 건포도, 옥수수, 야채는 믹싱의 어느 단계에 넣는 것이 좋은가?

① 최종 단계 후　　② 클린업 단계 후
③ 발전 단계 후　　④ 렛다운 단계 후

🔍 반죽에 들어가는 내용물들이 파괴되지 않도록 반죽의 마지막 단계에서 넣고 1단으로 가볍게 섞어준다.

064 이스트를 사용하지 않고 호밀가루나 밀가루를 대기 중에 존재하는 이스트나 유산균을 물과 반죽하여 배양한 발효종을 이용하는 제빵법은?

① 액종 발효법
② 스펀지법
③ 오버나이트 스펀지법
④ 사우어종법

🔍 사우어종은 빵 반죽을 방치해 두면 공기 또는 원료 중에 섞여 있는 미생물(젖산균, 초산균)의 활동으로 신맛이 난다. 독특한 풍미를 가지며, 발효 시간과 반죽시간을 감소시키고 보존성을 증가시킨다.

065 비상 스트레이트법 반죽의 가장 적당한 온도는?

① 20℃　　② 25℃
③ 30℃　　④ 45℃

🔍 비상스트레이트법의 반죽온도는 발효속도를 촉진하기 위하여 30℃로 한다.

066 냉동빵 제조 시 대략적인 반죽의 온도는?

① 18~20℃　　② 26~28℃
③ 30~32℃　　④ 34~36℃

067 정상적인 스펀지 반죽을 발효시키는 동안 스펀지 내부의 온도 상승은 어느 정도가 가장 바람직한가?

① 1~2℃　　② 4~6℃
③ 8~10℃　　④ 12~14℃

068 데니시 페이스트리의 반죽온도는?

① 18~22℃　　② 24~27℃
③ 27~30℃　　④ 30~35℃

🔍 유지를 싸서 밀어펴기를 해야 하는 데니시 페이스트리의 반죽온도는 18~22℃로 일반적인 스트레이트법의 반죽온도보다 낮다.

069 실내온도 25℃인 작업실에서 20℃의 밀가루와 19℃의 수돗물로 반죽을 했더니 반죽온도가 29℃를 나타내었다. 이때 마찰계수는?

① 18　　② 23
③ 25　　④ 32

🔍 마찰계수 = 반죽결과온도 × 3 − (밀가루 온도 + 실내 온도 + 수돗물 온도)
= 29 × 3 − (20 + 25 + 19) = 23

정답 060 ③　061 ④　062 ③　063 ①　064 ④　065 ③　066 ①　067 ②　068 ①　069 ②

070 스트레이트법으로 식빵을 만들 때 밀가루 온도 22℃, 실내온도 26℃, 수돗물 온도 17℃, 결과 온도 30℃, 희망 온도 27℃ 라면 계산된 물 온도는?

① 2℃   ② 4℃
③ 6℃   ④ 8℃

- 마찰계수 = 반죽결과온도 × 3 − (밀가루 온도 + 실내 온도 + 수돗물온도)
  = 30 × 3 − (22 + 26 + 17) = 25℃
- 계산된 물 온도 = 희망온도 × 3 − (밀가루 온도 + 실내 온도 + 마찰계수)
  = 27 × 3 − (22 + 26 + 25) = 8℃

071 사용할 물온도를 구할 때 필요한 온도가 아닌 것은?

① 수돗물 온도
② 실내 온도
③ 마찰 계수
④ 밀가루 온도

사용할 물 온도 = 희망온도 × 3 − (실내 온도 + 밀가루 온도 + 마찰계수)

072 식빵 배합을 할 때 반죽의 온도 조절에 가장 크게 영향을 미치는 재료는?

① 밀가루   ② 설탕
③ 물   ④ 이스트

제빵에서는 사용하는 물로 반죽의 온도를 조절한다.

073 다음과 같은 조건일 때 스펀지 법에서 도우의 물 온도는 몇 도가 적당한가?

〈조건〉
실내 온도 29℃, 스펀지온도 24℃, 마찰계수 22℃, 밀가루 온도 28℃, 희망온도 30℃, 수돗물 온도 20℃

① 13℃   ② 17℃
③ 25℃   ④ 0℃

도우의 물의 온도 = (희망온도 × 4) − (밀가루온도 + 실내 온도 + 마찰계수 + 스펀지반죽온도)
= (30 × 4) − (28 + 29 + 22 + 24)
= 120 − 103 = 17℃

074 스트레이트법에서 실내 온도 27℃, 밀가루 온도 25℃, 수돗물 온도 18℃, 반죽 결과 온도 30℃, 희망 온도 27℃, 사용 물량 5kg일 때 사용해야 할 얼음량은 약 얼마인가?

① 320g
② 460g
③ 4kg
④ 5kg

스트레이트법에서의 반죽온도 계산
- 마찰계수 = (결과 온도 × 3) − (밀가루 온도 + 실내 온도 + 수돗물 온도)
  = 30 × 3 − (27 + 25 + 18) = 20
- 사용할 물 온도 = (희망 온도 × 3) − (밀가루 온도 + 실내 온도 + 마찰계수)
  = 27 × 3 − (25 + 27 + 20) = 9
- 얼음 사용량
  = $\dfrac{\text{사용한 물량} \times (\text{수돗물 온도} - \text{사용할 물 온도})}{80 + \text{수돗물 온도}}$
  = $\dfrac{5000 \times (18 - 9)}{80 + 18}$ = 459.2g

075 빵 반죽(믹싱)시 반죽온도가 높아지는 가장 큰 이유는?

① 이스트가 번식하기 때문에
② 원료가 용해되는 관계로
③ 마찰열이 생기기 때문에
④ 글루텐이 발전하는 관계로

반죽의 온도는 믹싱의 주된 기능인 혼합, 이김, 두드림 과정에서 반죽과 반죽 볼이 부딪히며 발생하는 마찰열에 의해 올라가게 된다.

076 더운 여름에 얼음을 사용하여 반죽온도를 조절하려고 한다. 이 때 물 사용량의 계산 순서로 적합한 것은?

① 마찰 계수 → 물 온도 계산 → 얼음 사용량 → 물 사용량
② 물 온도 계산 → 얼음 사용량 → 마찰 계수 → 물 사용량
③ 얼음 사용량 → 마찰 계수 → 물 온도 계산 → 물 사용량
④ 물 온도 계산 → 마찰 계수 → 얼음 사용량 → 물 사용량

077 믹서(Mixer)의 회전속도가 반죽의 발효 시간에 미치는 영향 중 가장 옳은 것은?

① 고속으로 배합된 반죽이나 저속으로 배합된 반죽은 발효 시간과는 무관하다.
② 고속으로 배합된 반죽이 저속으로 배합된 반죽보다 발효 시간이 약간 짧아진다.
③ 고속으로 배합된 반죽이 저속으로 배합된 반죽보다 발효 시간이 약간 길어진다.
④ 고속 및 저속으로 배합된 반죽이 발효 시간과 무관하나 중간 발효에서 다소 차이가 있다.

> 고속으로 배합된 반죽은 마찰열에 의해 반죽온도가 올라가 발효 시간이 약간 짧아진다.

078 양질의 빵 속을 만들기 위한 아밀로그래프의 곡선 범위는?

① 0~200B.U ② 200~400B.U
③ 400~600B.U ④ 600~800B.U

> 아밀로그래프는 밀가루의 호화정도 등 밀가루 전분의 질을 측정한다.

079 패리노그래프에 대한 설명 중 틀리는 것은?

① 산화제 첨가 필요량 측정
② 흡수율 측정
③ 믹싱 시간 측정
④ 믹싱 내구성 측정

> 패리노그래프는 밀가루의 흡수율, 글루텐의 질과 반죽의 내구성 등을 측정하는 기계이다.

080 소맥분 속에 맥아의 액화효과를 측정하는 기구는?

① 점도계(Visco meter)
② 패리노그래프(Farinograph)
③ 익스텐소그래프(Extensograph)
④ 아밀로그래프(Amylograph)

> 아밀로그래프는 밀가루의 호화정도 등 밀가루 전분의 질을 측정하며 온도 변화에 따라 밀가루의 α-아밀라아제의 효과를 측정하는 기계이다.

081 빵 전분의 노화정도를 측정하는데 사용하는 방법과 관련이 없는 것은?

① 비스코그래프에 의한 측정
② 빵 속살의 흡수력 측정
③ X-선 회절도에 의한 측정
④ 패리노그래프에 의한 측정

082 다음은 발효가 제품의 껍질색에 미치는 영향들을 열거한 것이다. 설명 중 틀린 것은?

① 스펀지 발효는 어리고, 반죽 발효에 조정이 없다면 그 껍질색은 정상보다 어둡다.
② 스펀지 발효는 어리고, 반죽 발효를 정상보다 약간 연장한다면 그 껍질색은 실제 정상 것과 같다.
③ 스펀지 발효가 지치고, 반죽 발효를 정상보다 약간 연장한다면 그 껍질색은 아주 어둡다.
④ 스펀지 발효가 지치고, 반죽 발효를 정상보다 연장한다면 그 껍질색은 아주 밝다.

> 발효 중 이스트 먹이로 사용되고 남은 당은 껍질색에 영향을 끼치는데 발효가 지치면 남은 당이 적어지며 껍질색이 엷게 된다.

083 식빵 제조 시 1차 발효 손실은 몇 %인가?

① 1~2%
② 7~9%
③ 12~13%
④ 15%

> 장시간 발효 중에 수분이 증발하고, 탄수화물이 발효에 의해 탄산가스와 알코올로 전환되어 발효 손실이 발생한다. 일반 발효 중에는 1~2% 정도 손실된다.

084 1차 발효 시 빵 반죽 속에 생성되는 물질은?

① 탄산가스, 알코올
② 유기산과 질소
③ 탄산가스, 물
④ 산소와 알코올

> 1차 발효과정에서 이스트에 들어 있는 효소에 의해 당류가 분해되며 알코올, 탄산가스, 유기산 등이 생성된다.

정답 077 ② 078 ③ 079 ① 080 ④ 081 ④ 082 ③ 083 ① 084 ①

085 2% 이스트로 4시간 발효했을 때 가장 좋은 결과를 얻는다고 가정할 때 발효 시간을 3시간으로 감소시키려면 이스트의 양은 얼마로 결정하여야 하는가?

① 2.16% ② 2.66%
③ 3.16% ④ 3.66%

🔍 변경할 이스트의 양 = $\dfrac{\text{정상 이스트의 양} \times \text{정상 발효시간}}{\text{변경할 발효시간}}$
= $\dfrac{2 \times 4}{3}$ = 2.66%

086 발효 손실의 원인이 아닌 것은?

① 수분 증발
② 탄수화물이 탄산가스로 전환
③ 탄수화물이 알코올로 전환
④ 재료 계량의 오차

🔍 발효 중에 수분이 증발하고, 탄수화물이 발효에 의해 탄산가스와 알코올로 전환되어 발효 손실이 발생한다.

087 스트레이트법에서 1차 발효 시 최적의 발효 상태를 파악하는 방법으로 손가락으로 눌러서 판단하는 테스트 법 중 가장 발효가 좋은 상태는?

① 반죽 부분이 오므라든다.
② 반죽 부분이 퍼진다.
③ 누른 부분이 살짝 오므라든다.
④ 누른 부분이 옆으로 퍼져 함몰한다.

🔍 1차 발효 시 최적의 발효 상태는 부피가 3~3.5배 증가, 반죽 내부에 섬유질 생성, 손가락 테스트 시 반죽을 눌렀을 때 눌린 부분이 조금 오므라드는 상태이다.

088 발효의 목적이 아닌 것은?

① 반죽을 조절한다.
② 글루텐을 강하게 한다.
③ 향을 개발한다.
④ 팽창작용을 한다.

🔍 발효의 목적
• 반죽의 팽창작용 : 글루텐의 가스 보유 능력을 개선한다.
• 반죽의 숙성작용 : 효소가 작용하여 반죽을 부드럽게 만든다.
• 빵의 풍미 생성 : 발효에 의해 생성된 알코올, 유기산, 에스테르 등을 축적하여 상품성 있는 빵으로서의 독특한 맛과 향을 부여한다.

089 이스트를 다소 감소하여 사용하는 경우는?

① 우유 사용량이 많을 때
② 수작업 공정과 작업량이 많을 때
③ 물이 알칼리성일 때
④ 미숙한 밀가루를 사용할 때

🔍 공정시간이 길어지면 과발효가 될 경우가 발생하므로 이스트의 양을 줄여 사용한다.

090 반죽을 발효시키는 목적으로 가장 적합하지 않은 것은?

① 반죽의 온도를 상승시켜 감으로서 이스트의 활성을 활발하게 한다.
② 반죽 중에 발효 생성물을 축적하여 최종 제품에 풍미를 준다.
③ 발효 중에 산화를 진전시켜 가스 보유력을 강화한다.
④ 반죽을 유연하게 늘리기 쉬운 것으로 변화시켜 기포 사이의 막을 얇게 한다.

🔍 발효의 목적은 반죽의 팽창, 반죽의 숙성, 빵의 풍미 생성 등이다.

091 전체 발효 시간이 90분일 경우 펀치(punch)는 언제 행하는가?

① 믹싱 직후
② 발효 시작 30분 후
③ 발효 시작 60분 후
④ 발효 시작 90분 후

🔍 가스빼기는 전체 발효 시간의 2/3되는 시점에서 해 준다.

092 1차 발효 중에 펀치를 하는 이유는?

① 반죽의 온도를 높인다.
② 이스트를 활성화시킨다.
③ 효소를 불활성화 시킨다.
④ 탄산가스 축적을 증가시킨다.

🔍 펀치의 목적은 반죽에 산소를 공급하고 반죽온도를 균일하게 해 주며 발효를 촉진시킨다.

정답 085 ② 086 ④ 087 ③ 088 ② 089 ② 090 ① 091 ③ 092 ②

093 빵 발효에서 다른 조건이 같을 때 발효 손실에 대한 설명 중 틀린 것은?

① 반죽온도가 낮을수록 발효 손실이 크다.
② 발효 시간이 길수록 발효 손실이 크다.
③ 소금, 설탕 사용량이 많을수록 발효 손실이 적다.
④ 발효실 온도가 높을수록 발효 손실이 크다.

🔍 반죽온도는 발효에 영향을 끼쳐 반죽온도가 낮으면 발효가 천천히 진행되어 같은 시간을 비교했을 때 발효 손실이 작다.

094 발효에 영향을 주는 요소로 볼 수 없는 것은?

① 이스트의 양
② 쇼트닝의 양
③ 온도
④ pH

🔍 이스트의 양이 많을수록 신선할수록 발효는 빨라지며 반죽온도 0.5℃ 상승하면 발효 시간은 15분 단축된다. 이스트가 활동하기 가장 좋은 최적 pH는 4.5~5.5 정도이다. 소금의 양, 이스트푸드 등도 발효에 영향을 끼친다.

095 설탕과 소금은 각각 몇 %부터 발효를 저해시키기 시작하는가?

① 소금 0.5%, 설탕 2%
② 소금 1%, 설탕 5%
③ 소금 2%, 설탕 7%
④ 소금 2.5%, 설탕 10%

🔍 소금은 1% 이상, 설탕은 5% 이상에서 발효가 저해되기 시작한다.

096 일반적으로 적절한 2차 발효점은 완제품 용적의 몇 %가 적당한가?

① 50~60%
② 70~80%
③ 80~90%
④ 90~100%

🔍 2차 발효는 정형한 반죽을 발효실에 넣어 숙성시켜 좋은 외형과 식감의 제품을 얻기 위하여 제품 부피의 70~80%까지 부풀리는 작업으로 발효의 최종 단계이다.

097 제2차 발효실의 온도와 습도로 적합한 것은?

① 온도 27~29℃, 습도 90~100%
② 온도 38~40℃, 습도 90~100%
③ 온도 38~40℃, 습도 80~90%
④ 온도 27~29℃, 습도 80~90%

098 2차 발효에 대한 설명 중 올바르지 않은 것은?

① 이산화탄소를 생성시켜 최대한의 부피를 얻고 글루텐을 신장시키는 과정이다.
② 2차 발효실의 온도는 반죽의 온도보다 반드시 같거나 높아야 한다.
③ 2차 발효실의 습도는 평균 75~90% 정도이다.
④ 2차 발효실의 습도가 높을 경우 겉껍질이 형성되고 터짐 현상이 발생한다.

🔍 2차 발효실의 습도가 낮을 경우 껍질이 마르며 겉껍질이 형성되고 터짐 현상이 발생한다.

099 어린 반죽(발효 부족)으로 만든 빵 제품의 특징과 거리가 먼 것은?

① 기공이 고르지 않고 내상의 색상이 검다.
② 세포벽이 두껍고 결이 서지 않는다.
③ 신 냄새가 난다.
④ 껍질의 색상이 진하다.

🔍 발효가 지나치면 신 냄새가 난다.

100 제빵에 있어 2차 발효실의 습도가 너무 높을 때 일어날 수 있는 결점은?

① 겉껍질 형성이 빠르다.
② 오븐 팽창이 적어진다.
③ 껍질색이 불균일해진다.
④ 수포생성, 질긴 껍질이 되기 쉽다.

🔍 2차 발효실의 습도가 높은 경우
• 껍질에 수포(기포, 물집)가 생긴다.
• 거친 껍질이 형성되며 질기다.
• 반점이나 줄무늬가 생긴다.
• 제품의 윗면이 납작해진다.

정답 093 ① 094 ② 095 ② 096 ② 097 ③ 098 ④ 099 ③ 100 ④

101 프랑스빵의 2차 발효실 습도로 가장 적당한 것은?

① 65~70%
② 75~80%
③ 80~85%
④ 85~90%

🔍 프랑스빵과 같은 하스브레드의 2차 발효실의 온도와 습도는 32℃, 75~80%가 적당하다.

102 과다 발효된(over proof) 반죽으로 만들어진 제품의 결함 사항이 아닌 것은?

① 기포벽이 붕괴되어 내관의 색이 어둡고 조직이 거칠다.
② 식감이 건조하고 단단하다.
③ 내부에 구멍이나 터널현상이 나타난다.
④ 제품의 발효향이 약하다.

🔍 발효가 지나치면 산이 많이 생겨 향이 좋지 않다.

103 제빵 작업 중 손 분할과 기계 분할은 가급적 몇 분 내에 완료하는 것이 좋은가?

① 10분
② 20분
③ 30분
④ 40분

🔍 중간 발효가 20분 정도 소요되므로 분할은 가급적 20분 이내에 한다.

104 굽기 및 냉각 손실이 13%인 빵 완제품 중량을 600g으로 하려면 분할 무게는 얼마로 하는가?

① 568g
② 590g
③ 690g
④ 720g

🔍 분할무게 = $\dfrac{\text{완제품 중량}}{1 - \text{손실률}}$ = $\dfrac{600}{1 - 0.13}$ = 689.65g

105 분할기에 의한 기계식 분할시 분할의 기준이 되는 것은?

① 무게
② 모양
③ 배합율
④ 부피

🔍 기계식 분할의 기준은 부피이며 수동식 분할의 기준은 무게이다.

106 같은 크기의 틀에 넣어 같은 체적의 제품을 얻으려고 할 때 가장 반죽의 분할량이 적은 제품은?

① 밀가루 식빵
② 호밀 식빵
③ 옥수수 식빵
④ 건포도 식빵

🔍 비용적이 클수록 분할량이 작아진다.

107 1회에 60g짜리 반죽을 2개씩 분할하는 분할기가 있다. 1분에 4회 분할한다면 24kg의 반죽을 분할하는데 소요되는 시간은?

① 10분
② 25분
③ 50분
④ 75분

🔍 1분당 분할량은 60g × 2개 × 4회 = 480g, 24kg의 반죽분할 시간은 $\dfrac{24000g}{480g}$ = 50분

108 분할을 할 때 반죽의 손상을 줄일 수 있는 방법이 아닌 것은?

① 스트레이트법보다는 스펀지법으로 반죽한다.
② 단백질 양이 많은 질 좋은 밀가루로 만든다.
③ 가수량이 최적인 상태의 반죽을 만든다.
④ 반죽온도를 높인다.

109 바게트(baguette)의 통상적인 분할 무게는?

① 50g
② 200g
③ 350g
④ 600g

110 성형 시 둥글리기의 목적이 될 수 없는 것은?

① 표피를 형성시킨다.
② 가스포집을 돕는다.
③ 끈적거림을 제거한다.
④ 껍질색을 좋게 한다.

🔍 둥글리기의 목적
- 분할된 반죽을 성형하기 적절한 상태로 만든다.
- 가스를 균일하게 분산하여 반죽의 기공을 고르게 조절한다.
- 흐트러진 글루텐의 구조와 방향을 정돈시킨다.
- 표피를 형성하여 표면에 막을 만들어 점착성을 적게 한다.

정답 101 ② 102 ④ 103 ② 104 ③ 105 ④ 106 ① 107 ③ 108 ④ 109 ③ 110 ④

111 중간 발효가 필요한 이유로 가장 적당한 것은?

① 탄력성을 갖기 위하여
② 모양을 일정하게 하기 위하여
③ 반죽온도를 낮게 하기 위하여
④ 반죽에 유연성을 부여하기 위하여

🔍 중간 발효의 목적
- 분할, 둥글리기 하는 과정에서 손상된 글루텐 구조를 재정돈
- 가스 발생으로 반죽의 유연성을 회복
- 반죽의 신장성을 증가시켜 정형 과정에서의 밀어 펴기를 쉽게 한다.

112 둥글리기가 끝난 반죽을 정형하기 전에 짧은 시간 동안 발효시키는 목적으로 적당치 않는 것은?

① 가스발생으로 반죽의 유연성을 회복시키기 위해
② 다음 과정인 성형 조작을 원활하게 하기 위해
③ 반죽표면에 얇은 막을 만들어 정형할 때 끈적거리지 않도록 하기 위해
④ 분할, 둥글리기 하는 과정에서 손상된 글루텐 구조를 재정돈 하기 위해

🔍 중간발효의 의미 : 둥글리기가 끝난 반죽을 정형하기 전에 잠시 발효시킨다.

113 오버헤드 프루퍼(Overhead proofer)는 어떤 공정을 행하기 위해 사용하는 것인가?

① 둥글리기　② 중간 발효
③ 분할　　　④ 정형

114 중간 발효에 대한 용어의 설명으로 틀린 것은?

① 중간 발효를 벤치타임(bench time)이라고도 한다.
② 중간 발효를 인터미디에이트 프루프(intermediate proof)라고도 한다.
③ 중간 발효를 오버 헤드 프루프(over head proof)라고도 한다.
④ 중간 발효를 파이널 프루프(final proof)라고도 한다.

🔍 파이널 프루프(final proof)는 2차 발효이다.

115 플로어 타임을 길게 주어야 할 경우는?

① 반죽온도가 높을 때
② 반죽 배합이 덜 되었을 때
③ 반죽온도가 낮을 때
④ 중력분을 사용했을 때

116 식빵을 만들 때 필요한 기계 중 성형기와 바로 연결하여 설치하지 않아도 되는 것은?

① 믹서
② 분할기
③ 라운더
④ 발효기

🔍 기본 제조 공정은 재료 계량 → 반죽 → 1차 발효 → 분할 → 둥글리기 → 중간 발효 → 정형 → 팬닝 → 2차 발효 → 굽기 → 냉각 → 포장 순이며 성형 공정은 분할, 둥글리기, 중간 발효, 정형, 팬닝이다.

117 빵 제조공정 중 반죽 내 기포수(cells)가 기하 급수적으로 증가하는 단계는?

① 혼합(mixing)
② 1차 발효(fermentation)
③ 성형(moulding)
④ 2차 발효(proofing)

🔍 성형 중 밀기 과정에서 기포가 나뉘며 수가 증가한다.

118 빵 제품의 제조공정에 속하는 다음 각 단계들의 설명으로 올바르지 않은 것은?

① 반죽의 분할은 무게 또는 부피에 의하여 분할한다.
② 둥글리기에서 과다한 덧가루를 사용하면 제품에 줄무늬가 생성된다.
③ 중간 발효 시간은 보통 10~20분이며 27~29℃에서 실시한다.
④ 성형은 반죽을 일정한 형태로 만드는 1단계 공정으로 이루어져 있다.

🔍 일반적인 성형 공정은 제품의 형태 혹은 모양을 만드는 공정으로 식빵의 경우는 밀기, 말기, 봉하기의 순으로 이루어진다.

정답 111 ④　112 ③　113 ②　114 ④　115 ③　116 ①　117 ③　118 ④

119 정형기(Moulder)의 작동 공정이 아닌 것은?

① 둥글리기   ② 밀어펴기
③ 말기   ④ 봉하기

> 모양을 만드는 정형 과정은 일반적으로 밀기(sheeting), 말기(rolling), 봉하기(sealing)의 순으로 이루어진다.

120 반죽이 팬 또는 용기의 모양이 되도록 하는 성질은?

① 흐름성   ② 가소성
③ 탄성   ④ 점탄성

121 빵 반죽을 정형기(moulder)에 통과시켰을 때 아령 모양으로 되었다면 정형기의 압력상태는?

① 압력이 약하다.
② 압력이 강하다.
③ 압력과는 상관이 없다.
④ 압력이 적당하다.

122 성형몰더(moulder)를 사용할 때의 방법으로 틀린 것은?

① 휴지 상자에 반죽을 너무 많이 넣지 않는다.
② 덧가루를 많이 사용하여 반죽이 붙지 않게 한다.
③ 롤러 간격이 너무 넓으면 가스빼기가 불충분해진다.
④ 롤러 간격이 너무 좁으면 거친 빵이 되기 쉽다.

> 덧가루는 제품의 줄무늬를 만들고 맛을 변질시키므로 가능한 적게 사용해야 한다.

123 식빵 성형에 대한 설명 중 적합하지 못한 것은?

① 성형의 공정으로 밀기, 말기, 봉하기가 있다.
② 밀기에서 발효과정 중 생긴 가스 기공이 꺼지지 않도록 일정한 압력을 주어야 한다.
③ 말기 작업은 펴진 반죽을 말아주는 것으로 롤러(Roller)라는 기계를 사용한다.
④ 봉하기는 말아진 끝 부분을 이어 주며 이음매가 터지는 것을 방지한다.

> 밀기 과정을 통하여 반죽을 밀대나 롤러를 사용하여 밀어서 큰 가스를 빼고 고르게 분산시켜 반죽 내의 크고 작은 기포를 균일하게 한다.

124 다음 중 둥근형의 식빵 비용적은?

① 1.0~1.3
② 1.4~1.7
③ 2.3~2.7
④ 3.2~3.4

> 둥근형 식빵(오픈형)의 비용적은 3.2~3.4cm³/g이며, 풀먼형 식빵(샌드위치형)의 비용적은 3.3~4.0cm³/g 이다.

125 제빵용 팬 기름에 대한 설명으로 틀리는 것은?

① 종류에 상관없이 발연점이 낮아야 한다.
② 백색 광유도 사용된다.
③ 정제 라드, 식용유, 혼합유도 사용된다.
④ 과다하게 칠하면 밑껍질이 두껍고 어둡게 된다.

> 팬 오일은 무색, 무미, 무취의 발연점이 높은 기름을 반죽 무게의 0.1~0.2% 정도 사용하며 과다 사용하면 제품의 밑 껍질이 두껍고 어둡게 된다.

126 새로운 팬의 처리방법 중 옳은 것은?

① 코팅되지 않은 팬은 218℃ 이하의 오븐에서 1시간 정도 굽는다.
② 실리콘으로 코팅된 팬은 고온으로 굽는다.
③ 팬은 물로 씻고 그늘에서 보관한다.
④ 팬은 사용 후에는 수세미로 깨끗이 씻어 이물질을 제거한다.

> 틀은 마른 천으로 닦아 유분과 더러움을 제거한다(물로 씻지 않는다).

127 빵의 팬닝(팬 넣기)에 있어 팬의 온도로 가장 적합한 것은?

① 냉장 온도(0~5℃)   ② 20~24℃
③ 30~35℃   ④ 60℃ 이상

정답 119 ① 120 ② 121 ② 122 ② 123 ② 124 ④ 125 ① 126 ① 127 ③

128 가로 10cm, 세로 18cm, 높이 7cm의 팬을 사용할 때 비용적이 $3.4cm^3/g$인 빵의 분할량은 약 얼마인가?

① 330g
② 350g
③ 370g
④ 390g

> - 팬의 용적 = 가로 × 세로 × 높이
>   = 10 × 18 × 7 = 1,260cm^3
> - 반죽의 분할량 = $\frac{팬의 용적}{비용적}$ = $\frac{1,260}{3.4}$ = 370.58g

129 다음 팬닝(panning) 방법 중 풀먼브레드 같이 뚜껑을 덮어 굽는 제품에 반죽을 길게 늘려 U자, N자, M자형으로 넣는 방법은?

① 직접 팬닝
② 트위스트 팬닝
③ 스파이럴 팬닝
④ 교차 팬닝

130 팬에 바르는 기름은 무엇이 높은 것을 선택해야 하는가?

① 산가
② 크리밍성
③ 가소성
④ 발연점

> 팬에 바르는 기름의 발연점은 210℃ 이상이 적당하다.

131 팬닝에 관한 설명 중 적합하지 못한 것은?

① 팬 기름은 발연점이 210℃ 이상 되는 기름이 좋다.
② 반죽의 적정 분할량 = 팬의 용적 ÷ 비용적
③ 팬닝이란 정형이 완료된 반죽을 팬에 채우거나 나열하는 공정
④ 팬의 온도는 27℃가 가장 적당하다.

> 팬닝 전 팬의 온도는 30~35℃가 적당하다.

132 정형한 식빵 반죽을 팬에 넣을 때 이음매의 위치는?

① 위
② 아래
③ 좌측
④ 우측

133 빵 도넛을 튀길 때 사용하는 튀김 기름의 질을 저하시키는 요인이 아닌 것은?

① 공기 접촉
② 토코페롤 첨가
③ 높은 온도
④ 수분 접촉

> 토코페롤(비타민 E)은 천연 항산화제로 기름의 산패를 억제하는 기능을 한다.

134 식빵의 굽기는 몇 단계로 하는가?

① 3단계
② 4단계
③ 5단계
④ 1단계

> 1단계는 반죽이 급격히 팽창하게 되고, 2단계는 껍질 부위의 색깔이 나며, 3단계는 열이 중심부로 침투되어 완전히 구워지는 단계이다.

135 과자빵의 굽기 온도의 조건에 대한 설명 중 틀린 것은?

① 고율배합일수록 온도를 낮게 한다.
② 반죽량이 많은 것은 온도를 낮게 한다.
③ 발효가 많이 된 것은 낮은 온도로 굽는다.
④ 된 반죽은 낮은 온도로 굽는다.

> 발효가 많이 된 것은 높은 온도에서 빠르게 굽는다.

136 굽기 중 일어나는 변화로 가장 높은 온도에서 발생하는 것은?

① 이스트의 사멸
② 전분의 호화
③ 탄산가스 용해도 감소
④ 단백질 변성

> 이스트의 사멸은 63℃, 전분의 호화 60℃, 탄산가스 용해도 감소 49℃, 단백질변성은 74℃에서 발생한다.

137 빵을 구울 때 오븐 스프링(오븐 팽창)이 일어나는 현상과 관계가 적은 것은?

① 가스압이 증가한다.
② 탄산가스의 용해도가 감소한다.
③ 알코올의 휘발로 증기압이 생긴다.
④ 캐러멜화가 일어나 껍질의 신장성을 증가시킨다.

정답 128 ③ 129 ④ 130 ④ 131 ④ 132 ② 133 ② 134 ① 135 ③ 136 ④ 137 ④

> 캐러멜화는 껍질의 갈색 변화로 높은 온도(160~180℃)에서 당류가 갈색으로 변하는 반응이다.

138 빵 굽기 과정에서 오븐 스프링(oven spring)에 의한 반죽 부피의 팽창 정도는?

① 본래 크기의 약 1/2까지
② 본래 크기의 약 1/3까지
③ 본래 크기의 약 1/5까지
④ 본래 크기의 약 1/6까지

> 오븐 스프링(Oven spring)은 반죽온도가 49℃에 달하면 반죽이 짧은 시간 동안 급격하게 부풀어 처음 크기의 약 1/3정도 부피가 팽창하는 것을 말한다.

139 반죽의 내부 온도가 60℃에 도달하지 않은 상태에서 온도상승에 따른 이스트의 활동으로 부피의 점진적인 증가가 진행되는 현상은?

① 호화(gelatinization)
② 오븐스프링(oven spring)
③ 오븐라이즈(oven rise)
④ 캐러멜화(caramelization)

> 굽기에서의 팽창은 오븐라이즈와 오븐스프링이 있다. 이스트에 의한 팽창은 오븐라이즈이다.

140 굽기에 있어서 껍질색 형성이 어려운 조건은?

① 과숙성 반죽
② 분유가 많은 반죽
③ 스펀지법의 반죽
④ 유화제가 들어있는 반죽

> 굽기에서 껍질의 색은 캐러멜반응과 마이야르반응에 의한다. 과숙성 반죽은 반응을 일으키는 당류가 부족하여 껍질색 형성이 어렵다.

141 빵이 팽창하는 원인이 아닌 것은?

① 이스트에 의한 발효 활동 생성물에 의한 팽창
② 이스트나 설탕, 달걀 등의 거품에 의한 팽창
③ 탄산가스, 알코올, 수증기에 의한 팽창
④ 글루텐의 공기 포집에 의한 팽창

> 거품에 의한 팽창은 거품형 반죽에서 일어나는 팽창이다.

142 굽기 반응 중 반죽의 물리적 반응인 것은?

① 굽는 초기 이스트에 의한 맹렬한 CO_2, 알코올 생성
② 당과 아미노산에 의한 마이야르 반응
③ 당의 캐러멜화
④ 오븐 스프링

> 굽기 중의 반응
> • 물리적 반응 : 껍질 형성, 수증기압과 가스 압력 팽창, 탄산가스의 용해성 저하(49℃), 알코올 증발(79℃)
> • 화학적 반응 : 이스트 작용, 탄산가스 생성, 전분호화, 글루텐 응고, 당의 캐러멜화, 갈변반응

143 오븐 실내 속에서 뜨거워진 공기를 강제 순환시키는 열 전달방식은?

① 대류　　② 전도
③ 복사　　④ 전자파

144 오븐 온도가 높을 때 식빵 제품에 미치는 영향이 아닌 것은?

① 부피가 작다.
② 껍질색이 진하다.
③ 언더 베이킹이 되기 쉽다.
④ 질긴 껍질이 된다.

> 많은 양의 증기에 의해 질긴 껍질이 형성된다.

145 대형공장에서 사용되고, 온도조절이 쉽다는 장점이 있으나 반면에 넓은 면적이 필요하고 열손실이 크다는 결점이 있다. 이 오븐은 무엇인가?

① 회전식 오븐(rack oven)
② 데크 오븐(deck oven)
③ 터널식 오븐(tunnel oven)
④ 릴 오븐(rell oven)

> 터널 오븐(Tunnel oven)은 반죽이 들어가는 입구와 제품이 나오는 출구가 서로 다른 오븐으로 대량 생산 공장에서 많이 사용된다.

정답　138 ②　139 ③　140 ①　141 ②　142 ④　143 ①　144 ④　145 ③

146 도넛의 적당한 튀김 온도로 가장 적당한 범위는?

① 105℃ 내외　② 145℃ 내외
③ 185℃ 내외　④ 225℃ 내외

147 굽기에 대한 일반적인 설명으로 틀린 것은?

① 낮은 온도의 오븐에서 구운 제품은 수분이 적은 편이다.
② 높은 온도에서 구울 때 속이 안정되지 않으면 주저앉기 쉽다.
③ 고배합, 중량이 무거운 제품은 낮은 온도에서 오래 굽는다.
④ 언더 베이킹(under baking)이란 낮은 온도에서 굽는 것을 말한다.

> 언더 베이킹은 높은 온도에서 굽는 것을 말한다.

148 식빵의 껍질색이 짙게 나왔다. 이유는?

① 과다한 설탕사용
② 오븐 속의 습도가 낮다.
③ 오븐 속의 온도가 낮다.
④ 1차 발효 시간의 초과

> 발효 후 남아 있는 설탕은 캐러멜 반응을 일으켜 제품의 껍질색이 진해지는 원인이 된다.

149 굽기 전 무게 540g, 굽기 후 무게 485g일 때 굽기 손실은?

① 10.19%　② 8.19%
③ 7.19%　④ 9.19%

> 굽기 손실 $= \dfrac{(굽기\ 전\ 무게 - 굽기\ 후\ 무게)}{굽기\ 전\ 무게} \times 100$
> $= \dfrac{(540 - 485)}{540} \times 100 = 10.19\%$

150 어떤 제품을 다음과 같은 조건으로 구웠을 때 제품에 남는 수분이 가장 많은 것은?

① 165℃에서 45분간　② 190℃에서 35분간
③ 205℃에서 30분간　④ 220℃에서 25분간

> 제품을 높은 온도에서 단시간에 구웠을 때 수분이 가장 많이 남는다.

151 냉동 페이스트리를 구운 후 옆면이 주저앉은 원인으로 틀린 것은?

① 토핑물이 많은 경우
② 잘 구워지지 않은 경우
③ 2차 발효가 과다한 경우
④ 해동온도가 2~5℃로 낮은 경우

> 냉동 페이스트리의 해동온도는 2~5℃로 낮은 온도가 최적의 조건이다.

152 굽기 과정 중 일어나는 마이야르 반응(mailiard reaction)은 첨가되는 당의 종류에 따라서 갈색화 속도가 달라진다. 같은 조건의 반죽에 각각 설탕, 포도당, 과당을 같은 농도로 첨가했다고 가정할 때 마이야르 반응속도를 촉진시키는 순서로 나열된 것은?

① 설탕 > 포도당 > 과당
② 과당 > 설탕 > 포도당
③ 과당 > 포도당 > 설탕
④ 포도당 > 과당 > 설탕

> 설탕은 비환원당이므로 마이야르 반응이 일어나지 않는다.

153 다음 제품 중 가장 고온에서 굽는 제품은?

① 카스텔라
② 이스트 도넛
③ 식빵
④ 불란서빵

> 불란서빵은 기본재료인 밀가루, 물, 이스트, 소금만으로 만들 수 있으며 일정한 모양의 틀을 쓰지 않고 바로 오븐 구움 대 위에 얹어서 굽는 하스브레드(Hearth bread)의 일종이다.

154 다음 중 반죽 팽창 형태가 나머지 셋과 다른 것은?

① 스펀지 케이크　② 엔젤 푸드 케이크
③ 시폰 케이크　④ 커피 케이크

> 커피 케이크는 이스트의 발효에 의한 팽창이다.

정답 146 ③　147 ④　148 ①　149 ①　150 ④　151 ④　152 ③　153 ④　154 ④

155 빵을 구워낸 직후의 수분 함량과 냉각 후 포장 직전의 수분 함량으로 가장 적합한 것은?

① 35%, 27%   ② 45%, 38%
③ 60%, 52%   ④ 68%, 60%

> 제품의 수분 함량 변화는 굽기 직후에는 껍질 12~15%, 내부 42~45%, 냉각 후에는 전체 38%로 평형을 이룬다.

156 빵의 냉각방법으로 가장 적합한 것은?

① 바람이 없는 실내
② 강한 송풍을 이용한 급냉
③ 냉동실에서 냉각
④ 수분분사 방식

> 냉각은 자연 냉각이 가장 적당하며 냉각판에 올려 상온에서 냉각하는 것으로 3~4시간 냉각한다.

157 오븐에서 나온 빵의 냉각에 관한 내용으로 틀린 것은?

① 냉각실의 이상적인 습도는 75~85% 범위이다.
② 빵의 내부 온도가 35~40.5℃까지 냉각되었을 때 포장한다.
③ 냉각실은 아주 깨끗하게 유지해야 한다.
④ 냉각 동안 평균 7~9%의 무게가 감소한다.

> 냉각하는 동안 수분 증발로 인해 평균 2%의 무게 감소 현상이 일어난다.

158 식빵의 냉각법 중 자연 냉각 시 소요되는 시간으로 가장 적당한 것은?

① 30분   ② 1시간
③ 3시간 ④ 6시간

> 자연 냉각은 냉각판에 올려 상온에서 냉각하는 것으로 3~4시간 냉각한다.

159 빵 제품의 노화(staling)에 관한 설명 중 틀린 것은?

① 노화는 제품이 오븐에서 나온 후부터 서서히 진행된다.
② 노화가 일어나면 소화흡수에 영향을 준다.
③ 노화로 인하여 내부 조직이 단단해 진다.
④ 노화를 지연하기 위하여 냉장고에 보관하는 게 좋다.

> 노화가 가장 빨리 진행되는 온도는 냉장 온도이다.

160 빵 포장의 목적으로 거리가 먼 것은?

① 빵의 저장성 증대
② 빵의 미생물오염방지
③ 수분증발 촉진과 노화 방지
④ 상품의 가치 향상

> 포장은 유통과정에서 제품의 가치 및 상태를 보호하기 위하여 적합한 재료나 용기를 사용하여 장식하거나 담는 것을 말하는 것으로 빵의 저장성을 높이는데 목적이 있다.

161 강력분과 중력분을 가지고 각각 식빵을 만들었다. 그 차이에 대한 설명 중 옳은 것은?

① 중력분의 식빵이 부피가 크고 부드럽다. 흡수율이 적다.
② 중력분의 식빵이 부피가 작고 질기다. 흡수율이 크다.
③ 강력분의 식빵이 부피가 크고 질기다. 흡수율이 크다.
④ 강력분의 식빵이 부피가 크고 부드럽다. 흡수율이 적다.

> 강력분은 11~13%의 단백질을, 중력분은 9~11%의 단백질을 함유하고 있으며 밀가루 단백질 1%가 증가하면 흡수율은 1.5~2% 정도 증가한다.

162 빵의 포장재 특성으로 부적합한 것은?

① 위생성
② 보호성
③ 작업성
④ 단열성

> 포장의 목적은 제품의 수분의 증발 방지(제품의 노화지연), 상품가치의 보존 및 향상, 제품의 미생물 오염방지 등이다.

정답 155 ② 156 ① 157 ④ 158 ③ 159 ④ 160 ③ 161 ④ 162 ④

163 포장 재료가 갖추어야 할 조건이 아닌 것은?

① 흡수성이 있고 통기성이 없어야 한다.
② 제품의 상품가치를 높일 수 있어야 한다.
③ 단가가 낮아야 한다.
④ 위생적이어야 한다.

🔍 포장 재료는 방수성이 있고 통기성이 없어야 한다.

164 빵을 포장하는 프로필렌 포장지에 의하여 방지할 수 없는 현상은?

① 빵의 풍미성분 손실 지연
② 포장 후 미생물 오염 최소화
③ 수분증발의 억제로 노화지연
④ 빵의 로프균(Bacillus subtilis) 오염방지

🔍 로프균 발생을 방지하기 위해서는 프로피온산나트륨, 프로피온산 칼슘, 젖산, 아세트산 등을 첨가한다.

165 제빵에서 물의 양이 적량보다 적은 경우 나타나는 결과와 거리가 먼 것은?

① 수율이 낮다. ② 향이 약하다.
③ 부피가 크다. ④ 노화가 빠르다.

🔍 물의 양이 적으면 오븐에서의 팽창이 작아 부피가 작다.

166 식빵 냄새와 맛이 좋지 않은 이유가 아닌 것은?

① 알칼리 물을 사용했다.
② 1차 발효 온도가 높았다.
③ 일반적으로 사우어종을 사용했다.
④ 2차 발효 시간이 길었다.

🔍 사우어종은 풍미 개량, 반죽의 개선, 노화억제, 보존성 향상 등의 효과가 있다.

167 식빵의 옆면이 움푹 들어가는(caving) 원인이 아닌 것은?

① 2차 발효가 덜 되었다.
② 회전 속도가 느린 반죽기 사용, 반죽 믹싱이 덜 되었을 경우

③ 팬의 체적을 초과해 반죽을 넣었을 때
④ 오븐의 열 분배가 고르지 않고 낮은 온도에서 구울 때

🔍 2차 발효가 약간 초과되었을 때 옆면이 들어가는 현상이 나타난다.

168 빵의 평가요소 중 가장 중요한 것은?

① 맛
② 향
③ 색
④ 부피

🔍 맛은 내부 평가항목이며 여러 가지 평가기준에서 가장 중요한 의미이다.

169 연한 껍질색의 식빵을 만드는 원인이 잘못된 것은?

① 설탕 사용이 부족했을 경우
② 오븐의 온도가 너무 높았을 경우
③ 구운 정도가 부족했을 경우
④ 2차 발효실의 습도가 낮았을 경우

🔍 연한 껍질색의 원인
• 설탕의 양이 적었을 때
• 오븐 온도가 낮았을 때
• 2차 발효실 습도가 낮을 때
• 오븐 온도가 낮았을 때
• 덧가루 사용이 많았을 때
• 1차 발효 과다

170 빵의 내부에 줄무늬가 생기는 원인이 아닌 것은?

① 과량의 분할유 사용
② 과량의 덧가루 사용
③ 건조한 중간 발효
④ 건조한 2차 발효

🔍 내부에 줄무늬가 생기는 원인
• 밀가루의 부적합한 혼합
• 과다한 덧가루 사용
• 과량의 분할유 사용
• 성형 시 반죽 부스러기 혼합
• 중간 발효 동안 껍질 형성
• 부적절한 몰더(molder) 조작

정답 163 ① 164 ④ 165 ③ 166 ③ 167 ① 168 ① 169 ② 170 ④

171 빵의 부피가 가장 크게 되는 것은?

① 숙성이 안 된 밀가루의 사용
② 물을 적게 사용
③ 반죽이 아주 지나치게 믹싱 되었음
④ 발효가 약간 더 되었음

🔍 발효가 약간 지나치면 빵의 부피가 큰 원인이지만 너무 지나치면 작아진다.

172 빵의 밑바닥이 움푹 들어가는 이유가 아닌 것은?

① 뜨거운 팬의 사용
② 반죽이 질었다.
③ 팬의 기름칠 과다
④ 2차 발효실의 습도가 낮음

🔍 지나친 2차 발효실의 습도는 빵의 반죽이 움푹 들어가는 원인이 된다.

173 빵의 제품 평가에서 브레이크와 슈레드 부족현상의 이유가 아닌 것은?

① 발효 시간이 짧거나 길었다.
② 오븐의 온도가 높았다.
③ 2차 발효실의 습도가 낮았다.
④ 오븐의 증기가 너무 많았다.

🔍 어린 반죽의 경우 브레이크와 슈레드 현상이 부족하며 오븐의 온도가 높아도 껍질이 빨리 생겨 부족한 현상이 나타난다.

174 제빵에서 탈지분유를 밀가루 대비 4~6%를 사용할 때의 영향이 아닌 것은?

① 껍질색을 여리게 한다.
② 흡수율을 증가시킨다.
③ 발효 내구성을 높인다.
④ 믹싱 내구성을 높인다.

🔍 제빵에서 분유를 사용하면 분유에 들어있는 유당에 의해 껍질색이 진해진다.

175 작은 부피의 결점의 원인이 아닌 것은?

① 반죽 정도의 초과
② 소금 사용량 부족
③ 설탕 사용량 과다
④ 이스트푸드 사용량 부족

176 빵의 관능적 평가법에서 외부적 특성을 평가하는 항목으로 틀린 것은?

① 대칭성
② 껍질 특성
③ 맛
④ 껍질색상

🔍 제품의 평가에서 외부평가항목은 부피, 외형의 균형, 껍질색, 굽기의 균일화, 터짐성, 껍질 특성이다. 또한, 내부 평가항목은 조직, 기공, 속결, 속 색상, 냄새, 맛이다.

177 빵의 관능적 평가법에서 내부적 특성을 평가하는 항목으로 틀린 것은?

① 기공(grain)
② 텍스처(texture)
③ 속 색상(crumb color)
④ 입안에서의 감촉(mouth feel)

🔍 관능 평가는 식품과 물질의 특성을 사람의 시각, 후각, 미각, 청각, 촉각에 의해 인지하고 이를 측정, 분석, 해석하는 과학이다.

178 식빵의 껍질색이 너무 옅은 결점의 원인은?

① 연수 사용
② 설탕사용 과다
③ 과도한 굽기
④ 과도한 믹싱

🔍 연수는 글루텐을 연화시키고 가스 보유력을 떨어뜨린다.

179 빵 제품의 껍질색이 여리고 부스러지기 쉬운 껍질이 되는 경우에 가장 크게 영향을 미치는 요인은?

① 발효가 지나치면 ② 발효가 부족하면
③ 반죽이 지나치면 ④ 반죽이 부족하면

🔍 발효가 지나치면 당의 부족으로 껍질색이 옅어진다.

정답 171 ④ 172 ④ 173 ④ 174 ① 175 ② 176 ③ 177 ④ 178 ① 179 ①

180 노화를 방지하기 위해 빵에 넣는 것은?

① 탄산수소나트륨
② 모노 디 글리세라이드
③ 중조
④ 주석산

🔍 빵의 노화를 방지하기 위하여 유화제를 첨가한다.

181 다음 중 노화가 가장 빠른 것은?

① 카스텔라
② 단과자빵
③ 식빵
④ 건빵

🔍 식빵은 설탕과 유지가 적게 들어가는 저율 배합으로 노화가 빠르다.

182 빵의 노화현상이 아닌 것은?

① 곰팡이의 발생
② 전분의 퇴화
③ 맛의 손실
④ 수분손실

🔍 빵의 부패는 제품에 곰팡이가 발생하는 현상으로 맛이나 향내가 변질된다.

183 여름철에 빵의 부패 원인균인 곰팡이 및 세균을 방지하기 위한 방법으로 부적당한 것은?

① 작업자 및 기계, 기구를 청결히 하고 공장내부의 공기를 순환시킨다.
② 이스트 첨가량을 늘리고 발효온도를 약간 낮게 유지하면서 충분히 굽는다.
③ 초산, 젖산 및 사워 등을 첨가하여 반죽의 pH를 낮게 유지한다.
④ 보존료인 소르빈산을 반죽에 첨가한다.

🔍 보존료인 소르빈산은 어육 연제품, 식육제품, 된장, 고추장 등에 사용한다.

184 믹서의 구성에 해당되지 않는 것은?

① 믹서 볼(Mixer Bowl)
② 휘퍼(Whipper)
③ 비터(Beater)
④ 배터(Batter)

🔍 믹서는 본체, 믹서 볼, 반죽 날개로 구성되어 있으며 반죽 날개는 휘퍼(whipper), 비터(beater), 훅(hook)으로 구성되어 있다.

185 주로 소매점에서 자주 사용하는 믹서로서 거품형 케이크 및 빵 반죽이 모두 가능한 믹서는 무엇인가?

① 버티컬 믹서(Vertical Mixer)
② 스파이럴 믹서(Spiral Mixer)
③ 수평 믹서(Horizontal Mixer)
④ 핀 믹서(Pin Mixer)

🔍 버티컬 믹서(Vertical Mixer)는 수직형 믹서로 소규모 제과점에서 사용한다.

186 주로 빵 반죽용으로 사용되는 믹서의 부대 기구는?

① 휘퍼   ② 비터
③ 훅   ④ 스크레이퍼

🔍 반죽기는 본체, 볼, 날개로 구성되며 빵 반죽용 날개는 훅, 거품용은 휘퍼, 크림용은 비터이다.

187 수평형 믹서를 청소하는 방법으로 올바르지 않은 것은?

① 청소하기 전에 전원을 차단한다.
② 생산 직후 청소를 실시한다.
③ 물을 가득 채워 회전시킨다.
④ 금속으로 된 스크레이퍼를 이용하여 반죽을 긁어낸다.

188 제빵용으로 주로 사용되는 도구는?

① 모양깍지   ② 돌림판(회전판)
③ 짤주머니   ④ 스크레이퍼

🔍 스크레이퍼(scraper)는 반죽을 분할하고 한데 모으며 작업대에 들러붙은 반죽을 떼어낼 때 사용하는 도구이다.

정답 180 ② 181 ③ 182 ① 183 ④ 184 ④ 185 ① 186 ③ 187 ④ 188 ④

189 파이 롤러의 사용에 가장 적합한 제품은?

① 식빵
② 앙금빵
③ 크로와상
④ 모카빵

> 파이 롤러(Pie roller)는 반죽의 두께를 조절하여 얇게 또는 두껍게 밀어 펴는 기계로 제조 가능한 제품으로는 퍼프 페이스트리, 데니시 페이스트리, 케이크 도넛, 스위트 롤 등이 있다.

190 주로 독일빵, 불란서빵 등 유럽빵이나 토스트 브레드(toast bread) 등 된 반죽을 치는데 사용하는 믹서는?

① 수평형 믹서　② 수직형 믹서
③ 나선형 믹서　④ 혼합형 믹서

> 나선형 믹서는 스파이럴 믹서라고 하며 제빵전용으로 된반죽에 많이 사용한다.

191 식빵 반죽의 제조 공정에서 사용하지 않는 기계는?

① 분할기(divider)
② 라운더(rounder)
③ 성형기(moulder)
④ 데포지터(depositor)

> 데포지터(depositor)는 시럽, 소스 또는 묽은 반죽을 자동적으로 일정량씩 흘러나오도록 하는 기구이다.

정답　189 ③　190 ③　191 ④

PART

03

공통 이론

CHAPTER

01. 기초재료과학
02. 재료의 영양학적 특성
03. 위생안전관리
04. 과자·빵류제품 생산작업준비
05. 적중예상문제

기초재료과학

Lesson 01 기초재료과학

(1) 탄수화물(Carbohydrates, 당질)

① 탄소(C), 수소(H), 산소(O)의 3원소로 구성된 유기화합물로 일명 당질이라고 한다.

② 탄수화물의 분류

㉮ 단당류 : 더 이상 가수분해되지 않는 가장 단순한 탄수화물($C_6H_{12}O_6$)

　㉠ 포도당(Glucose)
　　• 과즙, 혈액 등에 많이 함유되어 있다.
　　• 물에 녹기 쉽고 순수한 무색의 결정이다.

　㉡ 과당(Fructose)
　　• 과즙, 꿀에 들어 있고 용해성이 가장 좋다.
　　• 당류 중 가장 단맛이 강하고 흡습성이 있다.

　㉢ 갈락토오스(Galactose)
　　• 포도당과 결합해 유당을 구성한다.
　　• 물에 잘 녹지 않는다.

㉯ 이당류 : 단당류 2분자가 결합된 당류($C_{12}H_{22}O_{11}$)

　㉠ 설탕(자당, Sucrose)
　　• 효소 인베르타아제(invertase)에 의해 포도당과 과당으로 분해된다(전화당).
　　• 당류의 단맛을 비교하는 기준이다.
　　• 비환원당이다.

　㉡ 맥아당(엿당, Maltose)
　　• 효소 말타아제(maltase)에 의해 포도당과 포도당으로 분해된다.
　　• 곡식이 발아할 때 생기며, 엿기름 속에 존재한다.

　㉢ 젖당(유당, Lactose)
　　• 효소 락타아제(lactase)에 의해 포도당과 갈락토오스로 분해된다.
　　• 우유에 들어 있는 당류로 용해도가 가장 낮고 감미도 가장 낮다.
　　• 이스트의 영양원이 되지 못한다.

㉰ 다당류($C_m(H_2O)_n$)

　㉠ 여러 개의 단당류가 결합된 고분자 화합물로 단맛이 없다.

ⓒ 전분, 섬유소, 펙틴, 글리코겐, 덱스트린, 한천 등이 있다.

> ■ **상대적 감미도(자당의 감미도 100을 기준)**
> 과당(175) > 전화당(130) > 자당(100) > 포도당(75) > 맥아당(32) > 갈락토오스(32) > 유당(16)

③ 전분(녹말)
  ㉮ 전분의 구성
    ㉠ 아밀로오스(amylose)와 아밀로펙틴(amylopectin)의 두 가지 구조 형태로 이루어진다.
    ㉡ 각각의 비율은 녹말의 종류에 따라 다르다.
  ㉯ 아밀로오스와 아밀로펙틴의 비교

항목	아밀로오스	아밀로펙틴
분자량	적다.	많다.
포도당 결합 형태	직쇄상 배열(α-1,4결합)	가지상 배열(α-1,4 α-1,6 결합)
요오드 용액 반응	청색 반응	적자색 반응
곡물 조성비	일반 곡물에 20~30% 함유	일반 곡물에 70~80% 함유 찹쌀 또는 찰옥수수에 100% 함유
노화 속도	빠르다.	느리다.

  ㉰ 전분의 호화
    ㉠ 전분(β-전분)에 물과 열을 가열하면 수분을 흡수하면서 입자가 팽윤되며 점성이 커지고 부풀어 반투명의 풀 상태로 되는 현상이다.
    ㉡ 호화, 젤라틴화, α화라 한다.
  ㉱ 전분의 노화
    ㉠ 제품이 딱딱해지거나 거칠어지는 것으로, 호화된 α-전분의 수분이 빠지며 β-전분으로 되돌아가는 현상으로 냉장온도(0~7℃)에서 가장 빠르다.
    ㉡ 빵의 노화 : 빵·과자 제품의 노화는 오븐에서 나오자마자 시작이 되며 노화의 속도는 전분의 종류, 저장온도, 수분함량, pH의 영향을 받는다.
      • 빵 껍질의 변화
      • 빵의 풍미 저하
      • 내부조직의 수분보유 상태를 변화시키는 것

> ■ **노화지연 방법**
> • 냉동 저장(-18℃ 이하)   • 포장 철저
> • 유화제 사용   • 양질의 재료 사용과 적정한 공정관리

(2) 지방(지질)

① 탄소(C), 수소(H), 산소(O)의 3원소로 구성된 유기화합물로 3분자의 지방산과 1분자의 글리세린(글리세롤)이 결합되어 만들어진 에스테르화합물, 즉 트리글리세라이드이다.

② **지방의 구조**
   ㉮ 지방산
      ㉠ 포화 지방산
         - 탄소와 탄소의 결합에 이중결합이 없는 단일결합만으로 이루어진 지방산이다.
         - 상온에서 고체이며 동물성 유지에 다량 함유되어 있다.
         - 탄소수가 증가함에 따라 융점(녹는점)이 높아진다.
      ㉡ 불포화 지방산
         - 탄소와 탄소의 결합에 한 개 이상의 이중결합을 가진 지방산이다.
         - 산화되기 쉽고 융점이 낮으며, 상온에서 액체이다.
         - 올레산, 리놀레산, 리놀렌산, 아라키돈산, DHA, EPA 등이 있다.
   ㉯ 글리세린(glycerine)
      ㉠ 3개의 수산기(-OH)를 가지고 있어서 3가의 알코올이다.
      ㉡ 무색, 무취, 감미를 가진 시럽 형태의 액체이다.
      ㉢ 수분 보유력이 커서 식품의 보습제로 사용된다.
      ㉣ 향미제의 용매로 이용된다.
      ㉤ 물에 잘 혼합되며 비중이 물보다 무겁다.
      ㉥ 물과 기름의 분리를 억제한다.

> ■ **필수 지방산**
> 일명 비타민 F라고 하며 체내에서 합성되지 않아 음식물에서 섭취해야하는 지방산으로 리놀레산, 리놀렌산, 아라키돈산을 말한다.

③ **지질의 분류**
   ㉮ 단순 지방
      ㉠ 중성 지방 : 3분자의 지방산과 1분자의 글리세롤이 결합된 것으로 상온에서 고체인 지방(fat)과 액체인 기름(oil)으로 나뉘며 쇼트닝, 마가린 등 일반적인 유지가 이에 속한다.
      ㉡ 납(왁스) : 고급 지방산과 고급 알코올이 결합된 것으로 영양적 가치는 없다.
   ㉯ 복합 지방 : 지방산과 알코올 이외에 다른 분자 군을 함유한 지방
      ㉠ 인지질 : 중성 지방에 인산 등이 결합된 것으로 레시틴, 세팔린, 스핑고미엘린 등
      ㉡ 당지질 : 중성 지방과 당류가 결합된 것
      ㉢ 단백지질 : 중성 지방과 단백질이 결합된 것
   ㉰ 유도 지방의 종류
      ㉠ 지방을 포함하고 있지는 않지만, 물에 용해되지 않아 지방으로 분류된다.

　　　　ⓒ 종류 : 콜레스테롤, 글리세린, 에르고스테롤, 지방산
　④ **지방의 가수분해와 자가산화**
　　㉮ 지방의 가수분해
　　　ⓐ 지방의 글리세린과 지방산의 결합이 분해되는 것
　　　ⓑ 유리 지방산과 모노글리세리드, 디글리세리드가 생성
　　㉯ 지방의 자가산화
　　　ⓐ 불포화 지방산의 이중결합 부위와 산소가 결합하여 과산화물을 형성, 산화하는 것으로 지방의 산패를 말한다.
　　　ⓑ 산화 속도를 촉진시키는 요인
　　　　• 이중결합의 수가 많아 불포화도가 높을수록
　　　　• 자외선
　　　　• 금속 물질(철, 구리 등)
　　　　• 높은 온도
　　　　• 생물학적 촉매
　⑤ **항산화제와 보완제**
　　㉮ 항산화제(산화방지제)
　　　ⓐ 불포화 지방산의 이중결합에서 일어나는 산화반응을 억제하는 물질
　　　ⓑ 비타민 E(토코페롤), BHA, BHT, PG, EDTA
　　㉯ 항산화 보완제
　　　ⓐ 항산화 능력은 없으나 항산화제와 병용하면 항산화 효과를 높여주는 물질
　　　ⓑ 비타민 C, 구연산, 주석산, 인산 등
　⑥ **유지의 경화(Hardening)와 요오드값(Iodine value)**
　　㉮ 유지의 경화
　　　ⓐ 니켈과 백금을 촉매제로 하여 불포화 지방산의 이중결합에 수소를 첨가하여 포화지방산으로 만드는 방법
　　　ⓑ 이중결합의 수가 감소하여 포화도는 증가하며 융점이 높아져 기름이 단단해진다.
　　　ⓒ 예 : 마가린, 쇼트닝
　　㉯ 요오드값
　　　ⓐ 유지의 불포화도를 나타내는 지표로 유지 100g과 결합하는 요오드의 그램(g) 수를 나타내는 것이다.
　　　ⓑ 요오드값이 클수록 불포화지방산이 많은 것이다.

(3) 단백질
① 탄소(C), 수소(H), 산소(O), 질소(N)로 구성되어 있으며 질소가 단백질의 특성을 규정짓는다. 일반 식품은 질소를 정량으로 하여 단백질의 질소계수 6.25를 곱하고, 밀의 경우 5.7을 곱하여 단백질 함량으로 한다.

② 단백질의 분류
　㉮ 단순 단백질
　　㉠ 정의 : 가수분해에 의해 아미노산만이 생성되는 단백질
　　㉡ 종류 : 알부민, 글로불린, 글루텔린(밀의 글루테닌), 프롤라민(밀의 글리아딘, 옥수수의 제인, 보리의 호르데인 등)
　㉯ 복합 단백질
　　㉠ 정의 : 단순 단백질에 다른 물질이 결합되어 있는 단백질
　　㉡ 종류
　　　• 당 단백질(글루코프로테인) : 탄수화물과 단백질이 결합된 화합물
　　　• 색소 단백질 : 발색단을 가지고 있는 단백질
　　　• 금속 단백질 : 철, 구리, 아연, 망간 등과 결합한 단백질로 호르몬의 구성 성분
　㉰ 유도 단백질
　　㉠ 정의 : 부분적인 분해로 생성된 단백질
　　㉡ 종류 : 메타 단백질, 프로테오스, 펩톤, 폴리펩티드, 펩티드
③ 아미노산
　㉮ 정의
　　㉠ 단백질을 구성하는 기본단위
　　㉡ 아미노($-NH_2$) 그룹과 카르복실기($-COOH$) 그룹을 함유하는 유기산
　㉯ 아미노산의 분류
　　㉠ 중성 아미노산 : 아미노 그룹과 카르복실기 그룹을 각각 1개씩 함유
　　㉡ 산성 아미노산 : 아미노 그룹 1개와 카르복실기 그룹 각각 2개씩 함유
　　㉢ 염기성 아미노산 : 아미노 그룹 2개와 카르복실기 그룹 각각 1개씩 함유
　　㉣ 함황 아미노산 : 시스테인, 시스틴, 메티오닌

> **필수 아미노산**
> 리신, 트립토판, 페닐알라닌, 류신, 이소류신, 트레오닌, 메티오닌, 발린

(4) 효소(Enzyme)
① 효소는 유기화합물인 단백질로 구성되어 있으며 생체촉매제로 생체에서 분해와 합성에 중요한 역할을 한다.
② 효소의 역할
　㉮ 생물체 속에서 일어나는 유기화학 반응의 촉매 역할
　㉯ 단백질로 구성되었기 때문에 온도, pH, 수분 등의 영향을 받는다.

③ 효소의 분류

㉮ 탄수화물 분해효소

효소명	기질	분해생성물	함유재료	비고
아밀라아제	전분	덱스트린, 맥아당	밀가루	α-아밀라아제와 β-아밀라아제가 있다
인베르타아제(전화효소) 수크라아제(가수분해)	설탕(자당)	포도당, 과당	이스트	
말타아제	맥아당	포도당	이스트	
락타아제	유당(젖당)	포도당, 갈락토오스	-	제빵용 이스트에 없다
치마아제	포도당, 과당, 갈락토오스	알코올, 이산화탄소	이스트	
α-아밀라아제	전분	덱스트린		내부효소, 액화효소
β-아밀라아제	전분, 덱스트린	맥아당		외부효소, 당화효소

㉯ 지방분해효소
  ㉠ 리파아제 : 지방을 지방산과 글리세린으로 분해
  ㉡ 스테압신 : 췌장에 존재하며 지방을 지방산과 글리세린으로 분해

㉰ 단백질분해효소
  ㉠ 프로테아제 : 단백질을 펩톤, 폴리펩티드, 펩티드, 아미노산으로 분해
  ㉡ 펩신 : 위액 속에 존재하는 단백질 분해효소
  ㉢ 트립신 : 췌액 속에 존재하는 단백질 분해효소
  ㉣ 레닌 : 단백질을 응고시키며 송아지, 어린 양 등의 위액에 존재
  ㉤ 펩티다아제 : 췌장에 존재하는 단백질 분해효소
  ㉥ 에렙신 : 장액에 존재하는 단백질 분해효소

Lesson 02 재료과학

(1) 밀가루(Wheat Flour)

① 밀의 구조

㉮ 배아 : 밀의 2~3%이며 제분과정에서 분리
㉯ 껍질 : 밀의 14%를 차지하고 제분 과정에서 분리되며, 섬유소와 회분을 다량 함유
㉰ 내배유 : 밀알의 83% 정도 차지하며 밀가루가 되는 부분

② 제분

㉮ 제분의 의미 : 밀의 내배유로부터 껍질, 배아 부위를 분리하고 내배유의 전분을 손상되지 않게 고운 가루로 만드는 것

㉯ 제분율
  ㉠ 밀을 제분하여 밀가루를 만들 때 밀에 대한 밀가루의 양을 %로 나타낸 것
  ㉡ 제분율이 높으면 껍질부위가 많이 들어가 회분 함량이 많아지고 입자가 거칠고 색깔이 어둡다.
  ㉢ 전 밀가루 : 100%, 전시용 밀가루 : 80%, 일반용 밀가루 : 72%
㉰ 제분과정 중 밀과 밀가루의 성분 변화
  ㉠ 밀가루에서 증가하는 성분 : 수분, 탄수화물
  ㉡ 회분 변화 : 밀 1.8% → 밀가루 0.4~0.45%(1/4~1/5로 감소)

③ 밀의 분류
  ㉮ 제품별 분류기준 : 단백질 함량

밀알의 경도	밀알의 경도	제품 유형	단백질 함량(%)	용도
경질밀	초자질(초자율 70%)	강력분	11.5 ~ 13.0	빵용
		듀럼분	11.0 ~ 12.5	스파게티, 마카로니
반경질	반초자질(초자율 30%)	준강력분	10.5 ~ 12.0	빵용
연질밀	분상질(초자율 30% 이하)	중력분	9.0 ~ 10.0	우동, 면류
		박력분	7.0 ~ 9.0	과자용

  ※ 초자율 : 단면의 투명도
  ㉯ 등급별 분류
    ㉠ 특등급, 1등급, 2등급, 3등급, 최하등급으로 나누어지며 밀가루의 순도, 즉 내배유 이외의 부분이 얼마나 섞였는가를 나타낸다.
    ㉡ 회분과 단백질 양이 적을수록 등급은 높다.

④ 밀가루의 성분
  ㉮ 단백질
    ㉠ 밀가루의 단백질 함량은 특히 제빵에 있어 중요한 품질 지표이다.
    ㉡ 밀가루 단백질 중 불용성인 글리아딘과 글루테닌은 물과 결합해 글루텐을 형성한다.

■ **손상전분**
• 손상전분
  – 제분 중 전분이 기계적으로 절단, 파쇄된 것
  – 발효와 밀접한 관계가 있으며, 적정 권장량은 4.5~8%
• 손상전분의 일반적인 성질
  – 손상전분은 약 2배 흡수율
  – 손상전분이 많을수록 반죽의 흡수율이 증가
  – α-아밀라제가 작용하기 쉬워 발효가 진행되는 동안 가스를 생산할 발효성 탄수화물 제공

ⓒ 글루텐은 점성과 탄력성이 풍부하고 발효과정에서 배출되는 탄산가스를 보유하는 능력이 있어 완성된 제품에 부피감을 준다.
　　　ⓔ 글리아딘은 신장성에 글루테닌은 탄력성에 영향을 준다.
　　　ⓗ 밀가루 단백질에서 알부민과 글로불린은 수용성이다.
　㈏ 탄수화물
　　　㉠ 밀가루 함량의 70%를 차지하며 대부분은 전분이다.
　　　㉡ 나머지는 덱스트린, 셀룰로오스, 펜토산 등이 있다.
　　　㉢ 이스트의 주된 영양성분이다.
　㈐ 지방 : 밀가루에 1~2% 포함
　㈑ 회분
　　　㉠ 밀가루의 등급 기준
　　　　• 정제도 표시
　　　　• 밀가루는 밀의 1/4~1/5 정도로 감소(껍질분리 정도를 알 수 있다)
　　　㉡ 제분 공장의 점검 기준이다.
　　　㉢ 제빵 적성을 직접 나타내지는 않는다.
　　　㉣ 제분률이 동일할 때 경질소맥(강력분)이 연질소맥(박력분)에 비해 회분함량이 높다.
　㈒ 수분 : 10~14%
　㈓ 효소 : 전분을 분해하는 아밀라아제와 단백질을 분해하는 프로테아제가 있다.
　㈔ 색
　　　㉠ 제분 직후 미숙성 밀가루는 노란색을 띠는데 내배유에 존재하는 카로티노이드 색소에 의한다.
　　　㉡ 카로티노이드계 색소는 카로틴과 크산토필로 나뉜다.
⑤ **밀가루 첨가제**
　㈎ 표백제
　　　㉠ 밀가루의 내배유 속 카로티노이드계 색소로 인한 크림색을 탈색
　　　㉡ 과산화벤조일, 산소, 과산화질소, 이산화염소, 염소가스 등
　㈏ 영양 강화제 : 비타민, 무기질 등 밀가루에 부족한 영양소를 보강해 주는 물질
　㈐ 밀가루 숙성제
　　　㉠ 표백작용 없이 숙성제로만 작용
　　　㉡ 브롬산칼륨, 아조디카본아미드(ADA), 비타민 C

(2) 기타 가루

① **호밀가루**
　㈎ 호밀을 제분한 가루로 주로 독일, 러시아, 북유럽 등지에서 호밀빵의 주원료로 이용한다.
　㈏ 단백질이 밀가루와 양적인 차이는 없으나 질적인 차이가 있다.
　㈐ 글리아딘과 글루테닌은 밀의 경우 전체 단백질의 90%이고, 호밀은 25%이다. 탄력성과 신장성이 나쁘기 때문에 밀가루와 혼합하여 사용한다.

④ 호밀가루의 특징
  ㉠ 글루텐 형성 단백질이 밀가루보다 적다.
  ㉡ 펜토산 함량이 높아 반죽을 끈적이게 하고 글루텐의 탄력성을 약화시킨다.
  ㉢ 칼슘과 인이 풍부하고 영양가도 높다.
  ㉣ 호밀 빵을 만들 때에는 산화된 발효종이나 사우어종을 사용하면 좋다.

② 활성밀 글루텐
  ㉮ 밀가루에서 단백질을 추출하여 만든 미세한 분말이다.
  ㉯ 연한 황갈색이며 부재료로 인해 밀가루의 양이 작을 때 사용한다.
  ㉰ 밀가루에 물을 넣고 반죽을 하면 단백질이 결합하여 점성과 탄력성이 있는 글루텐을 형성한다. 반죽을 물로 씻어 전분을 제거한 덩어리를 젖은 글루텐이라 하며 밀가루에서 단백질 함량을 구하고자 할 때는 젖은 글루텐을 구한 다음 그 양의 1/3로 생각하면 된다.
  ㉱ 글루텐 함량
    ㉠ 젖은 글루텐 함량(%) = (젖은 글루텐 무게 ÷ 밀가루 무게) × 100
    ㉡ 건조 글루텐 함량(%) = 젖은 글루텐 함량(%) ÷ 3

③ 대두분
  ㉮ 대두(콩)가루로 밀가루에 부족한 각종 아미노산을 함유하고 있어 밀가루의 영양소 보강을 위해 사용하는 식품이다.
  ㉯ 빵의 영양가를 높이고 맛과 구운 색을 향상시키며 신선함을 오래 유지시킨다.

(3) 이스트(Yeast)

① 효모라고 불리며 출아증식을 하는 단세포 생물로 반죽 내에서 발효 작용을 하여 탄산가스와 알코올, 유기산을 생성하며 반죽을 팽창시키고 빵에 향미성분을 부여한다. 학명은 사카로미세스 세레비지에(Saccharomyces cerevisiae)이다.

② 이스트의 종류
  ㉮ 생 이스트(Fresh yeast, Compressed yeast)
    ㉠ 압착효모라고도 한다.
    ㉡ 고형분 25~30%, 수분 70~75% 정도
    ㉢ 저장온도 및 기간 : 냉장온도(0~7℃), 2주
  ㉯ 활성 건조효모(Active dry yeast)
    ㉠ 드라이 이스트 또는 활성 건조효모라고도 한다.
    ㉡ 수분을 7.5~9% 정도로 건조
    ㉢ 사용량 : 생이스트 양의 50%
    ㉣ 사용법
      • 반죽에 고루 분산시키기 위해 물에 녹여 사용
      • 이스트 양의 4배가 되는 40~45℃의 물에 5~10분간 예비 발효하여 사용(1~3%의 설탕을 첨가)
    ㉤ 사용의 장점 : 균일성, 편리성, 정확성, 경제성

㉰ 인스턴트 이스트(Instant yeast)
　　　　㉠ 사용할 때마다 수화해야 하는 건조 이스트의 단점을 보완한 제품으로 물에 풀지 않고 밀가루에 섞어 사용한다.
　　　　㉡ 단점 : 반죽시간이 짧으면 완전히 용해되기 어렵다.
　③ **이스트에 들어있는 효소**
　　㉮ 말타아제 : 이당류인 맥아당을 2분자의 포도당으로 분해, 지속적인 발효가 진행되도록 한다.
　　㉯ 인베르타아제 : 이당류인 자당을 포도당과 과당으로 분해
　　㉰ 치마아제 : 단당류인 포도당과 과당을 탄산가스와 알코올로 분해
　　㉱ 프로테아제 : 단백질을 분해하여 펩티드, 아미노산을 생성
　　㉲ 리파아제 : 지방을 지방산과 글리세린으로 분해
　④ **이스트의 번식 조건**
　　㉮ 생식법 : 출아법
　　㉯ 영양분 : 당, 질소, 무기질
　　㉰ 공기 : 호기성으로 산소가 필요하다.
　　㉱ 온도 : 28~32℃
　　㉲ 산도 : pH 4.5~4.8
　　㉳ 이스트 활동이 가장 활발한 온도 : 38℃
　　㉴ 이스트 사멸 온도 : 60℃(이스트는 10℃ 이하에서 활동이 정지되고 이스트 세포는 63℃ 전후에서, 포자는 69℃에서 사멸)
　⑤ **취급과 저장에서 주의할 점**
　　㉮ 너무 높은 온도의 물과 직접 닿지 않도록 주의한다.
　　㉯ 삼투압의 영향으로 소금, 설탕과 직접 닿지 않도록 한다.
　　㉰ 사용 후 밀봉 용기에 옮겨 0~10℃ 정도의 냉장고에서 보관한다.
　⑥ **이스트 사용량을 증가하여야 할 경우**
　　㉮ 설탕 또는 소금의 사용량이 많은 경우(삼투압이 높은 경우)
　　㉯ 반죽의 온도가 낮은 경우
　　㉰ 분유 사용량이 많은 경우
　　㉱ 물이 경수이거나 알칼리성인 경우

(4) 달걀(Egg)

① **달걀의 구성**

구분	구성비
구성 비율(%)	껍질 : 노른자 : 흰자 = 10 : 30 : 60
수분 비율(%)	전란 : 노른자 : 흰자 = 75 : 50 : 88

② 달걀의 신선도
㉮ 껍질이 거칠고 윤기가 없다.
㉯ 밝은 등불에 비추어 보았을 때 속이 밝으며 구형이다.
㉰ 6~10%의 소금물에 넣었을 때 가로로 가라앉는다.
㉱ 흔들어 보았을 때 소리가 나지 않는다.
㉲ 난황계수(노른자의 범위이다. 높이를 노른자의 폭으로 나눈 값)가 크다.

■ 난황계수와 난백계수
- 난황계수(난황의 높이 ÷ 난황의 지름) : 0.36 이상이면 신선
- 난백계수(난백의 높이 ÷ 난백의 지름) : 0.14 이상이면 신선
- 오래된 달걀일수록 난황, 난백계수는 작아지고 기실은 커져서 흔들었을 때 소리가 나고 pH는 높아진다.

③ 달걀의 역할
㉮ 기포성
  ㉠ 달걀을 교반시키면 거품을 일으켜 공기를 포집하고 기포는 열에 의해 팽창된다.
  ㉡ 기포성을 응용한 제품에는 무스, 머랭, 스펀지 케이크 등이 있다.
㉯ 열응고성
  ㉠ 달걀 단백질이 열에 의해 응고되는 성질이다.
  ㉡ 머랭, 스펀지 케이크, 슈 등이 있다.
㉰ 유화제 역할
  ㉠ 노른자의 인지질인 레시틴이 유화제로 작용한다.
  ㉡ 유화성을 이용한 대표적인 식품으로 마요네즈, 프렌치 드레싱, 아이스크림, 크림스프 등이 있다.
㉱ 영양성 : 양질의 단백질원으로 단백가가 100인 완전식품이다.

(5) 물(Water)

① 물의 기능
㉮ 재료를 분산시킨다.
㉯ 반죽온도를 조절한다.
㉰ 글루텐 형성을 돕는다.
㉱ 효소의 활성화에 도움을 준다.
㉲ 반죽 농도를 조절한다.

② 경도에 따른 물의 분류
㉮ 경수(경도 180ppm 이상)
  ㉠ 바닷물, 광천수, 온천수
  ㉡ 반죽에 사용하면 글루텐을 단단하게 하며, 발효속도가 느려진다.

ⓒ 조치 사항
　　　　• 흡수율 증가
　　　　• 이스트 푸드, 소금 사용량 감소
　　　　• 맥아 첨가
　　　　• 효소 공급
　　　　• 이스트 사용량 증가
　　ⓔ 경수의 종류
　　　　• 일시적 경수 : 탄산칼슘의 형태로, 들어있는 경수로 끓이면 불용성 탄산염으로 분해되고 가라앉아 연수가 된다.
　　　　• 영구적 경수 : 황산이온이 칼슘염, 마그네슘염과 결합된 형태로 들어있는 경수로 끓여도 변하지 않는다.
　ⓑ 연수(경도 60ppm 미만)
　　ⓐ 빗물, 증류수
　　ⓑ 반죽에 사용하면 글루텐을 연화시켜 반죽을 끈적거리게 하고 가스 보유력을 떨어뜨린다.
　　ⓒ 조치 사항
　　　• 흡수율 감소(2% 정도)
　　　• 이스트 푸드, 소금 사용량 증가
　　　• 이스트 사용량 감소
　ⓒ 아연수(경도 60ppm 이상~120ppm 미만)
　ⓓ 아경수(경도 120ppm 이상~180ppm 미만)
　　ⓐ 제빵용 물로 가장 적합
　　ⓑ 이스트의 영양물질 공급과 글루텐을 경화시키는 기능

▣ 경도
물에 녹아 있는 칼슘염과 마그네슘염을 탄산칼슘의 양으로 환산해서 ppm으로 표시(ppm : parts per million, 백만분의 1, mg/ℓ).

② 물의 산도
　㉮ 물의 pH : 물의 pH는 주로 효소 작용과 글루텐의 물리성에 영향을 준다.
　㉯ 약산성 물(pH 5.2~5.6) : 제빵에 적합한 물
　㉰ 산성(pH 7 이하) : 발효를 촉진시키나 산성이 지나치면 글루텐을 용해시켜 반죽이 찢어지기 쉽다.
　㉱ 알칼리성(pH 7 이상) : 탄력성이 작고 이스트의 발효를 방해해 발효속도를 지연시킨다.

(6) 소금(Salt)

① 소금의 개요
　㉮ 나트륨과 염소의 화합물로 화학명은 NaCl(염화나트륨)이다.

㉯ 제빵용 식염으로는 염화나트륨에 탄산칼슘과 탄산마그네슘의 혼합물을 1% 정도 함유한 것이 좋다.

② 소금의 역할
㉮ 재료들의 맛을 향상시켜 풍미를 준다.
㉯ 발효속도를 조절하여 제빵 작업속도를 조절한다.
㉰ 삼투압 작용으로 잡균의 번식을 억제하여 방부효과를 준다.
㉱ 제품의 껍질색을 조절한다.
㉲ 글루텐을 강하게 하여 반죽을 견고하게 한다.

(7) 감미제(Sweetening Agents)

① 설탕(자당, Sucrose)
㉮ 정제당 : 원당 결정 입자에 붙어 있는 당밀과 불순물을 제거하여 만든 순수한 자당을 말한다.
  ㉠ 입상형당 : 자당이 알갱이 형태를 이룬 것
  ㉡ 분당 : 고순도의 설탕을 곱게 빻아 가루로 만든 가공 당으로 덩어리가 생기는 것을 방지하기 위하여 3% 정도의 전분을 혼합
  ㉢ 변형당 : 각설탕, 빙당, 커피 슈거 등
㉯ 액당 : 자당 또는 전화당이 물에 녹아있는 시럽을 말한다.
  ㉠ 액당의 당도 : 설탕물에 녹아 있는 설탕의 무게를 %로 표시한 수치
  ㉡ 액당의 당도(%) = $\dfrac{\text{설탕의 무게}}{\text{설탕의 무게} + \text{물의 무게}} \times 100$
㉰ 전화당 : 자당을 산이나 효소로 가수분해하여 생성된 혼합물로 포도당과 과당이 같은 양으로 들어있다.
㉱ 황설탕 : 약과, 약식, 캐러멜 색소의 원료로 사용한다.

② 포도당(Dextrose)
㉮ 전분을 가수분해하여 만든다.
㉯ 이스트의 영양원이며 이당류인 설탕보다 좋은 효과를 지닌다.
㉰ 제품의 촉촉함을 유지시키며 유연성과 탄력성을 높인다.
㉱ 감미도가 설탕 100에 대하여 75 정도이다.

③ 물엿(Corn Syrup)
㉮ 전분을 산 또는 효소로 가수분해하여 만드는 제품으로 반유동성을 지닌다.
㉯ 설탕에 비해 감미도는 낮지만 점성, 보습성이 좋아 제품의 조직을 부드럽게 할 목적으로 쓰인다.

④ 맥아(Malt)와 맥아시럽(Malt syrup)
㉮ 맥아
  ㉠ 보리를 발아시킨 낟알로 보통 가루형태로 이용된다.

ⓒ 함유되어 있는 효소 아밀라아제가 전분을 맥아당으로 분해하여 이스트 발효가 촉진된다.
　　　ⓒ 맥아당으로 인해 특유의 향을 가지며 껍질색이 좋아진다.
　　㉯ 맥아시럽
　　　㉠ 맥아분에 물을 넣고 가온하여 효소 등을 추출한 액체로 물엿에 비해 흡습성이 낮다.
　　　ⓒ 캐러멜, 캔디, 젤리 등의 제조에서 설탕의 결정화 방지에 사용한다.
　　　ⓒ 제품의 보습을 위해 사용한다.
⑤ 당밀
　　㉮ 사탕수수 정제 공정에서 원당을 분리하고 남은 부산물
　　㉯ 특유의 단맛과 보습성을 가지고 있다.
⑥ 유당(젖당)
　　㉮ 우유나 분유에 들어있다.
　　㉯ 이스트에 의해 발효되지 않으므로 잔류당으로 남아 갈변 반응을 일으켜 껍질색을 진하게 한다.
　　㉰ 설탕에 비해 감미도(16)와 용해도가 낮다.
　　㉱ 결정화가 빠르다.
⑦ 감미제의 기능
　　㉮ 제빵 제품에서의 기능
　　　㉠ 단맛을 낸다.
　　　ⓒ 이스트의 먹이 제공(발효가 진행되는 동안 이스트에 발효성 탄수화물을 공급)한다.
　　　ⓒ 메일라드 반응과 캐러멜화 반응을 일으켜 껍질색을 조절한다.
　　　㉢ 단백질 연화작용이 있다.
　　　㉣ 수분 보유력이 있어 노화를 지연시키고, 보존기간을 늘린다.
　　㉯ 제과 제품에서의 기능
　　　㉠ 단맛을 제공한다.
　　　ⓒ 단백질 연화작용이 있다.
　　　ⓒ 메일라드 반응과 캐러멜화 반응을 통해 껍질색을 진하게 한다.
　　　㉢ 보습효과로 노화를 지연시킨다.
　　　㉣ 감미제의 종류에 따라 독특한 향을 내게 한다.
⑧ 메일라드 반응과 캐러멜화 반응
　　㉮ 메일라드 반응(Maillard reaction, 마이얄 반응, 갈변 반응)
　　　㉠ 아미노산과 환원당이 가열에 의해 반응하여 갈색으로 변하는 현상이다.
　　　ⓒ 비환원당인 설탕에서는 반응이 나타나지 않는다.
　　㉯ 캐러멜화 반응(Caramelization)
　　　㉠ 당분을 고온에서 가열하면 분해, 중합하여 착색물질을 만든다.
　　　ⓒ 당의 종류에 따라 착색도가 달라지며 설탕은 160℃에서 캐러멜화가 시작되고, 포도당과 과당은 이보다 낮은 온도에서 착색된다.

(8) 유지류

① 유지의 종류

㉮ 버터(Butter)
  ㉠ 순수 우유지방으로 유지에 물이 분산되어 있는 형태이다.
  ㉡ 제과·제빵에 많이 쓰이며 독특한 향과 풍미를 낸다.
  ㉢ 우유지방 80~81%, 수분 14~17%, 소금 1~3% 등으로 구성되어 있다.
  ㉣ 융점이 낮고 가소성(Plasticity) 범위가 좁다.
  ㉤ 버터의 독특한 향미성분은 디아세틸(diacetyl)이다.

㉯ 마가린(Margarine)
  ㉠ 버터 대용품으로 주로 대두유, 면실유 등 식물성 유지를 경화시켜 만든다.
  ㉡ 버터에 비해 가소성, 유화성, 크리밍성이 크다.
  ㉢ 지방 80%, 수분 16.5%, 소금 0~3%, 유화제 0.5% 등으로 구성되어 있다.

㉰ 라드(Lard)
  ㉠ 돼지의 지방을 분리해서 정제한 것으로 상온에서 백색의 고형 지방이다.
  ㉡ 풍미가 좋고 가소성 범위가 넓다.
  ㉢ 빵, 파이, 쿠키, 크래커의 쇼트닝가를 높이기 위해 사용된다.

㉱ 쇼트닝(Shortening)
  ㉠ 라드의 대용품으로 동·식물성 유지에 수소를 첨가하여 만든 경화유를 말한다.
  ㉡ 지방이 100%로 색과 풍미가 없다.
  ㉢ 고체 또는 액체 형태이다.
  ㉣ 케이크 반죽의 유동성, 기공과 조직, 부피, 저장성을 개선한다.
  ㉤ 6~8% 정도의 유화제 사용으로 공기 혼입 능력이 크고 유연성과 노화지연 효과가 크다.

㉲ 튀김 기름(Frying fat)
  ㉠ 튀김온도 : 180 ~ 195℃
  ㉡ 튀김 기름의 4대 적 : 온도, 수분, 공기, 이물질
  ㉢ 튀김 기름이 갖추어야 할 요건
    • 열을 잘 전달해서 튀김물의 구조를 형성할 수 있어야 한다.
    • 불쾌한 냄새가 나지 않아야 한다.
    • 제품이 냉각되는 동안 충분히 응결되어야 한다.
    • 엷은 색을 띠며 발연점이 높아야 한다.

② 유지의 화학적 반응

㉮ 가수분해 : 유지가 가수분해 과정을 통해 모노글리세리드, 디글리세리드와 같은 중간 산물을 만들고, 결국 지방산과 글리세린이 되는 것이다.
㉯ 산패 : 유지를 공기 중에 오래 두었을 때 산화되어 불쾌한 냄새가 나고 맛이 떨어지며 색이 변하는 현상이다.

③ 유지의 안정화

㉮ 항산화제(산화방지제)

㉠ 항산화제란 유지의 산화에 대한 안정 효과를 갖게 하는 물질이다.
㉡ 식품첨가용 항산화제에는 비타민 E, PG(프로필갈레이트), BHA, BHT, NDGA, EDTA 등이 있다.
㉢ 항산화제 보완제인 비타민 C, 구연산, 주석산, 인산 등은 항산화제와 같이 사용하면 항산화 효과를 높여준다.

④ 수소첨가
㉠ 지방산의 이중결합에 니켈(Ni)과 백금(Pt)을 촉매로 수소(H_2)를 첨가시켜 지방의 불포화도를 감소시켜 유지의 융점을 높게 만든다.
㉡ 유지의 수소 첨가를 경화라 한다.

④ **제빵·제과용 유지의 특성**
㉮ 크리밍성
㉠ 유지가 믹싱 조작 중 공기를 포집하는 성질
㉡ 버터크림, 크림법으로 제조하는 케이크 등

㉯ 가소성
㉠ 낮은 온도에서 너무 단단하지 않으면서 높은 온도에서 너무 무르게 되지않는 성질로 유지가 상온에서 고체 모양을 유지하는 성질
㉡ 퍼프 페이스트리, 데니시 페이스트리, 파이

㉰ 안정성
㉠ 지방의 산화와 산패를 장기간 억제하는 성질
㉡ 유통기간이 긴 과자, 튀김물, 팬 기름

㉱ 유화성
㉠ 유지가 물을 흡수하여 보유하는 성질
㉡ 레이어 케이크류, 파운드 케이크

㉲ 쇼트닝성
㉠ 빵·과자 제품에 부드러움과 바삭함을 주는 성질로 버터나 쇼트닝이 많이 가지고 있는 성질
㉡ 식빵, 크래커

(9) 유제품

① **우유의 특징**
㉮ 구성 : 수분 88%, 고형물 12%
㉯ 성분
㉠ 단백질 3.4%
  • 카제인 : 우유의 3% 정도(우유 단백질의 75~80%)로 열에는 응고되지 않고 효소 레닌과 산에 의해 응고되며 치즈, 요구르트에 응용된다.
  • 락토알부민, 락토글로불린 : 각각 0.5%씩 함유, 열에 의해 응고된다.
㉡ 유당 4.75%
  • 동물의 젖에만 존재하며 포도당과 갈락토오스가 결합한 이당류이다.
  • 제빵용 이스트에 발효되지 않는다.

ⓒ 유지방 3.65%
- 우유를 교반하면 비중의 차이로 지방 입자가 뭉쳐 크림이 된다.
- 유지방의 비중은 0.92~0.94이다.
㉰ 비중 : 1.030 ~ 1.032
㉱ 산도 : pH 6.6

② **유제품의 종류**
㉮ 시유
㉠ 일반적으로 마시기 위해 가공된 액상우유를 말한다.
㉡ 시장에서 판매하는 Market Milk를 가리킨다.
㉯ 농축우유
㉠ 우유의 수분함량을 감소시켜 고형질 함량을 높인 것이다.
㉡ 연유나 생크림도 농축우유의 일종이다.
㉰ 분유
㉠ 우유의 수분을 제거해서 분말상태로 한 것이다.
㉡ 전지분유, 탈지분유, 가당분유, 조제분유 등이 있다.
㉱ 유장
㉠ 우유에서 유지방, 카제인을 분리하고 남은 제품으로 유당이 주성분이며 건조시키면 유장 분말이 된다.
㉡ 대용분유란 유장에 탈지분유, 밀가루, 대두분을 혼합하여 탈지분유 기능과 유사하게 만든 제품이다.
㉲ 연유
㉠ 우유를 농축시킨 것이다.
㉡ 우유에 40%의 설탕을 첨가하여 만든 가당연유와 우유를 그대로 농축시킨 무당연유가 있다.
㉳ 발효유
㉠ 탈지유나 그 밖의 유즙에 젖산균을 넣어 발효한 후 유산을 생성시켜 만든 제품이다.
㉡ 요구르트가 대표적이다.
㉴ 치즈 : 우유의 단백질에 레닌을 넣어 카제인을 응고시켜 만든 제품이다.

(10) 이스트 푸드(Yeast Food)

① **사용 목적**
㉮ 수질을 개선하기 위해 사용하던 것이나, 현재는 이스트의 발효를 촉진시키고 빵 반죽의 질을 개선하기 위한 제빵개량제로 사용한다.
㉯ 반죽에 더할 때는 밀가루 대비 0.1~0.2%를 기준으로 한다.

② **이스트 푸드의 기능**
㉮ 반죽 조절작용 : 반죽의 물리적 성질 개선

㉠ 산화제
- 산화를 일으키는 물질로 반죽의 글루텐의 탄력성을 높인다.
- 브롬산칼륨, 아스코르브산(비타민 C), 아조디카본아미드(ADA), 요오드칼륨

㉡ 환원제
- 글루텐을 연화시킨다.
- 시스테인, 글루타티온

㉢ 효소제
- 반죽의 신장성을 강화한다.
- α-아밀라아제, 프로테아제

㉯ 물의 경도 조절
㉠ 칼슘염을 공급하여 물의 경도를 조절한다.
㉡ 황산칼슘, 인산칼슘, 과산화칼슘

㉰ 이스트의 영양 공급
㉠ 이스트의 영양원인 질소를 공급한다.
㉡ 염화암모늄, 황산암모늄, 인산암모늄

(11) 계면 활성제(Surface active agent)

① **계면 활성제의 용도**

어떤 액체에 녹였을 때 그 액체의 표면장력(표면 면적을 될 수 있는 대로 좁히려는 힘)을 줄일 수 있는 물질로 세척, 삼투, 기포, 유화, 분산 능력을 가지고 있다.

② **계면 활성제의 기능**
㉮ 반죽의 기계 내성이 향상된다.
㉯ 제품의 조직과 부피를 개선한다.
㉰ 반죽 속의 유지가 잘 분산되도록 한다.
㉱ 노화를 지연시킨다.

③ **계면 활성제의 종류**
㉮ 레시틴
㉠ 친유성 유화제로 쇼트닝과 마가린의 유화에 쓰인다.
㉡ 옥수수유와 대두유로부터 얻어진다.

㉯ 모노, 디 글리세리드
㉠ 가장 많이 사용되며, 유지에 녹으면서 물에도 분산되고 유화식품을 안정시킨다.
㉡ 쇼트닝 제품에 유지의 6~8%, 빵에는 밀가루대비 0.375~0.5%를 사용한다.

> **유중수적형과 수중유적형**
> - 유중수적형(W/O, Water in oil) : 마가린, 버터
> - 수중유적형(O/W, Oil in water) : 마요네즈, 우유, 아이스크림, 프렌치드레싱

④ 친수성-친유성 균형(HLB) 수치
  ㉮ 유화제의 친수성과 친유성 균형 상태를 나타내는 수치로 1에서 20까지로 표기한다.
  ㉯ HLB의 수치가 9 이하이면 친유성 성질이 강하며 유중수적형의 유화상태를 나타낸다.
  ㉰ HLB의 수치가 11 이상이면 친수성 성질이 강하므로 수중유적형의 유화상태를 나타내며 물에 용해된다.

(12) 팽창제(Expansion agent)

① 팽창제의 용도
  빵·과자에서 가스를 발생시켜 제품을 부풀려 모양을 갖추게 하며 부드러운 조직감을 부여하기 위해 쓰는 첨가제로 제품의 종류에 따라 소량 사용한다.

② 팽창제의 종류
  ㉮ 천연품(생물학적) : 이스트(효모)
    ㉠ 주로 빵에 사용되며 가스 발생이 많다.
    ㉡ 부피 팽창, 연화작용, 향의 개선을 목적으로 사용된다.
  ㉯ 합성품(화학적) : 베이킹 파우더, 탄산수소나트륨(중조), 암모늄계 팽창제 등
    ㉠ 사용하기는 간편하나, 팽창력이 약하다.
    ㉡ 갈변 및 뒷맛을 좋지 않게 하는 결점이 있다.

③ 베이킹 파우더(Baking Powder)
  ㉮ 탄산수소나트륨에 산성제를 배합하고, 분산제로 전분을 첨가한 팽창제이다.
  ㉯ 탄산수소나트륨이 분해되어 이산화탄소, 물, 탄산나트륨이 되는 것이다.
  ㉰ 베이킹 파우더 무게의 12% 이상의 유효 가스가 발생되어야 한다.

④ 탄산수소나트륨
  ㉮ 단독 또는 베이킹 파우더 형태로 사용한다.
  ㉯ 무색 결정성의 하얀 분말이다.
  ㉰ 사용량이 많으면 소다 맛, 비누 맛이 나며 제품을 노랗게 변화시킨다.

⑤ 염화암모늄염
  ㉮ 이산화탄소, 암모니아가스를 발생시킨다.
  ㉯ 제품의 색을 희게 한다.
  ㉰ 적은 양만 사용해도 효과가 크다.

> **■ 중화가**
> 산에 대한 탄산수소나트륨의 백분율로서 적정량의 유효가스(이산화탄소)를 발생시키고 중성이 되는 양을 조절할 때 활용된다.
>
> $$중화가(\%) = \frac{중조(탄산수소나트륨)}{산염} \times 100$$

⑥ 이스파타
  ㉮ 이스트와 베이킹 파우더의 복합어이다.
  ㉯ 염화암모늄에 중조를 혼합한 것이다.
  ㉰ 찜류의 팽창제로 많이 사용한다.

(13) 안정제(Stabilizers)

① **안정제의 용도**
물과 기름, 기포, 콜로이드의 분산과 같이 상태가 불안정한 혼합물에 더하여 안정시키는 역할을 한다.

② **종류**
  ㉮ 한천 : 우뭇가사리 추출물로 물에 불려 녹여 사용하며 80℃ 전후에서 녹고 30℃에서 응고한다.
  ㉯ 젤라틴 : 동물의 껍질과 연골 속에 있는 콜라겐을 정제한 것으로 찬물에는 팽윤하나 더운물에는 녹아 졸이 된다. 2~3% 이상의 농도에서 탄성있는 겔이 된다. 무스나 바바루아의 안정제로 사용된다.
  ㉰ 펙틴 : 과일과 식물의 조직 속에 존재하는 다당류의 일종이다.
  ㉱ CMC(Carboxyl Methyl Cellulose) : 냉수에서 쉽게 팽윤되어 진한 용액이 된다.

③ **안정제의 사용 목적**
  ㉮ 아이싱의 끈적거림과 부서짐 방지
  ㉯ 머랭의 수분 배출 억제
  ㉰ 토핑의 거품 안정
  ㉱ 젤리, 무스의 제조
  ㉲ 파이 충전물의 농후화제
  ㉳ 흡수제로 노화지연 효과

(14) 향료와 향신료(Flavors & Spices)

① **향료의 분류**
  ㉮ 제조 방법에 따른 분류
    ㉠ 천연 향료 : 자연에서 채취한 후 추출, 정제, 농축, 분리과정을 거쳐 만든다.
    ㉡ 합성 향료 : 천연향에 들어 있는 향 물질을 합성시킨 것이다.
    ㉢ 조합 향료 : 화학성분을 조작하여 천연향과 같은 향이 나게 한 것이다.
  ㉯ 가공 방법에 따른 분류
    ㉠ 비알코올성 향료(지용성 향료) : 굽기 과정에 휘발하지 않는다. 캐러멜, 캔디, 비스킷에 이용한다.
    ㉡ 알코올성 향료(수용성 향료) : 굽기 중 휘발성이 큰 것으로 알코올에 녹는 향을 용해시켜 만든다. 아이싱과 충전물 제조에 적당하다.
    ㉢ 유화 향료 : 유화제에 향료를 분산시켜 만든 것으로 물 속에 분산이 잘 되고 굽기 중 휘발이 작다. 알코올성, 비알코올성 향료 대신 사용한다.

㉣ 분말 향료 : 진한 수지액과 물의 혼합물에 향 물질을 넣고 용해시킨 후 분무 건조하여 만든다. 가루식품, 아이스크림, 제과, 츄잉껌에 사용한다.

② **향신료(Spices)**
㉮ 향신료의 기능
㉠ 강렬한 방향과 독특한 맛을 내는 식물성 향료로 풍부한 맛과 향을 내기 위해 소량 첨가한다.
㉡ 주재료와 어울려 풍미를 향상시키고 제품의 보존성을 높여주는 기능을 한다.
㉯ 향신료의 종류
㉠ 바닐라(vanilla) : 제과에 가장 광범위하게 쓰이는 향신료로 초콜릿, 과자, 아이스크림 등에 사용
㉡ 계피(cinnamon) : 녹나무과의 상록수 껍질을 벗겨 만드는 향신료
㉢ 넛메그(nutmeg) : 육두구과 교목의 열매를 일광 건조시킨 것으로 넛메그와 메이스를 얻음
㉣ 정향(clove) : 정향나무의 열매를 말린 것으로 단맛이 강한 크림소스에 사용
㉤ 올스파이스(allspice) : 올스파이스나무의 열매를 익기 전에 말린 것으로 프루츠 케이크, 카레, 파이, 비스킷에 사용
㉥ 카다몬(cadamon) : 생강과의 다년초 열매깍지 속의 작은 씨를 말린 것으로 푸딩, 케이크, 페이스트리에 사용
㉦ 박하(peppermint) : 박하잎을 말린 것으로 산뜻하고 시원한 향이 특징
㉧ 오레가노(oregano) : 피자소스에 필수적으로 들어가는 것으로 톡 쏘는 향이 특징

(15) 초콜릿(Chocolate)

① 초콜릿을 구성하는 성분
㉮ 코코아 : 62.5%, 5/8
㉯ 코코아 버터 : 37.5%, 3/8
㉰ 기타 : 유화제 0.2~0.8%, 설탕, 분유, 향

② 초콜릿의 종류 – 배합 조성에 따른 분류
㉮ 다크 초콜릿 : 카카오 매스, 설탕, 카카오 버터, 유화제, 향 등을 섞어 만든 초콜릿이다.
㉯ 밀크 초콜릿 : 다크 초콜릿에 분유를 더한 것으로 가장 부드러운 맛을 낸다.
㉰ 화이트 초콜릿 : 카카오 고형분과 카카오 버터 중 다갈색의 카카오 고형분을 빼고 카카오 버터에 설탕, 분유, 유화제, 향을 넣어 만든다.
㉱ 카카오 매스 : 다른 성분이 포함되어 있지 않아 카카오빈 특유의 쓴맛이 그대로 살아 있다. 식으면 굳으며 커버추어용이다.
㉲ 파타글라세(코팅용 초콜릿) : 카카오 매스에서 카카오 버터를 제거한 다음 식물성 유지와 설탕을 넣어 만든 것으로 템퍼링 작업을 하지 않아도 된다. 유동성이 좋으므로 코팅용으로 쓰인다.

③ 템퍼링
㉮ 템퍼링의 정의와 역할
㉠ 카카오 버터가 안정된 결정 상태로 되어 초콜릿 전체가 안정한 상태로 굳을 수 있도록 사

전에 하는 온도 조절이다.
ⓒ 카카오 버터의 α, β, β′, γ 형의 분자결정을 β형의 미세한 결정으로 만들어 매끈한 광택의 초콜릿을 만든다.
㉰ 템퍼링 방법과 블룸 현상
ⓐ 방법 : 초콜릿을 40℃로 용해한 후 27~29℃로 냉각시켰다가 다시 중탕하여 30~32℃ 정도까지 온도를 높인다.
ⓑ 블룸(bloom) 현상 : 초콜릿의 표면에 하얀 무늬 또는 하얀 반점이 생기는 것을 말한다.
- 설탕 블룸(sugar bloom) : 초콜릿을 습도가 높은 곳에 보관할 때 초콜릿에 들어 있는 설탕이 수분을 흡수하여 녹았다가 재결정이 되어 표면이 하얗게 변하는 현상이다.
- 지방 블룸(fat bloom) : 초콜릿을 온도가 높은 곳에 보관하거나 직사광선에 노출시켰을 때 지방이 분리되었다가 다시 굳어지면서 얼룩이 만들어지는 현상이다.

④ 초콜릿 적정 보관 온도와 습도
㉮ 온도 : 17~18℃
㉯ 습도 : 50%

(16) 주류

① 발효주
㉮ 과실, 곡류 등을 알코올 발효시켜 만든 술로 알코올 도수가 낮다.
㉯ 포도주, 맥주, 청주

② 증류주
㉮ 알코올 발효시켜 만든 술을 증류시켜 얻은 술, 알코올 도수가 높다(35~70도).
㉯ 위스키, 브랜디, 럼

③ 혼성주(리큐르, liqueur)
㉮ 증류주에 과실, 과즙, 약초, 향초 등을 배합하고, 설탕과 같은 감미료와 착색료를 더해 만든 술로 알코올 도수가 높다.
㉯ 오렌지 리큐르(쿠엥트루, 트리플섹, 오렌지 큐라소), 커피 리큐르, 아마레토(살구씨), 마라스키노(체리)

■ 럼(rum)
사탕수수 원액에서 설탕을 만들고 남은 당밀을 발효시켜 증류한 것을 나무통에 넣고 숙성시킨 증류주로 숙성기간에 따라 라이트, 미디엄, 헤비로 나뉜다.

재료의 영양학적 특성

Lesson 01 영양소의 기능별 분류

(1) 영양소의 정의
영양소는 식품에 함유되어 있는 여러 성분 중 체내에 흡수되어 생활 유지를 위한 생리적 기능에 이용되는 것이다.

(2) 영양소의 종류
① **열량 영양소** : 에너지원으로 이용되는 영양소로 탄수화물, 지방, 단백질이 있다.
② **구성 영양소** : 근육, 골격, 효소, 호르몬 등 신체 구성의 성분이 되는 영양소로 단백질, 무기질, 물이 있다.
③ **조절 영양소** : 체내 생리작용을 조절하고 대사를 원활하게 하는 영양소로 무기질, 비타민, 물이 있다.

Lesson 02 탄수화물(당질)

(1) 탄수화물의 특성 및 기능
① 탄소(C), 수소(H), 산소(O)의 세가지 원소를 함유한 유기화합물이며 에너지 공급원으로 1g당 4kcal의 열량을 공급한다.
② 소화흡수율이 98%이다.
③ 혈액과 조직에 케톤체가 다량 축적되는 케톤증 예방에 관여한다.
④ 간에서 지방의 완전대사를 돕는다.
⑤ 단백질 절약작용을 한다.
⑥ 혈당량 유지(0.1%), 변비방지, 식품에 단맛과 향미를 제공한다.

(2) 탄수화물의 종류와 영양학적 특성
① **포도당**(glucose)
㉮ 포유동물의 혈액 중에 0.1% 가량 포함되어 있다(혈당).

㉯ 동물 체내의 간장, 근육에 글리코겐 형태로 저장된다.
　　㉰ 열량원으로 이용되며 체내 당대사의 중심물질이다.
② **과당**(fructose)
　　㉮ 당류 중 가장 빨리 소화·흡수된다.
　　㉯ 포도당을 섭취하지 말아야 하는 당뇨병 환자의 감미료로 사용한다.
　　㉰ 과당의 특징
　　　㉠ 용해도가 가장 크며 과포화되기 쉽다.
　　　㉡ 흡습 조해성이 크다.
　　　㉢ 단맛이 가장 강하며 그 맛이 순수하고 상쾌하다.
　　　㉣ 점도가 낮다.
③ **갈락토오스**(galactose)
　　㉮ 유당의 구성 성분이다.
　　㉯ 뇌, 신경조직의 성분이 되므로 유아에게 특히 필요하다.
　　㉰ 물에 잘 녹지 않는다.
④ **맥아당**(엿당, maltose)
　　㉮ 보리가 적당한 온도와 습도에서 발아할 때 생성된다.
　　㉯ 두 분자의 포도당이 결합한 형태이다.
　　㉰ 전분을 가수분해 시켜 만든 엿, 식혜의 단맛 성분이다.
⑤ **유당**(젖당, lactose)
　　㉮ 포도당 1분자와 갈락토오스 1분자가 결합한 형태이다.
　　㉯ 포유동물의 젖 속에 존재하는 감미물질이다.
　　㉰ 이스트의 영양원이 되지는 못하지만 빵의 착색에 효과적이다.
　　㉱ 물에 잘 녹지 않으며 감미도가 16으로 낮다.
⑥ **설탕**(자당, 서당, sucrose)
　　㉮ 포도당 1분자와 과당 1분자가 결합된 형태이다.
　　㉯ 사탕수수의 줄기와 사탕무의 뿌리에 15% 정도 들어 있다.
　　㉰ 감미도의 기준이 되며 상대적 감미도는 100이다.
⑦ **전분**(녹말, starch)
　　㉮ 곡류나 서류의 주성분으로 대부분 열량섭취원이 된다.
　　㉯ 보통 전분은 아밀로오스 20~25%, 아밀로펙틴 75~80%의 비율로 구성된다.
　　㉰ 찹쌀 전분은 아밀로펙틴이 대부분이다.
　　㉱ 단맛이 없고 찬물에 잘 녹지 않는다.
⑧ **글리코겐**(glycogen)
　　㉮ 동물성 저장 다당류로 간장이나 근육에 존재하며 근육이 운동할 때 소비된다.
　　㉯ 쉽게 포도당으로 변해 에너지원으로 쓰인다.
　　㉰ 호화나 노화현상을 일으키지 않는다.

⑨ 덱스트린(호정, dextrin)
　㉮ 전분이 가수분해되는 과정에서 생기는 중간 생성물이다.
　㉯ 싹트는 종자, 팽창식품, 엿 등에 들어 있다.
⑩ 섬유소(셀룰로오스, cellulose)
　㉮ 식물세포막의 주성분으로 소화효소에 의해 가수분해되지 않는다.
　㉯ 장의 연동작용을 자극하여 배설작용을 촉진한다.
⑪ 펙틴(pectin)
　㉮ 소화와 흡수는 되지 않지만 장내 세균 및 유독 물질을 흡착하여 배설하는 성질이 있다.
　㉯ 산과 설탕을 넣고 졸여 잼과 젤리를 만드는데 응고제로 사용된다.

(3) 탄수화물의 공급원 및 질병

① 탄수화물의 공급원
　㉮ 곡류, 감자류, 과일, 채소 등 식물성 식품이 주요 공급원이다.
　㉯ 우유, 난류, 패류 등 동물성 식품에 의해서도 공급된다.
② 탄수화물 권장량 및 과잉 섭취 시 유발되기 쉬운 질병
　㉮ 탄수화물의 권장량은 1일 총 에너지 필요량의 60~70%이다.
　㉯ 과잉 섭취할 경우 비만, 당뇨병, 동맥경화증을 유발한다.

단당류, 이당류, 다당류

분류	설명	종류
단당류	산이나 효소에 의해 가수분해가 이루어질 수 없는 당류	포도당, 과당, 갈락토오스
이당류	단당류 2개가 결합된 당류	맥아당, 유당, 자당
다당류	여러 개의 단당류가 결합된 당류	전분, 글리코겐, 덱스트린, 섬유소, 펙틴

Lesson 03 지방(지질)

(1) 지방(지질)의 특성 및 기능

① 글리세롤과 지방산의 화합물로 1g당 9kcal의 열량을 공급한다.
② 소화흡수율은 95%로 체온의 발산을 막아 체온을 조절한다.
③ 외부의 충격으로부터 인체의 내장기관을 보호한다.
④ 지용성 비타민(비타민 A, D, E, K)의 흡수를 촉진한다.

⑤ 장내에서 윤활제 역할을 해 변비를 막아준다.

(2) 화학적 조성에 따른 분류
① **단순 지질**
  ㉮ 유지류 : 글리세롤과 지방산이 결합된 단순지방으로 상온에서 액체는 유(油, oil), 고체는 지(脂, fat)라고 하며 제과·제빵에서 많이 사용하는 쇼트닝과 마가린이 대표적이다.
  ㉯ 왁스 : 알코올과 지방산의 결합체이다.
② **복합 지질** : 지방산과 글리세롤 이외에 다른 분자군을 함유한 지방
  ㉮ 인지질 : 중성지방에 인산이 결합된 상태
    ㉠ 레시틴 : 인체의 뇌, 신경, 간장에 존재하며 항산화제, 유화제로 쓰인다. 달걀노른자, 콩 등에 존재한다.
    ㉡ 세팔린 : 뇌, 혈액에 들어있고, 혈액응고에 관여한다.
  ㉯ 당지질 : 중성지방과 당류가 결합된 것으로 뇌, 신경조직 등의 구성 성분
  ㉰ 단백지질 : 중성지방과 단백질이 결합된 것
③ **유도 지질** : 중성 지방, 복합 지방을 가수분해할 때 유도되는 지방
  ㉮ 콜레스테롤
    ㉠ 신경조직, 뇌조직에 들어 있다.
    ㉡ 담즙산, 성호르몬, 부신피질 호르몬 등의 주성분이다
    ㉢ 다량 섭취할 경우 고혈압, 동맥경화의 원인이 된다.
    ㉣ 자외선에 의해 비타민 D_3로 전환된다.
  ㉯ 에르고스테롤 : 효모, 버섯에 많으며 자외선에 의해 비타민 D_2로 전환되므로 프로비타민 D라고도 한다.

(3) 포화도에 따른 분류
① **포화 지방산**
  ㉮ 탄소와 탄소 사이의 결합에 이중결합없이 이어진 지방산을 말한다.
  ㉯ 탄소수가 증가함에 따라 융점이 높아진다.
② **불포화 지방산**
  ㉮ 분자 내에 이중결합이 있는 지방산을 말한다.
  ㉯ 불포화도가 높을수록 융점이 낮아지며 올레산, 리놀레산, 리놀렌산 등이 있다.

(4) 지방 권장량 및 과잉 섭취 시 유발되기 쉬운 질병
① **권장량** : 1일 총 에너지 필요량의 20% 정도를 섭취하며 필수지방산은 2%의 섭취를 권장한다.
② **과잉 섭취 시 질병** : 비만, 동맥경화, 유방암, 대장암 등을 유발한다.

(5) 기름의 건조성

① **건조성과 요오드가**
　㉮ 기름의 건조성이란 유지가 공기 중에서 산소를 흡수하여 산화·중합·축합을 일으킴으로써 점차 점성이 증가하며 고형화하는 성질을 말한다.
　㉯ 그 강약은 유지류에 포함되는 이중결합의 수에 비례하며, 요오드값에 따라 분류할 수 있다.

② **요오드가에 따른 식물성 기름의 분류**
　㉮ 건성유(drying oil)
　　㉠ 식물유지 중에서 요오드값이 130 이상인 건조성이 강한 기름이다.
　　㉡ 아마인유, 들깨기름, 해바라기기름, 호두기름 등
　㉯ 반건성유(semi-drying oil)
　　㉠ 공기 속에 방치하면 서서히 산화하며 점성도 증가한다.
　　㉡ 요오드가 100~130의 것으로 채종유, 참기름, 면실유, 미강유, 옥수수기름 등
　㉰ 불건성유(non-drying oil)
　　㉠ 산소와 결합하기 어려워 공기 중에 방치하여도 굳어지지 않는 기름이다.
　　㉡ 요오드가 100 이하로 올리브유, 피마자기름, 땅콩기름 등

■ 프로비타민

프로비타민(비타민 **전구체**) : 체내에서 비타민으로 변할 수 있는 물질

■ 필수 지방산(비타민 F)
- 체내에서 합성되지 않아 음식물에서 섭취해야 하는 지방산이다.
- 성장을 촉진하고 피부건강을 유지시키며 혈액 내의 콜레스테롤 양을 저하시킨다.
- 식물성 기름에 많이 존재한다.
- 종류에는 리놀레산, 리놀렌산, 아라키돈산이 있다.

Lesson 04 단백질

(1) 단백질의 특성 및 기능

① 탄소(C), 수소(H), 산소(O), 질소(N) 등을 함유하는 유기화합물로 질소는 평균 16% 정도 함유하며 기본 구성단위는 아미노산으로 단백질은 수많은 아미노산의 펩티드 결합으로 이루어진 것이다.
② 소화흡수율은 92%로 1g당 4kcal의 에너지(열량)를 공급한다.
③ 체조직과 혈액 단백질, 효소, 호르몬, 신경전달물질, 글루타티온 등을 형성한다.
④ 체내 삼투압 조절로 체내 수분평형유지 및 체액의 pH를 유지한다.
⑤ 면역 작용에 관여한다.

(2) 단백질의 질소계수

① 질소는 단백질만 가지고 있는 원소로서, 단백질에 평균 16% 들어있다. 따라서 식품의 질소 함유량을 알면 질소계수인 6.25를 곱하여 그 식품의 단백질 함량을 산출할 수 있다. 단, 밀가루는 단백질 중 질소의 구성이 17.5%이기 때문에 질소계수가 5.7이다.

② 단백질의 양 = 질소의 양 $\times \dfrac{100}{16}$ (즉, 질소계수 6.25)

③ 질소의 양 = 단백질의 양 $\times \dfrac{16}{100}$

(3) 필수 아미노산

① 체내 합성이 불가능하여 반드시 음식물에서 섭취해야 한다.
② 성인에게는 이소류신, 류신, 리신, 메티오닌, 페닐알라닌, 트레오닌, 트립토판, 발린 등 8종류가 필요하다.
③ 어린이와 회복기 환자에게는 성인에게 필요한 8종류 외에 히스티딘을 합한 9종류가 필요하다.

(4) 단백질의 영양학적 분류

① **화학적 분류** : 단백질의 화학적 구성에 따라 분류
  ㉮ 단순 단백질
    ㉠ 아미노산만으로 구성된 단백질
    ㉡ 알부민(흰자, 근육), 글로불린, 글루텔린(밀), 프롤라민(보리, 밀, 옥수수) 등
  ㉯ 복합 단백질 : 단순 단백질에 다른 유기화합물이 결합된 것
    ㉠ 인단백질 : 단순 단백질과 인산이 결합 - 카제인(우유), 비텔린(난황)
    ㉡ 색소단백질 : 각종 금속, 유기색소가 결합 - 헤모글로빈(혈액), 미오글로빈(근육)
    ㉢ 당단백질 : 각종 탄수화물과 결합 - 오보뮤신(난백)
    ㉣ 리포단백질 : 각종 지질이 결합하여 형성 - 리포비텔린
  ㉰ 유도 단백질 : 천연 단백질이 열이나 다른 물리적 작용에 의해 부분적으로 분해되어 생긴 물질

② **영양학적 분류** : 단백질에 함유된 아미노산의 종류와 양에 따라 구분
  ㉮ 완전 단백질
    ㉠ 생명유지, 성장발육, 생식에 필요한 필수 아미노산을 고루 갖춘 단백질이다.
    ㉡ 카제인(우유), 미오신(육류), 오브알부민(달걀), 글리시닌(콩) 등
  ㉯ 부분적 완전 단백질
    ㉠ 생명유지는 할 수 있으나 성장발육은 하지 못하는 단백질이다.
    ㉡ 글리아딘(밀), 호르데인(보리), 오리제닌(쌀) 등
  ㉰ 불완전 단백질
    ㉠ 생명유지나 성장·발육 모두 할 수 없는 단백질이다.
    ㉡ 제인(옥수수), 젤라틴(육류) 등

(5) 단백질의 영양평가 방법

① **생물가**
  ㉮ 단백질의 체내 이용정도를 평가하는 방법으로 생물가가 높을수록 체내 이용률이 높다.
  ㉯ 생물가(%) = $\dfrac{\text{체내에 보유된 질소량}}{\text{체내에 흡수된 질소량}} \times 100$
  ㉰ 우유(90), 달걀(87), 돼지고기(79), 쇠고기(76), 생선, 대두(75), 밀가루(52)

② **단백가**
  ㉮ 필수아미노산 비율이 이상적인 표준 단백질을 가정하여 이를 100으로 잡고 다른 단백질의 영양가를 비교하는 방법으로 단백가가 클수록 영양가가 크다.
  ㉯ 단백가(%) = $\dfrac{\text{식품 중 제 1 제한 아미노산 함량}}{\text{표준단백질 중 아미노산 함량}} \times 100$
  ㉰ 달걀(100), 쇠고기(83), 우유(78), 대두(73), 쌀(72), 밀가루(47), 옥수수(42)

③ **단백질의 상호보충 작용**
  ㉮ 단백가가 낮은 식품이라도 부족한 필수아미노산(제한 아미노산)을 보충할 수 있는 식품과 함께 섭취하면 체내 이용률이 높아진다.
  ㉯ 쌀과 콩, 빵과 우유, 옥수수와 우유 등

> ■ **제한 아미노산**
> 식품에 함유되어 있는 필수 아미노산 중 이상형보다 적은 아미노산을 제한 아미노산이라고 한다. 제한 아미노산이 2종 이상일 때는 가장 적은 아미노산을 제1 제한 아미노산이라고 한다.

(6) 단백질의 권장량 및 결핍증

① **권장량** : 1일 단백질 섭취량은 에너지 총 권장량의 15~20%가 적당하며 체중 1kg당 1g이 요구된다.
② **결핍증** : 결핍 시 면역기능 저하, 부종, 성장저해, 허약 등이 나타난다.
③ **과잉증** : 체중증가, 요독증

Lesson 05 무기질

(1) 무기질의 기능 및 영양학적 특성

① 인체의 4~5%가 무기질로 구성되어 있다.
② 체내에서는 합성되지 않기 때문에 반드시 음식물로부터 공급되어야 한다.
③ pH와 삼투압의 조절에 관여하며, 체내 조직(뼈, 치아)의 성분이 된다.
④ 효소의 기능을 촉진하고, 대사작용에 관여한다.

(2) 무기질의 분류

① **다량 원소 무기질** : Ca(칼슘), P(인), Mg(마그네슘), Na(나트륨), S(황), 염소(Cl), 칼륨(K)
② **미량 원소 무기질** : Fe(철), I(요오드), Cu(구리), F(불소), Co(코발트), Zn(아연), Mn(망간)

(3) 무기질의 기능과 결핍증

종류	기능	결핍증	급원 식품
칼슘(Ca)	골격 구성, 근육의 수축 및 이완작용, 혈액응고작용	구루병, 골다공증, 골연화증	우유 및 유제품, 달걀, 뼈째 먹는 생선 ※옥살산(수산, oxalic acid)은 시금치에 많이 들어 있으며 칼슘의 흡수를 방해
인(P)	골격 구성, 세포의 구성요소	–	우유, 치즈, 육류, 콩류, 어패류, 난황 등
마그네슘(Mg)	신경자극전달, 근육의 수축이완작용, 체액의 알칼리 유지	–	곡류, 채소, 견과류
나트륨(Na)	체액의 삼투압과 수분조절	과잉 : 동맥경화증	소금, 육류, 우유
황(S)	세포단백질의 구성요소	–	달걀, 육류, 치즈, 우유, 견과류 등
철(Fe)	조혈작용	빈혈	간, 난황, 살코기, 녹색채소 등
염소(Cl)	위액의 주요 성분	소화 불량, 식욕부진	소금, 우유, 달걀, 육류 등
구리(Cu)	철의 흡수와 운반을 도움	악성 빈혈	해산물, 견과류, 콩류
요오드(I)	갑상선 호르몬 성분	갑상선종	다시마, 미역, 김, 어패류

(4) 산·알칼리의 평형

① **산성 식품** : S, P, Cl과 같은 산성을 띠는 무기질을 많이 포함한 식품으로 곡류, 육류, 어패류, 난황 등
② **알칼리성 식품** : Ca, K, Na, Mg, Fe 같은 알칼리성 무기질을 많이 포함한 식품으로 채소, 과일 등의 식물성 식품과 우유, 굴 등

Lesson 06 비타민

(1) 비타민의 기능

① 탄수화물, 지방, 단백질의 대사에 보조효소 역할을 한다.
② 신체기능을 조절한다.
③ 부족하면 영양장애가 일어난다.

(1) 비타민의 일반적 성질

구분	지용성 비타민	수용성 비타민
종류	비타민 A, D, E, K	비타민 B군, C 등
용매	기름과 유기용매에 용해된다.	물에 용해된다.
과잉 섭취 시	체내에 저장된다.	소변으로 배출된다.
전구체	전구체가 존재한다.	전구체가 없다.
결핍증세	서서히 나타난다.	신속하게 나타난다.
공급	매일 공급할 필요가 없다.	매일 공급해야 한다.

(1) 비타민과 급원식품

	종류	기능	결핍증	급원 식품
수용성	비타민 B_1 (thiamine)	당질대사에 중요, 식욕촉진	각기병, 식욕부진, 피로, 권태감, 신경통	쌀겨, 대두, 돼지고기, 난황, 간, 배아
	비타민 B_2 (riboflavin)	발육 촉진, 입안의 점막을 보호	구순구각염, 설염, 피부염, 발육장애	우유, 치즈, 간, 달걀, 살코기, 녹색채소
	나이아신 (niacin)	당질, 지질, 단백질의 산화과정을 촉매하는 보조효소의 구성성분	펠라그라병, 피부염	간, 육류, 콩, 효모, 생선
	비타민 B_6 (pyridoxin)	단백질 대사에 중요	피부염, 성장정지, 저혈색소성 빈혈	육류, 간, 배아, 곡류, 난황
	비타민 B_{12} (cobalamin)	적혈구 생성에 관여, 성장촉진	악성빈혈, 간 질환, 성장 정지	간, 내장, 난황, 살코기
	비타민 C (ascorbic acid)	세포의 산화 환원작용 조절, 세포의 저항력 증강(영양소 중 가장 불안정 하다)	괴혈병, 저항력 감소	시금치, 무청, 딸기, 감귤류
지용성	비타민 A (retinol)	발육을 촉진하며 저항력 증강, 시력에 관여	야맹증, 건조성 안염, 성장부진	간유, 버터, 김, 난황, 녹황색채소(시금치, 당근)
	비타민 D (calciferol)	칼슘과 인의 흡수력 증강 뼈의 성장에 관여	구루병, 골연화증, 골다공증	어유, 간유, 난황, 버터
	비타민 E (tocopherol)	항산화제, 근육위축방지	불임증, 근육위축증	식물성 기름, 난황, 우유
	비타민 K (phylloquinone)	혈액응고작용, 포도당의 연소에 관계	혈액응고 지연	간유, 난황, 녹색채소(양배추, 시금치)

Lesson 07 물(수분)

(1) 개요
수분은 체내에서 가장 기본이 되는 성분으로 체중의 2/3(55~65%)가 수분이다.

(1) 물의 기능
① 체내 대사과정의 촉매 작용
② 영양소와 노폐물을 운반
③ 모든 분비액의 성분
④ 체온조절 작용
⑤ 내장기관의 보호작용

CHAPTER 03 위생안전관리

Lesson 01 식품위생 관련 법규 및 규정

(1) 식품위생의 정의 및 목적

① **식품위생의 정의**
- ㉮ 세계보건기구(WHO)의 정의 : 식품위생이란 식품원료의 재배, 생산, 제조로부터 유통과정을 거쳐 최종적으로 사람에게 섭취되기까지의 모든 수단에 대한 위생을 말한다.
- ㉯ 우리나라 식품위생법에서의 정의 : 식품위생이란 식품, 첨가물, 기구 또는 용기·포장을 대상으로 하는 음식에 관한 위생을 말한다.

② **식품 위생의 목적**
- ㉮ 식품으로 인한 위생상의 위해를 방지한다.
- ㉯ 식품 영양의 질적 향상 도모한다.
- ㉰ 국민 보건의 증진에 기여한다.

③ **식품위생의 대상범위**
- ㉮ 식품, 식품 첨가물, 기구, 용기·포장을 대상범위로 한다.
- ㉯ 모든 음식물을 대상으로 하나 의약으로 섭취하는 것은 예외로 한다.

(2) HACCP, 제조물책임법 등의 개념 및 의의

① **용어의 정의**
- ㉮ 식품 및 축산물 안전관리인증기준(HACCP) : 식품(건강기능식품을 포함)·축산물의 원료 관리, 제조·가공·조리·선별·처리·포장·소분·보관·유통·판매의 모든 과정에서 위해한 물질이 식품 또는 축산물에 섞이거나 식품 또는 축산물이 오염되는 것을 방지하기 위하여 각 과정의 위해요소를 확인·평가하여 중점적으로 관리하는 기준을 말한다.
- ㉯ 위해요소(Hazard) : 인체의 건강을 해할 우려가 있는 생물학적, 화학적 또는 물리적 인자나 조건을 말한다.
- ㉰ 위해요소분석(Hazard Analysis) : 식품·축산물 안전에 영향을 줄 수 있는 위해요소와 이를 유발할 수 있는 조건이 존재하는지 여부를 판별하기 위하여 필요한 정보를 수집하고 평가하는 일련의 과정을 말한다.
- ㉱ 중요관리점(Critical Control Point, CCP) : 안전관리인증기준(HACCP)을 적용하여 식품·축산물의 위해요소를 예방·제어하거나 허용 수준 이하로 감소시켜 당해 식품·축산물의 안전성

을 확보할 수 있는 중요한 단계·과정 또는 공정을 말한다.
- ㉮ 한계기준(Critical Limit) : 중요관리점에서의 위해요소 관리가 허용범위 이내로 충분히 이루어지고 있는지 여부를 판단할 수 있는 기준이나 기준치를 말한다.
- ㉯ 모니터링(Monitoring) : 중요관리점에 설정된 한계기준을 적절히 관리하고 있는지 여부를 확인하기 위하여 수행하는 일련의 계획된 관찰이나 측정하는 행위 등을 말한다.
- ㉰ 개선조치(Corrective Action) : 모니터링 결과 중요관리점의 한계기준을 이탈할 경우에 취하는 일련의 조치를 말한다.
- ㉱ 선행요건(Pre-requisite Program) : 안전관리인증기준(HACCP)을 적용하기 위한 위생관리프로그램을 말한다.
- ㉲ 안전관리인증기준 관리계획(HACCP Plan) : 식품·축산물의 원료 구입에서부터 최종 판매에 이르는 전 과정에서 위해가 발생할 우려가 있는 요소를 사전에 확인하여 허용 수준 이하로 감소시키거나 제어 또는 예방할 목적으로 안전관리인증기준(HACCP)에 따라 작성한 제조·가공·조리·선별·처리·포장·소분·보관·유통·판매 공정 관리문서나 도표 또는 계획을 말한다.
- ㉳ 검증(Verification) : 안전관리인증기준 관리계획의 유효성과 실행 여부를 정기적으로 평가하는 일련의 활동(적용 방법과 절차, 확인 및 기타 평가 등을 수행하는 행위를 포함)을 말한다.

② HACCP 제도의 필요성
- ㉮ 최근 세계적으로 대규모화되고 있는 식중독 사고 발생에 대한 위해미생물과 화학물질 등의 제어에 대한 중요성 대두
- ㉯ 새로운 위해미생물의 출현
- ㉰ 환경오염에 의한 원료의 이화학적·미생물학적 오염 증대
- ㉱ 새로운 기술에 의해 제조되는 식품의 안전성 미확보
- ㉲ 국제화에 대응한 식품의 안전대책 강화요구(규제기준 조화)
- ㉳ 규제완화에 의한 사후관리 강화
- ㉴ 정부의 효율적 식품위생 감시 및 자율관리체제 구축에 의한 안전식품 공급
- ㉵ 식품의 회수제도, 제조물배상제도 등 소비자 보호정책에 적극적인 대처
- ㉶ 제조공정에서 위해예방과 관련되는 중요 관리점을 실시간 감시하는 시스템으로 발전

③ HACCP의 도입 효과
- ㉮ 안전한 식품을 생산하기 위해 논리적이고 명확하며 체계적인 과학성을 바탕으로 제품을 생산함으로써 식품의 안전성에 높은 신뢰성을 줄 수 있다.
- ㉯ 위해를 사전에 예방할 수 있다.
- ㉰ 문제의 근본원인을 정확하고 신속하게 밝힘으로써 책임소재를 분명히 할 수 있다.
- ㉱ 원료에서 제조, 가공 등의 식품공정별로 모두 적용되므로 종합인 위생대책 시스템이다.
- ㉲ 일단 설정된 이후에도 계속 수정, 보완이 가능하므로 안전하고 더 좋은 품질의 식품개발에도 이용할 수 있다.

④ HACCP 적용 순서

위해요소 분석(HA) → 중요관리점(CCP) 결정 → 한계기준 설정 → 모니터링 체계 확립 → 개선조치 방법 수립 → 검증 절차 및 방법 수립 → 문서화 및 기록 유지

⑤ 제조물 책임법
  ㉮ 제조물 책임법의 정의 : 제품의 결함으로 소비자가 신체 또는 재산상의 피해를 입은 경우, 사업자의 과실 여부를 묻지 않고 소비자의 피해에 대하여 손해배상 책임을 인정하는 것으로 사후 구제 제도이다.
  ㉯ 제조물 책임법의 목적 : 제조물의 결함으로 발생한 손해에 대한 제조업자 등의 손해배상책임을 규정함으로써 피해자 보호를 도모하고 국민 생활의 안전 향상과 국민경제의 건전한 발전에 이바지함을 목적으로 한다.
  ㉰ 제조물 책임법의 특징 : 이미 발생한 소비자 피해에 대하여 제작자가 직접 보상해 주는 사후 보상제도이다.

(3) 식품첨가물

① **식품첨가물의 정의** : 식품을 제조·가공 또는 보존함에 있어 식품에 첨가, 혼합, 침윤 등의 방법으로 사용되는 물질이다.
② **식품첨가물의 사용목적**
  ㉮ 보존성과 기호성의 향상   ㉯ 품질개량
  ㉰ 영양적 가치 증진   ㉱ 품질의 가치 증진
③ **식품첨가물의 조건**
  ㉮ 사용방법이 간편해야 한다.
  ㉯ 미량으로 효과가 있어야 한다.
  ㉰ 독성이 없거나 적어야 한다.
  ㉱ 이화학적 변화에 안정해야 한다.
  ㉲ 가격이 저렴해야 한다.
④ **식품첨가물의 종류 및 용도**
  ㉮ 방부제(보존료)
    ㉠ 용도 : 식품의 변질 및 부패를 방지하고 신선도를 유지하기 위해 사용된다.
    ㉡ 종류 : 프로피온산 칼슘(빵류), 프로피온산 나트륨(빵류, 과자류), 안식향산(간장, 청량음료), 소르브산(어육 연제품, 식육제품, 된장, 고추장)
  ㉯ 살균제
    ㉠ 용도 : 병원균 사멸을 위해 사용한다.
    ㉡ 종류 : 표백분, 차아염소산나트륨

> ■ **식품첨가물 관련 용어**
> • LD50(50% lethal dose) : 일정 조건 하에서 검체를 한 번 투여하여 반수의 동물이 죽는 양, 즉 반수치사량으로 LD50의 값이 작다 는 것은 독성이 높다는 것을 의미한다.
> • ADI(acceptable daily intake) : 사람이 일생 동안 섭취하였을 때 현시점에서 알려진 사실에 근거하여 바람직하지 않은 영향이 나타나지 않을 것으로 예상되는 화학물질의 1일 섭취량

㉮ 항산화제
  ㉠ 용도 : 유지의 산화에 의한 변질현상을 방지한다.
  ㉡ 종류 : BHT, BHA, 비타민 E(토코페롤), 프로필갈레이트, EDTA
㉯ 표백제
  ㉠ 용도 : 식품 본래의 색을 없애거나 퇴색, 변색된 식품을 무색 또는 백색으로 만들기 위하여 사용한다.
  ㉡ 종류 : 과산화수소, 차아황산나트륨, 아황산나트륨
㉰ 밀가루 개량제
  ㉠ 용도 : 제분된 밀가루의 표백과 숙성기간을 단축하기 위한 목적으로 사용된다.
  ㉡ 종류 : 브롬산칼륨, 아조디카본아마이드, 과산화벤조일, 이산화염소, 염소, 과황산암모늄
㉱ 호료(증점제)
  ㉠ 용도 : 식품의 점착성 증가, 유화 안정성, 선도 유지, 형체 보존에 도움을 주며, 촉감을 좋게 하기 위하여 식품에 첨가한다.
  ㉡ 종류 : 카제인, 젤라틴, 메틸셀룰로오스, 알긴산나트륨
㉲ 착색료
  ㉠ 용도 : 인공적으로 착색시켜 천연색을 보완, 미화하여 식품의 매력을 높여 소비자의 기호를 끌기 위하여 사용되는 물질이다.
  ㉡ 종류 : 캐러멜, β-카로틴
㉳ 강화제
  ㉠ 용도 : 식품에 영양소를 강화할 목적으로 사용한다.
  ㉡ 종류 : 비타민류, 무기염류, 아미노산류
㉴ 유화제(계면 활성제)
  ㉠ 용도 : 서로 혼합되지 않는 두 종류의 액체를 유화시키기 위해 사용하며, 빵 반죽에 더하면 반죽의 기계 내성이 향상되고 빵의 부피가 커지며 쉽게 노화하지 않는다.
  ㉡ 종류 : 대두 인지질, 글리세린, 레시틴, 모노-디글리세라이드
㉵ 소포제
  ㉠ 용도 : 식품 제조공정 중 생긴 거품을 없애기 위해 첨가한다.
  ㉡ 종류 : 실리콘수지
㉶ 이형제
  ㉠ 용도 : 제과·제빵에서 제품을 틀에서 쉽게 분리하기 위하여 틀에 바른다.
  ㉡ 종류 : 유동 파라핀
㉮ 용제
  ㉠ 용도 : 착색료, 착향료, 보존료 등을 식품에 첨가할 경우 잘 녹지 않으므로 용해시켜 식품에 균일하게 흡착시키기 위하여 사용하는 물질이다.
  ㉡ 종류 : 글리세린, 프로필렌글리콜
㉯ 감미료
  ㉠ 용도 : 식품에 단맛을 부여하기 위하여 사용되는 첨가물이다.
  ㉡ 종류 : 사카린나트륨, D-솔비톨, 아스파탐, 스테비오사이드 등

Lesson 02 개인위생관리

(1) 개인위생관리

① **위생관리 기준**

㉮ 위생관리의 필요성
  ㉠ 식중독 위생사고 예방
  ㉡ 식품위생법 및 행정처분 강화
  ㉢ 상품의 가치가 상승함(안전한 먹거리)
  ㉣ 점포의 이미지 개선(청결한 이미지)
  ㉤ 고객 만족(매출 증진)
  ㉥ 대외적 브랜드 이미지 관리

㉯ 식품 취급 시의 위생관리
  ㉠ 식품은 항상 청결하고 위생적으로 취급하여 병원미생물, 먼지, 유해물질 등에 의하여 오염되지 않도록 하여야 한다.
  ㉡ 식품종사자의 손에 의하여 식품이 오염 또는 부주의로 병원균을 식품에 부착시키거나, 유독물질을 혼입시키는 일이 없도록 최선의 주의를 기울여야 한다.
  ㉢ 조리된 식품은 조리 후 사람의 손, 파리, 바퀴, 쥐, 먼지 등에 의하여 오염되는 일이 없도록 적절히 보관하여야 한다.
  ㉣ 살충제, 살균제, 기타 유독약품류는 보관을 철저히 하여 식품첨가물로 오용하는 일이 없도록 주의하여야 한다.

㉰ 개인 위생관리 방법
  ㉠ 작업자는 음식조리 및 기타 관련 업무 수행을 위해 질병이 있어서는 안 된다. 감염성 질환을 보유하고 있는 작업자와 보균자 및 노출 부위에 염증 및 피부질환을 앓고 있는 작업자는 모든 제조공정에 투입되어서는 안 된다.
  ㉡ 작업자는 정기적인 진단 이외에도 수시로 감염병 예방접종을 받아야 하고 작업 중 발생하는 건강 이상에 대해서는 즉시 진료를 받아야 한다.
  ㉢ 작업자는 주기적으로 위생교육을 받아야 하며 교육에 대한 효과를 확인받아야 한다.
  ㉣ 식품에 혼입될 가능성이 있는 반지, 목걸이, 귀걸이 등의 장신구는 착용을 금지한다.
  ㉤ 머리, 손톱 등의 용모는 단정해야 하며 항상 청결을 유지한다.
  ㉥ 작업장 내에는 지갑, 핸드백 등 개인 휴대품을 반입해서는 안 된다.
  ㉦ 작업 전에 규정된 위생복, 위생모, 위생화, 위생장갑 및 위생마스크를 착용한다.
  ㉧ 위생모 착용 시에는 머리가 외부로 노출이 되어서는 안 된다.
  ㉨ 상의 착용 시에는 소매 끝이 외부로 노출되지 않도록 한다.
  ㉩ 위생장갑 착용 시에는 소매 끝에서 피부가 노출되어서는 안 된다.

㉱ 복장 위생관리
  ㉠ 작업장 내에서 근무하는 모든 종업원은 위생모를 착용한다. 위생모는 외부에 모발이 노출되지 않도록 정확히 착용한다.

ⓒ 작업 시에는 항상 청결한 위생복을 착용한다.
　　ⓓ 앞치마는 작업에 따라 색상을 달리하거나 구분하여 사용한다.
　　ⓔ 작업장 종사자는 시계, 반지, 목걸이, 귀걸이, 팔찌 등 장신구를 착용해서는 안 되며, 손톱은 짧게 깎고 청결을 유지해야 한다.
　　ⓕ 손톱에 매니큐어나 광택제를 칠해서는 안 되며, 인조손톱을 부착해서는 안 된다.
　　ⓖ 종업원은 작업장 내에서 전용 위생화(작업화)를 신는다.
　　ⓗ 외부 출입 시에는 반드시 소독발판에 작업화를 소독하고 들어온다.
　　ⓘ 종업원 손이 직접 음식이나 식재료에 접촉되지 않도록 장갑을 위생장갑을 착용한다. 위생장갑은 용도에 전처리용, 조리용, 설거지용, 청소용 등으로 용도에 따라 색상별로 구분 관리할 수 있다.

② 식품위생에 관련된 질병
　㉮ 영업에 종사하지 못하는 질병의 종류
　　ⓐ 콜레라, 장티푸스, 파라티푸스, 세균성이질, 장출혈성대장균감염증, A형간염 감염환자 및 감염성 결핵환자(비감염성 결핵인 경우는 제외)
　　ⓑ 피부병 또는 그 밖의 화농성질환
　　ⓒ 후천성면역결핍증 : 성병에 관한 건강진단을 받아야 하는 영업에 종사하는 자에 한함
　㉯ 건강진단
　　ⓐ 대상자 : 식품 또는 식품첨가물(화학적 합성품 또는 기구등의 살균·소독제는 제외)을 채취·제조·가공·조리·저장·운반 또는 판매하는 일에 직접 종사하는 영업자 및 종업원. 다만, 완전포장된 식품 또는 식품첨가물을 운반하거나 판매하는 일에 종사하는 사람은 제외
　　ⓑ 받아야 하는 시기 : 영업 시작 전 또는 영업에 종사하기 전
　　ⓒ 기타 사항
　　　• 건강진단을 받은 결과 타인에게 위해를 끼칠 우려가 있는 질병이 있다고 인정된 자는 그 영업에 종사하지 못한다.
　　　• 영업자는 건강진단을 받지 아니한 자나 건강진단 결과 타인에게 위해를 끼칠 우려가 있는 질병이 있는 자를 그 영업에 종사시키지 못한다.

(2) 식중독의 개요 및 대책

① 식중독의 개요
　㉮ 세균성 식중독
　　ⓐ 감염형 : 식품과 함께 식품 중에 증식한 세균을 먹고 발병하는 식중독
　　ⓑ 독소형 : 원인균의 증식과정에서 생성된 독소를 먹어서 발병하는 식중독
　㉯ 화학성 식중독
　　ⓐ 유해첨가물 : 유독성 화학물질을 함유한 식품을 섭취함으로써 일어나는 식중독
　　ⓑ 중금속 : 납, 아연, 카드뮴 등의 중금속에 의한 식중독 및 만성중독
　㉰ 자연독에 의한 식중독
　　ⓐ 유독성 물질이 함유되어 있는 식품을 섭취함으로써 발병하는 식중독
　　ⓑ 식물성 식중독

② 세균성 식중독과 경구 감염병의 비교

특징	세균성 식중독	경구 감염병
필요한 균수	대량의 균에 의해서 발병	소량의 균이라도 발병
감염	원인식품에 의해서만 감염. 2차 감염이 없다.	원인병원균에 의해 오염된 물질에 의한 2차 감염이다.
잠복기	경구 감염병에 비해 짧다.	일반적으로 길다.
면역	면역성이 없다.	면역이 성립되는 것이 많다.

③ 식중독 발생시의 대책
  ㉮ 식중독이 의심되면 즉시 진단을 받는다.
  ㉯ 의사는 환자의 식중독이 확인되는 대로 행정기관(관할 보건소장)에 보고한다.
  ㉰ 행정기관은 상부 행정기관에 보고하며 원인식품을 수거하여 검사기관에 보낸다.
  ㉱ 원인식품과 감염 경로를 파악하여 국민에게 주지시킨다.
  ㉲ 예방대책을 수립한다.

(3) 식중독의 종류, 특성 및 예방방법

① 세균성 식중독
  ㉮ 감염형 식중독
    ㉠ 살모넬라(Salmonella)균에 의한 식중독
      • 원인균 : 살모넬라균
      • 원인식품 : 육류 및 가공품, 어패류 및 그 가공품, 우유 및 유제품, 알류 등
      • 감염경로 : 쥐, 파리, 바퀴벌레 등 곤충류에 의해 전파
      • 생육 최적온도 : 37℃이며 60℃에서 20분에 사멸한다.
      • 증상 : 구토, 급성위장염, 설사 등
    ㉡ 장염 비브리오(Vibrio)균에 의한 식중독
      • 원인균 : 호염성 비브리오균으로 3~4% 염분농도에서 증식한다.
      • 원인식품 : 생선회, 어패류의 생식
      • 증상 : 점액혈변, 복통, 발열 등 급성 위장염 증상
    ㉢ 병원성 대장균에 의한 식중독
      • 원인균 : 병원성 대장균
      • 원인식품 : 병원성 대장균에 오염된 식품, 우유, 치즈, 햄, 야채류 등
      • 분변오염의 지표 : 환자와 보균자의 분변이나 분변에 오염된 식품을 통해 감염, 분변오염의 지표가 된다.
      • 증상 : 설사, 식욕부진, 구토, 복통, 두통, 치사율 거의 없음
  ㉯ 독소형 식중독
    ㉠ 포도상구균에 의한 식중독
      • 원인균 : 사람이나 동물의 화농성 질환의 대표적인 균으로 황색포도상구균

- 원인독소 : 장독소인 엔테로톡신(enterotoxin)으로 내열성이 있어 열에 쉽게 파괴되지 않는다.
- 특징 : 잠복기가 가장 짧다(평균 3시간).
- 원인식품 : 우유 및 유제품
- 증상 : 구토, 복통, 설사증상이 나타난다.

ⓒ 보툴리누스균에 의한 식중독
- 원인균 : 보툴리누스균
- 원인독소 : 아포는 열에 강하고 독소인 뉴로톡신(neurotoxin)은 열에 약해 80℃에서 30분이면 파괴
- 특징 : 식중독 중 치사율이 가장 높다.
- 원인식품 : 완전 가열살균 되지 않은 병조림, 통조림, 소시지, 훈제품 등
- 증상 : 신경마비, 시력장애, 동공확대 등

ⓒ 클로스트리디움 퍼프린젠스(웰치균)에 의한 식중독
- 원인균 : 웰치균(클로스트리디움 퍼프린젠스)
- 원인독소 : 엔테로톡신(enterotoxin)
- 원인식품 : 육류 및 가공품, 어패류 및 가공품 등
- 증상 : 심한 설사, 복통

② **자연독에 의한 식중독**
㉮ 식물성 식중독
ⓐ 감자 : 솔라닌(solanine), 감자 발아 부위와 녹색 부위에 존재
ⓑ 독버섯 : 무스카린(muscarine), 무스카리딘, 팔린, 아미니타톡신, 필지오린, 뉴린 등
ⓒ 면실유 : 고시폴(gossypol), 면실유가 불완전 정제되었을 때
ⓓ 청매, 은행, 살구씨 : 아미그달린(amygdalin)

㉯ 동물성 식중독
ⓐ 복어
- 독소 : 테트로도톡신(tetrodotoxin)
- 부위 : 복어의 장기와 특히 산란 직전의 난소, 고환
- 증상 : 지각 이상, 호흡장애
ⓑ 섭조개, 대합
- 독소 : 삭시톡신(saxitoxin)
- 증상 : 복통, 위장장애, 호흡곤란
ⓒ 모시조개, 굴, 바지락
- 독소 : 베네루핀(venerupin)
- 증상 : 전신권태, 구토, 복통 등

㉰ 곰팡이 독(mycotoxin)
ⓐ 정의 : 곰팡이의 대사산물로 사람이나 동물에 어떤 질병이나 이상 생리작용을 유발하는 물질

ⓒ 종류
　　　　• 아플라톡신 : 곰팡이가 재래식 된장, 탄수화물이 풍부한 농산물, 쌀·보리 등의 곡류와 땅콩에 침입하여 독소를 생성하여 간장독을 유발
　　　　• 맥각 중독 : 맥각균이 보리·밀·호밀에 기생, 에르고톡신, 에르고타민 등의 독소생성
　　　　• 황변미 중독 : 페니실리움(penicillium)속 푸른곰팡이가 원인
　　㉣ 알레르기성(부패성) 식중독
　　　　㉠ 정의 : 세균증식이나 세균독소의 원인이 아니라 세균오염에 의한 부패산물이 원인으로 일어나는 식중독으로 그 증상이 알러지(allergy) 상태인 때를 말한다.
　　　　ⓒ 원인 : 부패산물인 히스타민(histamine)에 의한 것
　　　　ⓒ 원인식품 : 꽁치, 고등어, 참치 등 붉은색 어류나 그 가공품
　　　　㉣ 증상 : 전신에 홍조와 두드러기

③ **화학성 식중독**
　㉮ 금지된 식품첨가물에 의한 식중독
　　㉠ 방부제 : 붕산, 포름알데히드(포르말린), 불소화합물, 페놀, 승홍 등
　　ⓒ 착색료 : 아우라민, 로다민 B
　　ⓒ 표백제 : 롱가리트, 형광표백제, 삼염화질소 등
　　㉣ 감미료 : 시클라메이트, 둘신, 페릴라틴, 에틸렌글리콜 등
　　㉤ 메틸알코올(메탄올) : 주류 대용으로 사용. 중독 시 증상은 복통, 두통, 실명, 사망 등
　㉯ 유해금속에 의한 식중독
　　㉠ 납(Pb)
　　　• 도료, 안료, 농약, 수도관의 납관 등에서 오염
　　　• 구토, 복통, 빈혈, 피로, 소화기 장애
　　ⓒ 수은(Hg)
　　　• 미나마타병의 원인 물질이며 유기 수은에 오염된 해산물 섭취로 발생
　　　• 구토, 복통, 설사, 위장 장해, 전신 경련
　　ⓒ 카드뮴(Cd)
　　　• 이따이이따이병의 원인 물질이며 도금, 플라스틱 안정제로 쓰이는 카드뮴 공장폐수에 오염된 음료수, 오염된 농작물을 식용해서 발병
　　　• 신장장애, 골연화증
　　㉣ 주석(Sn)
　　　• 통조림관 내면의 도금재료로 이용되는 주석에 의해 발생
　　　• 구토, 설사, 복통, 권태감 등
　　㉤ 비소(As)
　　　• 농약 및 불순물로 식품에 혼입되는 경우가 많다.
　　　• 구토, 위통, 경련 등을 일으키는 급성 중독과 피부발진, 간 종창, 탈모 등을 일으키는 만성 중독
　　㉥ 아연(Zn)
　　　• 기구의 합금, 도금 재료로 쓰이며, 산성 식품에 의해 아연염으로 바뀜

- 복통, 구토, 설사, 경련 등
ⓢ 구리(Cu)
- 기구, 식기 등에 생긴 녹청에 의한 식중독이 대부분이다.
- 구토, 설사, 위통, 신장 등의 장해

(3) 감염병의 종류, 특징 및 예방방법

① **감염병 발생의 3대 요소**
㉮ 감염원 : 환자, 보균자, 병원체 보유동물
㉯ 감염 경로
㉰ 숙주의 감수성(면역성)

② **법정 감염병**
㉮ 제1급 감염병
  ㉠ 정의 : 생물테러감염병 또는 치명률이 높거나 집단 발생의 우려가 커서 발생 또는 유행 즉시 신고하여야 하고, 음압격리와 같은 높은 수준의 격리가 필요한 감염병
  ㉡ 종류 : 에볼라바이러스병, 마버그열, 라싸열, 크리미안콩고출혈열, 남아메리카출혈열, 리프트밸리열, 두창, 페스트, 탄저, 보툴리눔독소증, 야토병, 신종감염병증후군, 중증급성호흡기증후군(SARS), 중동호흡기증후군(MERS), 동물인플루엔자 인체감염증, 신종인플루엔자, 디프테리아

㉯ 제2급 감염병
  ㉠ 정의 : 전파가능성을 고려하여 발생 또는 유행 시 24시간 이내에 신고하여야 하고, 격리가 필요한 감염병
  ㉡ 종류 : 결핵, 수두, 홍역, 콜레라, 장티푸스, 파라티푸스, 세균성이질, 장출혈성대장균감염증, A형간염, 백일해, 유행성이하선염, 풍진, 폴리오, 수막구균 감염증, b형헤모필루스인플루엔자, 폐렴구균 감염증, 한센병, 성홍열, 반코마이신내성황색포도알균(VRSA) 감염증, 카바페넴내성장내세균속균종(CRE) 감염증, E형간염

㉰ 제3급 감염병
  ㉠ 정의 : 그 발생을 계속 감시할 필요가 있어 발생 또는 유행 시 24시간 이내에 신고하여야 하는 감염병
  ㉡ 종류 : 파상풍, B형간염, 일본뇌염, C형간염, 말라리아, 레지오넬라증, 비브리오패혈증, 발진티푸스, 발진열, 쯔쯔가무시증, 렙토스피라증, 브루셀라증, 공수병, 신증후군출혈열, 후천성면역결핍증(AIDS), 크로이츠펠트-야콥병(CJD) 및 변종크로이츠펠트-야콥병(vCJD), 황열, 뎅기열, 큐열(Q열), 웨스트나일열, 라임병, 진드기매개뇌염, 유비저, 치쿤구니야열, 중증열성혈소판감소증후군(SFTS), 지카바이러스 감염증, 매독

> **보균자**
> 병의 증상은 나타나지 않지만 몸 안에 병원균을 가지고 있어 평상시에 또는 때때로 병원체를 배출하고 있는 사람을 말한다.

㉑ 제4급 감염병
  ㉠ 정의 : 제1급 감염병부터 제3급 감염병까지의 감염병 외에 유행 여부를 조사하기 위하여 표본감시 활동이 필요한 감염병
  ㉡ 종류 : 인플루엔자, 회충증, 편충증, 요충증, 간흡충증, 폐흡충증, 장흡충증, 수족구병, 임질, 클라미디아감염증, 연성하감, 성기단순포진, 첨규콘딜롬, 반코마이신내성장알균(VRE) 감염증, 메티실린내성황색포도알균(MRSA) 감염증, 다제내성녹농균(MRPA) 감염증, 다제내성아시네토박터바우마니균(MRAB) 감염증, 장관감염증, 급성호흡기감염증, 해외유입기생충감염증, 엔테로바이러스감염증, 사람유두종바이러스 감염증

③ 경구 감염병(소화기계 감염병)
  ㉮ 병원체가 입을 통하여 침입하여 감염을 일으키는 소화기계통 감염병을 말한다.
  ㉯ 적은 양으로 감염이 잘 되며 2차 감염이 되는 경우가 많다.
  ㉰ 경구 감염병의 구분
    ㉠ 세균성 경구 감염병
      • 장티푸스 : 파리가 매개체이며 우리나라에서 가장 많이 발생하는 급성 감염병으로 잠복기가 비교적 길며 40℃ 이상의 고열이 2주간 계속된다.
      • 세균성 이질 : 비위생적 시설에서 많이 발생하며 기후와 밀접한 관계가 있다. 감염의 대부분은 환자와 보균자의 직접 접촉에 의한 것이 많다.
      • 파라티푸스 : 감염 매개체, 증상이 장티푸스와 비슷하다.
      • 콜레라 : 감염병 중 잠복기가 가장 짧다(수 시간~5일 정도).
    ㉡ 바이러스성 경구 감염병
      • 소아마비(급성회백수염 또는 폴리오) : 급성회백수염 바이러스에 의하여 감염된다.
      • 유행성 간염 : 간염 바이러스에 의하여 감염, 잠복기가 가장 길다(25일 정도).
      • 천열, 전염성 설사

④ 인수공통감염병
  ㉮ 정의 : 감염병 가운데 사람과 사람 이외의 동물 사이에서 동일한 병원체에 의해서 발생하는 질병이나 감염상태를 말한다.
  ㉯ 인수공통감염병의 종류
    ㉠ 탄저병 : 소, 말, 산양 등의 가축에 급성패혈증을 일으킨다.
    ㉡ 브루셀라증(파상열) : 그람(Gram)음성 단간균인 브루셀라균에 의해 동물에 유산을 일으킨다.
    ㉢ 야토병 : 산토끼나 설치류 사이에 유행하는 감염병으로 오한과 발열, 장티푸스와 같은 열성증상을 일으킨다.
    ㉣ 결핵 : 병에 걸린 소의 유즙이나 유제품을 거쳐 사람에게 경구적으로 감염된다.
    ㉤ Q열 : 증상이 비교적 뚜렷하지 않으나 발열과 함께 호흡기 증상이 나타난다.
    ㉥ 광견병 : 개를 통해 감염된다.
    ㉦ 돈단독 : 주로 돼지에 의하며 급성패혈증과 만성병변이 특징이다.

Lesson 03 환경위생관리

(1) 작업환경 위생관리

① **작업장**
  ㉮ 독립된 건물, 식품취급 외의 용도로 사용되는 시설과 분리
  ㉯ 오염물질 차단
  ㉰ 밀폐가능 구조
  ㉱ 청결구역과 일반구역으로 분리, 제품의 특성, 공정에 따라 분리, 구획, 구분
  ㉲ 매장과 주방의 크기는 1:1이 이상적

② **건물 바닥, 벽, 천장**
  ㉮ 바닥, 벽, 천장, 출입문, 창문 : 내수성, 내열성, 내약품성, 항균성, 내부식성 등의 재질
  ㉯ 바닥 : 파여 있거나 갈라진 틈이 없고 마른 상태 유지

③ **배수 및 배관**
  ㉮ 배수가 잘 되어야 하고 배수에 퇴적물 쌓이지 않고 역류가 되지 않도록 관리
  ㉯ 공장 배수관의 최소 내경은 10cm 정도가 좋음

④ **출입구** : 출입구에 구역별 복장 착용방법, 개인위생관리를 위한 세척, 건조, 소독 설비 구비, 작업자는 오염가능성 물질을 제거 후 작업

⑤ **통로** : 통로에 물품 등 적재금지, 다른 용도 이용금지, 이동 경로 표시

⑥ **창** : 유리 파손 시 비산되지 않도록 조치

⑦ **채광 및 조명**
  ㉮ 자연채광 및 인공조명장치를 이용 밝기 220룩스 이상, 선별 및 검사 구역은 540룩스 이상 유지
  ㉯ 채광 및 조명시설은 내부식성 재질 사용, 파손이나 이물 낙하 등의 오염을 방지하기 위한 보호장치

⑧ **화장실, 탈의실 등**
  ㉮ 화장실, 탈의실은 환기시설, 화장실 벽, 바닥, 천장, 문 : 내수성, 내부식성 재질 사용
  ㉯ 화장실 출입구에는 세척, 건조, 소독 설비 구비
  ㉰ 탈의실은 외출, 위생복장 간의 교차오염방지 : 분리, 구분 보관

⑨ **동선 계획 및 공정간 오염방지**
  ㉮ 물류 및 종업원의 이동 동선 설정, 준수
  ㉯ 모든 단계에서 혼입될 수 있는 이물에 대한 관리계획 수립, 준수, 관리
  ㉰ 청결, 일반구역별 출입, 복장, 세척 소독 기준 등의 위생 수칙 설정, 관리

⑩ **온도·습도 관리** : 공정별로 온도관리계획 수립 - 온도계 설치 관리, 필요에 따라 습도관리 계획 수립 운영

⑪ **환기시설 관리** : 악취나 이취, 유해가스, 매연, 증기 등을 배출할 수 있는 환기시설 설치

⑫ 방충·방서 관리
  ㉮ 흡·배기구 등에 여과망, 방충망 등 부착 : 관리계획에 따라 청소, 세척, 교체
  ㉯ 해충, 설치류 등의 유입, 번식 방지 관리, 유입 여부 확인
  ㉰ 해충, 설치류 등의 구제 : 적절한 보호조치 후 실시, 오염물질 제거
⑬ 세척 또는 소독관리
  ㉮ 기계·설비, 기구·용기 등 세척하거나 소독할 수 있는 시설이나 장비 구비
  ㉯ 올바른 손세척 방법 등에 대한 지침이나 기준을 게시

(2) 소독제

① 정의
  ㉮ 소독
    ㉠ 물리·화학적인 방법으로 병원균만을 사멸시키는 것으로 미생물을 죽이거나 병원성 미생물의 병원성을 약화시켜 감염을 없애는 것이다.
    ㉡ 소독제의 구비 조건
      • 살균력이 있어야 한다.
      • 냄새가 나지 않아야 한다.
      • 침투력이 크며 사용법이 간단해야 한다.
      • 경제적이며 안정성이 있어야 한다.
  ㉯ 살균
    ㉠ 미생물에 물리·화학적 자극을 주어 이를 단시간 내에 사멸시키는 것이다.
    ㉡ 병원성 미생물 뿐 아니라 모든 미생물을 사멸시켜 완전한 무균상태가 되게 한다.
  ㉰ 방부
    ㉠ 미생물 번식으로 인한 식품의 부패를 방지하는 방법이다.
    ㉡ 미생물의 증식을 정지시킨다.

② 소독 및 살균법
  ㉮ 물리적 방법
    ㉠ 가열살균법
      • 저온장시간살균법(LTLT, pasteurization) : 62~65℃에서 30분간 살균하는 방법으로 우유의 살균에 주로 이용
      • 고온단시간살균법(HTST, high temperature short time method) : 70~72℃에서 15초간 살균하는 방법으로 통조림 등의 살균에 이용
      • 초고온순간살균법(UHTH, ultra high temperature heating method) : 132℃에서 2초간 살균하는 방법
    ㉡ 자외선 살균법 : 일광 또는 자외선 살균 등을 이용하여 살균하는 방법
    ㉢ 방사선 살균법 : 식품에 코발트 60(^{60}Co)등의 방사선을 조사하여 균을 죽이는 방법
    ㉣ 세균 여과법 : 도자기, 규조토, 석면 등 세균여과기로 세균을 걸러내는 방법

ⓜ 열탕소독법(자비멸균법) : 끓는 물에 넣어 10~30분간 가열하는 방법으로 식기, 행주 등에 이용

　ⓝ 화학적 방법
　　㉠ 염소(Cl_2) : 음료수 소독에 사용된다.
　　㉡ 차아염소산나트륨(NaClO) : 채소, 과일, 가열이 부적당한 기구, 설비소독에 이용된다.
　　㉢ 석탄산(페놀)용액
　　　• 3~5%를 사용하며 손, 의류, 오물, 기구 등의 소독에 이용된다.
　　　• 순수하고 살균이 안정되어 살균력 검사 시 표준이 되는 소독제이다.
　　　• 석탄산계수란 소독제의 살균력을 나타내기 위한 계수로 석탄산을 기준으로 한다.
　　㉣ 역성비누 : 용기 및 기구 소독은 1%, 손 소독은 5~10% 사용, 무독성이고 살균력이 강하다.
　　㉤ 과산화수소(H_2O_2)소독법 : 3% 수용액을 피부, 상처 소독에 사용한다.
　　㉥ 에틸알코올(에탄올) : 70% 수용액을 금속, 유리 기구, 손 소독에 사용한다.
　　㉦ 크레졸 : 1~3% 오물소독, 손 소독 등에 사용한다.
　　㉧ 포름알데히드(포르말린) : 30~40% 수용액을 오물 소독에 이용한다.

(3) 미생물의 종류와 특징 및 예방방법

① **미생물의 정의 및 크기**
　㉮ 미생물의 정의 : 단세포 또는 균사의 형태인 생물로, 육안으로 볼 수 없는 미세한 생물군을 말한다.
　㉯ 미생물의 크기 : 곰팡이 > 효모 > 세균 > 리케차 > 바이러스

② **미생물의 종류 및 특성**
　㉮ 세균류(Bacteria)
　　㉠ 형태 분류 및 특징
　　　• 형태에 따른 분류 : 구균, 간균, 나선균
　　　• 2분법으로 증식하고 세균성 식중독, 경구 감염병, 부패의 원인이 된다.
　　㉡ 비브리오(Vibrio)속
　　　• 무아포, 혐기성 간균이다.
　　　• 콜레라균, 장염 비브리오균 등이 있다.
　　㉢ 락토바실러스(Lactobacillus)속
　　　• 간균으로 당류를 발효시켜 젖산을 생성하므로 젖산균이라고도 한다.
　　　• 젖산 음료의 발효균으로 이용된다.
　　㉣ 바실러스(Bacillus)속
　　　• 열 저항성이 강하며, 전분과 단백질 분해작용을 갖는 부패 세균이다.
　　　• 빵의 점조성 원인이 되는 로프균이 이에 속한다.
　㉯ 곰팡이(Mold)
　　㉠ 균류 중 실 모양의 균사를 형성하는 미생물을 곰팡이라 한다.
　　㉡ 식품의 제조와 변질에 관여한다.

⑭ 효모(Yeast)
  ㉠ 빵, 술 등의 식품의 제조와 변질에 관여하며 병원성을 갖는 것은 드물다.
  ㉡ 출아법으로 번식하며 비운동성이다.
㉺ 바이러스(Virus)
  ㉠ 미생물 중에서 가장 작은 것으로 살아있는 세포에서만 생존한다.
  ㉡ 천연두, 인플루엔자, 일본뇌염, 광견병, 소아마비 등의 병원체이다.
㉻ 리케차(Rickettsia)
  ㉠ 세균과 바이러스의 중간 형태에 속하며 구형, 간형 등의 형태를 가지고 있다.
  ㉡ 발진열, 발진티푸스 등의 병원체이나 식품과 큰 관계가 없다.

③ **미생물의 발육에 필요한 인자**
  ㉮ 영양소
    ㉠ 탄소원 : 탄수화물, 포도당, 유기산, 알코올 등
    ㉡ 질소원 : 단백질을 구성하는 기본 단위인 아미노산을 통해 얻음
    ㉢ 무기염류 : 인(P), 황(S) 등
    ㉣ 생육소 : 비타민 등
  ㉯ 수분
    ㉠ 미생물 몸체의 주성분이며, 생리기능을 조절하는데 필요하다.
    ㉡ 수분활성도(Water Activity, Aw) : 세균 0.95, 효모 0.87, 곰팡이 0.80 이하일 때 증식이 저지된다.
      • 수분활성도란 일정한 온도에서 그 식품이 나타내는 수증기압에 대한 그 온도에 있어서의 순수한 물의 최대 수증기압의 비를 말한다.
      • $Aw = \dfrac{식품의\ 수증기압}{순수한\ 물의\ 최대수증기압}$
      • 일반 식품에서의 수분활성도는 1보다 작은 수치가 된다.
  ㉰ 온도
    ㉠ 미생물의 종류에 따라 발육, 번식 가능한 온도가 다르다.
    ㉡ 미생물과 온도
      • 저온균 : 0~25℃(최적온도 10~20℃)
      • 중온균 : 15~55℃(최적온도 25~37℃)
      • 고온균 : 40~70℃(최적온도 50~60℃)
  ㉱ 최적 pH(수소이온농도)
    ㉠ 효모, 곰팡이 : pH 4~6(산성)
    ㉡ 세균 : pH 6.5~7.5(중성, 알칼리성)
  ㉲ 산소
    ㉠ 혐기성균 : 산소가 있으면 생육에 지장을 받고 없어야 증식이 되는 균
    ㉡ 호기성균 : 산소가 존재하는 상태에서만 증식하는 균
    ㉢ 통성 혐기성균 : 산소가 있어도 이용하지 않는, 산소가 있거나 없어도 증식 가능한 균

㉖ 삼투압
　　㉠ 세균 증식은 식염, 설탕에 의한 삼투압에 영향을 받는다.
　　㉡ 일반 세균은 3% 식염에서 증식억제, 호염 세균은 3%의 식염에서 증식한다.

> ■ 미생물과 압력
> 압력(기압)은 미생물 증식에 직접적인 영향을 미치지 않는다.

(4) 방충·방서관리

① **방역방법**
　㉮ 물리적 방역 : 해충의 서식지를 제거하거나 발생하지 못하도록 물리적으로 환경을 조성한다. 시설개선 및 환경을 개선한다.
　㉯ 화학적 방역 : 약제를 살포하여 해충을 구제하는 방법으로 단시간에 효과적이고 경제적이다. 독성이 강하기 때문에 관리에 주의해야 한다.
　㉰ 생물학적 방역 : 천적생물을 이용하는 방법으로 해충의 서식지를 제거한다.

② **출입문, 창문, 벽, 천장**
　㉮ 해충이 제품에 혼입되는 것을 방지하기 위하여 출입문, 창문, 벽, 천장 등의 작업장은 해충이나 설치류가 침입하지 못하도록 관리한다.
　㉯ 환기시설이 가동되지 않을 때 해충이나 설치류가 유입되지 않도록 방충망 등을 이용하여 관리한다.

③ **작업장**
　㉮ 일반 작업장 내부에 포충등, 바퀴 트랩, 페로몬 패치 트랩 등을 설치한다.
　㉯ 일반 작업장 내·외부와 창고에는 쥐덫을 설치하여 유입된 해충이나 설치류의 개체 수를 확인하고 점검한다.
　㉰ 개체 수가 평소보다 많이 발생한 경우 작업장의 전체적인 밀폐 여부를 확인·점검 및 개선 조치하고, 작업장 배수로 청소 등을 실시하거나 작업장 및 작업장 주변에 대한 방역을 실시한다.
　㉱ 방충, 방서용 금속망은 30메쉬(mesh)가 적당하다.
　㉲ 작업장 외부에 설치하는 방충설비인 에어커튼은 선풍기와 같은 것으로 바람을 이용하여 해충의 비행 등을 방해하는 설비로 작업장 내에 설치할 경우 작업장 먼지, 작업자 이물 등을 작업장, 식품에 비산하게 만드는 결과를 초래하므로 저온창고 냉기보존 목적 이외에 설치하지 않는다.

Lesson 04 공정 점검 및 관리

(1) 공정의 이해 및 관리
제조 공정 관리에 필요한 제품설명서와 공정흐름도를 작성하고 위해요소 분석을 통해 중요 관리점을 결정하며, 결정된 중요 관리점에 대한 세부적인 관리계획을 수립하여 공정 관리하는 것을 말한다.

(2) 공정별 위해요소 파악 및 예방
위해요소(Hazard)는 식품위생법 제4조 위해식품 등의 판매 등 금지의 규정에서 정하고 있는 인체의 건강을 해할 우려가 있는 생물학적, 화학적 또는 물리적 인자나 조건을 말한다.

① **생물학적 위해 요소**(Biological hazards)
  원·부자재, 공정에 내재하면서 인체의 건강을 해할 우려가 있는 세균, 효모, 곰팡이, 기생충, 바이러스 등이 있다. 제과에서 발생할 수 있는 생물학적 위해 요소는 황색 포도상 구균, 살모넬라, 병원성 대장균 등의 식중독균이 있다.

② **화학적 위해 요소**(Chemical hazards)
  제품에 내재하면서 인체의 건강을 해할 우려가 있는 중금속, 농약, 항생 물질, 항균 물질, 사용 기준 초과 또는 사용금지된 식품첨가물 등이 있다.

③ **물리적 위해 요소**(Physical hazards)
  원료와 제품에 내재하면서 인체의 건강을 해할 우려가 있는 인자 중에서 돌조각, 유리 조각, 쇳조각, 플라스틱 조각, 머리카락 등이 있다. 제과에서 발생할 수 있는 물리적 위해요소로는 금속 조각, 비닐, 노끈 등의 이물이 있다.

과자 · 빵류제품 생산작업준비

Lesson 01 작업환경 점검 및 작업자 위생 점검

(1) 제과 · 제빵 공정상의 조도 기준

작업내용	표준조도	한계조도(Lux)
발효	50	30~70
굽기, 포장, 장식(기계)	100	70~150
계량, 반죽, 조리, 성형	200	150~300
장식(수작업), 마무리작업	500	300~700

※ **조도** : 어떤 면이 받는 빛의 세기를 나타내는 양으로, 단위는 룩스(Lux)이다.

(2) 작업자 위생

① 손과 손톱에 존재하는 식중독균에 따른 교차 오염을 방지하기 위해 종업원은 손을 수시로 씻고 항상 청결히 관리
② 종사자는 작업장 출입 시 또는 작업 중 손을 세척 · 소독한 후 작업을 개시
③ 손을 씻거나 소독이 필요할 때
  ㉮ 출근 후
  ㉯ 화장실을 사용한 후
  ㉰ 가열 후 작업 공정에서 일하기 전
  ㉱ 재채기나 기침을 한 후
  ㉲ 식사 후
  ㉳ 귀 · 입 · 코 · 머리와 같은 신체 부위를 만지거나 긁은 경우
  ㉴ 깨끗하지 않은 기구, 불결한 옷이나 행주 걸레 등을 만졌을 경우
  ㉵ 작업하는 품목 변경 시

Lesson 02 기기안전관리

(1) 설비 및 기기의 종류

① **믹서**(Mixer)
　㉮ 종류
　　㉠ 수직형 믹서 : 소규모 제과점에서 사용(버티컬 믹서)
　　㉡ 수평형 믹서 : 믹서의 회전축 방향이 수평
　　㉢ 스파이럴믹서 : 제빵 전용 믹서(나선형 믹서)
　　㉣ 에어믹서 : 제과 전용 믹서(자동제과기)
　㉯ 믹서의 구성
　　㉠ 본체 : 저속, 중속, 고속으로 단계마다 1분당 회전 속도를 규정
　　㉡ 믹싱볼(Mixing bowl) : 반죽을 하기 위해 재료들을 섞는 원통형의 기구
　　㉢ 반죽 날개
　　　• 휘퍼(Whipper) : 달걀이나 생크림을 거품 낼 때 사용
　　　• 비터(Beater) : 버터, 크림 상태의 물질을 교반
　　　• 훅(Hook) : 빵 반죽에 사용

  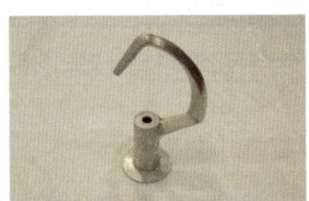

[휘퍼(거품기)]　　　　　[비터]　　　　　[훅]

② **오븐**(Oven)
　㉮ 데크 오븐(Deck oven) : 소규모 제과점에서 사용하는 오븐으로 반죽을 넣는 입구와 제품을 꺼내는 출구가 같으며 윗불과 아랫불을 조절할 수 있다.
　㉯ 터널 오븐(Tunnel oven) : 반죽이 들어가는 입구와 제품이 나오는 출구가 서로 다른 오븐으로 대량 생산 공장에서 많이 사용된다.
　㉰ 로터리 랙 오븐(Rotary reck oven) : 팬은 랙에 끼운 채로 오븐에 넣어 굽는다. 열전달이 고르게 되며 동시에 많은 양을 구울 수 있다.
　㉱ 컨벡션 오븐(Convection oven) : 내부에 팬이 부착되어 있어 열을 강제 순환시켜 제품을 균일하게 착색시킨다.
　㉲ 릴 오븐(Reel oven) : 구움대를 물레방아처럼 회전시키면서 굽는 방식의 오븐으로 열 분포가 균일하다.

③ **파이 롤러**(Pie roller)
　㉮ 반죽의 두께를 조절하여 얇게 또는 두껍게 밀어 펴는 기계이다.
　㉯ 제조 가능한 제품 : 퍼프페이스트리, 데니시페이스트리, 케이크도넛, 스위트롤 등

④ **스크레이퍼** : 스크레이퍼는 분할할 때 반죽을 나누고 그릇 등에 붙어 있는 반죽을 떼어 낼 때 사용하는 도구
⑤ **라운더(rounder)** : 자동으로 둥글리기를 하는 기계
⑥ **앙금 주걱** : 앙금 주걱은 스테인리스 스틸로 만들며 앙금을 감싸거나 크림을 바를 때 사용
⑦ **튀김기(Fryer)** : 자동온도 조절 장치를 통하여 수동 또는 자동으로 튀기는 기계
⑧ **냉각 팬(타공 팬)** : 냉각 팬은 오븐에서 꺼낸 빵을 식히거나 보관할 때 사용하는 도구

(2) 설비 및 기기의 위생·안전관리

① **제조시설 및 기계·기구류 등 설비관리**
  ㉮ 식품취급시설·설비 : 공정의 흐름에 따라 적절히 배치되어야 하며, 위해요인에 의한 오염이 발생하지 아니하여야 한다.
  ㉯ 식품과 접촉하는 취급시설·설비 : 인체에 무해한 내수성·내부식성 재질로 열탕·증기·살균제 등으로 소독·살균이 가능하여야 하며, 기구 및 용기류는 용도별로 구분하여 사용·보관
  ㉰ 온도를 높이거나 낮추는 처리시설 : 온도변화를 측정·기록하는 장치를 설치·구비, 일정한 주기를 정하여 온도를 측정, 그 기록을 유지, 관리계획에 따른 온도 유지
  ㉱ 식품취급시설·설비 점검, 정비기록 유지
  ㉲ 냉장·냉동시설·설비 관리 : 냉장시설은 5℃ 이하, 냉동시설은 -18℃ 이하로 유지, 외부에서 온도변화를 관찰, 온도 감응 장치의 센서는 온도가 가장 높게 측정되는 곳에 위치

② **안전관리 지침서**
  ㉮ 지침서는 업무를 수행해야 하는 사람이 준수해야 할 규칙들을 기록하는 것으로, 기기위생 안전관리 지침서는 기기의 현황을 파악하고 관리하기 위하여 작성하는 서식이다.
  ㉯ 보유하고 있는 기기에 대한 관리사항과 기기에 대한 세부내역을 기록한다.
  ㉰ 개별 기기별로 작성하고, 주로 기기의 품명, 용도, 제작 일자와 구입한 날짜, 제작회사, 작동 방법, 관리방법, 등록사항, 예산 및 구매, A/S, 기기 성능, 구성부품, 변동사항, 기타 사항 등을 기록한다.

③ **소독 및 소독제**
  ㉮ 소독은 비교적 약한 살균력을 작용시켜 깨끗한 표면에서 많은 수의 미생물을 안전한 수준까지 감소시키는 과정이다.
  ㉯ 소독 방법 : 물리적 소독, 화학적 소독
  ㉰ 화학적 소독에 사용되는 소독제 : 염소계, 4급 암모늄계, 에탄올계, 과산화물계 등

④ **세척 및 세척제**
  ㉮ 세척은 교차 오염을 예방하고 미생물을 안전한 수준으로 감소하기 위해 표면에서 오염물질을 제거하는 과정으로 반드시 거쳐야 하는 과정이다.
  ㉯ 세척제 종류
    ㉠ 1종 세척제 : 채소용, 과일용으로 사용
    ㉡ 2종 세척제 : 식기류용 세척제
    ㉢ 3종 세척제 : 식품의 가공 기구용 세척제 또는 조리 기구용 세척제로 사용

출제 예상문제

CHECK POINT QUESTION

PART 03 | 공통 이론

CHAPTER 01 기초재료과학

001 보기 중 감미도가 두 번째인 것은?

① 과당
② 자당
③ 포도당
④ 맥아당

> 감미도의 세기 : 과당 > 전화당 > 자당(서당) > 포도당 > 맥아당 > 갈락토오스 > 유당(젖당)

002 다음 중 전분이 속하는 것은?

① 탄수화물
② 지방
③ 단백질
④ 무기질

> 전분은 식물성 저장 탄수화물이다.

003 다음 중 아밀로펙틴으로만 구성되어 있는 것은?

① 찹쌀
② 밀가루
③ 감자
④ 멥쌀

> 찹쌀과 찰옥수수는 100% 아밀로펙틴으로 구성되어 있어 노화가 느리다.

004 일반적으로 설탕의 캐러멜화 온도로 바람직한 것은?

① 100~120℃
② 130~150℃
③ 160~180℃
④ 190℃ 이상

> 설탕의 캐러멜화는 설탕이 녹는 점 이상의 온도에서 가열될 때, 갈색 혼합물을 생성하는 중합의 끝과 탈수의 시작으로써 일련의 화학적 반응이 일어난다. 이 과정을 캐러멜화라고 부른다.

005 전분의 호화온도는?

① 40℃
② 50℃
③ 60℃
④ 70℃

> 전분의 호화온도는 55~60℃로 반투명의 풀 상태로 되는 현상이며 소화가 잘됨(α전분)

006 전분의 노화에 영향을 주는 요인과 가장 거리가 먼 것은?

① 전분의 종류
② 전분의 농도
③ 당의 종류
④ 염류 또는 각종 이온의 함량

> 노화에 영향을 주는 요인
> • 전분의 종류와 크기 따라 다르다.
> • 전분의 농도가 클수록 노화되기 쉽다.
> • 아밀로펙틴의 함량이 많을수록 노화가 억제된다.
> • 수용액이 산성일수록 노화가 촉진된다.

007 다음 중 이당류로 환원당이 아닌 당은?

① 포도당
② 과당
③ 설탕
④ 맥아당

> 설탕은 이당류로 비환원당이다.

008 전분이 호화됨에 따라 다음과 같은 성질에 변화가 생긴다. 그 이유로 타당치 않은 것은?

① 팽윤에 의한 부피 팽창
② 방향 부동성의 손실
③ 용해 현상의 감소
④ 점도의 증가

> 전분의 호화(알파화, α화)란 전분(β−전분)에 물과 열을 가하면 수분을 흡수하면서 팽윤되며 점성이 커져 부풀어 반투명의 풀 상태로 되는 현상이다.

정답 001 ② 002 ① 003 ① 004 ③ 005 ③ 006 ③ 007 ③ 008 ③

009 당의 가수분해 생성물 중 연결이 잘못된 것은?

① 자당 → 포도당 + 과당
② 유당 → 포도당 + 갈락토오스
③ 맥아당 → 포도당 + 포도당
④ 과당 → 포도당 + 자당

🔍 과당은 6탄당인 단당류이다.

010 전분의 노화에 대한 설명 중 틀린 것은?

① 노화는 −18℃에서 잘 일어나지 않는다.
② 노화된 전분은 소화가 잘 된다.
③ 노화란 α−전분이 β−전분으로 되는 것을 말한다.
④ 노화는 전분분자 끼리의 결합이 전분과 물분자의 결합보다 크기 때문에 일어난다.

🔍 노화 현상
• 빵 껍질의 변화
• 빵의 풍미 저하
• 내부조직의 수분보유 상태를 변화시키는 것

011 당류의 용해도는 단맛의 크기와 일치된다. 다음 중 단맛의 강도 순서가 바른 것은?

① 과당 〉 설탕 〉 포도당 〉 맥아당
② 맥아당 〉 과당 〉 설탕 〉 포도당
③ 설탕 〉 과당 〉 포도당 〉 맥아당
④ 포도당 〉 설탕 〉 과당 〉 맥아당

🔍 감미도 : 과당 175, 전화당 130, 자당 100, 포도당 75, 맥아당 32, 유당 16

012 전분을 덱스트린(dextrin)으로 변화시키는 효소는?

① β−아밀라아제(amylase)
② α−아밀라아제(amylase)
③ 말타아제(maltase)
④ 치마아제(zymase)

🔍 효소의 역할
• β−아밀라아제(디아스타제, 당화효소) : 덱스트린 → 맥아당
• α−아밀라아제 : 전분 → 수용성 전분, 덱스트린
• 치마아제(zymase) : 단당류 (포도당, 과당) → CO_2 + 알코올

013 전분 입자를 물에 불리면 물을 흡수하여 팽윤하고 가열하면 입자의 미셀 구조가 파괴되는 현상을 무엇이라고 하는가?

① 노화   ② 호정화
③ 호화   ④ 당화

014 상대적 감미도가 가장 낮으며 이스트에 의해 발효되지 않는 당은?

① 과당   ② 유당
③ 전화당   ④ 포도당

🔍 유당은 우유에 4.8% 함유되어 있으며, 이스트에 의해 발효되지 않는다. 감미도는 과당 175, 전화당 130, 자당 100, 포도당 75, 맥아당 32, 유당 16이다.

015 밀가루 전분의 아밀로펙틴 구조에 대한 설명 중 잘못된 것은?

① 요오드 용액에 의하여 청색반응이 일어난다.
② 아밀로오스에 비하여 분자량이 크다.
③ 전분의 구조가 측쇄(가지형)로 연결되어 있다.
④ 일반 곡물에서 아밀로오스보다 구성비가 높다.

🔍 요오드정색반응에서 아밀로오스는 청색을, 아밀로펙틴은 적자색 반응을 일으킨다.

016 튀김 기름의 품질을 저해하는 요인이 아닌 것은?

① 온도   ② 수분
③ 공기   ④ 항산화제

🔍 유지의 항산화제는 산화를 억제하여 주는 물질로 자연항산화제와 인공항산화제가 있다.

017 다음 글리세린에 대한 설명 중 틀린 것은?

① 시럽과 같은 액체로 물보다 가볍다.
② 물과 잘 혼합한다.
③ 수분의 보유제로 응용된다.
④ 케이크 제품의 색과 향을 보존해 준다.

🔍 글리세린은 무색투명하고 단맛이 나는 끈기 있는 액체로 흡습성이 강하다. 시럽과 같은 액체로 물보다 무겁다. 물과 알코올에는 임의의 비율로 섞이지만, 탄화수소에는 녹지 않는다. 고순도의 글리세린은 보존제로서 천연 방부 역할을 한다.

정답 009 ④   010 ②   011 ③   012 ②   013 ③   014 ②   015 ①   016 ④   017 ①

018 지방을 분해하는 효소는?

① 인베르타아제(invertase)
② 리파아제(lipase)
③ 펩티다아제(peptidase)
④ 아밀라아제(amylase)

> 리파아제(Lipase)는 지방을 지방산과 글리세린으로 분해한다.

019 지방은 지방산과 어느 것이 결합되어 이루어지는가?

① 아미노산   ② 나트륨
③ 글리세린   ④ 리보오스

> 지방은 탄소(C), 수소(H), 산소(O)로 구성되며 1분자의 글리세롤과 3분자의 지방산이 에스테르(Ester) 화합물 상태로 결합된다.

020 지방의 산패를 촉진하는 인자와 거리가 먼 것은?

① 질소의 존재
② 산소의 존재
③ 동의 존재
④ 자외선의 존재

> 지방의 산패를 촉진하는 인자
> • 불포화도가 높을수록
> • 이중 결합이 증가할수록
> • 자외선
> • 높은 온도
> • 금속 : Cu > Mn > Fe
> • 생물학적 촉매

021 다음 설명 중 옳은 것은?

① 액체유에는 대체로 포화 지방산이 많다.
② 기름의 경화는 보통 니켈을 촉매로 하여 수소 첨가하는 것이다.
③ 불포화도가 높을수록 기름의 저장기간이 길어진다.
④ 요오드가가 높을수록 불포화도는 낮다.

> 유지의 경화(hardening)란 니켈을 촉매제로 하여 불포화 지방산의 이중결합에 수소를 첨가하여 포화지방산으로 만드는 방법으로 이중 결합의 수가 감소하여 포화도는 증가하며 융점이 높아져 기름이 단단해진다.

022 다음 중 단백질의 구성 요소가 아닌 것은?

① O
② H
③ N
④ Fe

> 단백질의 구성요소 : C, H, O, N

023 다음 중 밀가루에서 가장 부족한 필수아미노산은?

① 리신(lysine)
② 글루탐산(glutamic acid)
③ 프로린(proline)
④ 이소류신(Isoleucine)

> 곡류인 밀가루는 필수아미노산(리신, 트립토판, 페닐알라닌, 류신, 이소류신, 트레오닌, 메티오닌, 발린) 중 리신이 제일 많이 부족하다.

024 S-S 결합을 가지고 있는 아미노산은?

① 라이신(lysine)
② 시스틴(cystine)
③ 메티오닌(methionine)
④ 히스티딘(histidine)

> 함황아미노산은 시스테인, 시스틴, 메티오닌이 있으며, 그 중 시스틴은 시스테인 두 분자가 S-S 결합한 함황아미노산이다.

025 제빵용 이스트에 가장 부족한 효소는?

① 인베르타아제   ② 치마아제
③ 말타아제   ④ 아밀라아제

026 다음 중 과당이나 포도당을 CO_2와 알코올로 분해하는 효소는?

① 치마아제   ② 인베르타아제
③ 말타아제   ④ 락타아제

> 치마아제(Zymase)는 단당류(포도당, 과당)를 CO_2와 알코올로 분해하는 효소이다.

정답 018 ② 019 ③ 020 ① 021 ② 022 ④ 023 ① 024 ② 025 ④ 026 ①

027 알파(α)-아밀라아제에 대한 설명으로 틀리는 것은?

① 베타(β)-아밀라아제에 비하여 열안정성이 크다.
② 당화효소라고도 한다.
③ 전분의 내부 결합을 가수분해 할 수 있어 내부 아밀라아제라고도 한다.
④ 액화효소라고도 한다.

> 아밀라아제
> • 베타(β)-아밀라아제 : 당화효소, 외부 아밀라아제, 맥아당 생성
> • 알파(α)-아밀라아제 : 액화효소, 내부 아밀라아제

028 일반적인 제빵용 이스트에 의한 기질과 작용 효소와 분해 생성물의 관계가 틀리는 것은?

① 설탕 : 인베르타아제 → 포도당 + 과당
② 맥아당 : 말타아제 → 포도당 + 포도당
③ 유당 : 락타아제 → 포도당 + 갈락토오스
④ 과당 : 치마아제 → 이산화탄소 + 알코올

> 이스트에는 유당을 분해하는 효소인 락타아제가 들어있지 않다.

029 효소를 구성하고 있는 주성분은?

① 탄수화물   ② 지방
③ 단백질   ④ 비타민

> 효소의 구성 성분은 단백질이다.

030 다음 효소들의 반응을 설명한 것 중 틀린 것은?

① 인베르타아제 : 설탕을 포도당과 과당으로 분해
② 알파(α)-아밀라아제 : 전분을 맥아당으로 분해
③ 말타아제 : 맥아당을 포도당으로 분해
④ 치마아제 : 포도당과 과당을 분해하여 탄산가스와 알코올로 분해

> 알파(α)-아밀라아제의 특성
> • 전분을 수용성 전분과 덱스트린으로 분해한다.
> • 베타(β)-아밀라아제에 비하여 열 안정성이 크다.
> • 전분의 내부 결합을 가수분해할 수 있어 내부 아밀라아제, 액화효소라고도 한다.

031 다음 중 약산성(pH 7 이하)인 것은?

① 탄산마그네슘   ② 중탄산소다
③ 인산칼슘   ④ 제빵용 소맥분

> 고율배합 제과용 밀가루의 가장 적당한 pH는 5.2이다.

032 단백질이 1% 증가함에 따라 흡수율은 몇 % 증가하는가?

① 1%   ② 2%
③ 3%   ④ 4%

> 단백질의 양이 많고 질이 좋으며 숙성이 잘되었을수록 물 흡수량이 많다. 또한, 단백질 1%에 흡수율은 1.5~2% 증가한다.

033 회분 함량 1.8%의 밀을 1등급 밀로 제분하면 회분 함량은?

① 0.4~0.45%   ② 0.6%
③ 1.0%   ④ 1.8%

> 회분의 변화는 1/4~1/5로 감소한다. 따라서 1.8 × 1/4 = 0.45[%] 또는 1.8 × 1/5 = 0.36[%]이다.

034 밀 100g 중 질소 함량이 4g이라면 몇 g의 단백질을 함유하는가?

① 15g   ② 20g
③ 23g   ④ 32g

> 켈달(Kjeldahl)법으로 질소를 정량하여 5.7을 곱한 수치이므로 4 × 5.7 = 22.8g이다.

035 다음은 소맥에 관한 설명이다. ( )안에 알맞은 것은?

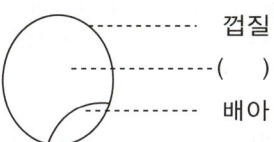

① 내배유   ② 외배유
③ 단백층   ④ 기울

> 밀알의 구조는 껍질 14%, 배아 2~3%, 내배유 83%로 구성되어 있다.

036 밀가루 단백질 함량이 박력분이라 할 수 있는 것은?

① 7~9%
② 9.0~10.5%
③ 10.5~11.5%
④ 12~13.5%

🔍 강력분 : 11~13%, 중력분 : 9~11%, 박력분 : 7~9%

037 제빵용 밀가루 선택 시 고려할 사항과 가장 거리가 먼 것은?

① 단백질의 양
② 흡수율
③ 전분의 양
④ 회분의 양

🔍 제빵용 밀가루 선택 시 고려할 사항 : 단백질 양, 흡수율, 회분의 양

038 제과, 제빵용 건조재료 등과 팽창제 및 유지재료를 알맞은 배합율로 균일하게 혼합한 원료는?

① 프리믹스(prepared flour mixes)
② 팽창제(leavening agent)
③ 향신료(flavors and spices)
④ 밀가루 개선제(flour improvers)

🔍 프리믹스(PREMIX)란 영어의 Prepared Mix의 약자로 식품을 만들 때 사용하기 편리하게 미리 그 식품 고유의 사용 원료들을 그 식품에 가장 적합한 배합비율에 따라 균일하게 혼합, 가공한 편의식품 일반을 뜻한다.

039 제과용 밀가루의 주요한 기능은?

① 구조형성
② 유화 작용
③ 감미도 조절
④ 껍질색

🔍 제과용 밀가루는 제품의 구조를 형성하며 단백질 7~9%, 회분 0.4% 이하, pH 5.2 정도인 박력분을 사용한다.

040 밀가루에 함유된 회분이 의미하는 것이 아닌 것은?

① 광물질은 껍질에 많다.
② 정제 정도를 알 수 있다.
③ 강력분은 박력분보다 회분 함량이 높다.
④ 제빵 특성을 대변한다.

🔍 회분 함량의 의미는 밀가루의 등급 기준으로, 정제도를 표시(밀가루는 밀의 1/4~1/5 정도로 감소 - 껍질 분리 정도를 알 수 있다)하며, 이는 제분 공장의 점검 기준으로 사용될 뿐 제빵 적성을 직접 나타내지는 않는다.

041 밀가루를 용도별로 나눌 때 일반적으로 회분 함량이 가장 낮은 것은?

① 제빵용
② 제과용
③ 페이스트리용
④ 크래커용

🔍 제분율이 동일할 때 경질소맥(강력분)이 연질소맥(박력분)에 비해 회분 함량이 높다.

042 식빵용 밀가루의 습부량(젖은 글루텐 함량)으로 가장 적당한 것은?

① 15%
② 25%
③ 35%
④ 45%

🔍 강력분은 단백질이 많고(11~13%), 습부량은 보통 35% 이상이다.

043 다음 중 어느 소맥분을 사용하는 것이 경제적인가?

① 수분 13% 함유한 소맥분 가격 kg 당 220원
② 수분 13.5% 함유한 소맥분 가격 kg 당 210원
③ 수분 12% 함유한 소맥분 가격 kg 당 235원
④ 수분 12.5% 함유한 소맥분 가격 kg 당 230원

🔍
- 220원 ÷ 870g(1kg 중 고형물 87%) = 0.2528원
- 210원 ÷ 865g(1kg 중 고형물 86.5%) = 0.2427원
- 235원 ÷ 880g(1kg 중 고형물 88%) = 0.2670원
- 230원 ÷ 875g(1kg 중 고형물 87.5%) = 0.2628원

044 제빵용 밀가루에서 빵 발효에 많은 영향을 주는 손상전분의 적정한 함량은?

① 0%
② 1~3.5%
③ 4.5~8%
④ 9~12.5%

정답 036 ① 037 ③ 038 ① 039 ① 040 ④ 041 ② 042 ③ 043 ② 044 ③

045 50g의 밀가루에서 얻은 젖은 글루텐(습부)이 20g이 되었을 때 이 밀가루의 단백질 함량은 얼마인가?

① 6% ② 9%
③ 13% ④ 20%

- 젖은 글루텐(%) = (20 ÷ 50) × 100 = 40(%)
- 건조 글루텐(%) = 밀가루 단백질(%) = 젖은 글루텐(%) ÷ 3 = 40 ÷ 3 = 13.33%

046 제과용 밀가루 제조에 사용되는 밀로 가장 좋은 것은?

① 경질동맥 ② 경질춘맥
③ 연질동맥 ④ 연질춘맥

- 제과용으로 사용되는 박력분은 연질밀로 제조한다.

047 글루텐을 약화시키는 것이 아닌 것은?

① 환원제 ② 소금
③ 단백질 분해효소 ④ 지나친 발효

- 소금은 글루텐을 강화시킨다.

048 밀 단백질에 대한 설명 중 틀린 것은?

① 글루텐은 글리아딘과 글루테닌이 결합된 것이다.
② 글리아딘은 점성이 있고 유동적이다.
③ 글루테닌은 매우 질기고 탄력성이 있다.
④ 글루텐은 응집성, 탄력성, 점성이 없다.

- 글루텐 밀가루를 물로 반죽할 때 특유의 점탄성을 발현함으로 밀가루를 원료로 하여 다양한 식품을 가공할 수 있다.

049 식빵 제조용 밀가루의 원료로서 가장 좋은 것은?

① 분상질
② 중간질
③ 초자질
④ 분상 중간질

- 경질밀은 초자율 70% 이상인 초자질로 강력분을 만들며 제빵용으로 사용된다.

050 밀알의 구조를 설명한 것 중 가장 맞는 것은?

① 배아(2~3%), 내배유(70%), 껍질(27~28%)
② 배아(10%), 내배유(60%), 껍질(30%)
③ 배아(6%), 내배유(80%), 껍질(14%)
④ 배아(3%), 내배유(83%), 껍질(14%)

051 호밀빵 제조 시 호밀을 사용하는 이유 및 기능과 가장 거리가 먼 것은?

① 독특한 맛
② 조직의 특성
③ 색상
④ 구조력 향상

- 호밀 가루(Rye Flour)는 글루텐 형성 단백질이 밀가루보다 적으며 펜토산의 함량이 높아 반죽을 끈적거리게 하고 글루텐의 형성을 방해한다.

052 다음 발효과정에서 탄산가스의 보호막 역할을 하는 것은?

① 설탕 ② 이스트
③ 글루텐 ④ 탈지분유

- 글루텐은 점성과 탄력성이 풍부하고 발효과정에서 배출되는 탄산가스를 보유하는 능력이 있어 완성된 제품에 부피감을 준다.

053 건조 글루텐(Dry Gluten) 중에 가장 많은 성분은?

① 단백질 ② 전분
③ 지방 ④ 회분

054 제빵 적성에 맞지 않는 밀가루는?

① 글루텐의 질이 좋고 함량이 많은 것
② 프로테아제의 함량이 많은 것
③ 제분 직후 30~40일 정도의 숙성기간이 지난 것
④ 물을 흡수할 수 있는 능력이 큰 것

- 프로테아제는 단백질을 분해하는 효소이다.

정답 045 ③ 046 ③ 047 ② 048 ④ 049 ③ 050 ④ 051 ④ 052 ③ 053 ① 054 ②

055 제빵용 소맥분은 그 속에 적정량의 손상된 전분을 필요로 한다. 그 이유와 거리가 먼 것은?

① 흡수율 향상(수율 향상)
② 효소 생성
③ 발효동안 충분한 발효성 탄수화물 생성
④ 적정 수준의 덱스트린 생성

> 손상 전분의 일반적인 성질
> • 손상 전분은 약 2배 흡수율
> • 손상 전분이 많을수록 반죽의 흡수율이 증가
> • 알파(α)-아밀라아제가 작용하기 쉬워 발효가 진행되는 동안 가스를 생산할 발효성 탄수화물 제공

056 밀가루의 표백과 숙성을 위해 사용되는 첨가물의 기능과 가장 거리가 먼 것은?

① 표백 기간 단축
② 숙성 기간 단축
③ 밀가루의 산화방지
④ 제빵 적성 개선

057 미지의 밀가루를 알아내는 시험과 가장 거리가 먼 것은?

① 글루텐 채취시험 ② 침강 시험
③ 지방함량 측정시험 ④ 색깔 비교시험

> 시험 방법
> • 밀가루 색상 : 페카시험(Pekar Test), 분광분석기, 여과지 이용법
> • 수분 : 건조 오븐법, 진공 오븐법, 알루미늄 판법, 적외선 조사법
> • 회분 : 회화법
> • 조단백질 : 켈달(Kjeldahl)법으로 질소의 함량을 측정하여 5.7을 곱한 수치
> • 팽윤 시험(Swelling Test) : 특이한 산이 글루텐의 팽윤능력을 증가시켜주는 반응을 이용, 침강시험
> • 가스생산측정 : 압력계를 이용하는 방법, 부피측정 방법

058 밀가루의 구성 성분 중 가장 높은 비율을 차지하는 것은?

① 수분 ② 단백질
③ 회분 ④ 전분

> 밀가루의 70% 이상이 탄수화물로 구성되어 있으며 대부분이 전분이다.

059 생이스트의 수분 함량은?

① 50% ② 60%
③ 70% ④ 80%

> 생이스트(압착 이스트는 고형분 25~30%, 수분 70~75% 정도이다.

060 제빵용 이스트의 일반적인 저장온도로 가장 바람직한 것은?

① -10 ~ -1℃ ② -5 ~ -1℃
③ 1 ~ 5℃ ④ 15 ~ 20℃

> 이스트 세포는 63℃, 포자는 69℃에서 사멸하며 30~38℃, pH 4.5~4.9에서 최대로 활성되며 7℃ 이하에서 휴지 상태가 된다. 냉장온도(0~7℃)에서 2주간 저장된다.

061 활성 건조이스트를 수화시킬 때 발효력을 증가시키기 위하여 1~3%를 물에 풀어 넣을 수 있는 재료는?

① 설탕 ② 소금
③ 분유 ④ 밀가루

> 활성 건조효모(Active dry yeast)는 반죽에 고루 분산시키기 위해 물에 녹여 사용하며 이스트 양의 4배가 되는 40~45℃의 물에 5~10분간 예비 발효하여 사용(1~3%의 설탕을 첨가)한다.

062 제빵 시 사용하는 이스트의 주요 기능과 거리가 먼 것은?

① 산소 발생 ② 팽창 작용
③ 향미 부여 ④ 발효 조절

> 제빵 시 사용하는 이스트의 주요 기능
> • 탄산가스의 생성으로 반죽을 팽창시킨다.
> • 알코올 및 유기산 등의 향미 성분을 생성시킨다.
> • 반죽을 숙성시킨다.

063 활성 건조이스트를 수화시킬 때 적당한 물의 온도는?

① 10~13℃ ② 20~23℃
③ 30~33℃ ④ 40~43℃

> 건조이스트를 사용할 때는 40~45℃의 4배의 물에 5~10분 정도 수화시켜 사용한다.

정답 055 ② 056 ③ 057 ③ 058 ④ 059 ③ 060 ③ 061 ① 062 ① 063 ④

064 다음 조합 중 틀린 것은?

① 소맥분 - 중조 → 밤만두피
② 소맥분 - 유지 → 파운드케이크
③ 소맥분 - 베이킹 파우더 → 식빵
④ 소맥분 - 달걀 → 카스테라

🔍 식빵의 팽창 역할을 하는 것은 이스트에 의한 발효이다.

065 빵 반죽이 발효되는 동안 이스트는 무엇을 생성하는가?

① 물, 초산   ② 산소, 알데히드
③ 수소, 젖산   ④ 탄산가스, 알코올

🔍 제빵 시 사용하는 이스트의 주요 기능
• 탄산가스의 생성으로 반죽을 팽창
• 알코올 및 유기산 등의 향미 성분 생성
• 반죽의 숙성

066 효모에 함유된 성분으로 특히 오래된 효모에 많고 환원제로 작용하여 반죽을 약화시키고 빵의 맛과 품질을 떨어뜨린다. 이것은 무엇인가?

① 글루타티온   ② 글리세린
③ 글리아딘   ④ 글리코겐

🔍 빵 효모 속에는 보통 산화형 및 환원형 글루타티온이 1.0% 정도 포함되어 있다.

067 껍질을 뺀 전란의 고형성분은?

① 10%   ② 24%
③ 25%   ④ 27%

🔍 달걀의 수분함량
• 전란 : 수분 75%, 고형분 25%
• 흰자 : 수분 88%, 고형분 12%
• 노른자 : 수분 50.5%, 고형분 49.5%

068 흰자를 사용하는 제품에 주석산 크림이나 식초를 첨가하는 이유로 적당하지 않은 것은?

① 알칼리성의 흰자를 중화함
② pH를 낮춤으로 흰자를 강력하게 함
③ 풍미를 좋게 함
④ 색깔을 희게 함

🔍 주석영, 주석산 크림은 흰자를 풍부하게 거품낼 때 거품이 단단하게 하는 역할과 제품의 내상을 하얗게 하는 역할을 한다. 이유는 주석영, 주석산 크림이 산성이어서 알칼리성의 흰자를 중화시켜 달걀 또는 반죽의 산도가 높아지면 흰자의 힘이 커져 거품체가 튼튼해진다.

069 케이크 제조에 있어 달걀의 기능으로 부적당한 것은?

① 결합작용
② 팽창작용
③ 유화작용
④ 수분보유작용

🔍 케이크에서 달걀의 역할은 공기를 포집하여 팽창하는 기능과 풍미를 주는 기능과 밀가루와 함께 제품의 구조를 지탱해주는 역할을 한다. 노른자에 있는 레시틴이 유화제 역할을 한다.

070 커스터드 크림에서 달걀은 주로 어떤 역할을 하는가?

① 쇼트닝 작용   ② 결합제
③ 팽창제   ④ 저장성

🔍 달걀 단백질은 가열을 하면 변성하여 유동성이 줄어들고, 형태를 지탱할 구성체로 응고되어 농후화제의 역할을 하는데 대표적인 예로는 커스터드 크림이 있다.

071 달걀의 특징적 성분으로 지방의 유화력이 강한 성분은?

① 레시틴(lecithin)
② 스테롤(sterol)
③ 세팔린(cephalin)
④ 아비딘(avidin)

🔍 레시틴 : 노른자에 소량 들어 있는 인지질, 친유성 유화제

072 어떤 케이크 제조에 1kg의 달걀이 필요하다면 껍질을 포함한 평균 무게가 60g인 달걀은 약 몇 개가 필요한가?

① 15개   ② 19개
③ 23개   ④ 27개

🔍 달걀의 구성은 껍질 10%, 전란 90%(노른자 30%, 흰자 60%)이므로 전란의 무게는 60 × 0.9 = 54g이며, 1000 ÷ 54 = 18.51 즉, 약 19개가 필요하다.

정답 064 ③ 065 ④ 066 ① 067 ② 068 ③ 069 ④ 070 ② 071 ① 072 ②

073 생달걀(수분 72%) 25kg을 분말달걀(수분 4%)로 대체하려면 분말달걀은 얼마나 필요한가?

① 6.7kg
② 6.9kg
③ 7.1kg
④ 7.3kg

🔍
- 생달걀 25kg의 고형분 : $25 \times (1 - 0.72) = 7$kg
- 분말달걀(수분 4%)으로 대체 : $7 \div (1 - 0.04) = 7.291$

074 머랭(meringue)을 만드는데 1kg의 흰자가 필요하다면 껍질을 포함한 평균무게가 60g인 달걀은 약 몇 개가 필요한가?

① 20개
② 24개
③ 28개
④ 32개

🔍 달걀의 구성은 껍질 10%, 노른자 30%, 흰자 60%이므로 전란 60g에 포함된 흰자의 무게는 $60 \times 0.6 = 36$이므로, $1000 \div 36 = 27.77$ 즉, 28개가 필요하다.

075 다음 중 신선한 달걀은?

① 8% 식염수에 뜬다.
② 흔들었을 때 소리가 난다.
③ 난황계수가 0.1 이하이다.
④ 껍질에 광택이 없고 거칠다.

🔍 신선한 달걀
- 껍질이 거칠고 윤기가 없다.
- 밝은 등불에 비추어 보았을 때 속이 밝으며 구형이다.
- 6~10%의 소금물에 넣었을 때 가로로 가라앉는다.
- 흔들어 보았을 때 소리가 나지 않는다.
- 난황계수(노른자의 범위이다. 높이를 노른자의 폭으로 나눈 값)가 크다.

076 제빵에 가장 적절한 물 상태는?

① 연수(1~60ppm)
② 아연수(61~120ppm)
③ 아경수(121~180ppm)
④ 경수(180ppm)

🔍 일반적으로 아경수(120~180ppm)가 제빵에 가장 적절한 경도로 알려져 있는데 글루텐을 경화시키는 효과와 이스트의 영양물질을 공급한다.

077 다음 중 영구적 경수는?

① $CaSO_4$, $MgSO_4$
② $CaCO_3$, Na_2O_3
③ Na_2O_3, Na_4SO_4
④ $CaCO_3$, $MgCO_3$

🔍 영구적 경수는 황산이온이 칼슘염, 마그네슘염과 결합된 형태로 들어있는 경수로 끓여도 변하지 않는다.

078 반죽용 물에 대한 설명 중 틀린 것은?

① 경수는 반죽의 글루텐을 경화시킨다.
② 연수는 발효를 지연시킨다.
③ 연수는 사용할 때 미네랄 이스트푸드를 증강하여 사용한다.
④ 연수는 반죽을 끈적거리게 한다.

🔍 연수와 경수
- 연수 : 글루텐을 약화시켜 반죽을 연하고 끈적끈적하게 한다.
- 경수 : 글루텐을 단단히 경화시켜 발효를 지연시킨다.

079 물의 기능이 아닌 것은?

① 유화 작용을 한다.
② 반죽 농도를 조절한다.
③ 소금 등의 재료를 분산시킨다.
④ 효소의 활성을 제공한다.

🔍 물의 기능
- 재료를 분산시킨다.
- 반죽온도를 조절한다.
- 글루텐 형성을 돕는다.
- 효소의 활성화에 도움을 준다.
- 반죽 농도를 조절한다.

080 일시적 경수를 바르게 설명한 것은?

① 가열 시 탄산염으로 되어 침전된다.
② 끓여도 제거되지 않는다.
③ 황산염에 기인한다.
④ 보일러에 쓰면 좋은 물이다.

🔍 물에 들어 있는 마그네슘, 칼슘은 탄산염이나 황산염 형태로 존재하고 있다. 탄산염은 가열에 의하여 침전시켜 제거시킬 수가 있으므로 탄산염만을 함유한 경수를 일시적 경수라고 한다. 한편, 황산염을 함유한 물을 끓이더라도 연수가 되지 않으며 증류시키거나 또는 연화제를 첨가해야 한다. 이와 같은 경수를 영구적 경수라 한다.

정답 073 ④ 074 ③ 075 ④ 076 ③ 077 ① 078 ② 079 ① 080 ①

081 자유수를 올바르게 설명한 것은?

① 당류와 같은 용질에 작용하지 않는다.
② 0℃ 이하에서도 얼지 않는다.
③ 정상적인 물보다 그 밀도가 크다.
④ 염류, 당류 등을 녹이고 용매로서 작용한다.

> 유리수(자유수)
> • 식품 중에 유리 상태로 존재하는 보통의 물
> • 미생물의 생육이 가능 : 건조로 쉽게 제거, 0℃ 이하에서 동결
> • 비점과 표면장력 : 비중과 점성, 용매로서 작용

082 제빵에서 소금의 역할 중 틀린 것은?

① 글루텐을 강화시킨다.
② 방부 효과가 있다.
③ 빵의 내상을 희게 한다.
④ 맛을 조절한다.

> 제빵에서 소금의 역할
> • 재료들의 맛을 향상 시켜 풍미를 준다.
> • 발효속도를 조절하여 제빵 작업 속도를 조절한다.
> • 삼투압 작용으로 잡균의 번식을 억제하여 방부 효과를 준다.
> • 제품의 껍질색을 조절한다.
> • 글루텐을 강하게 하여 반죽을 견고하게 한다.

083 다음 중 일반 식염의 구성 원소는?

① 나트륨, 염소
② 칼슘, 탄소
③ 마그네슘, 염소
④ 칼륨, 탄소

> 일반 식염의 구성 원소 : 나트륨(Na), 염소(Cl)

084 밀가루 반죽과 소금에 관한 내용 중 맞는 것은?

① 밀가루에 소금을 첨가하면 흡수율이 감소하고 반죽 시간은 길어진다.
② 밀가루에 소금을 첨가하면 흡수율이 증가하고 반죽 시간은 길어진다.
③ 밀가루에 소금을 첨가하면 흡수율이 감소하고 반죽 시간은 짧아진다.
④ 밀가루에 소금을 첨가하면 흡수율이 증가하고 반죽 시간은 짧아진다.

085 물 100g, 설탕 25g 용액의 당도는?

① 20%   ② 25%
③ 30%   ④ 35%

> • 액당의 당도 : 설탕물에 녹아 있는 설탕의 무게를 %로 표시한 수치
> • 당도 = [설탕의 무게 ÷ (설탕의 무게 + 물의 무게)] × 100(%)
> $= \frac{25}{25+100} \times 100 = \frac{25}{125} \times 100 = 20(\%)$

086 약과, 약식, 캐러멜 색소 원료로 사용되는 설탕은?

① 정백당   ② 황설탕
③ 분당   ④ 과립당

> 약과, 약식, 캐러멜 색소 원료는 황설탕을 사용하여 색을 낸다.

087 설탕 100g을 포도당으로 대치하려고 한다. 감미를 고려할 때 다음 중 맞는 것은?

① 75   ② 100
③ 130   ④ 150

> • 설탕의 감미도 100, 포도당의 감미도 75
> • (설탕의 감미도 × 설탕의 양) = (포도당의 감미도 × 포도당의 양)
> • $(100 \times 100) = (75 \times x)$ 이므로 $x = 133.3$ 약, 130g

088 다음 중 설탕의 기능이 아닌 것은?

① 감미제   ② 껍질색 개선
③ 이스트의 영양 ④ 부피 팽창

> 설탕의 기능 : 단백질 연화작용, 감미제, 껍질색 개선, 이스트의 영양, 수분보유로 노화지연의 기능

089 당의 캐러멜화(Caramelization)는 어느 조건에서 더 진하게 되는가?

① 산성   ② 중성
③ 알칼리성   ④ pH와 무관

> 캐러멜화 반응에 의한 갈변 : 당분을 고온에서 가열하면 분해, 중합하여 착색 물질을 만든다. 당의 종류에 따라 착색도가 달라지며 설탕은 160℃에서 캐러멜화가 시작되고, 포도당과 과당은 이보다 낮은 온도에서 착색된다.

정답 081 ④ 082 ③ 083 ① 084 ① 085 ① 086 ② 087 ③ 088 ④ 089 ③

090 빵에서 당의 중요한 기능은?

① 껍질색을 낸다.
② 글루텐을 질기게 한다.
③ 완충 작용을 한다.
④ 유화 작용을 한다.

> 제빵에서 당의 기능 : 단맛, 이스트의 먹이 제공, 껍질색 조절, 단백질 연화작용

091 다음은 갈색 반응에 대한 설명이다. 빈 칸에 맞는 것은?

환원당 + (　) – (열) – 멜라노이드색소(황갈색)

① 지방　　　　② 탄수화물
③ 단백질　　　④ 비타민

> 마이야르 반응(아미노–카르보닐 반응) : 갈색반응으로 당과 단백질이 결합하여 갈색 반응을 나타낸다.

092 아이싱 크림이나 데커레이션에 사용되는 분당은 어느 당류를 이용하는가?

① 포도당　　　② 과당
③ 설탕　　　　④ 유당

> 분당은 백설탕을 밀가루처럼 곱게 분쇄한 설탕으로 슈거 파우더라고도 한다.

093 식빵에 있어 적당한 CO_2를 생산을 하는데 필요한 설탕의 적정 사용량은?

① 약 4%　　　② 약 10%
③ 약 15%　　　④ 약 23%

> 식빵에 있어 적당한 CO_2를 생산하는데 필요한 설탕의 적정 사용량은 약 4%이다.

094 일반적으로 분당(sugar powder)은 저장 중 덩어리가 되는 것을 방지하기 위하여 몇 % 정도의 전분이 들어 있는가?

① 3%　　　　② 7%
③ 12%　　　　④ 15%

> 분당은 미세한 입자로 인해서 표면의 면적이 크므로 그만큼 수분을 흡수하는 성질이 강하므로 이를 방지하기 위하여 약 3%의 전분을 혼합하고 있다.

095 전화당의 설명 중 틀린 것은?

① 갈색화 반응이 빠르다.
② 설탕을 산이나 효소 처리하여 제조할 수 있다.
③ 쉽게 고체당을 만들 수 있다.
④ 설탕에 소량의 전화당을 혼합하면 용해도가 높아진다.

> 전화당에 과당이 포함되므로 원래의 설탕보다 감미(琛)가 높다. 그러나 흡습성이 있으므로 고체상품으로는 부적합하며 액체로 이용된다.

096 다음 중 캐러멜화가 가장 빠른 것은?

① 설탕
② 유당
③ 맥아당
④ 포도당

> 포도당은 기본적인 단당류로 캐러멜 반응속도, 소화 흡수 속도가 빠르다.

097 과당이 함유되어 있지 않은 것은?

① 과즙　　　　② 분당
③ 벌꿀　　　　④ 전화당

> 분당은 고순도의 설탕을 곱게 빻아 가루로 만든 가공당으로 덩어리가 생기는 것을 방지하기 위하여 3% 정도의 전분을 혼합한다.

098 설탕류가 제빵에 미치는 공통적인 기능 중 잘못 기술된 것은?

① 수분 보유력이 강해 제품에 수분을 많이 남게 한다.
② 반죽에 탄성을 주며 오븐 팽창이 커진다.
③ 저장기간을 연장시키고 수율을 높인다.
④ 휘발성 산, 알데히드 등의 화합물을 생성한다.

정답 090 ① 091 ③ 092 ③ 093 ① 094 ① 095 ③ 096 ④ 097 ② 098 ②

099 다음 중 지방의 산패와 가장 관계가 깊은 것은?

① 수소
② 산소
③ 탄소
④ 질소

🔍 유지가 대기중의 산소와 반응하여 산패되는 것을 자기산화라 한다.

100 버터의 위조 검증에 이용되는 것은?

① 아세틸값
② 요오드값
③ 과산화물값
④ 라이겔트 마이슬값

🔍 라이겔트 마이슬값은 버터의 위조 검증에 이용되며 버터는 26~32, 마가린은 0.55~5.5이다.

101 버터의 수분 함량은?

① 0~10%
② 10~14%
③ 14~17%
④ 17~19%

🔍 버터는 지방 80%, 수분 14~17%, 소금 1~3%, 기타 1%로 구성되어 있다.

102 식용 유지의 산화방지제로 항산화제를 사용하고 있다. 항산화제는 직접 산화를 방지하는 물질과 항산화 작용을 보조하는 물질 또는 앞의 두 작용을 가진 물질로 구분하는데 항산화 작용을 보조하는 물질은?

① 비타민 C
② BHA
③ 비타민 K
④ BHT

🔍 항산화제(산화방지제) : 유지의 산화에 대한 안정 효과를 갖게 하는 물질
• 항산화제 : 비타민 E, PG(프로필갈레이트), BHA, NDGA, BHT, 구아검 등
• 항산화제 보완제 : 비타민 C, 구연산, 주석산, 인산 등은 항산화제와 같이 사용하면 항산화 효과를 높여준다.

103 유지에 가성소다를 첨가할 때 나타나는 현상은?

① 가수분해
② 에스텔화
③ 비누화
④ 산화, 환원

🔍 비누를 만들기 위해 필요한 가성소다(NaOH)의 양을 비누화 값이라고 하는데, 유지 또는 천연 식물왁스 1g을 비누화(검화)시키는 데 필요한 수산화칼륨의 양(mg)을 의미한다.

104 기름을 계속 사용했을 때 나타나는 현상은?

① 발연점 감소
② 발연점 증가
③ 안전성이 크다
④ 산패가 느리다

🔍 유지는 가열 횟수 1회 증가 시마다 발연점이 10~15℃ 내려간다.

105 케이크 제조에서 쇼트닝의 기본적인 3가지 기능과 가장 거리가 먼 것은?

① 팽창기능
② 윤활기능
③ 유화기능
④ 안정기능

🔍 쇼트닝은 지방이 100%인 가소성 제품으로 케이크 종류에서의 유지의 기능은 윤활 기능 이외에도 크리밍성, 유화성, 기포성 등이 있다.

106 빵, 과자류 제품 제조에 사용하는 유지의 특성을 설명한 것 중 틀리는 항목은?

① 파운드 케이크와 같이 많은 유지와 액체를 사용하는 제품에는 유화성이 중요하다.
② 페이스트리와 파이 같이 결을 만드는 제품에는 가소성이 중요하다.
③ 저장기간이 긴 쿠키나 고온에서 작업하는 튀김류에는 기능성이 중요하다.
④ 부드러움을 주기 위하여 빵류에 사용하는 유지는 쇼트닝성이 중요하다.

🔍 저장기간이 긴 쿠키나 고온에서 작업하는 튀김류는 유지의 산화안정성이 중요하다.

정답 099 ② 100 ④ 101 ③ 102 ① 103 ③ 104 ① 105 ④ 106 ③

107 유지의 분해 산물인 글리세린에 대한 설명으로 틀린 것은?

① 물에 잘 녹는 감미의 액체로 비중은 물보다 낮다.
② 향미제의 용매로 식품의 색택을 좋게 하는 독성이 없는 극소수 용매 중의 하나이다.
③ 보습성이 뛰어나 빵류, 케이크류, 소프트 쿠키류의 저장성을 연장시킨다.
④ 물-기름의 유탁액에 대한 안정 기능이 있다.

> 글리세린 : 무색투명하고 단맛이 나는 액체로 흡습성(吸濕性)이 강하다. 고순도의 글리세린은 보존제로서 천연 방부 역할을 한다. 비중은 물보다 무겁다.

108 유지에 가소성을 주는 지방 결정체는 자연계에서 여러 가지 형태를 이루고 있는데 다음 중 융점이 가장 높은 형태는?

① 알파(α)형
② 베타(β)형
③ 베타프라임(β′)형
④ 감마(γ)형

> 유지의 결정형 중 융점이 높은 순서로는 베타(β)형 〉 베타프라임(β′)형 〉 알파(α)형 〉 감마(γ)형

109 마가린에 풍미를 강화하고 방부의 역할도 하기 위하여 첨가하는 물질은?

① 지방
② 소금
③ 우유
④ 유화제

> 마가린 : 지방 80%, 우유 16.5%, 소금 3%, 유화제 0.5%, 인공 향료 등

110 쇼트닝에 함유된 지방 함량은?

① 20%　　② 40%
③ 80%　　④ 100%

> 쇼트닝은 지방이 100%로 색과 풍미가 없다.

111 동물성 유지에 해당되는 것은?

① 버터
② 대두유
③ 면실유
④ 코코아 버터

> 버터는 우유 중의 지방을 분리하여 크림을 만들고, 이것을 세게 휘저어 엉기게 한 다음 응고시켜 만든 유제품이다.

112 다음 설명 중 옳은 것은?

① 모노글리세라이드는 글리세롤의 -OH기 3개 중 하나에만 지방산이 결합된 것이다.
② 기름의 가수분해는 온도와 별 상관이 없다.
③ 기름의 비누화는 가성소다에 의해 낮은 온도에서 진행 속도가 빠르다.
④ 기름의 산패는 기름 자체의 이중결합과 무관하다.

> 바른 설명
> • 기름의 산패는 불포화 지방산이 많을수록 산패하기 쉽다.
> • 기름의 비누화는 가성소다에 의해 높은 온도에서 진행 속도가 빠르다.
> • 유지는 고온에서 중합반응속도가 빠르다.

113 튀김 기름의 발연 현상과 관계가 깊은 것은?

① 유리 지방산가
② 크림가
③ 유화가
④ 검화가

> 유리 지방산가 : 1g의 유지에 들어 있는 유리 지방산을 중화하는데 필요한 수산화 칼륨(유리 지방산이 많으면 발연점이 낮아진다).

114 유지의 산화에 영향을 주는 요인이 아닌 것은?

① 산소　　② 수분
③ 질소　　④ 철

> 유지의 산패에 영향을 주는 요소는 산소, 광선, 열, 효소, 미생물(세균), 금속(구리, 철, 니켈) 등이다.

정답　107 ①　108 ②　109 ②　110 ④　111 ①　112 ①　113 ①　114 ③

115 쇼트닝에 대한 설명으로 틀린 것은?

① 쇼트닝의 가소성이 크다는 것은 고온과 저온에서의 지방고형질계수 차이가 매우 큰 것을 말한다.
② 지방고형질계수(SFI)는 쇼트닝의 물리성, 기능성을 나타내준다.
③ 컴파운드 쇼트닝은 식물성 유지와 동물성 지방을 혼합하여 만든다.
④ 전수소화 쇼트닝은 특정한 굳기가 될 때까지 제품 전체를 부분적으로 수소 첨가시키는 것이 특징이다.

> 가소성이 크다는 것은 고온과 저온에서의 지방고형질계수 차이가 작은 것으로 낮은 온도에서 너무 단단하지 않으며 높은 온도에서 무르게 되지 않는 성질을 갖는다.

116 다음 마가린 중에서 가소성이 가장 적은 것은?

① 식탁용 마가린
② 케이크용 마가린
③ 롤-인용 마가린
④ 퍼프 페이스트리용 마가린

117 유지의 이중 결합에 산소가 반응하여 생성되는 물질은?

① 유리 지방산
② 모노글리세라이드
③ 불포화 지방산
④ 과산화물

118 버터 크림을 만들 때 흡수율이 가장 높은 유지는?

① 라아드
② 경화 라아드
③ 경화 식물성 쇼트닝
④ 유화 쇼트닝

> 유화가는 유지가 물을 흡수하고 보유하는 능력을 말하며 일반 쇼트닝은 자기무게의 100~400%, 유화 쇼트닝은 800%까지 흡수된다.

119 제빵에서의 유지의 기능과 가장 거리가 먼 것은?

① 연화 작용
② 안정성 향상
③ 저장성 증대
④ 껍질색 개선

> 유지는 반죽이 팽창하는데 있어 윤활유와 같은 역할을 하며, 빵을 부드럽게 만들고 최종 제품의 부피를 크게 해주며 설탕과 같이 보습성이 있어, 제품의 유통기한을 연장시키며 먹을 때 부드러운 맛을 준다.

120 경화유를 올바르게 설명한 것은?

① 유지를 가수 분해시킨 것이다.
② 유지에 유화제를 첨가한 것을 말한다.
③ 유지에 수소를 첨가한 것을 말한다.
④ 유지를 산화시킨 것이다.

> 유지의 경화 : 지방산의 이중결합에 니켈을 촉매로 수소를 첨가시켜 지방의 불포화도를 감소시켜 유지의 융점을 높게 만든다. 이러한 유지의 수소 첨가를 경화라 한다.

121 다음 유지의 성질 중 크래커에서 가장 중요한 것은?

① 크림가
② 쇼트닝성
③ 가소성
④ 발연점

> 쇼트닝성 : 제품에 부드러움과 바삭함을 주는 성질로 버터나 쇼트닝이 많이 가지고 있는 성질이다.

122 버터 크림을 만드는 공정 중 공기를 포집하는 유지의 기능은?

① 팽창 기능
② 윤활 기능
③ 호화 기능
④ 인정 기능

> 유지는 크림법 사용 시 공기 포집을 최대한으로 해서 팽창하여 제품의 부피를 좋게 한다. 크림법으로 제조하는 케이크와 버터 크림 등 크림을 만드는 경우에 중요한 기능을 한다.

123 튀김 기름에 스테아린(stearin)을 첨가하는 이유를 설명한 것 중 틀린 것은?

① 기름의 침출을 막아 도넛이 설탕에 젖는 것을 방지한다.
② 융점을 높인다.
③ 도넛에 설탕이 붙는 점착성을 높인다.
④ 경화제(hardener)로 튀김 기름의 3~6%를 사용한다.

> 튀김 기름에 스테아린(stearin)은 경화제로서 기름의 3~6% 정도를 첨가하면 설탕의 녹는점을 높여 기름의 침투를 막는다.

124 유지의 발연점에 영향을 주는 요인과 거리가 먼 것은?

① 유리지방산의 함량
② 외부에서 들어온 미세한 입자상의 물질들
③ 노출된 유지의 표면적
④ 이중 결합의 위치

> 유지의 발연점(Smoke Point)
> • 유리 지방산 함량이 많을수록 낮아진다.
> • 산가가 높을수록 내려간다.
> • 노출된 표면이 클수록 내려간다.
> • 혼입된 이물질이 많을수록 내려간다.
> • 수분이 혼입되면 내려간다.

125 신선한 우유의 비중은?

① 0.8~0.9   ② 0.9~1.0
③ 1.02~1.03   ④ 1.2~1.3

126 식품 100g중에 단백질 함량이 가장 많은 것은?

① 우유   ② 치즈
③ 버터   ④ 달걀

> 우유 100g에는 단백질 함유량 3.4g, 달걀 100g 중에는 약 12g 정도의 단백질 함유. 치즈는 단백질의 원천으로 우유에 들어 있는 카제인을 효소에 응고시켜 만든다.

127 제품의 팽창과 관련이 없는 재료는?

① 베이킹 파우더   ② 유지
③ 분유   ④ 달걀

128 우유를 살균하는 데는 여러 가지 방법이 있는데 고온단시간 살균법으로서 가장 적당한 조건은?

① 72℃에서 15초 처리 후 냉각
② 75℃이상에서 15분 열처리
③ 130℃에서 2~3초 이내 처리
④ 62~65℃에서 30분 처리

> 우유살균법
> • 저온살균법 : 60~65℃의 온도에서 30분간 가열 후 냉각(영양소를 보존할 수 있는 살균법)
> • 고온단시간살균법(HTST) : 70~75℃에서 15초간 가열 후 냉각
> • 초고온순간살균법(UHT) : 130~140℃의 온도에서 1초간 살균한 후 냉각

129 우유에 대한 설명 중 가장 옳은 것은?

① 시유의 비중은 물보다 낮다.
② 시유의 고형분은 30% 정도이다.
③ 시유의 특징적인 이당류는 유당이다.
④ 시유의 지방 함량은 50% 이상이다.

> 우유의 구성 성분은 수분 88%, 고형분 12%(지방 3.65%, 단백질 3.4%, 유당 4.75%)이며, 비중은 1.030~1.032이다.

130 다음 중 우유 단백질이 아닌 것은?

① 카제인(casein)
② 락토알부민(lactoalbumin)
③ 락토글로불린(lactoglobulin)
④ 락토오스(lactose)

> 락토오스는 우유에 들어있는 유당으로 탄수화물이다.

131 우유 가공품과 가장 거리가 먼 것은?

① 치즈   ② 마요네즈
③ 연유   ④ 생크림

> 우유 가공품
> • 치즈 : 우유의 단백질에 레닌을 넣어 카제인을 응고하여 만든다.
> • 연유 : 우유를 농축시킨 것(가당 연유, 무당 연유)
> • 생크림 : 우유 지방을 원심 분리하여 만든 크림
> • 마요네즈 : 샐러드용 소스의 하나. 달걀 노른자, 샐러드유, 식초, 소금, 설탕 등을 섞어 만든다.

정답 123 ③ 124 ④ 125 ③ 126 ② 127 ① 128 ① 129 ③ 130 ④ 131 ②

132 다음 설명 중 제빵에 분유를 사용하여야 하는 경우로 가장 적당한 것은?

① 필수아미노산인 리신과 칼슘이 부족할 때
② 표피색깔이 너무 빨리 날 때
③ 디아스타제 대신 사용하고자 할 때
④ 이스트푸드 대신 사용하고자 할 때

> 우유의 좋은 점 : 필수아미노산(발린, 류신, 이소류신, 메티오닌, 트레오닌, 리신, 페닐알라닌, 트립토판)을 균형 있게 함유한 양질의 단백질과 칼슘, 비타민 B_2가 풍부하다.

133 탈지 분유 성분 중 가장 많은 것은?

① 유당　　② 단백질
③ 회분　　④ 지방

> 탈지 분유는 우유에서 지방을 제거한 후 수분을 증발시켜 분말로 만든 제품이다.

134 이스트푸드를 사용하는 가장 중요한 이유는?

① 반죽온도를 높이기 위해
② 정형을 쉽게 하기 위해
③ 빵의 색을 내기 위해
④ 반죽의 성질을 조절하기 위해

> 이스트푸드의 기능 : 반죽 조절(산화제), 물 조절(물의 경도조절), 이스트 영양(질소 공급)

135 이스트푸드에 관한 사항 중 틀린 것은?

① 물 조절제 - 칼슘염
② 이스트 조절제 - 암모늄염
③ 반죽 조절제 - 산화제
④ 이스트 조절제 - 글루텐

> 이스트푸드의 성분 : 염화암모늄(이스트 조절제), 황산칼슘(물 조절제), 염화마그네슘

136 반죽 개량제에 대한 설명 중 틀린 것은?

① 반죽 개량제는 빵의 품질과 기계성을 증가시킬 목적으로 첨가한다.
② 산화제, 환원제, 반죽 강화제, 노화지연제, 효소 등이 있다.
③ 산화제는 반죽의 구조를 강화시켜 제품의 부피를 증가시킨다.
④ 환원제도 반죽의 구조를 강화시켜 반죽 시간을 증가시킨다.

> 환원제는 글루텐의 연결을 부드럽게 하여 반죽의 신장성을 향상시킨다. 시스테인과 글루타티온이 쓰인다.

137 일반적으로 반죽을 강화시키는 재료들은?

① 유지, 탈지분유, 달걀
② 소금, 산화제, 탈지분유
③ 유지, 환원제, 설탕
④ 소금, 산화제, 설탕

138 정상 조건 하에서 베이킹 파우더 100g은 얼마 이상의 유효 CO_2 가스가 발생되어야 하는가?

① 6%　　② 12%
③ 18%　　④ 24%

> 베이킹 파우더 무게의 12% 이상의 유효 이산화탄소가스(CO_2)가 발생되어야 한다.

139 액체 재료(물, 우유)의 응고제로 부적당한 것은?

① 탄화수소나트륨　　② 젤라틴
③ 한천　　　　　　　④ 전분

> 안정제의 종류에는 한천, 젤라틴, 펙틴, CMC 등이 있다. 참고로 탄화수소나트륨은 빵과자에서 가스를 발생시켜 제품을 부풀려 모양을 갖게 하며 부드러운 조직을 부여하기 위해 쓰는 첨가제이다.

140 베이킹 파우더의 사용량을 늘려야 하는 경우는?

① 밀가루를 적게 사용할 때
② 달걀을 많이 사용할 때
③ 우유를 많이 사용할 때
④ 크림가가 높은 쇼트닝을 사용할 때

> 재료의 상호관계 : 유지가 증가하면 전란 증가, 우유 감소, B.P 감소, 소금 증가

정답 132 ①　133 ①　134 ④　135 ④　136 ④　137 ②　138 ②　139 ①　140 ③

141 생크림을 휘핑할 때의 가장 적당한 온도는?

① −5~1℃　　② 1~10℃
③ 15~18℃　　④ 22~26℃

> 생크림의 온도 관리 요령 : 보관온도 3~7℃, 휘핑 시 생크림 최적온도 3~7℃

142 모노글리세라이드(monoglyceride)와 디글리세라이드(diglyceride)는 제과에 있어 주로 어떤 역할을 하는가?

① 유화제　　② 항산화제
③ 감미제　　④ 필수 영양제

> 가장 많이 사용되는 유화제로 유지에 녹으면서 물에도 분산되고 유화 식품을 안정시킨다. 쇼트닝 제품에 유지의 6~8%, 빵에는 밀가루 대비 0.375~0.5%를 사용한다.

143 베이킹 파우더에 들어 있는 다음 산성 물질 중 가장 작용이 빠른 것은?

① 주석산　　② 제일인산칼슘
③ 소명반　　④ 산성피로인산나트륨

> 베이킹 파우더의 산작용제에서 작용 속도에 의한 분류(빠른 순서) : ① 주석산 ② 산성인산칼륨 ③ 피로인산칼륨(피로인산소다) ④ 인산알루미늄 소다 ⑤ 황산알루미늄 소다

144 물 중의 기름을 분산시키고 분산된 입자가 응집하지 않도록 안정화시키는 작용을 갖고 있는 것은?

① 팽창제　　② 유화제
③ 강화제　　④ 개량제

> 유화제는 안정제(stabilizer)로 유화 상태를 유지하도록 하는 물질이다.

145 수중 유적형(O/W)식품이 아닌 것은?

① 우유　　② 마가린
③ 마요네즈　　④ 아이스크림

> 지방의 유화
> • 유중수적형(W/O, Water in oil) : 마가린, 버터
> • 수중유적형(O/W, Oil in water) : 마요네즈, 우유, 아이스크림

146 젤라틴(gelatin)을 설명한 것 중 틀린 것은?

① 유도 단백질이다.
② 물과 함께 가열하면 대략 30℃ 이상에서 녹아 친수 콜로이드를 형성한다.
③ 품질이 나쁜 젤라틴은 아교로서 접착제로 사용한다.
④ 젤라틴의 콜로이드 용액의 젤 형성과정은 비가역적인 과정이다.

> 젤라틴의 콜로이드 용액의 젤 형성과정은 가역적이다. 가열하면 다시 용해된다.

147 기본적인 유화 쇼트닝은 모노-디 글리세라이드 역가를 기준으로 유지에 대하여 얼마를 첨가한 것이 가장 적당한가?

① 1~2%　　② 3~4%
③ 6~8%　　④ 10~12%

> 유화 쇼트닝에는 모노 디글라세라이드를 6~8% 첨가한다.

148 다음 중 찬물에 잘 녹는 것은?

① 한천(Agar)
② 씨엠씨(CMC)
③ 젤라틴(Gelatin)
④ 펙틴(Pectin)

> 씨엠씨(C.M.C)는 셀룰로오스로부터 만들어지며 냉수에서 쉽게 팽윤되지만 산에서는 저항성이 약하다.

149 다음 중 유화제의 사용 목적이 아닌 것은?

① 유화 및 분산성의 증대
② 기포성(起泡性)의 개량
③ 제품색상의 개량
④ 제품의 용적증가

> 유화제의 사용
> • 반죽의 기계 내성이 향상된다.
> • 제품의 조직과 부피를 개선한다.
> • 반죽 속의 유지가 잘 분산되도록 한다.
> • 노화를 지연시킨다.

정답 141 ②　142 ①　143 ①　144 ②　145 ②　146 ④　147 ③　148 ②　149 ③

150 도넛의 광택제(glaze)로 코팅이 부스러지는 것을 방지하기 위하여 사용하는 안정제와 거리가 먼 것은?

① 스테아린 ② 한천
③ 펙틴 ④ 젤라틴

🔍 안정제(Stabilizers) : 한천(Agar), 젤라틴(Gelatine), 펙틴(Pectin), 씨엠씨(C.M.C) 로커스트빈 껌(Locust Bean Gum)

151 코코아 20%에 상당하는 초콜릿 양은?

① 16% ② 32%
③ 48% ④ 64%

🔍 • 코코아 = 초콜릿 × 5/8(62.5%), 코코아 버터 = 초콜릿 × 3/8(37.5%)
• 20 = 초콜릿 × 5/8, 초콜릿은 32%

152 다음 중 견과류(堅果類)가 아닌 것은?

① 마카다미아(macadamia)
② 피스타치오(pistachio)
③ 캐슈넛(cashew nut)
④ 커피 빈(coffee bean)

🔍 커피 빈은 초콜릿을 커피콩 모양으로 만든 장식물이다.

153 향신료(spices)를 사용하는 목적 중 틀린 것은?

① 향기를 부여하여 식욕을 증진시킨다.
② 육류나 생선의 냄새를 완화시킨다.
③ 매운 맛과 향기로 혀, 코, 위장을 자극하여 식욕을 억제시킨다.
④ 제품에 식욕을 불러일으키는 맛있는 색을 부여한다.

🔍 향신료의 특성 : 풍미 부여, 방부, 항산화 작용, 생리·약리 작용

154 술에 관한 설명 중 틀린 것은?

① 제과·제빵에서 술을 사용하는 이유 중의 하나는 바람직하지 못한 냄새를 없애주는 것이다.
② 양조주란 곡물이나 과실을 원료로 하여 효모로 발효시킨 것으로 알코올 농도가 낮다.
③ 증류주란 발효시킨 양조주를 증류한 것으로 알코올 농도가 높다.
④ 혼성주란 증류주를 기본으로 하여 정제당을 넣고 과실 등의 추출물로 향미를 내게 한 것으로 알코올 농도가 낮다.

🔍 혼성주는 양조주나 증류주에 과실, 향료, 감미료, 약초 등을 첨가하여 침출하거나 증류하여 만든 술로서 리큐르 및 기타 주류 등이 있다. 알코올 농도가 높다.

155 메이스와 같은 나무에서 생산되는 향신료로서 빵도넛에 많이 사용하는 것은?

① 넛메그 ② 시나몬
③ 클로브 ④ 오레가노

🔍 메이스는 넛메그의 종자(種子)를 싸고 있는 빨간 껍질을 말린 것으로 메이스와 넛메그는 같은 식물에서 채집되는 것으로 2가지 모두 요리에 사용하지만, 메이스 쪽이 쓴맛이 적고 값이 더 비싸다.

156 다음 설명 중 코팅용 초콜릿의 특성 중 가장 중요한 것을 바르게 설명한 것은?

① 맛이 좋은 것
② 융점이 항상 높은 것
③ 초콜릿 냄새가 강한 것
④ 융점이 겨울에는 낮고, 여름에는 높은 것

🔍 코팅용 초콜릿(파타글라세)은 주로 케이크나 쿠키, 초콜릿을 씌워주는(코팅) 용도에 사용할 수 있도록 처리한 초콜릿으로 겨울에는 융점이 낮고 여름에는 융점이 높은 것이 적당하다.

157 초콜릿의 브룸(bloom) 현상에 대한 설명 중 틀린 것은?

① 초콜릿 표면에 나타난 흰 반점이나 무늬 같은 것을 브룸(bloom) 현상이라고 한다.
② 설탕이 재결정화 된 것을 슈가 브룸(sugar bloom)이라고 한다.
③ 지방이 유출된 것을 팻 브룸(fat bloom)이라고 한다.
④ 템퍼링이 부족하면 설탕이 재결정화가 일어난다.

🔍 템퍼링이 부족하면 초콜릿의 카카오버터가 유출되어 팻 브룸의 원인이 되며 초콜릿의 광택이 나지 않는다.

정답 150 ① 151 ② 152 ④ 153 ③ 154 ④ 155 ① 156 ④ 157 ④

158 식품 향료에 관한 설명 중 틀린 것은?

① 수용성 향료(essence)는 내열성이 약하다.
② 유성 향료(essential oil)는 내열성이 강하다.
③ 유화 향료(emulsified flavor)는 내열성이 좋지 않다.
④ 분말 향료(powdered flavor)는 향료의 휘발 및 변질을 방지하기 쉽다.

🔍 유화 향료는 유화제에 향료를 분산시켜 만든 것으로 물 속에 분산이 잘 되고 굽기 중 휘발이 작다.

159 제과에 많이 쓰이는 "럼주"는 무엇을 원료로 하여 만드는 술인가?

① 옥수수 전분
② 포도당
③ 당밀
④ 타피오카

🔍 럼주는 사탕수수 원액에서 설탕을 만들고 남은 당밀을 발효시켜 증류한 것을 나무통에 숙성시킨 증류주이다.

160 초콜릿의 맛을 크게 좌우하는 가장 중요한 요인은?

① 카카오 단백질
② 코코아 껍질
③ 카카오 버터
④ 코팅 기술

🔍 카카오 버터(코코아 버터)는 초콜릿에 함유된 유지로 초콜릿의 주요 성분이 된다. 초콜릿은 상온에서 녹지 않지만, 입에 넣으면 바로 녹는다. 이러한 초콜릿의 특성을 결정짓는 인자가 카카오 버터이다.

161 다음 혼성주 중 오렌지 껍질이나 향이 들어있지 않은 것은?

① 그랑 마르니에(Grand Marnler)
② 마라스키노(Maraschino)
③ 쿠앵트로(Colntroeau)
④ 큐라소(Curacao)

🔍 혼성주는 주류(Spirit)에 향, 색, 감미를 첨가한 술이다.

LESSON 02 재료의 영양학적 특성

162 밀가루 조성 중 수분 12%, 단백질 12%, 탄수화물 72%, 지방 1.5%, 기타 4%일 때 밀가루 1g당 열량은?

① 1.0kcal
② 3.5kcal
③ 6.8kcal
④ 8.0kcal

🔍 • 1g당 열량 : 단백질·탄수화물 4kcal, 지방 9kcal
• 열량 = 0.12 × 4 + 0.72 × 4 + 0.015 × 9
= 0.48 + 2.88 + 0.135 = 3.5

163 곡류가 에너지원으로 중요하게 여겨지는 이유와 가장 거리가 먼 것은?

① 재배가 용이하다.
② 다량의 전분 함유로 단위 g당 에너지 생산량이 가장 높다.
③ 소화흡수가 비교적 용이하다.
④ 주성분이 전분이며 다량섭취가 가능하다.

🔍 곡류 및 전분류는 우리의 식생활에서 가장 풍부하고 값이 싼 에너지 공급원으로서, 탄수화물과 함께 단백질을 공급한다.

164 3대 영양소 중 g당 열량 설명으로 옳은 것은?

① 탄수화물보다 지방이 적은 열량을 낸다.
② 지방보다 단백질이 적은 열량을 낸다.
③ 탄수화물보다 단백질이 적은 열량을 낸다.
④ 모두 같은 열량을 낸다.

🔍 3대 영양소의 1g당 열량 : 탄수화물 4kcal, 지방 9kcal, 단백질 4kcal

165 한 개의 무게가 50g인 과자가 있다. 이 과자 100g 중에 탄수화물 70g, 단백질 5g, 지방 15g, 무기질 4g, 물 6g이 들어 있다면 이 과자 10개를 먹을 때 얼마의 열량을 낼 수 있는가?

① 1230 kcal
② 2175 kcal
③ 2750 kcal
④ 1800 kcal

🔍 과자 1개의 열량 = [(70 × 4) + (5 × 4) + (15 × 9)] ÷ 2
= (280 + 20 + 135) ÷ 2 = 217.5kcal

정답 158 ③ 159 ③ 160 ③ 161 ② 162 ② 163 ② 164 ② 165 ②

166 피칸 파이를 50g 섭취하였을 때 지방으로부터 얻을 수 있는 열량은 몇 kcal 인가(피칸 파이 100g - 단백질 8.0g, 지질 17.2g, 당질 41.4g)?

① 77.4kcal
② 154.8kcal
③ 34.4kcal
④ 68.8kcal

> 100g 피칸 파이(지질 17.2g)에서 얻을 수 있는 지방 열량은 17.2 × 9 = 154.8kcal 이므로, 피칸파이 50g에서 얻을 수 있는 열량은 1/2 인 77.4kcal 이다.

167 다음 중 조절 열량소는?

① 비타민, 지방
② 무기질, 비타민
③ 탄수화물, 단백질
④ 단백질, 지방

> • 열량소 : 열량원이 될 수 있는 것(탄수화물, 지방, 단백질)
> • 구성소 : 체성분의 구성에 관여하는 것(단백질, 무기질, 물)
> • 조절소 : 신체의 기능 조절을 돕는 것(비타민, 무기질, 물)

168 다음 중 이당류가 아닌 것은?

① 포도당   ② 맥아당
③ 자당   ④ 유당

> • 맥아당(Maltose) : 엿당 → 포도당 + 포도당
> • 자당(Sucrose) : 설탕(서당) → 포도당 + 과당
> • 젖당(Lactose) : 유당 → 포도당 + 갈락토오스

169 탄수화물은 체내에서 어떤 작용을 하는가?

① 열량을 낸다.
② 골격형성
③ 혈액구성
④ 체작용 조절

> 탄수화물의 기능
> • 에너지의 공급원(1g당 4kcal)
> • 체내 소화 흡수율이 높음 : 98%
> • 단백질의 절약작용
> • 지방의 완전 연소에 관여
> • 혈당량 유지(0.1%)

170 아밀로펙틴에 대하여 잘못 설명한 것은?

① 아밀로오스보다 분자구조가 크고 복잡하다.
② 결합형태가 α-1,4 결합과 α-1,6 결합으로 되어 있다.
③ 포도당 6개 단위의 나선형 구조로 되어 있다.
④ 노화가 쉽게 일어나지 않는다.

> • 아밀로펙틴 (75~80%) : 적자색 요오드반응
> • 포도당이 결합형태가 α-1,4 결합과 α-1,6 결합으로 가지구조
> • 찹쌀, 찰옥수수, 차조 : 아밀로펙틴 100%로 노화가 늦음

171 유용한 장내 세균의 발육을 도와 정장작용을 하는 이 당류는?

① 자당
② 유당
③ 맥아당
④ 셀로비오스

> 젖당(Lactose, 유당)
> • 포도당과 갈락토오스가 결합된 당
> • 동물의 유즙에 함유. 당류 중 단맛이 가장 약함
> • 유산균, 젖산균의 정장작용
> • 칼슘의 흡수를 도움

172 당류 중에서 감미가 가장 강한 것은?

① 맥아당
② 설탕
③ 과당
④ 포도당

> 당질의 감미도 : 과당 〉 전화당 〉 자당 〉 포도당 〉 맥아당(엿당) 〉 갈락토오스 〉 유당(젖당)

173 우유 중 제품의 껍질색을 개선시켜 주는 성분은?

① 유당
② 칼슘
③ 유지방
④ 광물질

> 당의 기능 : 고온에 의한 캐러멜 반응에 의해 갈색 반응

정답 166 ① 167 ② 168 ① 169 ① 170 ③ 171 ② 172 ③ 173 ①

174 밥을 오래 씹으면 단맛이 나는데, 이것은 밥 속에 어떤 영양소가 들어 있기 때문인가?

① 단백질 ② 비타민
③ 탄수화물 ④ 지방질

> 탄수화물은 당질이라 불리며 탄소, 수소, 산소로 구성되어 있는 유기 화합물로서 단맛을 가지고 있다.

175 소화 또는 분해되어 포도당만을 생성하는 탄수화물로만 연결된 것은?

① 전분-설탕-맥아당
② 전분-글리코겐-맥아당
③ 맥아당-설탕-글리코겐
④ 맥아당-젖당-설탕

> • 설탕 = 포도당 + 과당
> • 젖당 = 포도당 + 갈락토오스

176 설탕이나 이눌린(inulin)을 가수분해하였을 때 공통적으로 생성되는 단당류는?

① 포도당
② 갈락토오스
③ 과당
④ 만노오스

> • 자당(Sucrose) : 설탕 또는 서당으로 포도당과 과당이 결합된 당
> • 이눌린 : 과당의 중합체, 주로 돼지감자에 들어 있고 우엉에는 약 8% 함유된 다당류

177 당뇨병인 사람을 위해 식빵을 제조할 때 적합한 사항이 아닌 것은?

① 현미를 첨가한다.
② 설탕 대신 대체감미료를 사용한다.
③ 해조류를 첨가하여 제조한다.
④ 유지의 양을 늘린다.

> 당뇨병 시 제한해야 할 것
> • 단 것 : 설탕, 꿀 등이 첨가된 식품(사탕, 초콜릿, 청량음료, 케이크 등)
> • 짠 것 : 고혈압, 신장, 심장질환 등 합병증이 있는 경우 특히 제한

178 유당불내증의 원인으로 옳은 것은?

① 우유 섭취량의 절대적인 부족
② 소화액 중 락타아제의 결여
③ 대사과정 중 비타민 B군의 부족
④ 선천적 대사 장애

> 유당은 우유에 함유된 이당류로 유당 분해 효소인 lactase가 부족하면 소화되지 않은 유당이 소장에서 삼투 현상에 의해 수분을 끌어들임으로써 팽만감과 경련을 일으키고 대장을 통과하면서 설사를 유발하게 되는데 이러한 현상을 유당불내증이라 한다.

179 유당불내증이 있는 사람에게 적합한 식품은?

① 우유
② 크림소스
③ 요구르트
④ 크림스프

> 유당불내증
> • 우유와 크림 및 그 제품, 몇몇 종류의 치즈, 크림소스, 크림스프와 같이 유당 함량이 많은 식품은 식사에서 제외한다.
> • 요구르트나 따뜻하게 데운 우유가 찬 우유보다 적응하기 쉽다.

180 포도당이 체내에서 하는 기능이 아닌 것은?

① 필수 아미노산으로 전환된다.
② 에너지원이 된다.
③ 과잉 포도당은 지방으로 전환된다.
④ 적절한 혈당을 유지한다.

> 필수 아미노산으로 단백질의 기본 구성단위로 체내에서 합성할 수 없는 아미노산으로, 반드시 음식물을 통해 섭취해야 한다.

181 다음 다당류 중 글루코오스(포도당)만으로 구성되어 있는 탄수화물이 아닌 것은?

① 셀룰로오스 ② 전분
③ 펙틴 ④ 글리코겐

> 다당류인 펙틴은 과실이나 채소류 등의 세포막이나 세포막 사이의 엷은 층에 존재하는 물질로서, 교질성을 갖고 있으며 적당한 산과 당이 존재하면 겔(gel)을 형성할 수 있는 물질로서 pectin의 어원도 "굳어진다"는 말에서 온 것이다.

정답 174 ③ 175 ② 176 ③ 177 ④ 178 ② 179 ③ 180 ① 181 ③

182 다음 콜레스테롤의 설명 중 틀린 것은?

① 동맥경화증의 원인 물질이다.
② 담즙산의 전구체가 된다.
③ 탄수화물 종류 중 다당류이다.
④ 비타민 D_3(V.D_3)의 전구체다.

> 콜레스테롤
> • 콜레스테롤은 신경 조직, 뇌 조직에 들어 있다.
> • 담즙산, 성호르몬, 부신피질 호르몬 등의 주성분이다
> • 다량 섭취 시 고혈압, 동맥경화의 원인이 된다.
> • 자외선에 의해 비타민 D3로 전환된다.

183 필수지방산이 아닌 것은?

① 올레산
② 리놀렌산
③ 아라키돈산
④ 리놀레산

> 필수지방산이란 동물이 체내에서 합성할 수 없어 음식물로 섭취해야만 하는 지방산으로 리놀산, 리놀렌산, 아라키돈산이 있다.

184 지용성 비타민이 아닌 것은?

① V.K
② V.A
③ V.E
④ V.C

> 지용성 비타민
> • 비타민 A : Retinol(레티놀)
> • 비타민 D : Calciferol(칼시페롤)
> • 비타민 E : Tocopherol(토코페롤)
> • 비타민 K : Phylloquinone(필로퀴논)

185 체내에서 지질의 주된 기능은?

① 조혈 작용
② 골격 형성
③ 대사작용 조절
④ 에너지 발생

> 지질은 1g당 9kcal의 열량을 발생한다.

186 지방의 기능이 아닌 것은?

① 비타민 A, D, E, K의 운반 및 흡수작용
② 체온의 손실방지
③ 티아민(thiamine)의 절약작용
④ 정상적인 삼투압 조절에 관여

> 지질의 기능
> • 지질 1g당 9kcal의 에너지가 발생된다.
> • 체온의 발산을 막아 체온을 조절한다.
> • 외부의 충격으로부터 인체의 내장기관을 보호한다.
> • 지용성 비타민(비타민 A, D, E, K)의 흡수를 촉진한다.
> • 장내에서 윤활제 역할을 해 변비를 막아준다.

187 필수지방산을 가장 많이 함유하고 있는 식품은?

① 달걀
② 식물성 유지
③ 마가린
④ 버터

> 필수지방산(비타민 F)
> • 체내에서 합성되지 않기 때문에 식사를 통해 공급받아야 하는 지방산
> • 종류 : 리놀레산, 리놀렌산, 아라키돈산으로 대두유, 옥수수유, 생선의 간유가 급원식품

188 불건성유에 속하는 것은?

① 피마자유　② 대두유
③ 참기름　　④ 어유

> 불건성유(non-drying oil) : 산소와 결합하기 어려워 공기 중에 방치하여도 굳어지지 않는 기름이며 요오드가 100 이하로 올리브유, 피마자기름, 땅콩기름 등이 이에 해당한다.

189 동물성 지방을 많이 섭취하였을 때 발생할 수 있는 질병은?

① 신장병　　② 골다공증
③ 부종　　　④ 동맥경화증

> 포화지방산
> • 상온에서 고체로 존재, 이중 결합이 없는 지방산, 천연에 가장 많이 분포하는 지방산으로 스테아르산과 팔미트산이 있다.
> • 동물성 지방에 많이 함유

정답　182 ③　183 ①　184 ④　185 ④　186 ④　187 ②　188 ①　189 ④

190 유지의 산패 정도를 나타내는 값이 아닌 것은?

① 산가
② 유화가
③ 아세틸가
④ 과산화물가

> 🔍 유지의 산패도 측정
> • 산가(Acid Value : A.V) : 유지 1g 속에 함유된 유리 지방을 완전히 중화하는데 필요한 KOH의 mg 수
> • 요오드가(Iodine valve : I.V) : 유지 100g 중에 흡수되는 요오드의 g수
> • 과산화물가
> • TBA가
> • 오븐 테스트

191 다음 결핍 증세 중 필수지방산의 결핍으로 인해 발생하는 것은?

① 신경통
② 결막염
③ 안질
④ 피부염

> 🔍 필수지방산(Vit F) : 체내에서 합성 불가능하여 식품으로 섭취, 전체 열량의 2% 정도가 필요하다. 신체의 성장 유지 및 성장 촉진, 피부 보호, 동맥경화증을 방지한다.

192 콜레스테롤(Cholesterol)이 함유되어 있는 식품은?

① 옥수수유
② 대두유
③ 들기름
④ 라아드

> 🔍 스테롤 - 콜레스테롤 - 유도 지질, 동물 세포에 함유, 고혈압, 동맥경화 유발, 적혈구 파괴 예방 및 보호

193 다음 중 자외선을 조사하면 비타민 D_2가 되는 것은?

① 레시틴　　② 콜레스테롤
③ 에르고스테롤　④ 세파린

> 🔍 에르고스테롤은 자외선을 조사하면 D_2가 되는 비타민 전구체이다. 버섯, 효모, 곰팡이에 풍부하게 들어 있다.

194 다음 식품 중 콜레스테롤(cholesterol) 함량이 가장 높은 것은?

① 식빵
② 국수
③ 밥
④ 버터

> 🔍 콜레스테롤은 동물 세포에 주로 함유되어 있으며, 고혈압, 동맥경화 유발, 적혈구 파괴 예방 및 보호에 관여한다.

195 다음 중 복합 지질에 속하지 않는 것은?

① 왁스
② 인지질
③ 당지질
④ 세팔린

> 🔍 단순 지질
> • 유지류 : 글리세롤과 지방산이 결합된 단순 지방(쇼트닝, 마가린)
> • 왁스류 : 지방산과 알코올이 결합한 고체 형태의 단순 지방

196 지방의 기능이 아닌 것은?

① 산·염기 균형
② 세포막 형성
③ 지용성 비타민 흡수를 도움
④ 생체기관의 보호

> 🔍 무기질 : 산, 염기 균형

197 다음의 유지 중 두뇌 성장과 시각 기능을 증진시키기 위해 사용하면 좋은 것은?

① 옥수수유
② 대두유
③ 참기름
④ 들기름

> 🔍 들기름 : 들깨에서 짜낸 기름으로 들깨에는 40~45%의 지방이 함유되어 있고 주로 리놀레산(50%), 올레산(11%)으로 구성되어 있어 고도의 불포화지방산이 많아 건성유에 속한다.

정답　190 ②　191 ④　192 ④　193 ③　194 ④　195 ①　196 ①　197 ④

198 생체 내에서의 지방의 기능 중 틀린 것은?

① 생체 기관을 보호한다.
② 체온을 유지한다.
③ 효소의 구성 성분이다.
④ 주요한 에너지원이다.

> 효소의 구성 성분이 되는 것은 단백질이다.

199 다음 중 단일불포화지방산은?

① 올레산　　　② 팔미트산
③ 리놀렌산　　④ 아라키돈산

> 불포화지방산
> • 단일불포화지방산 : 분자 내 이중결합을 한 개 가진 지방산으로 체내 합성이 가능하며, 팜유의 올레산이 가장 널리 분포되어 있다.
> • 다가불포화지방산 : 분자 내 이중결합 두 개 이상으로 상온에서 액체 상태인 대부분의 식물성 기름 및 등푸른 생선기름의 주성분인 필수지방산이다. 리놀레산, 리놀렌산, DHA, EPA 등이 있다.

200 지방이 가수분해되어 생성되는 물질이 아닌 것은?

① 아미노산
② 글리세린
③ 지방산
④ 모노글리세라이드

> 지방의 가수분해 : 물의 존재 하에 디글리세라이드, 모노글리세라이드와 같은 중간 산물을 생성하고 지방산과 글리세린이 된다.

201 신경 조직의 주요 물질인 당지질은?

① 세레브로시드(cerabroside)
② 스핑고미엘린(sphingomyelin)
③ 레시틴(lecithin)
④ 이노시톨(inositol)

> • 세레브로시드(cerebroside) : 중성 당지질
> • 스핑고미엘린(sphingomyelin) : 인지질
> • 레시틴(lecithin) : 인지질의 일종으로 난황, 콩기름, 간, 뇌 등에 다량 존재
> • 이노시톨(inositol) : 고리모양 6가 알코올

202 아미노산 중 트립토판(tryptophan)의 부족 시 일어나는 병은?

① 펠라그라　　② 각기병
③ 구루병　　　④ 야맹증

> 펠라그라병
> • 옥수수를 주식으로 하는 사람들에게서 처음 발견
> • 피로, 식욕감퇴, 체중감소로 시작하여 피부염, 설사, 지능저하 등을 유발

203 두 가지 식품을 섞어서 음식을 만들 때 단백질의 상호 보완 작용이 가장 큰 것은?

① 우유로 반죽한 빵
② 쌀과 보리를 섞은 잡곡밥
③ 쌀과 밀을 섞은 잡곡밥
④ 밀가루와 옥수수 가루를 섞어서 만든 빵

> 곡류(쌀, 보리, 밀, 등) : 리신 부족 / 옥수수 : 나이아신 부족 / 우유 : 리신, 나이아신 다량 함유

204 다음 중 연결이 잘못된 것은?

① 난백 – 알부민
② 밀 – 글리아딘
③ 옥수수 – 제인
④ 혈액 – 케라틴

> 케라틴 : 손톱, 발톱, 머리털 및 뿔 따위의 성분이 되는 경단백질

205 다음 아미노산 중 필수아미노산이며 분자구조에 황을 함유하고 있는 것은?

① 라이신(lysine)
② 발린(valine)
③ 티로신(tyrosine)
④ 메티오닌(methionine)

> 아미노산
> • 성인에게 필요한 필수아미노산 : 8가지(이소루신, 루신, 리신, 트레오닌, 발린, 트립토판, 페닐알라닌, 메티오닌)
> • 함황아미노산 : 시스틴, 시스테인, 메티오닌

정답 198 ③ 199 ① 200 ① 201 ① 202 ① 203 ① 204 ④ 205 ④

206 옥수수 단백질인 제인에 특히 부족한 아미노산은?

① 트레오닌, 로이신
② 트레오닌, 페닐알라닌
③ 트립토판, 메티오닌
④ 트립토판, 발린

🔍 옥수수의 단백질인 제인에는 트립토판이 없으므로, 옥수수를 주식으로 하는 민족에서 펠라그라가 많이 나타난다.

207 체내에서 단백질의 역할과 가장 거리가 먼 것은?

① 항체형성
② 체조직의 구성
③ 대사작용의 조절
④ 체성분의 중성 유지

🔍 단백질의 기능
- 성장 및 체조직의 구성 : 체조직, 혈액단백질, 피부, 효소, 항체, 호르몬 구성
- 에너지의 공급원 : 1g당 4kcal
- 생리 조절 : 삼투압, 체내의 수분함량, 체내의 pH 조절

208 단백질의 구성 단위는?

① 아미노산
② 지방산
③ 글리세린
④ 포도당

🔍 단백질 : 탄소(C), 수소(H), 산소(O), 질소(N), 황(S), 인(P)으로 구성되어 있는 고분자 유기화합물로 수천, 수 만개의 아미노산의 펩티드 결합(CO-NH)으로 이루어져 있다.

209 난백이 교반에 의해 머랭으로 변하는 현상을 무엇이라고 하는가?

① 단백질 변성 ② 단백질 평형
③ 단백질 강화 ④ 단백질 변패

🔍 응고 및 겔화 : 단백질의 변성요인에 의해 단백질은 유동성 상실(점도의 증가)하고, 응고하거나 망상구조에 둘러싸여 겔(gel)을 형성하게 된다.

210 단백질의 가장 중요한 기능을 설명한 것은?

① 효소의 보조 효소
② 골격과 치아조직의 형성
③ 신경의 자극전달
④ 체조직 합성

🔍 단백질의 기능 : 성장 및 체조직의 구성(체조직, 혈액단백질, 피부, 효소, 항체, 호르몬 구성)

211 밀의 제1제한 아미노산은 무엇인가?

① 메티오닌(methionine)
② 라이신(lysine)
③ 발린(valine)
④ 루신(leucine)

🔍 곡류의 제1제한 아미노산은 대부분 라이신이며, 제한 아미노산 중에 가장 부족한 것을 '제1제한 아미노산'이라 한다.

212 인체 내에서 합성되지 않는 필수아미노산은?

① 글리신(glycin)
② 알라닌(alanine)
③ 트립토판(tryptophan)
④ 시스틴(cystine)

🔍 성인에게 필요한 필수아미노산 : 이소루신, 루신, 리신, 트레오닌, 발린, 트립토판, 페닐알라닌, 메티오닌

213 단백질의 기능이 아닌 것은?

① 산, 염기 균형
② 기호성 증진
③ 에너지원
④ 항원, 항체 합성

🔍 단백질의 기능
- 성장 및 체조직의 구성 : 체조직, 혈액단백질, 피부, 효소, 항체, 호르몬 구성
- 에너지의 공급원 : 1g당 4kcal
- 생리 조절 : 삼투압, 체내의 수분함량, 체내의 pH 조절

정답 206 ③ 207 ③ 208 ① 209 ① 210 ④ 211 ② 212 ③ 213 ②

214 질병에 대한 저항력을 지닌 항체를 만드는데 꼭 필요한 영양소는?

① 탄수화물 ② 지방
③ 칼슘 ④ 단백질

> 단백질의 기능 : 성장 및 체조직의 구성(체조직, 혈액단백질, 피부, 효소, 항체, 호르몬 구성)

215 특이 동적 작용이 강하여 과잉 섭취하였을 경우 체온과 혈압이 증가하며 피로가 쉽게 오는 영양소는?

① 탄수화물 ② 지방
③ 비타민 ④ 단백질

> 특이 동적 작용으로 인한 에너지대사의 증가는 섭취한 열량값에 대하여 탄수화물과 지방의 경우 5~6%, 단백질의 경우는 30%나 된다.

216 밀가루 음식에 대두를 넣는다면 어떤 영양소가 강화되는 것인가?

① 섬유질 ② 지방
③ 필수아미노산 ④ 무기질

> 밀가루 등의 곡류는 제1제한 아미노산인 리신이 결핍되어 있다. 따라서, 리신을 보충해주는 영양보충효과를 콩이 공급하여 준다.

217 단백질 효율(PER)은 무엇을 측정하는 것인가?

① 단백질의 질 ② 단백질의 열량
③ 단백질의 양 ④ 아미노산 구성

> 효율(PER)은 섭취한 단백질 1g에 대한 체중 증가량을 측정한 값이다.

218 신체를 구성하는 무기질은 체중의 몇 % 정도를 차지하는가?

① 4% ② 24%
③ 54% ④ 84%

> 무기질 : 인체의 4%를 차지하며, 뼈·치아 구성성분, 체액 중성유지, 신경자극전달, 근육의 수축성전달

219 다음 각 무기질을 설명한 것 중 잘못된 것은?

① 황(S)은 당질 대사에 중요하며 혈액을 알칼리성으로 하고 혈액의 응고작용을 촉진시킨다.
② 칼슘(Ca)은 인산염과 탄산염으로서 주로 골격과 치아에 들어 있다.
③ 나트륨(Na)은 염소와 결합하여 소금이 되어 주로 체액 속에 들어 있고 삼투압 유지에 관여한다.
④ 요오드(I)는 갑상선 호르몬인 티록신의 주성분으로 갑상선 속에 요오드가 결핍되면 갑상선종을 일으킨다.

> 황(Sulfur, S)은 세포단백질의 구성성분으로 조직의 호흡작용, 생물적 산화과정에 관여 해독작용에도 관여한다.

220 빈혈 예방과 관계가 가장 먼 영양소는?

① 철 ② 칼슘
③ 비타민 B_{12} ④ 코발트

> • 비타민 B_{12}(Cyanocobalamin ; 시아노코발라민)결핍증 : 악성빈혈
> • 철분(Fe)결핍증 : 철분 결핍성 빈혈(영양 결핍성 빈혈)
> • 코발트(Co) : Vit B_{12}(항빈혈비타민)의 구성요소로 결핍증은 빈혈
> • 칼슘결핍증 : 골다공증, 골격과 치아의 발육 불량

221 칼슘의 흡수에 관계하는 호르몬은 무엇인가?

① 갑상선 호르몬 ② 부갑상선 호르몬
③ 부신 호르몬 ④ 성 호르몬

222 다음과 같은 기능을 하는 영양소는?

• 체조직 형성 • 산, 염기의 평형조절
• 신경의 자극전달

① 지방 ② 비타민
③ 탄수화물 ④ 무기질

> 무기질(회분) : 인체의 4%차지 뼈, 치아 구성성분, 중성유지, 신경자극전달, 근육의 수축성전달

정답 214 ④ 215 ④ 216 ③ 217 ① 218 ① 219 ① 220 ② 221 ② 222 ④

223 다음 중 비타민의 설명으로 틀린 것은?

① 비타민 A – 야맹증 – 난황, 간
② 비타민 C – 괴혈병 – 딸기, 채소
③ 비타민 D – 구루병 – 우유, 버터
④ 나이아신 – 악성빈혈 – 적혈구 성분

> 옥수수를 주식으로 하고 우유, 달걀, 육류의 섭취가 부족한 사람들은 펠라그라(나이아신 부족증의 대표증상)에 걸리기 쉽다.

224 지용성 비타민과 관계 있는 물질은?

① L-ascoric acid
② β-carotene
③ Niacin
④ Thiamin

> 비타민 A(Retinol ; 레티놀)
> • 상피(점막)세포를 보호하고 눈의 작용을 좋게 한다.
> • 식물성 식품체에는 프로비타민으로 존재
> • 카로틴은 체내에서 비타민 A로 전환

225 비타민 A가 결핍되면 나타나는 주 증상은?

① 야맹증, 성장발육 불량
② 각기병, 불임증
③ 괴혈병, 구순구각염
④ 악성빈혈, 신경마비

> 비타민 결핍증
> • 비타민 A : 야맹증, 안구 건조증
> • 비타민 D : 구루병
> • 비타민 E : 노화촉진, 동물은 불임증
> • 비타민 B_1(Thiamin) : 각기병
> • 비타민 B_2(Riboflavin) : 구순염, 구각염

226 체내에서 생리 기능의 조절 작용을 하며 보조 역할을 하는 영양소는?

① 지방
② 비타민
③ 단백질
④ 탄수화물

> • 열량소 : 열량원이 될 수 있는 것(탄수화물, 지방, 단백질)
> • 구성소 : 체성분의 구성에 관여하는 것(단백질, 무기질, 물)
> • 조절소 : 신체의 기능 조절을 돕는 것(비타민, 무기질, 물)

227 비타민 K와 관계있는 것은?

① 근육긴장
② 혈액응고
③ 자극전달
④ 노화방지

> Vit K(항 출혈성비타민) : 부족 시에 혈액응고가 지연되어 쉽게 출혈된다.

228 식물체에 함유된 단백질 분해 효소는?

① 펩신(pepsin)
② 트립신(trypsin)
③ 레닌(rennin)
④ 브로멜린(bromelin)

> 단백질 분해 효소 : 배즙·생강의 프로테아제(Protease), 파인애플의 브로멜린(Bromelin), 무화과의 피신(Ficin), 파파야의 파파인(Papain)

229 괴혈병을 예방하기 위하여 어떤 영양소가 많은 식품을 섭취해야 하는가?

① 비타민 A
② 비타민 C
③ 비타민 D
④ 비타민 B_1

> 비타민
> • Vit D : 항구루성 비타민
> • Vit A : 항안염성 비타민
> • Vit B_1 : 항각기성 비타민, 티아민
> • Vit C : 항괴혈성 비타민

230 다음 중 pH가 중성인 것은?

① 식초
② 수산화나트륨용액
③ 중조
④ 증류수

> 식초 2.9(산성), 수산화나트륨용액 13.5(알칼리성), 중조 8 이상(알칼리성), 증류수 7.0(중성)이다.

231 다음 비타민의 결핍 증상이 잘못 짝지어진 것은?

① 비타민 B_1 – 각기병, 신경염
② 비타민 C – 괴혈병
③ 비타민 B_2 – 야맹증
④ 나이아신 – 펠라그라

> 비타민과 결핍증
> • Vit B_2(리보플라빈) : 구순, 구각염, 설염, 피부염
> • Vit A : 야맹증, 발육지연

정답 223 ④ 224 ② 225 ① 226 ② 227 ② 228 ④ 229 ② 230 ④ 231 ③

232 효소의 활성에 영향을 주는 요인과 거리가 먼 것은?

① 기질
② pH
③ 작용온도
④ 비타민

🔍 효소의 대부분을 차지하는 주효소 부분이 단백질이기 때문에 열과 pH에 의해 영향을 받는다.

LESSON 03 위생안전관리

233 냉장의 목적과 가장 관계가 먼 것은?

① 식품의 보존기간 연장
② 자기호흡 지연
③ 세균의 증식 억제
④ 미생물의 멸균

🔍 냉장보관
• 식품의 보존기간 연장, 자기호흡 지연, 세균의 증식 억제
• 냉장에 의해 미생물을 멸균시킬 수 없다.

234 제품의 유통기간 연장을 위해서 포장에 이용되는 불활성 가스는?

① 산소
② 질소
③ 수소
④ 염소

🔍 질소와 같은 비활성 기체를 사용하여 포장재 내부의 환경을 비활성에 가깝도록 포장한다.

235 미생물에 의한 단백질이 악취 유해물로 변화하는 현상은?

① 노화
② 부패
③ 변패
④ 산패

🔍 부패란 단백질이 혐기적인 상태에서 미생물에 의해 분해되어 악취와 유해물질을 생성하는 것이다. 이와 달리 변패는 단백질 이외의 성분을 갖는 식품이 변질되는 것으로 당질의 변질이 일반적이다.

236 식품의 부패 방지와 모두 관계가 있는 항은?

① 방사선, 조미료 첨가, 농축
② 가열, 냉장, 중량
③ 탈수, 식염첨가, 외관
④ 냉동, 보존료첨가, 자외선조사

237 발효가 부패와 다른 점은?

① 성분의 변화가 일어난다.
② 미생물이 작용한다.
③ 가스가 발생한다.
④ 생산물을 식용으로 할 수 있다.

🔍 발효 : 미생물을 이용하여 고분자구조의 유기체조직을 부드럽게 이완시켜 저분자구조로 만들어 효소를 풍부하게 생성시키는 방법이다.

238 미생물에 의해 주로 단백질이 변화되어 악취, 유해물질을 생성하는 현상은?

① 발효(Fermentation)
② 부패(Puterifaction)
③ 변패(Deterioration)
④ 산패(Rancidity)

🔍 • 부패(putrefaction) : 단백질 식품이 미생물에 의해 분해되어 저분자의 간단한 물질로 변화하는 현상이다.
• 발효(fermentation) : 식품에 미생물이 번식하여 식품의 성질이 변화를 일으키는 현상이다.
• 변패(deterioration) : 단백질 이외의 탄수화물 등을 많이 함유하는 식품이 미생물의 분해작용으로 일어난다.
• 산패(rancidity) : 지방의 산화 등에 의해 악취나 변색이 일어나는 현상이다.

239 식품의 부패 요인과 가장 거리가 먼 것은?

① 습도
② 온도
③ 가열
④ 공기

🔍 부패가 생기기 쉬운 조건, 즉 세균이 번식하기 쉬운 조건은 적당한 온도와 수분의 존재이다. 가장 적당한 온도는 20~40℃이며, 여름철에 부패가 쉽게 일어난다.

정답 232 ④ 233 ④ 234 ② 235 ② 236 ④ 237 ④ 238 ② 239 ③

240 부패를 판정하는 방법으로 사람에 의한 관능검사를 실시할 때 검사하는 항목이 아닌 것은?

① 색
② 맛
③ 냄새
④ 균수

🔍 균수 측정은 화학적 측정 방법으로 성상, 맛, 냄새, 포장상태 등을 검사하는 관능검사와 다르다.

241 식품의 변질에 관여하는 요인이 아닌 것은?

① pH
② 압력
③ 수분
④ 산소

🔍 미생물 발육에 필요한 조건 : 수분, 온도, 영양소, pH(수소이온농도), 산소

242 제과 제빵에서 효모에 의한 발효란?

① 주로 혐기성 상태에서 유기물질이 인체에 이로운 물질로 변하는 것
② 주로 호기성 상태에서 유기물질이 인체에 해로운 물질로 변하는 것
③ 주로 호기성 상태에서 유지가 산화되는 것
④ 혐기성 상태에서 유지가 환원되는 것

🔍 발효(fermentation)
• 식품에 미생물이 번식하여 식품의 성질이 변화를 일으키는 현상이다.
• 그 변화가 인체에 유익한 경우를 말하며 빵, 술, 간장, 된장 등은 모두 발효를 이용한 식품들이다.

243 유지의 산패 요인과 거리가 먼 것은?

① 광선   ② 수분
③ 금속   ④ 질소

🔍 산패(rancidity)
• 지방의 산화 등에 의해 악취나 변색이 일어나는 현상이다.
• 불쾌한 냄새가 나고 맛, 색, 점성 증가 등의 변화로 품질이 낮아진다.

244 식품의 부패는 주로 어떤 식품 성분이 변질되는 것을 말하는가?

① 비타민   ② 단백질
③ 지방질   ④ 무기질

🔍 부패(Putrefaction)란 주로 단백질 식품이 혐기성 미생물의 분해작용에 의해 질소를 함유한 유기물이 악취를 내며 저급 물질로 분해되는 현상이다.

245 아미노산의 분해생성물은?

① 탄수화물
② 암모니아
③ 글루코오스
④ 지방산

246 빵의 변질 및 부패와 관계가 가장 적은 것은?

① 곰팡이
② 세균
③ 빵의 모양
④ 수분함량

🔍 식품의 변질(spoilage)이란 부패한 식품이 미생물의 작용에 의하여 그 관능적 성질에 변화를 주어 식품으로서 가치를 잃어버리는 현상으로 미생물 발육에 필요한 조건에는 수분, 온도, 영양소, pH(수소이온농도), 산소가 있다.

247 다음 중 부패 진행의 순서로 옳은 것은?

① 아미노산 – 펩타이드 – 펩톤 – 아민, 황화수소, 암모니아
② 아민 – 펩톤 – 아미노산 – 펩타이드, 황화수소, 암모니아
③ 펩톤 – 펩타이드 – 아미노산 – 아민, 황화수소, 암모니아
④ 황화수소 – 아미노산 – 아민 – 펩타이드, 펩톤, 암모니아

🔍 식품의 부패 : 단백질 식품이 미생물에 의해 분해되어 저분자의 간단한 물질로 변화하는 현상이다. 단백질(protein) → 펩톤(peptone) → 폴리펩타이드(polypeptide) → 아미노산(amino acid) → 유화 수소가스(H_2S), 암모니아(NH_3), 아민(amine), 메탄(methane) 생성

정답 240 ④ 241 ② 242 ① 243 ④ 244 ② 245 ② 246 ③ 247 ③

248 부패 세균의 부패 진행 과정을 순서대로 설명한 것 중 잘못된 것은?

① 초기에 호기성 세균이 표면에 오염되어 증식한다.
② 호기성 세균이 증식하면서 분비하는 물질에 의해 식품 성분의 변화를 가져온다.
③ 혐기성 세균이 식품내부 깊이 침입하여 부패가 완성된다.
④ 부패에 관여하는 세균은 대개 한 가지 종류이다.

> 식품의 부패에 관여하는 미생물의 종류는 수없이 많다. 이런 균이 음식 1g 당 100만 마리 정도가 있으면 육안이나 냄새 등으로 음식이 상한 것을 알 수 있을 정도로 부패가 일어난다.

249 식품의 처리, 가공, 저장 과정에서의 오염에 대한 설명으로 바르지 못한 것은?

① 종업원의 철저한 위생 관리만으로 2차 오염을 방지할 수 있다.
② 양질의 원료와 용수로 1차 오염을 방지할 수 있다.
③ 농산물의 재배, 축산물의 성장과정 중에 1차 오염이 있을 수 있다.
④ 수확, 채취, 도살 등의 처리과정에서 2차 오염이 있을 수 있다.

> 미생물에 의한 식품의 오염에는 식품의 가공 저장 이전에 일어나는 오염 즉 자연환경으로부터의 오염인 1차 오염과 그 이후에 일어나는 오염, 즉 식품의 처리 가공 공정에서 일어나는 오염이 2차 오염이 있다.

250 식품위생의 대상이 아닌 것은?

① 식품　　　　② 식품첨가물
③ 조리 방법　　④ 기구와 용기, 포장

> 식품위생이라 함은 식품, 식품첨가물, 기구 또는 용기·포장을 대상으로 하는 음식에 관한 위생을 말한다.

251 다음 중 유해 표백제는?

① 페르라르틴, β-니트로, α-글루아딘
② 삼염화질소
③ 오다민, 로다민 B
④ 돌신, 사이클라메이트

> 유해한 식품첨가물
> • 유해 표백제 : 롱가리트(Ronga lite), 삼염화질소(NCl_3), 과산화수소(H_2O_2), 아황산염(SO_2)
> • 유해 감미료 : 페르라르틴, 돌신, 사이클라메이트
> • 유해착색료 : 로다민 B

252 식품첨가물에 관한 설명 중 틀린 것은?

① 성분규격은 위생적인 품질을 확보하기 위한 것이다.
② 모든 품목은 사용대상 식품의 종류 및 사용량에 제한을 받지 않는다.
③ 조금씩 사용하더라도 장기간 섭취할 경우 인체에 유해할 수도 있으므로 이에 유의하여야 한다.
④ 용도에 따라 보존료, 산화방지제 등이 있다.

> 식품첨가물의 사용은 식품첨가물의 종류와 기준, 규격 등이 수록된 식품첨가물공전에 준한다.

253 보존료의 이상적인 조건과 거리가 먼 것은?

① 독성이 없거나 매우 적을 것
② 저렴한 가격일 것
③ 사용방법이 간편할 것
④ 다량으로 효력이 있을 것

> 보존료(방부제) : 식품 중의 미생물 발육을 억제하여 부패를 방지하고 식품의 선도를 유지하기 위하여 사용. 살균작용보다 부패미생물에 대한 정균작용으로 보존기간을 연장시킨다.

254 빵 및 생과자류에 사용할 수 없는 유해성 보존료와 거리가 먼 것은?

① 붕산　　　　② 포름알데히드
③ 승홍　　　　④ 프로피온산 염류

> 유해보존료에는 붕산(H_3BO_3), 포름알데하이드(Formaldehyde, HCHO), 승홍($HgCl_2$) 불소화합물(HF, NaF 등), β-naphthol이 있으며, 프로피온산 염류는 빵 및 생과자류에 사용이 허용된 보존료이다.

정답　248 ④　249 ①　250 ③　251 ②　252 ②　253 ④　254 ④

255 일명 점착제로서 식품의 점착성을 증가시켜 미각을 증진시키는 효과를 갖는 첨가물은?

① 팽창제 ② 호료
③ 용제 ④ 유화제

256 합성 보존료와 거리가 먼 것은?

① 안식향산(Benzoic acid)
② 소르빈산(Sorbic acid)
③ 부틸히드록시아니졸(BHA)
④ 데히드로초산(DHA)

> 산화방지제와 보존료
> • 지용성 산화방지제 : 디부틸히드록시 톨루엔(Dibutyl Hydroxy Toluene, BHT), 부틸히드록시 아니졸(Butyl Hydroxy Anisole, BHA)
> • 보존료(방부제, Food Preservative) : 데히드로초산(Dehydroacetic Acid, DHA), 소르빈산(Sorbic acid), 안식향산(Benzoic Acid)

257 빵의 제조 과정에서 빵 반죽을 분할기에서 분할할 때 달라붙지 않게 하는 첨가물은?

① 호료(thickening agent)
② 피막제(coating agent)
③ 용제(solvents)
④ 이형제(release agent)

> 이형제(Release Agents) : 빵 제조 시 형태를 손상시키지 않고 빵틀로부터 빵의 형태를 유지하면서 쉽게 분리하도록 하기 위해 사용하는 물질로 유동파라핀(Liquid Paraffin)이 대표적이다.

258 식품첨가물의 규격과 사용기준은 누가 지정하는가?

① 식품의약품안전처장 ② 국립보건원장
③ 시·도 보건연구소장 ④ 시·군 보건소장

259 유해성 감미료는?

① 물엿
② 자당(sucrose)
③ 사이클라메이트(cyclamate)
④ 아스파탐(aspartame)

> 유해 감미료 : 단맛이 천연 감미료보다 높아 식품 공업에서 널리 사용되었으나, 만성중독을 일으킬 염려가 있다. 둘신(Dulcin), 에틸렌글리콜(Ethylene Glycol), 사이클라메이트(Cyclamate), 파라-니트로-오르소-톨루이딘(ρ-nitro--toluidine), 페릴라틴(Peryllartine) 등이 이에 속한다.

260 식품에 부족한 성분을 보충, 식품의 영양소를 첨가할 목적으로 사용되는 것은?

① 조미료
② 강화제
③ 품질개량제
④ 유화제

261 표면장력을 변화시켜, 빵과 과자의 부피와 조직을 개선하고 노화를 지연시키기 위해 사용하는 것은?

① 계면활성제
② 팽창제
③ 산화방지제
④ 감미료

> 팽창제와 계면활성제
> • 계면활성제 : 액체에 첨가하면 표면장력을 감소시켜 퍼짐성과 습윤성을 증가시키는 물질
> • 팽창제 : 빵이나 카스테라 등을 부풀게 하여 적당한 형태를 만들기 위해 사용되는 첨가물로 효모(이스트·천연첨가물), 명반, 탄산수소나트륨, 탄산암모늄, 탄산수소암모늄 등

262 다음 중 유해성 타르(Tar)색소와 가장 관계가 먼 것은?

① 연속적으로 소량씩 섭취할 경우에는 중독증상이 문제되지 않는다.
② 일반적으로 장기, 혈액, 신경계에 유해한 영향을 준다.
③ 소량씩 연속적으로 섭취할 경우 특히 발암성이 문제된다.
④ 특히 간장과 신장에 대하여 독성을 나타내는 공통점을 갖고 있다.

> 착색료 : 식품 고유의 자연색이 식품 제조, 가공 보존 등의 과정 중에 변색되거나, 퇴색된 것을 본래 색으로 복원하거나, 식품 가치를 높이기 위해 착색하는데 사용되는 첨가물

정답 255 ② 256 ③ 257 ④ 258 ① 259 ③ 260 ② 261 ① 262 ①

263 식물성 색소가 아닌 것은?

① 플라보노이드 색소
② 식용색소 적색 제40호
③ 엽록소
④ 안토시아닌 색소

🔍 합성착색료 : 식품첨가물로 지정된 것 이외는 사용할 수 없다. 타르(tar) 색소 8품목, 타르 색소의 알루미늄레이크 7품목, 비타르계 착색료 10품목, 모두 25품목 허용

264 팥앙금류, 잼, 케첩, 식육 가공품에 사용하는 보존료는?

① 소르빈산(염)
② 디히드로초산(염)
③ 강화제
④ 파라옥시 안식향산 부틸

🔍 보존료
- 디히드로 초산 및 디히드로 초산나트륨 : 치즈, 버터류, 마가린류
- 소르빈산 및 소르빈산칼륨 : 치즈, 식육제품, 젓갈류, 된장, 고추장, 춘장, 어패 건제품, 팥 앙금류, 과실주, 유산균 음료 등
- 파라옥시안식향산 에스테르류 : 캡슐류, 간장, 식초, 과실·채소류 음료(비가열제품 제외), 기타 음료, 인삼음료, 홍삼음료, 소스류, 과실·채소(표피부분), 과실주, 약주 및 탁주, 잼류, 망고

265 빵 및 생과자류에 사용이 허용된 보존료는?

① 붕산
② 포름알데히드
③ 승홍
④ 프로피온산 염류

🔍 프로피온산칼슘, 프로피온산나트륨, 프로피온산 : 빵, 케이크류, 치즈, 잼류

266 유해한 합성 착색료는?

① 수용성 안나토
② 베타 카로틴
③ 이산화티타늄
④ 아우라민

🔍 유해착색료(특히 타르색소) : 아우라민, 로다민 B, 파라-니트로아닐린, 말라카이트 그린

267 식용유의 산화방지에 사용되는 것은?

① 비타민 E
② 비타민 A
③ 니코틴산
④ 비타민 K

🔍 비타민 E는 영양강화의 목적으로도 사용하며 항산화력이 있다.

268 과자, 비스킷, 카스텔라 등을 부풀게 하기 위한 팽창제로 사용되는 식품첨가물이 아닌 것은?

① 탄산수소나트륨
② 탄산암모늄
③ 산성 피로인산나트륨
④ 안식향산

🔍 안식향산나트륨은 방부제(보존료)로 사용되는 화학물질이다.

269 다음 첨가물 중 합성보존료가 아닌 것은?

① 데히드로 초산
② 소르빈산
③ 차아염소산 나트륨
④ 프로피온산 나트륨

🔍 차아염소산나트륨 : 살균제로 어육제품을 살균하는 데 사용하는 화학물질로 두부, 어육제품, 햄, 소시지 등에 사용되는 물질로 피부염, 고환 위축, 암 유발

270 식품에 영양강화를 목적으로 첨가하는 물질로 지정된 강화제가 아닌 것은?

① 비타민류
② 아미노산류
③ 칼슘화합물
④ 규소화합물

🔍 영양강화제 : 식품의 빛깔이나 풍미를 변화시키지 않고, 부족한 영양소를 보완하는 식품첨가물. 비타민·무기질·아미노산 등

271 다음 식품첨가물 사용 시 유의할 사항 중 잘못된 것은?

① 사용 대상식품의 종류를 잘 파악한다.
② 첨가물의 종류에 따라 사용량을 지킨다.
③ 첨가물의 종류에 따라 사용 조건은 제한하지 않는다.
④ 보존방법이 명시된 것은 보존기준을 지킨다.

🔍 식품첨가물은 지정제도에 의하여 품목과 규격기준을 설정하여 사용을 엄격하게 규제하고 있다.

정답 263 ② 264 ① 265 ④ 266 ④ 267 ① 268 ④ 269 ③ 270 ④ 271 ③

272 밀가루 개량제의 사용 목적으로 가장 옳은 것은?

① 비타민의 파괴 방지
② 소화력 증진
③ 밀가루 전분의 호화 촉진
④ 단백질분해효소 제거

> 밀가루 개량제 : 밀가루를 표백, 숙성하여 제빵 저해물질을 파괴하여 밀가루의 품질을 개량할 목적으로 사용(카로티노이드계 색소와 단백질 분해 효소제거)

273 빵, 과자 제조 시에 첨가하는 팽창제가 아닌 것은?

① 암모늄염반
② 프로피온산 나트륨
③ 탄산수소나트륨
④ 염화암모늄

> 팽창제
> • 빵이나 카스테라 등을 부풀게 하여 적당한 형태를 만들기 위해 사용되는 첨가물
> • 효모(이스트·천연첨가물), 명반, 탄산수소나트륨, 탄산암모늄, 탄산수소암모늄 등

274 보존료의 조건으로 적당하지 못한 것은?

① 독성이 없거나 장기적으로 사용해도 인체에 해를 주지 않아야 한다.
② 사용방법이 용이하고 값이 싸야 한다.
③ 보존력이 강하고 식품 중에 오랫동안 변하지 않고 남아 있어야 한다.
④ 무미, 무취로 식품에 변화를 주지 않아야 한다.

> 보존료의 조건
> • 독성이 없거나 장기적으로 사용해도 인체에 해를 주지 않아야 한다.
> • 사용방법이 용이하고 값이 싸야 한다.
> • 무미, 무취로 식품에 변화를 주지 않아야 한다.

275 이형제를 가장 잘 설명한 것은?

① 가수분해에 사용된 산제의 중화에 사용되는 첨가물이다.
② 제과, 제빵을 구울 때 형틀에서 제품의 분리를 용이하게 하는 첨가물이다.
③ 거품을 소멸 억제하기 위해 사용하는 첨가물이다.
④ 원료가 덩어리지는 것을 방지하기 위해 사용하는 첨가물이다.

> 이형제 : 빵 제조 시 형태를 손상시키지 않고 빵틀로부터 빵의 형태를 유지하면서 쉽게 분리하도록 하기 위해 사용하는 물질로 유동파라핀(Liquid Paraffin)이 대표적이다.

276 밀가루 개량제가 아닌 것은?

① 염소
② 과산화벤조일
③ 염화칼슘
④ 이산화염소

> 밀가루 개량제 : 제분된 밀가루의 표백과 숙성기간을 단축하기 위한 목적으로 사용되며 브롬산칼륨, 아조디카본아마이드, 과산화벤조일, 이산화염소, 염소, 과황산암모늄 등이 있다.

277 제과공업에서 표백제로 사용되어 문제가 되었던 유해물질은?

① 사카린
② 사이클라메이트
③ 롱갈릿
④ 둘신

> 유해표백제 롱가리트(Rongalite) : 포름알데히드설폭실산나트륨, 밀가루, 물엿, 연근의 표백제로 사용. 피부나 눈의 염증, 폐막이나 기도에 장애. 현재 사용 금지

278 식품첨가물에 의한 식중독 원인이 아닌 것은?

① 허용되지 않은 첨가물의 사용
② 불순한 첨가물의 사용
③ 허용된 첨가물의 과다사용
④ 독성물질을 식품에 고의로 첨가

> 식품첨가물에 의한 식중독 : 불허용 첨가물의 사용, 오용, 허용된 첨가물의 과다사용, 불순한 첨가물의 사용 등

279 식품의 관능을 만족시키기 위해 첨가하는 물질은?

① 강화제
② 보존제
③ 발색제
④ 이형제

> • 관능을 만족시키는 첨가물 : 착색료, 착향료, 표백제, 발색제, 감미료, 조미료, 산미료
> • 식품의 품질개량, 품질유지에 사용되는 첨가물 : 강화제, 보존제, 이형제

정답 272 ④ 273 ② 274 ③ 275 ② 276 ③ 277 ③ 278 ④ 279 ③

280 백색의 결정으로 열량에 잘 녹고, 감미도는 설탕의 250배로 청량 음료수, 과자류, 절임류 등에 사용되었으나 만성중독인 혈액독을 일으켜 우리나라에서는 1966년 11월부터 사용이 금지된 인공 감미료는?

① 둘신
② 사이클라메이트
③ 에틸렌글리콜
④ 파라-니트로-오르토-톨루이딘

🔍 둘신(Dulcin) : 백색 분말의 인공감미료. 단맛은 설탕의 250~280배, 사카린과 함께 쓰면 설탕의 400배 정도, 혈액독, 간장, 신장 장애, 간종양 발생, 소화력 약화, 중추신경계 유해작용. 현재 사용 금지

281 물과 기름과 같이 서로 잘 혼합되지 않는 두 종류의 액체를 혼합할 때 사용하는 물질을 유화제라 한다. 다음 중 천연 유화제는?

① 구연산
② 고시폴
③ 레시틴
④ 세사몰

🔍 유화제(계면활성제) : 서로 혼합되지 않는 두 종류의 액체를 혼합·분산시켜 분리되지 않도록 하고 안정화시키는 역할을 하는 물질로 천연 유화제에는 레시틴, 효소분해레시틴 등이 있다.

282 제과, 제빵작업에 종사해도 무관한 질병은?

① 이질
② 약물 중독
③ 결핵
④ 변비

🔍 종사하지 못하는 질병
• 콜레라, 장티푸스, 파라티푸스, 세균성이질, 장출혈성대장균감염증, A형간염
• 결핵(비감염성인 경우 제외)
• 피부병 또는 그 밖의 화농성질환
• 후천성면역결핍증(성병에 관한 건강진단을 받아야 하는 영업에 종사하는 자에 한함)

283 크림빵, 김밥, 도시락, 찹쌀떡이 주원인 식품이며, 조리사의 화농병소와 관련이 있고, 봄 가을철에 많이 발생하는 독소형 식중독은?

① 살모넬라 식중독
② 포도상구균 식중독
③ 장염비브리오 식중독
④ 보툴리누스 식중독

🔍 포도상구균 식중독
• 원인균 : 황색포도상구균(Staphylo coccus aureus)
• 원인독소 : 장독소(enterotoxin)
• 증상 : 급격한 발병, 처음에는 타액의 분비가 증가. 심한 구토, 복통, 경련 및 설사를 일으킨다.

284 다음 중 병원성 미생물(식중독균)인 것은?

① 장염 비브리오균
② 제빵용 효모
③ 누룩 곰팡이
④ 발효유 젖산균

🔍 장염 비브리오(Vibrio)균에 의한 식중독
• 원인균 : 호염성 비브리오균으로 3~4% 염분농도에서 증식한다.
• 원인식품 : 생선회, 어패류의 생식
• 증상 : 점액혈변, 복통, 발열 등 급성 위장염증상

285 다음 중 신경친화성 독소로 치사율이 가장 높은 것은?

① 보툴리누스균
② 살모넬라균
③ 포도상구균
④ 웰치균

🔍 보툴리누스(Botulinus) 식중독 : 원인독소는 뉴로톡신(neurotoxin)으로 식중독 중 치사율이 가장 높다.

286 다음 조건을 충족시키는 것은?

〈조건〉
• 세균성 식중독, 감염형
• 60°C에서 20분 가열시 사멸
• 잠복기 : 12~24시간
• 생육 최적온도 : 37°C
• 생육 최적 pH₇~8, 그람음성 간균
• 고열(38~40°C), 설사

① 보툴리누스균
② 웰치균
③ 살모넬라균
④ 포도상구균

🔍 독소형 식중독 : 포도상구균, 웰치균(클로스트리디움 퍼프린젠스), 보툴리누스균 식중독

정답 280 ① 281 ③ 282 ④ 283 ② 284 ① 285 ① 286 ③

287 해수에서 번식하는 세균의 일종으로 어패류 생식 때 발견되고 식염농도 3%에서도 생육가능하며, 37℃에서 최적 발육 조건을 갖는 것은?

① 포도상구균
② 웰치균
③ 장염 비브리오균
④ 살모넬라균

288 100℃에서 6시간 가열해도 파괴되지 않고 통조림 속에서 번식하는 식중독균은?

① 보툴리누스균
② 포도상구균
③ 장염 비브리오균
④ 병원성 대장균

🔍 보툴리누스(Botulinus) 식중독
- 원인균 : 보툴리누스균
- 원인식품 : 통조림, 병조림 등의 보존식품

289 밀가루와 비슷하게 생겼으며 섭취 시 화학성 식중독이 발생하는 것은?

① 납   ② 수은
③ 비소   ④ 구리

🔍 비소 : 살충제, 농약제 등에 널리 사용, 비산, 아미산, 비산납 등의 비소화합물에 의해 식중독을 일으킨다. 조제분유 사건, 간장 중독 사건

290 정제가 불충분한 면실유에 들어 있는 독성은?

① 듀린   ② 테무린
③ 고시폴   ④ 브렉큰편독신

🔍 독보리 : 테무린 / 목화씨(정제가 불충분한 면실유) : 고시폴 / 수수 : 글루코시드 듀린

291 감자 독소로 맞는 것은?

① 솔라닌   ② 맥각
③ 고시폴   ④ 엔테로도톡신

🔍 감자 중독 성분 : 감자의 싹, 녹색 부분에 솔라닌(Solanine)

292 아폴라톡신과 관계가 깊은 것은?

① 감자독
② 효모독
③ 세균독
④ 곰팡이독

🔍 아플라톡신은 원인식품이 곶감, 변질된 땅콩과 옥수수 등이며, 인체에 간장독, 암 유발의 원인인 곰팡이 중독이다.

293 대표적인 독소형 세균성 식중독은?

① 살모넬라
② 아리조나
③ 포도상구균
④ 장염 비브리오균

🔍 세균성 식중독
- 감염형 식중독 : 살모넬라 식중독, 장염비브리오 식중독
- 독소형 식중독 : 포도상구균 식중독, 보툴리누스(Botulinus) 식중독, 웰치균(클로스트리디움 퍼프린젠스)

294 다음 물질 중 "이타이이타이" 병을 발생시키는 것은?

① Cd
② Cu
③ Hg
④ Pb

🔍 중금속 중독
- 수은(Hg) : 미나마타병을 유발
- 카드뮴(Cd) : 이타이이타이병의 원인물질

295 살모넬라균에 대한 설명이 아닌 것은?

① 그람양성간균
② 60℃에서 20분만에 사멸
③ 최적온도는 37℃
④ 급성위장염을 일으킴

🔍 살모넬라 식중독(세균성 감염형 식중독)
- 원인균 : 살모넬라 속균(Salmonella spp.), Gram 음성 무아포간균, 통성혐기성균
- 잠복기 : 12~24시간
- 증상 : 구역질, 구토, 복통, 설사, 두통, 급격한 발열(38~40℃)

정답 287 ③ 288 ① 289 ③ 290 ③ 291 ① 292 ④ 293 ③ 294 ① 295 ①

296 장염비브리오균에 감염되었을 때 주요증상은?

① 급성 장염질환 ② 피부농포
③ 신경마비 ④ 구토

> 🔍 장염비브리오 식중독
> • 원인균 : 비브리오균, 호염성 세균(식염농도 3~4%), 그람음성 무아포간균
> • 증상 : 오한, 발열, 두통, 근육통, 급성위장염, 구토, 복통, 설사(혈변)

297 포도상구균의 독소는?

① 살모넬라
② 엔테로도톡신
③ 뉴로톡신
④ 삭시톡신

> 🔍 • 삭시톡신(Saxitoxin) : 섭조개(홍합), 대합(플랑크톤을 섭취한 조개류에서 검출)
> • 장염 비브리오(병원성 호염균) : 독소는 뉴로톡신(신경독소)

298 알레르기(allergy)성 식중독의 주된 원인 식품은?

① 오징어 ② 꽁치
③ 갈치 ④ 광어

> 🔍 알레르기성 식중독은 히스티딘(histidine) 함유량이 많은 어육(꽁치, 고등어, 정어리, 참치, 방어 등 붉은살 계통의 생선)에 부착되어 증식하여 다량의 histamine과 유해 amine계 물질 생성한다.

299 메틸알코올의 중독 증상이 아닌 것은?

① 두통 ② 구토
③ 실명 ④ 환각

> 🔍 메탄올(Methanol, Methyl alcohol : CH_3OH) 중독증상
> • 급성 : 두통, 현기증, 구토, 복통, 설사 및 시신경 이상 증세 (섭취 수 시간 내)
> • 중증 : 마취상태, 심장쇠약과 호흡장애로 사망
> • 만성 : 두통, 흉통, 신경염

300 복어 중독을 일으키는 성분은?

① 아코니틴 ② 테트로도톡신
③ 솔라닌 ④ 무스카린

> 🔍 중독 성분
> • 솔라닌(Solanine) : 감자의 싹, 녹색 부분
> • 무스카린 : 버섯의 유독성분
> • 아코니틴 : 미나리아재빗과 식물의 뿌리에 들어 있는 알칼로이드

301 식품 중에 자연적으로 생성되는 천연 유독성분에 대한 설명이 잘못된 것은?

① 아몬드, 살구씨, 복숭아씨 등에는 아미그달린 이라는 천연의 유독성분이 존재한다.
② 천연 유독성분 중에는 사람에게 발암성, 돌연변이, 기형유발성, 알레르기성, 영양장해 및 급성중독을 일으키는 것들이 있다.
③ 유독성분의 생성량은 동·식물체가 생육하는 계절과 환경 등에 따라 영향을 받는다.
④ 천연의 유독성분들은 모두 열에 불안정하여 100℃로 가열하면 독성이 분해되므로 인체에 무해하다.

> 🔍 동물성 자연독인 복어 중독은 복어의 난소와 알, 간 등에 있으며, 피부와 근육조직에도 극히 미량 함유되어 있으나 독성이 강하고 열에도 안정하여 끓여도 파괴되지 않는다.

302 독소형 식중독에 속하는 것은 다음 중 어느 것인가?

① 포도상구균 ② 장염비브리오균
③ 병원성대장균 ④ 살모넬라균

> 🔍 식중독
> • 세균성 식중독(생물학적 식중독) : 살모넬라 식중독, 장염비브리오 식중독, 병원성대장균 식중독
> • 독소형 식중독 : 포도상구균 식중독, 보툴리누스(Botulinus) 식중독, 웰치균·클로스트리디움 퍼프린젠스)

303 비교적 내열성이 강하여 100℃에서 6시간 정도의 가열 시 겨우 살균될 수 있는 식중독 원인균으로 불충분하게 살균된 통조림 식품에서 유래될 수 있는 것은?

① 병원성 대장균 ② 살모넬라균
③ 장염 비브리오균 ④ 보툴리누스균

> 🔍 보툴리누스(Botulinus) 식중독
> • 원인균 : 보툴리누스균
> • 원인식품 : 통조림, 병조림 등의 보존식품

정답 296 ① 297 ② 298 ② 299 ④ 300 ② 301 ④ 302 ① 303 ④

304 식중독 발생 시의 조치 사항 중 잘못된 것은?

① 환자의 상태를 메모한다.
② 보건소에 신고한다.
③ 식중독 의심이 있는 환자는 의사의 진단을 받게 한다.
④ 먹던 음식물은 전부 버린다.

> 식중독 발생시 현장 역학조사 및 보존식 등 관련식품의 신속한 수거검사 사용 식재료 및 식재료공급업소에 대한 신속한 추적 조사가 요구된다.

305 E. coli(대장균)에 대한 설명 중 틀린 것은?

① 포자형성
② 장내 세균
③ 그람음성
④ 통성 혐기성

> 대장균은 분변오염의 지표가 되며 그람음성 무포자 간균으로 유당을 분해해서 가스를 만드는 호기성·통성 혐기성균이다.

306 다음 세균성 식중독균 중 가장 내열성이 강한 것은?

① 살모넬라균
② 장염 비브리오균
③ 포도상구균
④ 보툴리누스균

> 보툴리누스(Botulinus) 식중독 : 가열에 의한 아포의 완전살균(120℃에서 4분 또는 100℃에서 30분 이상)

307 테트로도톡신(Tetrodotoxin)은 다음 어느 식중독의 원인물질인가?

① 조개 식중독
② 버섯 식중독
③ 복어 식중독
④ 감자 식중독

> 조개 중독(베네루핀) / 독버섯 중독(무스카린) / 감자의 싹, 녹색 부분 솔라닌(Solanine)

308 포도상구균에 의한 식중독 예방책으로 가장 부적당한 것은?

① 조리장을 깨끗이 한다.
② 섭취 전에 60℃ 정도로 가열한다.
③ 멸균된 기구를 사용한다.
④ 화농성 질환자의 조리업무를 금지한다.

> 포도상구균 식중독 예방방법
> • 세균의 증식방지, 식품취급 장소의 위생관리 및 2차 오염방지
> • 원료의 오염방지, 식품의 가열처리 및 신속한 섭취, 5℃ 이하의 저온 보관
> • 화농창을 가진 사람의 식품 제조·조리 금지
> • 식품의 제조·조리 종사자의 손 소독

309 유해금속과 식품용기의 관계이다. 잘못 연결된 것은?

① 주석 – 유리식기
② 구리 – 놋그릇
③ 카드뮴 – 법랑
④ 납 – 도자기

> 주석(Sn) 중독은 통조림 관(깡통)에 도금된 주석이 산성이 강한 내용물(과일, 채소 등), 식품에 의해 용출되어 발생한다.

310 폐디스토마의 제1중간 숙주는?

① 쇠고기
② 배추
③ 다슬기
④ 붕어

> 중간 숙주
> • 간디스토마(간흡충) : 제1중간숙주(왜우렁이), 제2중간숙주(민물고기)
> • 폐디스토마(폐흡충) : 제1중간숙주(다슬기류), 제2중간숙주(민물 게, 가재)

311 식중독을 일으키는 세균 중 잠복기가 가장 짧은 것은?

① 웰치균
② 보툴리누스균
③ 살모넬라균
④ 포도상구균

> 포도상구균의 잠복기는 일반적으로 2~4시간, 웰치균 8~22시간(평균 10~12시간), 보툴리누스균 8~36시간(잠복기가 가장 길다. 평균12시간), 살모넬라균 12~24시간

312 포도상구균과 가장 관계가 깊은 것은?

① 식품중의 녹색 곰팡이
② 조개에 의한 식중독
③ 식품취급자의 화농성 질환
④ 해산물의 식중독

> 포도상구균 식중독의 원인식품은 포도상구균의 증식에 의한 장독소가 생산된 식품의 섭취에 의하여 발생. 김밥, 초밥, 도시락 등 쌀밥을 주재료로 한 음식물, 우유, 유제품, 가공육(햄, 소시지 등), 어묵제품, 생과자 및 만두 등이다.

313 자연독 식중독과 그 독성물질을 잘못 연결한 것은?

① 무스카린 – 버섯중독
② 베네루핀 – 모시조개중독
③ 솔라닌 – 맥각중독
④ 테트로도톡신 – 복어중독

🔍 솔라닌(Solanine) : 감자의 싹튼 부분, 녹색부분

314 제품의 포장용기에 의한 화학적 식중독에 대한 주의를 특히 요하는 것과 거리가 가장 먼 것은?

① 형광 염료를 사용한 종이 제품
② 착색된 셀로판 제품
③ 페놀수지 제품
④ 알루미늄박 제품

315 육류에 주로 기생하는 O-157은 다음 어느 세균류에 속하는가?

① 대장균   ② 살모넬라균
③ 리스테리아균   ④ 비브리오균

🔍 병원성 대장균(O-157)
• 열에 약하다 : 68℃ 이상에서 사멸
• 저온에 강함(-20℃에서도 생존)
• 산에 강함(pH4.5 사과쥬스에서도 생존)
• 잠복기간 : 12~72 시간임
• 주요 증상 : 혈변, 복통, 설사, 오심, 구토, 때때로 발열

316 경구감염병과 비교할 때, 세균성 식중독의 특징인 것은?

① 2차 감염이 자주 발생한다.
② 미량이 균량이라도 감염을 일으킨다.
③ 잠복기가 짧다.
④ 면역성이 있다.

🔍 세균성 식중독은 다량으로 감염을 일으키며 전염성이 거의 없고 잠복기가 짧다. 잠복기가 짧다.

317 조개류 등에 의한 식중독 원인 독소는?

① 무스카린(muscarine)
② 베네루핀(venerupin)
③ 솔라닌(solanine)
④ 시트리닌(citrinin)

🔍 무스카린(muscarine) : 독버섯 / 솔라닌(solanine) : 감자의 싹 / 시트리닌(citrinin) : 황변미 중독, 푸른곰팡이

318 대장균 O-157 이 내는 독성물질은?

① 베로톡신   ② 테트로도톡신
③ 삭시톡신   ④ 베네루핀

🔍 병원성 대장균인 O-157은 베로톡신(verotoxin)이라는 매우 강한 독소를 만들어 낸다.

319 마이코톡신(mycotoxin)의 특징과 거리가 먼 것은?

① 감염형이 아니다.
② 탄수화물이 풍부한 곡류에서 많이 발생한다.
③ 원인식품의 세균이 분비하는 독성분이다.
④ 중독의 발생은 계절과 관계가 깊다.

🔍 진균독소(마이코톡신. Myco toxin)는 곰팡이류가 생성하는 저분자 2차 대사산물로 사람, 가축, 어류 등 고등생물에 중독을 일으키는 유해물질군의 총칭이다. 신경계, 간장, 신장 또는 다른 특정기관에 장애를 유발한다.

320 쥐나 곤충류에 의해서 발생될 수 있는 식중독은?

① 살모넬라 식중독
② 클로스트리디움 보툴리늄 식중독
③ 포도상구균 식중독
④ 웰치균 식중독

321 세균이 생산한 독소에 의한 식중독은?

① 포도상구균 식중독
② 살모넬라 식중독
③ 아리조나 식중독
④ 장염비브리오 식중독

🔍 식중독
• 감염형 식중독 : 살모넬라 식중독, 아리조나 식중독, 장염비브리오 식중독
• 독소형 식중독 : 포도상구균 식중독, 보툴리누스 식중독, 웰치균(클로스트리디움 퍼프린젠스)

정답 313 ③ 314 ④ 315 ① 316 ③ 317 ② 318 ① 319 ③ 320 ① 321 ①

322 식중독의 원인이 될 수 있는 것과 거리가 먼 것은?

① Pb(납) ② Ca(칼슘)
③ Hg(수은) ④ Cd(카드뮴)

🔍 칼슘(Ca)은 뼈, 치아의 구성성분(99%)이며 혈액응고에 관여한다.

323 뉴로톡신(neurotoxin)이란 균체의 독소를 생산하는 식중독균은?

① 보툴리누스균 ② 포도상구균
③ 병원성 대장균 ④ 장염 비브리오균

🔍 원인독소 및 원인균
- 보툴리누스(Botulinus) : 뉴로톡신
- 포도상구균 : 엔테로톡신
- 병원성 대장균 : 병원성대장균
- 장염 비브리오균 : 비브리오균

324 병원성 대장균 식중독의 가장 적당한 예방책은?

① 위생동물의 구제를 철저히 한다.
② 어류의 내장을 제거하고 충분히 세척한다.
③ 어패류는 민물로 깨끗이 씻는다.
④ 건강보균자나 환자의 분변오염을 방지한다.

🔍 병원성대장균 식중독 예방대책
- 병원성대장균은 가축, 애완동물, 건강보균자 및 자연환경에 널리 분포되어 있고, 동물의 배설물이 주오염원이므로 분변오염이 되지 않도록 유의
- 청결 유지
- 음료수 및 식품은 가열 후 섭취

325 일반적으로 여름에 세균성 식중독이 많이 발생하는 가장 중요한 이유는?

① 세균의 생육 Aw
② 세균의 생육 pH
③ 세균의 생육 영양원
④ 세균의 생육 온도

🔍 미생물의 발육온도에 따라
- 저온균 : 최적온도 15~20℃, 저온에 저장하는 식품에 부패를 일으키는 세균 등
- 중온균 : 최적온도 25~37℃, 대부분의 세균, 곰팡이, 효모
- 고온균 : 최적온도 50~60℃, 유황 온천 세균, 젖산균 등

326 버섯중독의 원인 독소가 아닌 것은?

① 무스카린(muscarine)
② 콜린(choline)
③ 팔린(phaline)
④ 시큐톡신(cicutoxin)

🔍 독미나리의 독소는 시큐톡신(Cicutoxin)으로 중독증상은 상복부의 복통, 구토, 현기증, 경련 등이다.

327 1970년 일본 가네미(Ganemi)에서 발생한 미강유사건(쌀겨기름사건, Ganemi accident)의 원인물질은 무엇인가?

① 피시비(PCB) ② 카드뮴(Cd)
③ 납(Pb) ④ 유기수은제

🔍 가네미유 사건(PCB중독) : 일본 가네미가 제조한 폴리염화비페닐이 포함된 식용유 섭취 후 피부병, 간질환, 신경장애 등이 나타난 환경사건

328 다음 중 인수공통감염병이 아닌 것은?

① 야토병
② 결핵
③ 동양모양선충
④ 브루셀라증

🔍 인수공통감염병
- 정의 : 감염병 가운데 사람과 사람 이외의 동물 사이에서 동일한 병원체에 의해서 발생하는 질병이나 감염상태를 말한다.
- 종류 : 탄저병, 브루셀라증, 야토병, 결핵, Q열, 광견병, 돈단독 등

329 다음 감염병 중 잠복기가 가장 짧은 것은?

① 후천성 면역결핍증
② 광견병
③ 콜레라
④ 매독

🔍 잠복기를 갖는 감염병
- 1주일 이내의 잠복기 : 콜레라(잠복기가 가장 짧다), 이질, 성홍열, 파라티푸스, 디프테리아, 뇌염, 황열, 인플루엔자 등
- 잠복기가 1~2주일 : 발진티푸스, 두창, 홍역, 백일해, 급성회백수염, 장티푸스, 수두, 유행성 이하선염, 풍진
- 잠복기가 긴 것 : 나병, 결핵(잠복기가 가장 길며 일정하지 않다)

정답 322 ② 323 ① 324 ④ 325 ④ 326 ② 327 ① 328 ③ 329 ③

330 경구감염병에 대한 다음 설명 중 잘못된 것은?

① 2차 감염이 일어난다.
② 미량의 균량으로도 감염을 일으킨다.
③ 장티푸스는 세균에 의하여 발생한다.
④ 이질, 콜레라는 바이러스에 의하여 발생한다.

> 세균(Bacteria)성 : 장티푸스, 파라티푸스, 콜레라, 파상열, 세균성 이질

331 병원체가 음식물, 손, 식기, 완구, 곤충 등을 통하여 입으로 침입하여 감염을 일으키는 것 중 바이러스에 의한 것은?

① 이질
② 폴리오
③ 장티푸스
④ 콜레라

> 바이러스성 경구감염병
> • 소아마비(급성회백수염 또는 폴리오) : 급성 회백수염 바이러스에 의하여 감염된다.
> • 유행성 간염 : 간염바이러스에 의하여 감염. 잠복기가 가장 길다(25일 정도).
> • 천열, 전염성 설사

332 특히 결핵의 중요한 감염원이 될 수 있는 것은?

① 토끼 고기
② 양 고기
③ 돼지 고기
④ 불완전 살균우유

333 감염병은 다음과 같은 감염과정을 거친다. ( ) 안에 가장 적당한 것은?

병원체 → 병원소 → 병원소에서 병원체 탈출 → ( ) → 숙주에로의 침입 → 숙주의 감염

① 성숙
② 분열
③ 전파
④ 합성

334 다음 중 검역 감염병에 해당되지 않는 것은?

① 콜레라
② 페스트
③ 폴리오
④ 황열

> 검역감염은 콜레라, 페스트, 황열, 중증급성호흡기증후군, 조류인플루엔자 인체감염증, 신종인플루엔자감염증, 신종전염병증후군 등 보건복지부장관이 긴급검역조치가 필요하다고 인정하는 감염병을 말한다.

335 식품 등을 통해 전염되는 경구감염병의 특징과 거리가 먼 것은?

① 원인 미생물은 세균, 바이러스 등이다.
② 미량의 균량에서도 감염을 일으킨다.
③ 2차 감염이 빈번하게 일어난다.
④ 화학물질이 원인이 된다.

> 경구감염병은 원인병원균에 의해 오염된 물질에 의한 2차 감염이다.

336 증상은 장티푸스나 야토병과 비슷하나, 주기적으로 반복되어 열이 나므로 파상열이라고 부르는 인수공통감염병은?

① Q열
② 결핵
③ 브루셀라병
④ 돈단독

337 원인균은 바실러스 안트라시스(Bacillus anthracis)이며, 수육을 조리하지 않고 섭취하였거나 피부상처 부위로 감염되기 쉬운 인수공통감염병은?

① 야토병
② 탄저
③ 브루셀라병
④ 돈단독

> 인수공통감염병
> • 돈단독 : 원인균은 Erysipelothrix ruthiopathiae
> • 야토병 : 원인균은 그람 음성세균인 야토병균(Francisella tularensis)
> • 브루셀라 : B. abortus이라는 원인균에 의해 감염

정답 330 ④ 331 ② 332 ④ 333 ③ 334 ③ 335 ④ 336 ③ 337 ②

338 다음 감염병 중 쥐를 매개체로 감염되는 질병이 아닌 것은?

① 돈단독증
② 쯔쯔가무시증
③ 신증후군출혈열(유행성출혈열)
④ 렙토스피라증

> 쥐는 세균성 질병(페스트, 와일씨병, 서교증, 살모넬라 등), 리케차성 질병(발진열), 바이러스 질병(유행성 출혈열) 등을 유발한다.

339 장티푸스에 관한 사항으로 잘못된 것은?

① 잠복기간은 7~14일이다.
② 사망률을 10~20%이다.
③ 앓고 난 뒤 강한 면역이 생긴다.
④ 예방할 수 있는 백신은 개발되어 있지 않다.

> 장티푸스 : 파리가 매개체이며 우리나라에서 가장 많이 발생하는 급성 감염병으로 잠복기가 비교적 길며 40℃ 이상의 고열이 2주간 계속된다. 환자 및 보균자 조기색출, 철저한 환자관리, 분뇨, 물, 음식물, 파리 구제 등. 환경 위생의 관리, 예방접종으로 감염방지가 가능하다.

340 경구감염병의 예방대책 중 감염원에 대한 대책으로 바르지 않은 것은?

① 환자를 조기 발견하여 격리 치료한다.
② 환자가 발생하면 접촉자의 대변을 검사하고 보균자의 발견에 힘쓴다.
③ 일반 및 유흥음식점에서 일하는 사람들은 정기적인 건강진단이 필요하다.
④ 오염되었다고 생각되는 물건은 손이 닿지 않는 곳에 모아둔다.

> 감염원 대책
> • 환자 : 환자의 조기발견, 격리 및 감시와 치료를 실시
> • 보균자 : 보균자의 조기 발견, 격리, 검역 실시 등. 식품관련 업무에 종사 금지
> • 동물 병원소 : 조기박멸, 구제

341 경구감염병에 속하지 않는 것은?

① 장티푸스 ② 말라리아
③ 세균성 이질 ④ 콜레라

> 말라리아 : 모기의 흡혈에 의해 감염. 세계적으로 사망률이 높은 질병

342 산양, 양, 돼지, 소에게 감염되면 유산을 일으키고, 주증상은 발열로 고열이 2~3주 주기적으로 일어나는 인수공통감염병은?

① 광우병
② 공수병
③ 파상열
④ 신증후군출혈열(유행성출혈열)

343 다음 감염병의 설명이 잘못된 것은?

① 콜레라 - 외래 감염병
② 파상열 - 바이러스성 인수공통감염병
③ 장티푸스 - 고열 수반
④ 세균성 이질 - 점액성 혈변

> 파상열(브루셀라)은 세균성 소화기계 인수공통감염병이다.

344 감염병 발생을 일으키는 3가지 조건이 아닌 것은?

① 충분한 병원체
② 숙주의 감수성
③ 예방접종
④ 감염될 수 있는 환경조건

> 감염병의 3요인 : 감염원(병원체, 병원소), 감염경로(환경), 숙주의 감수성

345 투베르쿨린(tuberculin) 반응검사 및 X선 촬영으로 감염 여부를 조기에 알 수 있는 인수공통감염병은?

① 결핵 ② 탄저
③ 야토병 ④ 돈단독

346 다음 중 일반적으로 잠복기가 가장 긴 것은?

① 유행성 간염 ② 디프테리아
③ 패스트 ④ 세균성 이질

> 결핵과 유행성 간염은 잠복기가 길다.

347 경구감염병과 거리가 먼 것은?

① 유행성 간염　② 콜레라
③ 이질　　　　 ④ 일본뇌염

> 모기 : 말라리아, 일본뇌염, 황열, 뎅구열, 사상충 등

348 경구감염병의 예방대책 중 숙주(보균자)에 대한 대책으로 올바르지 않은 것은?

① 건강유지와 저항력의 향상에 노력한다.
② 의식전환 운동, 계몽활동, 위생교육 등을 정기적으로 실시한다.
③ 백신이 개발되어진 감염병은 반드시 예방접종을 실시한다.
④ 예방접종은 1회로 완료된다.

> 감염원 대책
> • 환자 : 환자의 조기발견, 격리 및 감시와 치료를 실시
> • 보균자 : 보균자의 조기 발견, 격리, 검역 실시 등. 식품관련 업무에 종사 금지

349 원인균이 내열성 포자를 형성하기 때문에 병든 가축의 사체를 처리할 경우 반드시 소각처리 하여야 할 인수공통감염병은?

① 돈단독
② 결핵
③ 파상열
④ 탄저병

> 탄저병은 바실루스 탄저 박테리아의 포자에 의해 감염되는 치명적인 인수공통감염병으로 철저한 격리, 병든 시체의 소각, 파리 제거와 깨끗한 위생상태의 유지 등이 필수적이다.

350 파리의 전파와 관계가 먼 질병은?

① 장티푸스
② 콜레라
③ 이질
④ 진균독증

> 곰팡이가 생산하는 유해물질을 진균독(mycotoxin)이라 하며 이에 의한 중독을 진균독증이라 한다. 세균성 식중독은 대부분 위장 증상을 나타내지만 진균독증은 간·신장 장애, 신경독, 조혈기능 장애, 광과민증 등을 유발

351 다음 보기에서 설명하는 감염병의 가장 적절한 예방방법은?

• 처음에는 감기증상으로 시작하여 열이 내릴 때 마비가 시작
• 감염되기 쉬운 연령은 1~2세, 잠복기는 7~12일
• 소아의 척추신경계를 손상하여 영구적인 마비를 일으킴

① 예방접종
② 항생제 투여
③ 음식물의 오염방지
④ 쥐, 진드기, 바퀴벌레 박멸

> 소아마비(급성 회백수염, 폴리오)
> • 특징 : 병원체는 바이러스(Virus), 감염원 및 감염경로는 환자, 불현성 감염자의 분변의 Virus에 의해 오염된 음식물을 통해 경구감염, 비말감염도 된다.
> • 증상 : 중추신경계의 손상을 일으킴
> • 잠복기 : 7~12일(보통 10일)
> • 예방 : 환경위생의 철저, 예방접종이 가장 좋은 방법으로 생균백신의 강한 면역은 소아마비를 전멸시킬 수 있다. 예방접종은 생후 1개월부터 1~2개월 간격으로 3회 실시, 추가접종은 18개월에 실시

352 냄새가 강해 기물 및 오물소독에 쓰이는 것은?

① 석회산탄소
② 염소제
③ 역성비누
④ 과산화수소

> • 석탄산(페놀) : 3~5%의 수용액으로 사용하며 손, 발, 의류, 기구, 배설물 소독에 사용, 냄새가 독하고, 금속부식성
> • 역성비누(양성비누) : 과일, 야채, 식기, 손 소독에 사용
> • 과산화수소(3%) : 자극성이 적어서 피부·상처 소독에 적합

353 일반적으로 식품의 저온 살균온도로 적합한 것은?

① 60~65℃, 30분
② 70~75℃, 30분
③ 80~90℃, 60분
④ 120℃, 15분

> 저온장시간살균법(LTLT)
> 62~65℃에서 30분간 살균하는 방법으로 우유의 살균에 주로 이용한다.

정답　347 ④　348 ④　349 ④　350 ④　351 ①　352 ①　353 ①

354 소독의 정의로 맞는 것은?

① 모든 생물을 사멸시키는 것
② 병원성 미생물을 사멸시키는 일
③ 물리, 화학적인 방법으로 병원균만 파괴시키는 것
④ 오염 물질을 깨끗이 없애는 것

- 소독(Disinfection) : 병원 미생물을 사멸시키거나 약화시켜 감염의 위험을 제거하는 것
- 멸균(Sterilization) : 강한 살균력을 작용시켜 병원균, 비병원균, 아포 등 모든 미생물을 사멸시키는 것
- 방부(Antiseptic) : 미생물의 발육을 저지 또는 정지시켜 부패를 방지하는 것

355 살균력 검사 시 표준으로 사용되는 소독제는?

① 석탄산　　② 알코올
③ 송홍수　　④ 요오드

- 석탄산(페놀) : 3~5%의 수용액, 손, 발, 의류, 기구, 배설물 소독에 사용, 냄새가 독하고, 금속부식성이 있다.
- 석탄산 계수(Phenol Coefficient) = (다른)소독약의 희석배수 ÷ 석탄산의 희석배수

356 소독력이 매우 강한 일종의 표면활성제로서 공장의 소독, 종업원의 손을 소독할 때나 용기 및 기구의 소독제로 알맞은 것은?

① 석탄산액　　② 과산화수소
③ 역성비누　　④ 크레졸

- 역성비누 : 용기 및 기구 소독은 1%, 손 소독은 5~10% 사용, 무독성이고 살균력이 강하다.

357 세균의 오염 경로가 될 수 없는 환경은?

① 상수도가 공급되지 않는 지역에서의 세척수나 음료수
② 습도가 낮은 지역에서 냉동 보관 중인 식품
③ 어항이나 포구 주변에서 잡은 물고기
④ 분뇨처리가 미비한 농촌지역의 채소나 열매

- 습도가 낮은 지역에서 냉동 보관하는 것은 안전하게 식품을 보관하는 방법이다.

358 식기 소독에는 어느 것이 가장 좋은가?

① 중성세제
② 30% 알코올
③ 온수
④ 염소제

- 염소·차아염소산나트륨 : 채소, 식기, 과일, 음료수 등의 소독에 사용
- 에틸알코올(70%) : 금속기구, 초자 기구, 손 소독 등에 사용

359 식품 중의 미생물 수를 줄이기 위한 방법으로 가장 부적당한 것은?

① 방사선 조사
② 냉장
③ 열탕
④ 자외선 처리

- 냉장법 : 0~10℃로 저장하며 단기저장에 널리 이용되지만, 시간이 지나면 미생물이 증식한다.

360 다음 세균 중 부패세균이 아닌 것은?

① 어위니아균(Erwina)
② 슈도모나스균(Pseudomonas)
③ 고초균(Bacillus subtilis)
④ 티포이드균(Salmonella typhi)

- 장티푸스(Typhoid Fever) : 병원체는 Salmonella typhi, 감염원은 환자, 보균자의 분변, 오줌 등이며, 경구감염으로 환자, 보균자와의 직접 접촉, 음식물 매개로 인한 간접 접촉으로 감염

361 부패 미생물이 번식할 수 있는 최저의 수분활성도(Aw)의 순서가 맞는 것은?

① 세균 > 곰팡이 > 효모
② 세균 > 효모 > 곰팡이
③ 효모 > 곰팡이 > 세균
④ 효모 > 세균 > 곰팡이

- 수분활성도(Aw) : 세균 0.95, 효모 0.87, 곰팡이 0.80 이하 일 때 증식이 저지된다.

정답 354 ③　355 ①　356 ③　357 ②　358 ④　359 ②　360 ④　361 ②

362 세균, 곰팡이, 효모, 바이러스의 일반적 성질에 대한 설명 중 옳은 것은?

① 세균은 주로 출아법으로 그 수를 늘리며 술 제조에 많이 사용한다.
② 효모는 주로 분열법으로 그 수를 늘리며 식품 부패에 가장 많이 관여하는 미생물이다.
③ 곰팡이는 주로 포자에 의하여 그 수를 늘리며 빵, 밥 등의 부패에 많이 관여하는 미생물이다.
④ 바이러스는 주로 출아법으로 그 수를 늘리며 효모와 유사하게 식품의 부패에 관여하는 미생물이다.

🔍 생식 방법
 • 세균 : 이분법에 의해 무성생식
 • 효모 : 출아법에 의해 무성생식
 • 곰팡이 : 무성포자 또는 유성포자를 형성하여 번식
 • 바이러스 : 무성생식

363 제과 제빵 작업 중 99℃의 제품 내부 온도에서도 생존할 수 있는 것은?

① 대장균　　② 살모넬라균
③ 로프균　　④ 리스테리아균

🔍 로프균 : 토양 매개형 균, 반죽온도 포장온도 높을 때 발생. 탄수화물과 단백질 분해작용을 갖는 부패 세균으로, 토양 등 자연계에 널리 분포한다. 빵의 점조성 원인

364 미생물이 작용하여 식품을 흑변시켰다. 다음 중 흑변 물질과 가장 관계 깊은 것은?

① 암모니아　　② 메탄
③ 황화수소　　④ 아민

🔍 흑변 : 내용물 중의 단백질 성분 중에서 -SH기가 환원되면서 황화수소가 발생하여 용기에서 용출한 금속 또는 내용물이 검게 변하는 현상을 말한다.

365 과일과 채소의 부패에 관여하는 대표적인 미생물군은?

① 젖산균　　② 사상균
③ 저온균　　④ 수중세균

🔍 저온균과 사상균
 • 저온균 : 최적온도 15~20℃, 저온에 저장하는 식품에 부패를 일으키는 세균 등
 • 사상균 : 본체가 실처럼 길고 가는 모양의 균사로 되어 있는 균(곰팡이)

366 생유의 미생물 오염에 대한 변화가 잘못된 것은?

① 대장균 오염이 있으면 거품을 일으키며 이상 응고가 나타난다.
② 단백질 분해균 중 일부는 우유를 점질화 시키거나 쓴맛을 주는 것도 있다.
③ 생유 중에 산 생성균은 산도 상승의 원인이 되며 신선도를 저하시킨다.
④ 냉장 중에는 우유의 변패를 일으키는 미생물이 증식하지 못한다.

🔍 우유를 냉장고에 보관할 때 상온에서 활동하던 균들이 활동을 멈추어 우유의 보존기간이 조금 연장된다. 그러나 24시간~36시간 정도의 시간이 지나면 균이 활동을 지속하면서 우유의 단백질 분해작용이 이뤄지고 우유가 변하기 시작한다.

367 다음 중 성질이 다른 세균 형태는?

① 사상균
② 간균
③ 구균
④ 나선균

🔍 세균의 형태
 • 간균 : 막대 모양을 한 세균의 속(屬)
 • 구균 : 구형(球形)의 세균
 • 나선균 : 나선 모양을 한 세균의 속(屬)

368 대장균에 대한 설명으로 옳지 않은 것은?

① 젖당을 발효시킨다.
② 사람의 변을 통해 나온다.
③ 대장균은 건조 식품에는 존재하지 않는다.
④ 세균오염의 지표가 된다.

🔍 병원성대장균(E.coli, 편모성 간균, 그람음성균)은 설사, 장염을 일으키는 병원성을 가진 대장균으로서 식품위생상 대장균은 식품이나 물이 분변에 오염이 되었는지를 판별하는 지표로 쓰인다.

정답　362 ③　363 ③　364 ③　365 ②　366 ④　367 ①　368 ①

369 다음 중 병원체가 바이러스인 질병은?

① 폴리오　　② 결핵
③ 디프테리아　④ 성홍열

370 대부분의 곰팡이가 생육할 수 있는 식품의 최저 수분활성도는?

① 0.80~0.89
② 0.60~0.69
③ 0.40~0.49
④ 0.20~0.29

> 수분활성도(Aw) 세균 0.95, 효모 0.87, 곰팡이 0.80 이하 일 때 증식이 저지된다.

371 기생충이 다른 동물의 체내 또는 체표면에 기생하고 있을 때 이러한 동물을 무엇이라고 하는가?

① 감염동물　② 숙주
③ 기생충　　④ 기생동물

> 기생충은 다른 생물에 기생하여 그 체내 또는 체표면에 생존하는 동물이며, 기생되고 있는 동물을 숙주라고 한다.

372 미생물이 성장하는데 필수적으로 필요한 요인이 아닌 것은?

① 적당한 온도
② 적당한 햇빛
③ 적당한 수분
④ 적당한 영양소

> 미생물의 영양소 : 탄소원(당질), 질소원(무기질소, 아미노산), 생육소(발육소), 무기염류 등이 필요

373 바이러스(Virus)에 의해 일어나는 질병은?

① 유행성 간염　② 브루셀라병
③ 발진티푸스　　④ 탄저병

> 바이러스에 의해 일어나는 질병 : 소아마비, 간염, 두창, 인플루엔자, 홍역, 유행성 이하선염, AIDS, 트라코마, 일본뇌염, 광견병, 황열 등

374 식품오염 미생물의 유래와 경로에 대한 설명이다. 토양 미생물의 특징과 관계가 가장 적은 것은?

① 가공 원료의 농후 오염 매개 주역이다.
② 유기물의 분해에 관계한다.
③ 토양 자정작용의 주역이다.
④ 식품 2차 오염의 주역이다.

> 토양 미생물 : 흙 속에 있는 미생물. 토양의 생성이나 고등 식물의 생육에 큰 영향을 미친다.

375 일반적으로 식품에서 설탕 저장 시 미생물 번식을 억제하는 농도는 몇 %인가?

① 5% 이하
② 10% 정도
③ 20% 정도
④ 65% 이상

> 당장법 : 50% 이상의 설탕 농도에 절여서 미생물의 발육을 억제하는 저장법(젤리, 잼(60~65%), 연유 등)

376 미생물의 감염을 감소시키기 위한 작업장 위생의 내용과 거리가 먼 것은?

① 소독액으로 벽, 바닥, 천정을 세척한다.
② 빵 상자, 수송차량, 매장 진열대는 항상 온도를 높게 관리한다.
③ 깨끗하고 뚜껑이 있는 재료통을 사용한다.
④ 적절한 환기와 조명시설이 된 저장실에 재료를 보관한다.

> 빵상자, 수송차량, 매장 진열대는 항상 온도를 낮게 냉장 관리한다.

377 대장균에 대하여 가장 바르게 설명한 것은?

① 분변 세균의 오염 지표가 된다.
② 감염병을 일으킨다.
③ 독소형 식중독을 일으킨다.
④ 발효식품 제조에 유용한 세균이다.

> 병원성대장균은 설사, 장염을 일으키는 병원성 가진 대장균으로 식품이나 물이 분변에 오염이 되었는지의 지표로 쓰인다.

정답 369 ①　370 ①　371 ②　372 ②　373 ①　374 ④　375 ④　376 ②　377 ①

378 다음 중 방충망으로 적당한 규격은(1인치당)?

① 5메쉬
② 10메쉬
③ 20메쉬
④ 30메쉬

🔍 메쉬(mesh)는 입자의 크기를 나타내는 단위로 1inch × 1inch 의 면적에 정사각형 격자의 갯수로 표현된다. 1inch = 25.4mm이므로 mesh가 100이면 10 × 10의 격자가 있고 격자의 크기는 2.54mm가 된다.

379 위생동물은 식품자체의 피해와 인체에 대한 영향이 매우 크다. 다음 중 위생동물의 특성과 거리가 먼 것은?

① 식성범위가 넓다.
② 쥐, 진드기, 파리, 바퀴 등이 속한다.
③ 병원미생물을 식품에 감염시키는 것도 있다.
④ 일반적으로 발육기간이 길다.

🔍 위생해충
• 인간 및 동물의 질병에 직간접으로 관련되어 위생상의 해를 주는 곤충을 포함한 절지동물류를 말한다.
• 식성 범위가 넓다.
• 쥐, 진드기, 파리, 바퀴 등이 속한다.
• 병원미생물을 식품에 감염시키는 것도 있다.

380 파리 및 모기 구제의 가장 이상적인 방법은?

① 살충제를 뿌린다.
② 발생지를 제거한다.
③ 음식물을 잘 보관한다.
④ 유충을 구제한다.

🔍 위생해충의 발생원 및 서식처를 제거하는 것이 가장 이상적인 구제방법이다.

381 제과 제빵 공정 중 곰팡이에 의한 오염이 주로 발생하는 과정은?

① 배합
② 발효
③ 굽기
④ 냉각

🔍 냉각과 포장
• 자연 상태로 3~4시간 동안 35~40°C로 냉각시켜 포장하는 것이 좋다.
• 이때 주의할 점은 미생물에 의한 오염이 주로 발생하지 않도록 위생관리를 해야 한다.

정답 378 ④ 379 ④ 380 ② 381 ④

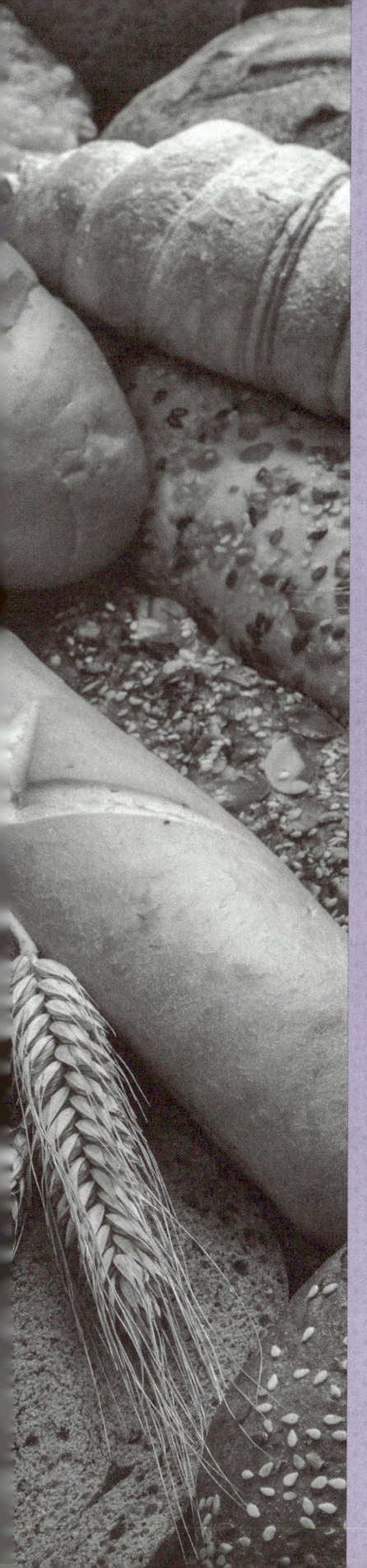

PART 04

제과기능사
최근 기출문제

제 01 회 최근 기출문제

CHECK POINT QUESTION

001
거품형 케이크 반죽을 믹싱할 때 가장 적당한 믹싱법은?

① 중속 → 저속 → 고속
② 저속 → 고속 → 중속
③ 저속 → 중속 → 고속 → 저속
④ 고속 → 중속 → 저속 → 고속

002
40g의 계량컵에 물을 가득 채웠더니 240g이었다. 과자 반죽을 넣고 달아보니 220g이 되었다면 이 반죽의 비중은 얼마인가?

① 0.85   ② 0.9
③ 0.92   ④ 0.95

비중 = $\dfrac{(비중컵+반죽)의\ 무게 - 컵의\ 무게}{(비중컵+물)의\ 무게 - 컵의\ 무게}$
= $\dfrac{220-40}{240-40}$ = 0.9

003
고율배합 케이크와 비교하여 저율배합 케이크의 특징은?

① 믹싱 중 공기 혼입량이 많다.
② 굽는 온도가 높다.
③ 반죽의 비중이 낮다.
④ 화학팽창제의 사용량이 적다.

저율배합은 밀가루의 양이 설탕의 양에 비해 많은 것으로 공기 혼입이 적고, 반죽의 비중이 높으며 고온에서 단시간 굽는 특징이 있다.

004
가수분해나 산화에 의하여 튀김기름을 나쁘게 만드는 요인이 아닌 것은?

① 온도   ② 물
③ 산소   ④ 비타민 E(토코페롤)

튀김기름의 4대 적은 온도, 공기, 이물질, 수분이며 비타민 E는 천연항산화제이다.

005
과일케이크를 만들 때 과일이 가라앉은 이유가 아닌 것은?

① 강도가 약한 밀가루를 사용한 경우
② 믹싱이 지나치고 큰 공기방울이 반죽에 남는 경우
③ 진한 속색을 위한 탄산수소나트륨을 과다로 사용한 경우
④ 시럽에 담근 과일의 시럽을 배수시켜 사용한 경우

시럽에 담긴 과일을 사용할 때 시럽을 충분히 빼고 넣으면 과일이 바닥에 가라앉지 않는다.

006
가압하지 않은 찜기의 내부 온도로 가장 적합한 것은?

① 65℃   ② 99℃
③ 150℃   ④ 220℃

대류에 의한 열의 전달은 공기나 액체를 통해서 일어나므로 가압하지 않으면 100℃이상 올라가지 않는다.

007
달걀의 일반적인 수분함량은?

① 50%   ② 75%

③ 88% ④ 90%

> 제과 및 제빵에서 달걀은 제품의 구조를 형성하는 역할을 하며 수분(75%)과 고형분(25%)으로 이루어져 있다.

008
고율배합의 제품을 굽는 방법으로 알맞은 것은?

① 저온 단시간   ② 고온 단시간
③ 저온 장시간   ④ 고온 장시간

> 고율배합은 설탕 사용량이 밀가루 사용량 보다 많은 배합으로 공기가 많이 혼입되어 반죽의 비중이 저율배합에 비해 낮다. 또한, 고율배합과 발효가 부족한 반죽은 저온 장시간 굽기가 좋다.

009
거품을 올린 흰자에 뜨거운 시럽을 첨가하면서 고속으로 믹싱하여 만드는 아이싱은?

① 마시멜로 아이싱   ② 콤비네이션 아이싱
③ 초콜릿 아이싱   ④ 로얄 아이싱

010
다음 중 케이크의 아이싱에 주로 사용되는 것은?

① 마지팬   ② 프랄린
③ 글레이즈 ④ 휘핑크림

> 휘핑크림(생크림)은 유지방이 40% 이상인 생크림, 설탕, 양주를 휘핑하여 만든 크림으로 생크림의 보관이나 작업의 온도는 3~7℃가 적당하다.

011
다음 중 반죽온도가 가장 낮은 것은?

① 퍼프 페이스트리   ② 레이어 케이크
③ 파운드 케이크   ④ 스펀지 케이크

> 퍼프 페이스트리는 반죽에 유지를 싸서 밀어 결을 형성시키는 과자의 대표적인 제품이다. 프렌치 파이라고도 하며 일반적인 적정 반죽온도는 18℃이다.

012
같은 용적의 팬에 같은 무게의 반죽을 팬닝하였을 경우 부피가 가장 작은 제품은?

① 시퐁 케이크   ② 레이어 케이크
③ 파운드 케이크 ④ 스펀지 케이크

> 같은 크기의 용기에 같은 양의 반죽을 넣었을 때 가장 작은 부피를 나타내는 것은 파운드 케이크(비용적 2.40㎤/g)이고, 가장 큰 부피를 나타내는 것이 스펀지 케이크(비용적 5.08㎤/g)이다.

013
공장설비구성의 설명으로 적합하지 않은 것은?

① 공장시설설비는 인간을 대상으로 하는 공학이다.
② 공장시설은 식품조리과정의 다양한 작업을 여러 조건에 따라 합리적으로 수행하기 위한 시설이다.
③ 설계디자인은 공간의 할당, 물리적 시설, 구조의 생김새, 설비가 갖춰진 작업장을 나타내 준다.
④ 각 시설은 그 시설이 제공하는 서비스의 형태에 기본적인 어떤 기능을 지니고 있지 않다.

014
거품형 제품 제조시 가온법의 장점이 아닌 것은?

① 껍질색이 균일하다.
② 기포시간이 단축된다.
③ 기공이 조밀하다.
④ 달걀의 비린내가 감소된다.

> **가온법의 특징**
> - 달걀과 설탕을 중탕하여 37~43℃까지 데운 후 거품을 내는 방법이다.
> - 고율배합에 사용하며 기포성이 양호하다.
> - 설탕의 용해도가 좋아 껍질색이 균일하며 손으로 하는 작업에 편리하다.
> - 달걀의 비린내가 감소하며 공기 포집력이 향상된다.

015
과자 반죽의 온도 조절에 대한 설명으로 틀린 것은?

① 반죽온도가 낮으면 기공이 조밀하다.
② 반죽온도가 낮으면 부피가 작아지고 식감이 나쁘다.
③ 반죽온도가 높으면 기공이 열리고 큰 구멍이 생긴다.

④ 반죽온도가 높은 제품은 노화가 느리다.

> 온도가 낮을 경우는 제품의 기공이 조밀해 부피가 작고 식감이 나빠지며, 표면이 터지고 거칠다. 이와 반대로 온도가 높을 경우는 제품의 기공이 커져 조직이 거칠고 노화가 빠르다.

016
같은 밀가루로 식빵, 불란서빵을 만들 경우, 식빵의 가수율이 63%였다면 불란서빵의 가수율은 얼마로 하는 것이 좋은가?

① 61% ② 63%
③ 65% ④ 67%

> 불란서빵은 빵의 기본재료인 밀가루, 물, 이스트, 소금만으로 만들 수 있으며 일정한 모양의 틀을 쓰지 않고 바로 오븐 구움대 위에 얹어서 구워내며, 같은 밀가루로 만들 경우 가수율은 식빵보다 적게 한다.

017
1차 발효 중에 펀치를 하는 이유는?

① 반죽의 온도를 높이기 위해
② 이스트를 활성화시키기 위해
③ 효소를 불활성화시키기 위해
④ 탄산가스 축적을 증가시키기 위해

> 펀치(가스빼기)를 하는 이유
> • 반죽에 산소를 공급한다.
> • 이스트의 활성과 산화, 숙성 시켜준다.
> • 반죽온도를 균일하게 해준다.
> • 발효를 촉진시킨다.

018
건포도 식빵을 만들 때 건포도를 전처리하는 목적이 아닌 것은?

① 수분을 제거하여 건포도의 보존성을 높인다.
② 제품 내에서의 수분 이동을 억제한다.
③ 건포도의 풍미를 되살린다.
④ 씹는 촉감을 개선한다.

> 건포도의 전처리
> 건포도 양의 12% 가량 되는 물(27℃)과 건포도를 버무려 4시간 방치하거나 또는 27℃의 물에 담가 적신 뒤 바로 체에 걸러 물을 빼고 4시간 정도 방치한다.

019
제빵시 팬 오일로 유지를 사용할 때 다음 중 무엇이 높은 것을 선택하는 것이 좋은가?

① 가소성 ② 크리밍성
③ 발연점 ④ 비등점

> 팬 오일은 무색, 무취, 무미의 발연점이 높은 기름을 사용하며 반죽 무게의 0.1~.02% 정도를 사용한다.

020
비상 스트레이트법 반죽의 가장 적합한 온도는?

① 15℃ ② 20℃
③ 30℃ ④ 40℃

> 일반 스트레이트법의 반죽온도는 27℃, 비상 스트레이트법의 반죽온도는 30℃가 적합하다.

021
2번 굽기를 하는 제품은?

① 스위트 롤 ② 브리오슈
③ 빵 도넛 ④ 브라운 서브 롤

> 2번 굽는 제품에는 러스크(츠비바크, 비스코트, 토스트 등), 브라운 서브 롤 등이 있다.

022
2차 발효가 과다할 때 일어나는 현상이 아닌 것은?

① 옆면이 터진다.
② 색상이 여리다.
③ 신 냄새가 난다.
④ 오븐에서 주저앉기 쉽다.

> 2차 발효가 과다한 반죽의 특징
> • 당의 부족으로 껍질색이 옅다.
> • 산이 많이 생겨 향이 좋지 않다.
> • 옆면이 들어가며 주저앉기 쉽다.

023
노화를 지연시키는 방법으로 올바르지 않은 것은?

① 방습포장재를 사용한다.

② 다량의 설탕을 첨가한다.
③ 냉장 보관시킨다.
④ 유화제를 사용한다.

> **노화를 지연시키는 방법**
> • 저장온도를 -18℃ 이하 또는 25~35℃로 보관
> • 모노-디-글리세리드 계통의 유화제를 사용
> • 탈지분유와 달걀에 의한 단백질 증가
> • 물의 사용량을 높여 반죽의 수분함량을 증가
> • 방습포장 재료로 포장
> • 유지 제품을 사용하거나 당류를 첨가
> • 반죽에 α-아밀라아제를 첨가
> • 질 좋은 재료 사용과 제조 공정 준수

024
같은 조건의 반죽에 설탕, 포도당, 과당을 같은 농도로 첨가했다고 가정할 때 메일라드(maillard) 반응 속도를 촉진시키는 순서대로 나열된 것은?

① 설탕 > 포도당 > 과당
② 과당 > 설탕 > 포도당
③ 과당 > 포도당 > 설탕
④ 포도당 > 과당 > 설탕

> 메일라드(maillard, 갈변) 반응은 아미노산과 환원당이 가열에 의해 반응하여 갈색으로 변하는 현상으로 비환원당인 설탕에서는 반응이 나타나지 않는다.

025
10명의 인원이 50초당 70개의 과자를 만들 때 7시간에는 몇 개를 생산하는가?

① 3528개
② 35280개
③ 24500개
④ 245000개

> 7시간을 초로 환산하면 25,200초이므로 35280개를 생산할 수 있다.

026
다음 중 냉동, 냉장, 해동, 2차 발효를 프로그래밍에 의해 자동적으로 조절하는 기계는?

① 스파이럴 믹서
② 도 컨디셔너
③ 로타리 래크오븐
④ 모레르식 락크 발효실

027
1인당 생산가치는 생산가치를 무엇으로 나누어 계산하는가?

① 인원수
② 시간
③ 임금
④ 원재료비

> 1인당 생산가치는 생산가치를 인원으로 나눈 것이다.

028
갓 구워낸 빵을 식혀 상온으로 낮추는 냉각에 관한 설명으로 틀린 것은?

① 빵 속의 온도를 35~40℃로 낮추는 것이다.
② 곰팡이 및 기타 균의 피해를 막는다.
③ 절단, 포장을 용이하게 한다.
④ 수분함량을 25%로 낮추는 것이다.

> 굽기 직후 수분 함량은 껍질 12~15%, 내부 42~45%이며, 냉각 후에는 전체가 38%로 평형해진다.

029
냉동 페이스트리를 구운 후 옆면이 주저앉는 원인으로 틀린 것은?

① 토핑물이 많은 경우
② 잘 구어지지 않은 경우
③ 2차 발효가 과다한 경우
④ 해동온도가 2~5℃로 낮은 경우

030
둥글리기(Rounding) 공정에 대한 설명으로 틀린 것은?

① 덧가루, 분할기 기름을 최대로 사용한다.
② 손분할, 기계 분할이 있다.
③ 분할기의 종류는 제품에 적합한 기종을 선택한다.
④ 둥글리기 과정 중 큰 기포는 제거되고 반죽온도가 균일화된다.

> 덧가루와 분할기 기름은 1차 발효를 끝낸 반죽을 미리 정한 무게만큼씩 나누는 분할(Dividing) 공정에 사용된다.

031
지방은 무엇이 축합되어 만들어지는가?

① 지방산과 글리세롤
② 지방산과 올레인산
③ 지방산과 리놀레인산
④ 지방산과 팔미틴산

> 지방은 탄소(C), 수소(H), 산소(O) 3원소로 구성된 유기화합물로 3분자의 지방산과 1분자의 글리세린(글리세롤)이 결합되어 있다.

032
거친 설탕 입자를 마쇄하여 고운 눈금을 가진 체로 통과 시킨 후 덩어리 방지제를 첨가한 제품은?

① 액당
② 분당
③ 전화당
④ 포도당

> 분당은 고순도의 설탕을 곱게 빻아 가루로 만든 가공 당이며, 덩어리가 생기는 것을 방지하기 위하여 3% 정도의 전분을 혼합한다.

033
장기간의 저장성을 지녀야 하는 건과자용 쇼트닝에서 가장 중요한 성질은?

① 가소성
② 안정성
③ 신장성
④ 크림가

> 안정성이란 산패에 견디는 성질을 말한다.

034
젤리를 제조하는데 당분 60~65%, 펙틴 1.0~1.5%일 때 가장 적합한 pH는?

① pH 1.0
② pH 3.2
③ pH 7.8
④ pH 10.0

> pH 2.8~3.6의 범위에서 젤리가 되며, 이 범위 밖에서는 젤리가 되지 않는다.

035
가공하지 않는 콜릿(비터 콜릿, Bitter Chocolate)에 포함되어 있는 가장 적합한 코코아의 양은?

① 20%
② 25%
③ 30%
④ 35%

036
강력분과 박력분의 성상에서 가장 중요한 차이점은?

① 단백질 함량의 차이
② 비타민 함량의 차이
③ 지방 함량의 차이
④ 전분 함량의 차이

> 밀가루의 단백질 함량은 특히 제빵에 있어 중요한 품질 지표이며, 강력분의 단백질 함량은 11.5~13.0%, 박력분은 7~9%이다.

037
다음 유제품 중 일반적으로 100g당 열량을 가장 많이 내는 것은?

① 요구르트
② 탈지분유
③ 가공치즈
④ 시유

> 치즈는 우유의 단백질에 레닌을 넣어 카제인을 응고시켜 만든 제품으로 100g당 열량이 가장 높다.

038
달걀에 대한 설명 중 옳은 것은?

① 달걀 노른자에 가장 많은 것은 단백질이다.
② 달걀 흰자는 대부분이 물이고 그 다음 많은 성분은 지방질이다.
③ 달걀 껍질은 대부분 탄산칼슘으로 이루어져 있다.
④ 달걀은 흰자보다 노른자 중량이 더 크다.

> 달걀 노른자에 가장 많은 것은 수분이며, 흰자는 수분이 가장 많고 그 다음 많은 성분은 단백질이다. 또한, 각 구성 물질의 비율은 흰자위 60%, 노른자 30%, 껍질 10% 정도이다.

039
건조 이스트는 같은 중량을 사용할 생이스트 보다 활성이 약 몇 배 더 강한가?

① 2배　　　② 5배
③ 7배　　　④ 10배

> 건조 이스트(활성 건조효모)의 사용량은 생이스트 양의 50%이다.

040
다음 중 발효시간을 단축시키는 물은?

① 연수　　　② 경수
③ 염수　　　④ 알카리수

> 제빵용 물로 가장 적합한 것은 아경수이며, 경수를 사용하면 발효시간이 늘어나고 연수를 사용하면 발효시간이 줄어든다.

041
믹싱시간, 믹싱내구성, 흡수율 등 반죽의 배합이나 혼합을 위한 기초 자료를 제공하는 것은?

① 아밀로그래프(Amylograph)
② 익스텐소그래프(Extensograph)
③ 패리노그래프(Farinograph)
④ 알베오그래프(Alveograph)

> 반죽의 물리적 실험
> • 아밀로그래프 : 밀가루의 호화정도 등 밀가루 전분의 질을 측정
> • 익스텐소그래프 : 반죽의 신장성에 대한 저항 측정
> • 패리노그래프 : 반죽 내구성 및 시간 등을 측정

042
β-아밀라아제의 설명으로 틀린 것은?

① 전분이나 덱스트린을 맥아당으로 만든다.
② 아밀로오스의 말단에서 시작하여 포도당 2분자씩을 끊어 가면서 분해한다.
③ 전분의 구조가 아밀로펙틴인 경우 약 52%까지만 가수분해한다.
④ 액화효소 또는 내부 아밀라아제라고도 한다.

> 아밀라아제
> • α-아밀라아제 : 내부효소, 액화효소
> • β-아밀라아제 : 외부효소, 당화효소

043
다음 중 발효할 때 유산(젖산)을 생성하는 당은?

① 유당　　　② 설탕
③ 과당　　　④ 포도당

> 유당은 2당류로 락타아제에 의해 포도당과 갈락토오스로 분해되며, 발효할 때 젖산을 생성한다.

044
다음 혼성주 중 오렌지 성분을 원료로 하여 만들지 않는 것은?

① 그랑 마르니에(Grand Marnier)
② 마라스키노(Mar aschino)
③ 쿠앵트로(Cointreau)
④ 큐라소(Curacao)

> 마라스키노(Mar aschino)는 체리로 만든 혼성주이다.

045
과실이 익어감에 따라 어떤 효소의 작용에 의해 수용성 펙틴이 생성되는가?

① 펙틴리가아제
② 아밀라아제
③ 프로토펙틴 가수분해효소
④ 브로멜린

> 과실의 경우 덜 익은 단계에서는 프로토펙틴이 많이 함유되어 있으며, 이는 성숙과정을 통해 프로토펙틴 가수분해효소에 의해 수용성 펙틴으로 전환된다.

046
비타민의 결핍 증상이 잘못 짝지어진 것은?

① 비타민 B_1 - 각기병
② 비타민 C - 괴혈병
③ 비타민 B_2 - 야맹증
④ 나이아신 - 펠라그라

> 비타민 B_2의 결핍증은 구순구각염, 설염, 피부염, 발육장애이며, 야맹증은 지용성인 비타민 A의 결핍 증상이다.

047
글리세롤 1분자와 지방산 1분자가 결합한 것은?

① 트리글리세라이드(triglyceride)
② 디글리세라이드(diglyceride)
③ 모노글리세라이드(monoglyceride)
④ 펜토스(pentose)

글리세롤 1분자에 지방산 1분자가 결합하면 모노글리세라이드, 지방산 2분자가 결합하면 디글리세라이드, 지방산 3분자가 결합하면 트리글리세라이드이다. 참고로 펜토스는 5개의 탄소를 가진 단당류(5탄당)이다.

048
지방의 연소와 합성이 이루어지는 장기는?

① 췌장
② 간
③ 위장
④ 소장

049
D-glucose와 D-mannose의 관계는?

① anomer
② epimer
③ 동소체
④ 라세믹체

에피머(epimer)란 두 물질 사이에 1개의 탄소 배열상태가 서로 다른 경우를 말하는 것으로 D-glucose와 D-mannose 및 D-glucose와 galactose는 각각 에피머 관계에 있다.

050
성인의 에너지 적정비율의 연결이 옳은 것은?

① 탄수화물 : 30~55%
② 단백질 : 7~20%
③ 지질 : 5~10%
④ 비타민 : 30~40%

0세 이상 성인의 에너지 적정비율은 탄수화물 55~70%, 지방 15~25%, 단백질 7~20%로 설정되어 있다.

051
미생물에 의해 주로 단백질이 변화되어 악취, 유해물질을 생성하는 현상은?

① 발효
② 부패
③ 변패
④ 산패

용어설명
- 발효 : 탄수화물이 미생물의 분해작용을 받아서 유기산, 알코올 등이 생기는 현상(식생활에 유용)
- 변패 : 단백질 이외의 성분, 즉 탄수화물이나 지방이 미생물에 의하여 분해되는 현상
- 산패 : 유지가 산화되어 불쾌한 냄새가 나고 빛깔이 변하는 현상

052
다음 중 채소를 통해 감염되는 기생충은?

① 광절열두조충
② 선모충
③ 회충
④ 폐흡충

광절열두조충은 민물고기, 선모충은 돼지고기, 폐흡충은 민물 게 또는 가재를 통해 사람에게 감염된다.

053
감염형 식중독에 해당되지 않는 것은?

① 살모넬라균 식중독
② 포도상구균 식중독
③ 병원성대장균 식중독
④ 장염비브리오균 식중독

황색포도상구균 식중독과 클로스트리디움 보툴리눔 식중독, 클로스트리디움 퍼프린젠스 식중독은 독소형 식중독에 해당된다.

054
경구감염병과 비교할 때 세균성 식중독의 특징은?

① 2차 감염이 잘 일어난다.
② 경구감염병보다 잠복기가 길다.
③ 발병 후 면역이 매우 잘 생긴다.
④ 많은 양의 균으로 발생한다.

오염된 음식물 및 음용수에 의해 경구감염되는 경구감염병과 달리 세균성 식중독은 오염된 음식물의 섭취로 발생되며 많은 양의 균이나 많은 양의 독소에 의해 발생된다.

055
산화방지제로 쓰이는 물질이 아닌 것은?

① 중조
② BHT
③ BHA
④ 세사몰

BHT와 BHA는 지용성 산화방지제이며, 참기름 등에 함유되어 있는 세사몰은 천연산화방지제에 해당된다.

056
과산화수소의 사용 목적으로 알맞은 것은?

① 보존료　　② 발색제
③ 살균료　　④ 산화방지제

과산화수소(Hydrogen Peroxide)는 식품의 부패원인균이나 병원균을 사멸시키기 위해 사용되는 살균료(소독제)이다.

057
경구감염병의 예방대책에 대한 설명으로 틀린 것은?

① 건강유지와 저항력의 향상에 노력한다.
② 의식전환운동, 계몽활동, 위생교육 등을 정기적으로 실시한다.
③ 오염이 의심되는 식품은 폐기한다.
④ 모든 예방 접종은 1회만 실시한다.

경구(소화기계)감염병은 오염된 음식물 및 음용수에 의해 경구감염되는 감염병으로 적은 양의 균으로 발생된다. 또한, 잠복기가 비교적 길고, 2차 감염의 우려가 있다.

058
동물에게 유산을 일으키며 사람에게는 열병을 나타내는 인수공통감염병은?

① 탄저병　　② 리스테리아증
③ 돈단독　　④ 브루셀라증

브루셀라증(파상열)은 감염병 가운데 사람과 사람 이외의 동물 사이에서 동일한 병원체에 의해 발생하는 질병으로 사람은 열병, 동물은 유산을 일으킨다.

059
단백질을 많이 함유한 식품의 주된 변질현상은?

① 부패　　② 발효
③ 산패　　④ 갈변

부패란 단백질식품이 미생물에 의하여 분해되어 악취가 나고 인체에 유해한 물질이 생성되는 현상을 말한다.

060
식중독 발생의 주요 경로인 배설물-구강-오염경로(fecal-oralroute)를 차단하기 위한 방법으로 가장 적당한 것은?

① 손 씻기 등 개인 위생 지키기
② 음식물 철저히 가열하기
③ 조리 후 빨리 섭취하기
④ 남은 음식물 냉장 보관하기

01회 【정답】				최근 기출문제	
001 ③	002 ②	003 ②	004 ④	005 ④
006 ②	007 ②	008 ③	009 ①	010 ④
011 ①	012 ③	013 ④	014 ③	015 ④
016 ①	017 ②	018 ①	019 ③	020 ③
021 ④	022 ①	023 ③	024 ③	025 ②
026 ②	027 ①	028 ④	029 ④	030 ①
031 ①	032 ②	033 ②	034 ②	035 ②
036 ①	037 ③	038 ③	039 ①	040 ①
041 ③	042 ②	043 ①	044 ②	045 ③
046 ③	047 ③	048 ②	049 ②	050 ②
051 ②	052 ③	053 ②	054 ④	055 ①
056 ③	057 ④	058 ④	059 ①	060 ①

제 02 회 최근 기출문제

CHECK POINT QUESTION

001
어떤 과자반죽의 비중을 측정하기 위하여 다음과 같이 무게를 알았다면 이 반죽의 비중은?(단, 비중컵 = 50g, 비중컵 + 물 = 250g, 비중컵 + 반죽 = 170g)

① 0.40 ② 0.60
③ 0.68 ④ 1.47

> 비중 = [(비중컵무게 + 반죽무게) − 반죽무게] ÷ [(비중컵무게 + 물무게) − 비중컵무게]
> = (170 − 50) ÷ (250 − 50)
> = 0.60

002
일반적으로 강력분으로 만드는 것은?

① 소프트롤 케이크
② 스펀지 케이크
③ 엔젤 푸드 케이크
④ 식빵

> 일반적으로 제빵은 강력분, 제과에서는 박력분을 사용한다. 제빵으로 분류되는 식빵은 강력분을 사용한다.

003
흰자를 거품내면서 뜨겁게 끓인 시럽을 부어 만든 머랭은?

① 냉제 머랭
② 온제 머랭
③ 스위스 머랭
④ 이탈리안 머랭

> 이탈리안 머랭은 흰자를 거품내면서 뜨겁게 끓인 시럽(설탕 100에 물 30을 넣고 114~118℃로 끓임)을 부어 만든다.

004
케이크 제품 평가시 외부적 특성이 아닌 것은?

① 부피 ② 껍질
③ 균형 ④ 방향

005
케이크 도넛의 제조방법으로 올바르지 않은 것은?

① 정형기로 찍을 때 반죽손실이 적도록 찍는다.
② 정형 후 곧바로 튀긴다.
③ 덧가루를 얇게 사용한다.
④ 튀긴 후 그물망에 올려놓고 여분의 기름을 배출시킨다.

> 케이크 도넛은 정형 후 10분 정도 휴지시킨 후 튀긴다.

006
반죽 비중에 대한 설명으로 옳지 않은 것은?

① 비중이 높으면 부피가 작아진다.
② 비중이 낮으면 부피가 커진다.
③ 비중이 낮으면 기공이 열려 조직이 거칠어진다.
④ 비중이 높으면 기공이 커지고 노화가 느리다.

> 비중이 높으면 기공이 닫혀 조직이 조밀해 진다.

007
다음 설명 중 기공이 열리고 조직이 거칠어지는 원인이 아닌 것은?

① 크림화가 지나쳐 많은 공기가 혼입되고 큰 공기 방울이 반죽에 남아있다.

② 기공이 열리면 탄력성이 증가되어 거칠고 부스러지는 조직이 된다.
③ 과도한 팽창제는 필요량 이상의 가스를 발생하여 기공에 압력을 가해 기공이 열리고 조직이 거칠어진다.
④ 낮은 온도의 오븐에서 구우면 가스가 천천히 발생하여 크고 열린 기공을 만든다.

008
퍼프 페이스트리를 제조할 때 주의할 점으로 틀린 것은?

① 성형한 반죽을 장기간 보관하려면 냉장하는 것이 좋다.
② 파치(scrap pieces)가 최소로 되도록 정형한다.
③ 충전물을 넣고 굽는 반죽은 구멍을 뚫고 굽는다.
④ 굽기 전에 적정한 최종 휴지를 시킨다.

009
다음 쿠키 반죽 중 가장 묽은 반죽은?

① 밀어 펴서 정형하는 쿠키
② 마카롱 쿠키
③ 판에 등사하는 쿠키
④ 짜는 형태의 쿠키

010
공장 주방설비 중 작업의 효율성을 높이기 위한 작업테이블의 위치로 가장 적당한 것은?

① 오븐 옆에 설치한다.
② 냉장고 옆에 설치한다.
③ 발효실 옆에 설치한다.
④ 주방의 중앙부에 설치한다.

011
반죽온도 조절에 대한 설명 중 틀린 것은?

① 파운드 케이크의 반죽온도는 23℃가 적당하다.
② 비터 스펀지케이크(공립법)의 반죽온도는 25℃가 적당하다.
③ 사과파이 반죽의 물 온도는 38℃가 적당하다.
④ 퍼프 페이스트리의 반죽온도는 20℃가 적당하다.

사과파이는 쇼트(바삭한) 페이스트리의 일종으로 유지의 결을 살리기 위하여 찬물을 사용한다.

012
스펀지 케이크의 굽기 공정 중에 나타나는 현상이 아닌 것은?

① 공기의 팽창
② 전분의 호화
③ 밀가루의 혼합
④ 단백질의 응고

밀가루의 혼합은 스펀지 케이크를 반죽하는 과정이다.

013
언더 베이킹(under baking)이란?

① 낮은 온도에서 장시간 굽는 방법
② 높은 온도에서 단시간 굽는 방법
③ 윗불을 낮게, 밑불을 높게 굽는 방법
④ 윗불을 낮게, 밑불을 낮게 굽는 방법

언더베이킹은 높은 온도에서 단시간 굽는 방법으로 제품이 설익어서 주저앉을 수 있다.

014
캐러멜 커스터드푸딩에서 캐러멜 소스는 푸딩 컵의 어느 정도 깊이로 붓는 것이 적합한가?

① 0.2cm
② 0.4cm
③ 0.6cm
④ 0.8cm

캐러멜 커스터드푸딩에서 캐러멜 소스는 푸딩 컵의 0.2cm 정도 깊이로 부어주고 커스터드 소스는 컵의 95%까지 채운다.

015
다음 중 산 사전처리법에 의한 엔젤 푸드 케이크 제조공정에 대한 설명으로 틀린 것은?

① 흰자에 산을 넣어 머랭을 만든다.
② 설탕 일부를 머랭에 투입하여 튼튼한 머랭을 만든다.
③ 밀가루와 분당을 넣어 믹싱을 완료한다.
④ 기름칠이 균일하게 된 팬에 넣어 굽는다.

> 엔젤 푸드 케이크의 산 사전처리법은 머랭에 주석산을 넣어 단단한 머랭을 만드는 방법으로 머랭에 2/3의 설탕을 넣고 나머지 1/3을 분당으로 밀가루와 같이 넣어준다.

016
냉동반죽(frozen dough)을 만들 때 정상반죽에서의 양보다 증가시키는 것은?

① 물
② 소금
③ 이스트
④ 환원제

> 냉동반죽에서는 냉동 상태에서 이스트가 사멸될 수 있으므로 이스트를 3.5~5%(2배) 정도 사용한다.

017
스펀지에서 드롭 또는 브레이크 현상이 일어나는 가장 적당한 시기는?

① 반죽의 약 1.5배 정도 부푼 후
② 반죽의 약 2~3배 정도 부푼 후
③ 반죽의 약 4~5배 정도 부푼 후
④ 반죽의 약 6~7배 정도 부푼 후

> 드롭현상은 반죽의 부피가 4~5배로 부푼 상태로 수축 현상이 일어나 반죽 중앙이 오목하게 들어가는 현상을 말한다.

018
이형유에 관한 설명 중 틀린 것은?

① 틀을 실리콘으로 코팅하면 이형유 사용을 줄일 수 있다.
② 이형유는 발연점이 높은 기름을 사용한다.
③ 이형유 사용량은 반죽무게에 대하여 0.1~0.2% 정도이다.
④ 이형유 사용량이 많으면 밑껍질이 얇아지고 색상이 밝아진다.

> 이형유 사용이 많으면 밑껍질이 두꺼워지고 색상이 어두워진다.

019
오븐에서 구워 나온 빵을 냉각할 때 적정한 수분 함유량은?

① 15%
② 20%
③ 38%
④ 45%

> 오븐에서 구워 나온 빵은 굽기 직후에는 껍질 12~15%, 내부 42~45%이며 냉각 후에는 전체 38%로 평형을 유지한다.

020
중간발효의 목적이 아닌 것은?

① 반죽의 휴지
② 기공의 제거
③ 탄력성 제공
④ 반죽에 유연성 부여

021
냉동반죽의 제조공정에 관한 설명 중 옳은 것은?

① 반죽의 유연성 및 기계성을 향상시키기 위하여 반죽 흡수율을 증가시킨다.
② 반죽 혼합 후 반죽온도는 18~24℃가 되도록 한다.
③ 혼합 후 반죽의 발효시간은 1시간 30분이 표준 발효 시간이다.
④ 반죽을 -40℃까지 급속냉동시키면 이스트의 냉동에 대한 적응력이 커지나 글루텐의 조직이 약화된다.

> 수분의 양이 많아지면 이스트가 파괴되므로 가능한 줄인다. 냉동반죽을 급속냉동하는 이유는 최대 얼음 결정 형성대를 빨리 통과시키기 위함이다.

022
반죽온도에 미치는 영향이 가장 적은 것은?

① 훅(Hook) 온도
② 실내 온도
③ 밀가루 온도
④ 물 온도

반죽온도에 영향을 주는 요인은 실내 온도, 밀가루 온도, 물 온도, 마찰열 등이다.

023
주로 소매점에서 자주 사용하는 믹서로써 거품형 케이크 및 빵 반죽이 모두 가능한 믹서는?

① 수직 믹서(vertical mixer)
② 스파이럴 믹서(spiral mixer)
③ 수평 믹서(horizontal mixer)
④ 핀 믹서(pin mixer)

수직믹서는 소규모 제과점에서 많이 사용하며 본체, 볼, 날개 부분으로 구성되어 있다.

024
다음 중 식빵의 껍질색이 너무 옅은 결점의 원인은?

① 연수사용
② 설탕사용 과다
③ 과도한 굽기
④ 과도한 믹싱

025
포장 전 빵의 온도가 너무 낮을 때는 어떤 현상이 일어나는가?

① 노화가 빨라진다.
② 썰기(slice)가 나쁘다.
③ 포장지에 수분이 응축된다.
④ 곰팡이, 박테리아의 번식이 용이하다.

포장 온도는 35~40℃ 정도가 가장 적당하며 온도가 너무 낮으면 수분이 부족하여 노화가 빨라진다.

026
다음 중 제과용 박력분의 단백질 함량으로 적당한 것은?

① 약 2 ~ 3%   ② 약 4 ~ 6%
③ 약 7 ~ 9%   ④ 약 11 ~ 13%

027
다음의 제품 중에서 믹싱을 가장 적게 해도 되는 것은?

① 불란서빵
② 식빵
③ 단과자빵
④ 데니시 페이스트리

전통적인 데니시 페이스트리 방법은 반죽을 1단계까지 한다. 반죽 온도는 18~22℃로 맞춘다.

028
미국식 데니시 페이스트리 제조시 반죽무게에 대한 충전용 유지(롤인유지)의 사용 범위로 가장 적합한 것은?

① 10 ~ 15%
② 20 ~ 40%
③ 45 ~ 60%
④ 60 ~ 80%

데니시 페이스트리는 가소성이 뛰어난 롤인용 유지를 반죽무게의 20~40%를 사용한다.

029
식빵의 일반적인 비용적은?

① 0.36 cm³/g   ② 1.36 cm³/g
③ 3.36 cm³/g   ④ 5.36 cm³/g

비용적은 단위 질량을 가진 물체가 차지하는 부피를 말하며, 단위는 cm³/g이다. 산형 식빵(오픈형)은 3.2~3.4cm³/g, 풀먼형 식빵(샌드위치형)은 3.3~4.0cm³/g 이다.

030
식빵의 껍질이 연한 색이 되는 원인이 아닌 것은?

① 설탕 사용 부족
② 높은 오븐 온도
③ 불충분한 굽기
④ 2차 발효실의 습도 부족

높은 오븐 온도는 캐러멜화 반응과 메일라드 반응에 의하여 껍질이 진하게 갈색으로 나타나는 현상을 초래한다.

031
다음 중 전분을 분해하는 효소는?

① 리파아제   ② 아밀라아제
③ 프로테아제   ④ 말타아제

아밀라아제는 전분을 맥아당과 덱스트린으로 분해한다.

032
케이크 제조에 사용되는 달걀의 역할이 아닌 것은?

① 결합제 역할   ② 글루텐 형성 작용
③ 유화력 보유   ④ 팽창 작용

033
단백질에 대한 설명으로 틀린 것은?

① 기본 단위는 아미노산이다.
② 밀단백질의 질소계수는 8.25 이다.
③ 대부분의 단백질은 열에 응고된다.
④ 고온으로 가열하면 변성된다.

일반 식품은 질소를 정량으로 하여 단백질의 질소계수 6.25를 곱하고, 밀의 경우 5.7을 곱하여 단백질 함량으로 한다.

034
다음 중 제빵에서 감미제의 기능이 아닌 것은?

① 이스트의 먹이
② 갈변반응(캐러멜화)으로 껍질색 형성
③ 수분보유로 노화지연
④ 퍼짐성이 조절

쿠키의 퍼짐성에 영향을 주는 것은 제과에서 사용되는 감미제의 기능이다.

035
빵 반죽이 발효되는 동안 이스트는 무엇을 생성하는가?

① 물, 초산   ② 산소, 알데히드
③ 수소, 젖산   ④ 탄산가스, 알코올

빵 반죽이 발효되는 동안 이스트는 단당류를 분해하여 탄산가스와 알코올을 생성한다.

036
수용성 향료(essence)의 특징으로 옳은 것은?

① 제조시 계면활성제가 반드시 필요하다.
② 기름(oil)에 쉽게 용해된다.
③ 내열성이 강하다.
④ 고농도의 제품을 만들기 어렵다.

수용성 향료는 알코올성으로 굽기 중 휘발성이 큰 것으로 알코올에 녹는 향을 용해시켜 만든다.

037
반죽의 신장성과 신장 저항성을 측정하는데 알맞은 기기는?

① 패리노그래프(Farinograph)
② 익스텐소그래프(Extensograph)
③ 아밀로그래프(Amylograph)
④ 레오메터(Rheometer)

익스텐소그래프는 반죽의 신장성에 대한 저항을 측정하며 신장 내구성으로 발효시간을 추정한다.

038
다음 중 튀김용 기름으로 사용할 수 있는 것은?

① 거품이 일지 않는 것
② 색깔이 있고, 자극적인 냄새가 나는 것

③ 점도의 변화가 높은 것
④ 발연점이 낮은 것

039
데니시 페이스트리에 사용하는 유지에서 가장 중요한 성질은?

① 유화성　　　　② 가소성
③ 안정성　　　　④ 크리밍성

> 가소성은 낮은 온도에서 너무 단단하지 않으면서 높은 온도에서 너무 무르게 되지 않는 성질로 유지가 상온에서 고체 모양을 유지하는 성질로 퍼프 페이스트리, 데니시 페이스트리, 파이 등에 중요한 성질이다.

040
일시적 경수에 대한 설명으로 맞는 것은?

① 가열시 탄산염으로 되어 침전된다.
② 끓여도 경도가 제거되지 않는다.
③ 황산염에 기인한다.
④ 제빵에 사용하기에 가장 좋다.

> 일시적 경수는 탄산칼슘의 형태로 들어있는 경수로 끓이면 불용성 탄산염으로 분해되고 가라앉아 연수가 된다.

041
다음 중 감미도가 가장 높은 당은?

① 유당(lactose)　　② 포도당(glucose)
③ 설탕(sucrose)　　④ 과당(fructose)

> 상대적 감미도는 설탕 100을 기준으로 하며 과당(175) > 전화당(130) > 자당(100) > 포도당(75) > 맥아당(32) > 갈락토오스(32) > 유당(16) 순으로 되어 있다.

042
우유의 단백질 중에서 열에 응고되기 쉬운 단백질은?

① 카제인　　　　② 락토알부민
③ 리포프로테인　　④ 글리아딘

> 락토알부민, 락토글로불린은 각각 우유에 0.5%씩 함유되어 있으며 열에 의해 응고된다.

043
머랭(meringue)을 만드는데 1kg의 흰자가 필요하다면 껍질을 포함한 평균무게가 60g인 달걀은 약 몇 개가 필요한가?

① 20개　　　　② 24개
③ 28개　　　　④ 32개

> 흰자의 무게는 달걀 전체의 무게에서 60%를 차지한다. 60g 짜리 달걀에서 흰자의 무게는 36g 이며 1000g 의 흰자는 달걀 28개가 필요하다.

044
패리노그래프에 관한 설명 중 틀린 것은?

① 흡수율 측정　　　② 믹싱시간 측정
③ 믹싱내구성 측정　　④ 전분의 점도 측정

> 밀가루의 흡수율(단백질 흡수율, 글루텐의 질) 측정하며, 반죽 내구성, 시간 등을 측정한다. 곡선이 500B.U.를 중심으로 그래프를 작성한다.

045
식빵 제조용 밀가루의 적당한 단백질 함량은?

① 5% 이상　　　② 8% 이상
③ 9% 이상　　　④ 11% 이상

> 제빵용 밀가루는 단백질 함량 11% 이상의 강력분이 필요하다.

046
비타민과 관련된 결핍증의 연결이 틀린 것은?

① 비타민 A – 야맹증
② 비타민 B_1 – 구내염
③ 비타민 C – 괴혈병
④ 비타민 D – 구루병

> 비타민 B_2의 결핍증으로는 각기병, 식욕부진, 피로, 권태감, 신경통 등이 있다.

047
포도당과 결합하여 젖당을 이루며 뇌신경 등에 존재하는 당류는?

① 과당(fructose)
② 만노오스(mannose)
③ 리보오스(ribose)
④ 갈락토오스(galactose)

> 갈락토오스는 유당의 구성성분으로 포도당과 결합하여 2당류인 젖당을 이룬다.

048
신경조직의 주요물질인 당지질은?

① 세레브로시드(cerebroside)
② 스핑고미엘린(sphingomyelin)
③ 레시틴(lecithin)
④ 이노시톨(inositol)

049
단체급식 식단에서 고등어로부터 동물성 단백질을 25g 섭취하고자 한다. 고등어의 1인 배식량은 약 얼마인가?(단, 고등어의 단백질 함량은 18%로 계산)

① 140g
② 100g
③ 72g
④ 65g

> $X \times 0.18 = 25g$ 이므로 X는 138.88g

050
다음 중 소화가 가장 잘 되는 달걀은?

① 생 달걀
② 반숙 달걀
③ 완숙 달걀
④ 구운 달걀

051
다음 중 경구 감염병이 아닌 것은?

① 맥각 중독
② 세균성 이질
③ 콜레라
④ 장티푸스

> 경구감염병은 원인병원균에 의해 오염된 물질에 의한 2차 감염이다.

052
다음의 식중독 원인균 중 원인식품과의 연결이 잘못된 것은?

① 장염비브리오균 – 감자
② 살모넬라균 – 달걀
③ 캠필로박터 – 닭고기
④ 포도상구균 – 도시락

> 장염비브리오균의 원인균은 호염성 비브리오균으로 3~4% 염분농도에서 증식하며 원인식품은 생선회, 어패류의 생식 등이다.

053
식기나 기구의 오용으로 구토, 경련, 설사, 골연화증의 증상을 일으키며, '이타이이타이병'의 원인이 되는 유해성 금속 물질은?

① 비소(As)
② 아연(Zn)
③ 카드뮴(Cd)
④ 수은(Hg)

> 카드뮴은 이타이이타이병의 원인 물질이며 도금, 플라스틱 안정제로 쓰이는 카드뮴 공장폐수에 오염된 음료수, 오염된 농작물을 식용해서 발생한다.

054
감염병의 예방 및 관리에 관한 법률상 생물테러감염병 또는 치명률이 높거나 집단 발생의 우려가 커서 발생 또는 유행 즉시 신고하여야 하고, 음압격리와 같은 높은 수준의 격리가 필요한 감염병?

① 제1급 감염병
② 제2급 감염병
③ 제3급 감염병
④ 제4급 감염병

055
보툴리누스 식중독균이 생성하는 독소는?

① 엔테로톡신
② 엔도톡신
③ 뉴로톡신
④ 테트로도톡신

> 원인독소는 뉴로톡신(neurotoxin)이며 식중독 중 치사율이 가장 높다.

056
우리나라 식중독 월별 발생 상황 중 환자의 수가 92% 이상을 차지하는 계절은?

① 1 ~ 2월
② 3 ~ 4월
③ 5 ~ 9월
④ 10 ~ 12월

057
식품취급에서 교차오염을 예방하기 위한 행위 중 옳지 않은 것은?

① 칼, 도마를 식품별로 구분하여 사용한다.
② 고무장갑을 일관성 있게 하루에 하나씩 사용한다.
③ 조리 전의 육류와 채소류는 접촉되지 않도록 구분한다.
④ 위생복을 식품용과 청소용으로 구분하여 사용한다.

고무장갑도 전처리용, 식품용, 청소용 등으로 구분하여 사용한다.

058
다음 중 발병시 감염성이 가장 낮은 것은?

① 콜레라   ② 장티푸스
③ 납 중독   ④ 폴리오

납 중독은 유해금속에 의한 식중독으로 도료, 안료, 농약, 수도관의 납관 등에서 오염되며 구토, 복통, 빈혈, 피로, 소화기 장애 등을 일으킨다.

059
보존료의 이상적인 조건과 거리가 먼 것은?

① 독성이 없거나 매우 적을 것
② 저렴한 가격일 것
③ 사용방법이 간편할 것
④ 다량으로 효력이 있을 것

보존료는 미량으로 효과가 있어야 한다.

060
화농성 질병이 있는 사람이 만든 제품을 먹고 식중독을 일으켰다면 가장 관계가 깊은 원인균은?

① 장염비브리오균
② 살모넬라균
③ 보툴리누스균
④ 황색포도상구균

황색포도상구균은 사람이나 동물의 화농성 질환의 대표적인 균으로 원인독소인 엔테로톡신(enterotoxin)은 내열성이 있어 열에 쉽게 파괴되지 않는다.

02회 【정답】 최근 기출문제

001	002	003	004	005
②	④	④	④	②
006	007	008	009	010
④	②	①	③	④
011	012	013	014	015
③	③	②	①	④
016	017	018	019	020
③	③	④	③	②
021	022	023	024	025
②	①	①	①	①
026	027	028	029	030
③	④	②	③	②
031	032	033	034	035
②	②	①	④	④
036	037	038	039	040
④	②	①	②	①
041	042	043	044	045
④	②	①	④	①
046	047	048	049	050
②	④	①	①	②
051	052	053	054	055
①	①	③	①	③
056	057	058	059	060
③	②	③	④	④

제 03 회 최근 기출문제

CHECK POINT QUESTION

001
아이스크림 제조에서 오버런(over-run)이란?
① 교반에 의해 크림의 체적이 몇 % 증가하는가를 나타내는 수치
② 생크림 안에 들어 있는 유지방이 응집해서 완전히 액체로부터 분리된 것
③ 살균 등의 가열조작에 의해 불안정하게 된 유지의 결정을 적온으로 해서 안정화시킨 숙성 조작
④ 생유 안에 들어있는 큰 지방구를 미세하게 해서 안정화하는 공정

> 오버런(Over-run)은 어떤 물질이 공기를 포함 했을 때 나타나는 양적 팽창을 나타낸다. 생크림을 거품 내거나 아이스크림 혼합물을 회전 동결시킨 뒤에 나타나는 현상으로 오버런이 100%라는 것은 체적이 2배로 증가된 것을 나타낸다.

002
반죽의 비중에 대한 설명으로 맞는 것은?
① 같은 무게의 반죽을 구울 때 비중이 높을수록 부피가 증가한다.
② 비중이 너무 낮으면 조직이 거칠고 큰 기포를 형성한다.
③ 비중의 측정은 비중컵의 중량을 반죽의 중량으로 나눈 값으로 한다.
④ 비중이 높으면 기공이 열리고 가벼운 반죽이 얻어진다.

> 비중은 부피가 같은 물의 무게에 대해 반죽의 무게를 숫자로 나타낸 값으로 수치가 작을수록 비중이 낮고, 비중이 낮을수록 반죽 속에 공기가 많다는 것을 의미한다.

003
스펀지 케이크 제조시 더운 믹싱방법을 사용할 때 달걀과 설탕의 중탕 온도로 가장 적합한 것은?
① 23℃   ② 43℃
③ 63℃   ④ 83℃

> 스펀지 케이크 제조시 더운 믹싱방법(hot sponge method)은 달걀과 설탕을 중탕하여 37~43℃까지 데운 후 거품을 내는 방법이다.

004
도넛 설탕 아이싱을 사용할 때의 온도로 적합한 것은?
① 20℃ 전후   ② 25℃ 전후
③ 40℃ 전후   ④ 60℃ 전후

> 아이싱에 사용되는 퐁당은 설탕 100에 대하여 물 30을 넣고 114~118℃로 끓인 뒤 냉각하여 희뿌연 상태로 재결정화 시킨 것으로 38~44℃에서 사용한다

005
비스킷을 제조할 때 유지보다 설탕을 많이 사용하면 어떤 결과가 나타나는가?
① 제품의 촉감이 단단해진다.
② 제품이 부드러워진다.
③ 제품의 퍼짐에 작아진다.
④ 제품의 색깔이 엷어진다.

> 비스킷 제조시 유지보다 설탕의 함량이 많으면 캐러멜 반응에 의해 색이 짙어지고 퍼짐성이 커지며, 제품의 촉감이 단단해진다.

006
퍼프 페이스트리의 휴지가 종료되었을 때 손으로 살짝 누르게 되면 다음 중 어떤 현상이 나타나는가?

① 누른 자국이 남아있다.
② 누른 자국이 원상태로 올라온다.
③ 누른 자국이 유동성 있게 움직인다.
④ 내부의 유지가 흘러나온다.

007
일반적인 제과작업장의 시설 설명으로 잘못된 것은?

① 조명은 50 Lux 이하가 좋다.
② 방충·방서용 금속망은 30메쉬(mesh)가 적당하다.
③ 벽면은 매끄럽고 청소하기 편리하여야 한다.
④ 창의 면적은 바닥면적을 기준으로 하여 30% 정도가 좋다.

> 조명은 50 Lux 이상이어야 한다.

008
포장된 제과제품의 품질 변화 현상이 아닌 것은?

① 전분의 호화   ② 향의 변화
③ 촉감의 변화   ④ 수분의 이동

> 포장된 제과 제품의 품질 변화는 주로 제품의 노화현상으로 나타난다. 전분의 호화는 굽는 동안에 이루어진다.

009
스펀지 케이크에 사용되는 필수재료가 아닌 것은?

① 달걀   ② 박력분
③ 설탕   ④ 베이킹파우더

> 스펀지 케이크의 기본 배합율은 밀가루 : 100%, 설탕 : 166%, 달걀 : 166%, 소금 : 2% 등이다.

010
반죽무게를 이용하여 반죽의 비중 측정시 필요한 것은?

① 밀가루 무게
② 물 무게
③ 용기 무게
④ 설탕 무게

> 반죽의 비중은 부피가 같은 물의 무게에 대해 반죽의 무게를 숫자로 나타낸 값이다.

011
다음 제품 중 거품형 케이크는?

① 스펀지 케이크
② 파운드 케이크
③ 데블스 푸드 케이크
④ 화이트 레이어 케이크

> 거품형 케이크는 달걀 단백질의 기포성과 유화성, 열에 대한 응고성을 이용해 부피를 형성하는 반죽으로 스펀지 케이크, 머랭, 엔젤 푸드 케이크 등이 있다.

012
파운드 케이크 반죽을 가로 5cm, 세로 12cm, 높이 5cm의 소형 파운드 팬에 100개 패닝하려고 한다. 총 반죽의 무게로 알맞은 것은? (단, 파운드 케이크의 비용적은 2.40cm³/g이다)

① 11kg
② 11.5kg
③ 12kg
④ 12.5kg

> - 팬의 부피 = 가로 × 세로 × 높이 = 5 × 12 × 5 = 300
> - 팬 1개의 반죽무게 = 팬의 부피 ÷ 비용적 = 300 ÷ 2.40 = 125(g)
> - 총 반죽의 무게 = 125(g) × 100(개) = 12500(g) = 12.5(kg)

013
슈(choux)의 제조 공정상 구울 때 주의할 사항 중 잘못된 것은?

① 220℃ 정도의 오븐에서 바삭한 상태로 굽는다.
② 너무 빠른 껍질 형성을 막기 위해 처음에 윗불을 약하게 한다.
③ 굽는 중간에 오븐 문을 자주 여닫아 수증기를 제거한다.
④ 너무 빨리 오븐에서 꺼내면 찌그러지거나 주저앉기 쉽다.

> 슈를 구울 때는 초기에 아랫불을 높여 굽다가 표피가 갈라지면 아랫불을 줄이고 윗불을 높여 굽는다. 찬 공기가 들어가면 슈가 주저앉게 되므로 팽창과정 중에 오븐 문을 여닫지 않도록 한다.

014
파운드 케이크의 표피를 터지지 않게 하려고 할 때 오븐의 조작 중 가장 좋은 방법은?

① 뚜껑은 처음부터 덮어 굽는다.
② 10분간 굽기를 한 후 뚜껑을 덮는다.
③ 20분간 굽기를 한 후 뚜껑을 덮는다.
④ 뚜껑을 덮지 않고 굽는다.

015
도넛의 튀김 온도로 가장 적당한 것은?

① 140 ~ 156℃   ② 160 ~ 176℃
③ 180 ~ 196℃   ④ 220 ~ 236℃

> 도넛의 튀김온도는 180~196℃로 제품의 크기에 따라 조정된다.

016
제품이 오븐에서 갑자기 팽창하는 오븐 스프링의 요인이 아닌 것은?

① 탄산가스   ② 알코올
③ 가스압   ④ 단백질

> 오븐 스프링은 굽기 초기단계에서 처음 크기의 1/3이 급격히 팽창되는 것으로, 가스 압력이 증가하고 용해도가 낮아진 탄산가스가 외부로 방출되며 알코올 등이 증발되면서 일어난다.

017
오븐에서 나온 빵을 냉각하여 포장하는 온도로 가장 적합한 것은?

① 0 ~ 5℃   ② 15 ~ 20℃
③ 35 ~ 40℃   ④ 55 ~ 60℃

> 냉각은 구워낸 빵을 식혀 상온의 온도로 낮추는 것으로 냉각 온도는 35~40℃가 적합하다.

018
다음 발효과정 중 손실에 관계되는 사항과 가장 거리가 먼 것은?

① 반죽온도   ② 기압
③ 발효온도   ④ 소금

> 장시간 발효 중에 수분이 증발하고, 탄수화물이 발효에 의해 탄산가스와 알코올로 전환되어 발효 손실이 발생된다. 일반 발효 중에는 1~2% 정도 손실된다.

019
어린반죽으로 만든 제품의 특징과 거리가 먼 것은?

① 내상의 색상이 검다.
② 쉰 냄새가 난다.
③ 부피가 작다.
④ 껍질의 색상이 진하다.

> 어린반죽은 발효 또는 반죽이 덜 된 것을 말하며, 발효가 지친반죽에서 쉰 냄새가 난다.

020
제빵에서 탈지분유를 1% 증가시킬 때 추가되는 물의 양으로 가장 적합한 것은?

① 1%   ② 5.2%
③ 10%   ④ 15.5%

탈지분유가 1% 증가하면 흡수율은 0.75~1% 증가한다.

021
불란서빵 제조시 굽기를 실시할 때 스팀을 너무 많이 주입했을 때의 대표적인 현상은?

① 질긴 껍질
② 두꺼운 표피
③ 표피에 광택부족
④ 밑면이 터짐

022
빵의 품질평가에 있어서 외부평가기준이 아닌 것은?

① 굽기의 균일함
② 조직의 평가
③ 터짐과 광택부족
④ 껍질의 성질

제품의 외부평가요인은 부피, 껍질색, 형태의 균형, 껍질의 특성이며 내부평가요인은 기공, 속색, 향, 맛 등이다.

023
팬기름의 사용에 대한 설명으로 거리가 먼 것은?

① 발연점이 높아야 한다.
② 산패에 강해야 한다.
③ 반죽무게의 3~4%를 사용한다.
④ 기름이 과다하면 바닥 껍질이 두껍고 색이 어둡다.

팬 오일은 무색, 무미, 무취의 발연점이 높은 기름을 사용하며 반죽무게의 0.1~0.2% 정도 사용한다. 과다 사용하면 제품의 밑 껍질 두껍고 어둡게 된다.

024
식빵 제조시 수돗물 온도 10℃, 실내온도 28℃, 밀가루 온도 30℃, 마찰계수 23일 때 반죽온도를 27℃로 하려면 몇 ℃의 물을 사용해야 하는가?

① 0℃
② 5℃
③ 12℃
④ 17℃

물 온도 = (희망 온도 × 3) − (밀가루 온도 + 실내온도 + 마찰 계수)
= (27 × 3) − (30 + 28 + 23)
= 81 − 81 = 0℃

025
식빵 제조 시 1차 발효실의 적합한 온도는?

① 24℃
② 27℃
③ 34℃
④ 37℃

식빵과 과자빵류의 1차 발효실 온도는 27℃, 습도는 75~80% 이며, 2차 발효실 온도는 38~40℃, 습도는 85~90% 이다.

026
냉동반죽법에서 동결방식으로 적합한 것은?

① 완만동결법
② 지연동결법
③ 오버나이트법
④ 급속동결법

냉동반죽법은 1차 발효 또는 성형 후 −40℃로 급속냉동시켜 −18~−25℃ 전후로 보관한 후 해동시켜 제조하는 방법이다. 냉동반죽을 급속냉동하는 이유는 최대 얼음 결정 형성대를 빨리 통과시키기 위함이다.

027
산화제와 환원제를 함께 사용하여 믹싱시간과 발효시간을 감소시키는 제빵법은?

① 스트레이트법
② 노타임법
③ 비상스펀지법
④ 비상스트레이트법

노타임법은 발효에 의한 글루텐의 숙성을 산화제와 환원제의 사용으로 대신함으로서 발효시간을 단축하여 제조하는 방법이다.

028
식빵 반죽 표피에 수포가 생긴 이유로 적합한 것은?

① 2차 발효실 상대습도가 높았다.
② 2차 발효실 상대습도가 낮았다.
③ 1차 발효실 상대습도가 높았다.
④ 1차 발효실 상대습도가 낮았다.

> 2차 발효실의 습도가 높으면 껍질에 수포(기포, 물집)가 생긴다. 거친 껍질이 형성되며 질기다. 반점이나 줄무늬가 생긴다. 제품의 윗면이 납작해지는 현상이 나타난다.

029
제빵 제조공정의 4대 중요 관리항목에 속하지 않는 것은?

① 시간관리
② 온도관리
③ 공정관리
④ 영양관리

030
대량생산 공장에서 많이 사용되는 오븐으로 반죽이 들어가는 입구와 제품이 나오는 출구가 서로 다른 오븐은?

① 데크 오븐
② 터널 오븐
③ 로터리 래크 오븐
④ 컨벡션 오븐

> **오븐의 종류와 특징**
> - 데크 오븐(Deck oven) : 소규모 제과점에서 사용하는 오븐으로 반죽을 넣는 입구와 제품을 꺼내는 출구가 같으며 윗불과 아랫불을 조절할 수 있다.
> - 터널 오븐(Tunnel oven) : 반죽이 들어가는 입구와 제품이 나오는 출구가 서로 다른 오븐으로 대량 생산 공장에서 많이 사용된다.
> - 로터리 래크 오븐(Rotary rack oven) : 팬은 래크에 끼운 채로 오븐에 넣어 굽는다. 열전달이 고르게 되며 동시에 많은 양을 구울 수 있다.
> - 컨벡션 오븐(Convection oven) : 내부에 팬이 부착되어 있어 열을 강제 순환시켜 제품을 균일하게 착색시킨다.
> - 릴 오븐(Reel oven) : 구움대를 물레방아처럼 회전시키면서 굽는 방식의 오븐으로 열 분포가 균일하다.

031
모노글리세리드(monoglyceride)와 디글리세리드(diglyceride)는 제과에 있어 주로 어떤 역할을 하는가?

① 유화제
② 항산화제
③ 감미제
④ 필수영양제

> 지방을 가수분해하는 과정에서 생성되는 모노글리세리드와 디글리세리드는 제과에서 유화제 역할을 한다.

032
글루테닌(glutenin)과 글리아딘(gliadin)이 혼합된 단백질은?

① 알부민
② 글루텐
③ 글로블린
④ 프로테오스

> 밀가루에 들어 있는 글리아딘과 글루테닌이 결합하여 글루텐이라는 복합단백질을 형성하게 된다. 글리아딘은 신장성에, 글루테닌은 탄성에 영향을 준다.

033
캐러멜화를 일으키는 것은?

① 비타민
② 지방
③ 단백질
④ 당류

> 캐러멜화는 식품을 조리하는 동안 생기는 짙은 갈색 물질로 당분이 열을 받아 분해하여 생기는 착색성 물질이다. 보통 160~180℃에서 일어나며 단당류가 가장 빨리 반응한다.

034
다음 중 이당류가 아닌 것은?

① 포도당
② 맥아당
③ 설탕
④ 유당

> 포도당, 과당, 갈락토오스는 단당류이다.

035
제과, 제빵에서 달걀의 역할로만 묶인 것은?

① 영양가치 증가, 유화역할, pH강화
② 영양가치 증가, 유화역할, 조직강화
③ 영양가치 증가, 조직강화, 방부효과
④ 유화역할, 조직강화, 발효시간 단축

달걀은 팽창제, 유화제, 농후화제, 결합제 및 제품의 구조를 형성하는 구성재료이다.

036
다음 중 유지의 경화 공정과 관계가 없는 물질은?

① 불포화지방산　　② 수소
③ 콜레스테롤　　　④ 촉매제

지방산의 이중결합에 니켈을 촉매로 수소를 첨가시켜 지방의 불포화도를 감소시켜 유지의 융점을 높게 만든다. 유지의 수소 첨가를 경화라 한다.

037
젤라틴(gelatin)에 대한 설명 중 틀린 것은?

① 동물성 단백질이다.
② 응고제로 주로 이용된다.
③ 물과 섞으면 용해된다.
④ 콜로이드 용액의 젤 형성과정은 비가역적인 과정이다.

젤라틴은 뜨거운 물에 녹아 점성을 지닌 용액이 되는데, 냉각하면 탄성을 지닌 젤이 되며 이러한 반응은 가역적으로 일어난다.

038
제빵용 물로 가장 적합한 것은?

① 연수(1~60ppm)
② 아연수(61~120ppm)
③ 아경수(121~180ppm)
④ 경수(180ppm)

제빵용 배합수로는 중성의 아경수(120~180 ppm)가 가장 좋다.

039
퐁당 크림을 부드럽게 하고 수분 보유력을 높이기 위해 일반적으로 첨가하는 것은?

① 한천, 젤라
② 물, 레몬
③ 소금, 크림
④ 물엿, 전화당 시럽

물엿, 전화당 시럽은 점성, 보습성이 좋아 일반적으로 제품을 부드럽게 할 목적으로 사용한다.

040
바닐라 에센스가 우유에 미치는 영향은?

① 생취를 감취시킨다.
② 마일드한 감을 감소시킨다.
③ 단백질의 영양가를 증가시키는 강화제 역할을 한다.
④ 색감을 좋게 하는 착색료 역할을 한다.

바닐라 에센스는 합성하거나 자연에서 추출한 바닐린을 물 또는 알코올에 녹인 액체로 제품에 바닐라 풍미를 낸다.

041
베이킹파우더 사용량이 과다할 때의 현상이 아닌 것은?

① 기공과 조직이 조밀하다.
② 주저앉는다.
③ 같은 조건일 때 건조가 빠르다.
④ 속결이 거칠다.

베이킹파우더는 탄산수소나트륨에 산성제를 배합하고, 분산제로 전분을 첨가한 팽창제이다. 베이킹파우더 사용량이 과다할 때는 기공과 조직이 거칠어 진다.

042
[H_3O^+]의 농도가 다음과 같을 때 가장 강산인 것은?

① 10^{-2} mol/ℓ　　② 10^{-3} mol/ℓ
③ 10^{-4} mol/ℓ　　④ 10^{-5} mol/ℓ

pH는 용액의 산성도를 가늠하는 척도로서 수소이온 농도의 상용로그 값을 구한 후 마이너스를 취한 값이다. 따라서 $10^{-2}mol/\ell$은 pH 2에 속하여 제시된 예에서 가장 강산을 나타낸다. $10^{-3}mol/\ell$은 pH 3, $10^{-4}mol/\ell$은 pH 4, $10^{-5}mol/\ell$은 pH 5를 나타낸다.

043
밀가루의 점도변화를 측정함으로써 알파-아밀라아제 효과를 판정할 수 있는 기기는?

① 아밀로그래프(Amylograph)
② 믹소그래프(Mixograph)
③ 알베오그래프(Alveograph)
④ 믹서트론(Mixertron)

아밀로그래프는 밀가루의 호화정도 등 밀가루 전분의 질을 측정하며, 온도 변화에 따라 밀가루의 α-아밀라아제의 효과를 측정하는 기구로 곡선 높이는 400~600 B.U가 적당하다.

044
효모의 대표적인 증식방법은?

① 분열법
② 출아법
③ 유포자형성
④ 무성포자형성

효모(이스트)는 출아증식을 하는 단세포 생물로 반죽 내에서 발효작용을 하여 탄산가스와 알코올, 유기산 등을 생성한다.

045
과자와 빵에 우유가 미치는 영향이 아닌 것은?

① 영양을 강화시킨다.
② 보수력이 없어서 노화를 촉진시킨다.
③ 겉껍질색깔을 강하게 한다.
④ 이스트에 의해 생성된 향을 착향시킨다.

우유에 들어 있는 유당은 보수력이 있어 노화를 지연시킨다.

046
체내에서 물의 역할을 설명한 것으로 틀린 것은?

① 물은 영양소와 대사산물을 운반한다.
② 땀이나 소변으로 배설되며 체온 조절을 한다.
③ 영양소 흡수로 세포막에 농도차가 생기면 물이 바로 이동한다.
④ 변으로 배설될 때는 물의 영향을 받지 않는다.

대장에서 수분흡수가 잘 안되면 설사증세가 일어나고, 수분흡수가 잘되거나 수분공급이 적으면 변비가 유발된다.

047
카제인이 많이 들어있는 식품은?

① 빵
② 우유
③ 밀가루
④ 콩

카제인은 단순단백질과 인산이 결합한 복합단백질로 우유단백질의 약 80%를 차지하고 있다.

048
다음의 단팥빵 영양가 표를 참고하여 단팥빵 200g의 열량을 구하면 얼마인가?

	영양소 100g중 함유량
탄수화물	20g
단백질	5g
지방	10g
칼슘	2mg
비타민 B_1	0.12mg

① 190 kcal
② 300 kcal
③ 380 kcal
④ 460 kcal

탄수화물과 단백질은 각각 1g당 4kcal, 지방은 1g당 9kcal의 열량을 발생시킨다. 따라서, (20 × 4) + (5 × 4) + (10 × 9) = 190kcal 이며, 이는 100g에 해당하는 열량이므로 200g의 열량은 190 × 2 = 380kcal 이다.

049
무기질의 기능이 아닌 것은?

① 우리 몸의 경조직 구성성분이다.
② 열량을 내는 열량 급원이다.
③ 효소의 기능을 촉진시킨다.
④ 세포의 삼투압 평형유지 작용을 한다.

무기질은 pH와 삼투압의 조절, 체내 조직(뼈, 치아) 성분, 효소의 기능 촉진, 대사 생리작용을 한다. 참고로 인체내 열량 급원은 탄수화물, 단백질, 지방이다.

050
혈당의 저하와 가장 관계가 깊은 것은?

① 인슐린
② 리파아제
③ 프로테아제
④ 펩신

혈당을 조절하는 호르몬에는 인슐린, 아드레날린, 글루카곤 등이 있으며, 그 중 혈당의 저하에 관여하는 것은 인슐린이다. 참고로 리파아제는 지방 분해 효소, 프로테아제와 펩신은 단백질 분해 효소이다.

051
감염병의 예방 및 관리에 관한 법령상 제2급 감염병에 속하는 것은?

① 디프테리아
② 콜레라
③ 일본뇌염
④ 인플루엔자

제2급 감염병 : 종류 : 결핵, 수두, 홍역, 콜레라, 장티푸스, 파라티푸스, 세균성이질, 장출혈성대장균감염증, A형간염, 백일해, 유행성이하선염, 풍진, 폴리오, 수막구균 감염증, b형헤모필루스인플루엔자, 폐렴구균 감염증, 한센병, 성홍열, 반코마이신내성황색포도알균(VRSA) 감염증, 카바페넴내성장내세균속균종(CRE) 감염증, E형간염

052
다음 중 식품접객업에 해당되지 않은 것은?

① 식품냉동 냉장업
② 유흥주점영업
③ 위탁급식영업
④ 일반음식점영업

식품위생법에 따른 식품접객업은 휴게음식점영업, 일반음식점영업, 단란주점영업, 유흥주점영업, 위탁급식영업, 제과점영업의 6가지이다.

053
다음 중 세균성 식중독 예방을 위한 일반적인 원칙이 아닌 것은?

① 먹기 전에 가열처리 할 것
② 가급적 조리 직후에 먹을 것
③ 설사환자나 화농성 질환이 있는 사람은 식품을 취급하지 않도록 할 것
④ 실온에서 잘 보관하여 둘 것

식중독을 예방하기 위한 일반 원칙은 냉장 또는 냉동 보관이다.

054
식중독의 예방 원칙으로 올바른 것은?

① 장기간 냉장보관
② 주방의 바닥 및 벽면의 충분한 수분 유지
③ 잔여 음식의 폐기
④ 날음식, 특히 어패류는 생식할 것

055
다음 중 허가된 천연유화제는?

① 구연산
② 고시폴
③ 레시틴
④ 세사몰

식품첨가물공전에 따라 허가된 천연유화제는 레시틴과 효소분해 레시틴이다. 참고로 구연산은 산미료, 고시폴은 정제가 덜 된 면실유에 함유되어 있는 독성물질, 세사몰은 참기름의 특수성분이다.

056
다음 중 아플라톡신을 생산하는 미생물은?

① 효모   ② 세균
③ 바이러스   ④ 곰팡이

곰팡이가 생산하는 독소에는 황변미독, 맥각독, 아플라톡신 등이 있다. 그 중 아플라톡신은 탄수화물이 풍부한 쌀, 보리, 옥수수 등의 곡류가 주요 오염원이다.

057
소독력이 강한 양이온계면활성제로서 종업원의 손을 소독할 때나 용기 및 기구의 소독제로 알맞은 것은?

① 석탄산
② 과산화수소
③ 역성비누
④ 크레졸

역성비누는 무미, 무해, 무독이면서도 침투력과 살균력이 강해 손이나 용기 등의 소독제로 적당하다. 용기 및 기구 소독은 1%, 손 소독은 5~10% 농도를 사용한다.

058
어패류의 생식과 가장 관계가 깊은 식중독 세균은?

① 프로테우스균
② 장염비브리오균
③ 살모넬라균
④ 바실러스균

장염 비브리오균은 해수세균의 일종으로 3~4%의 소금물에서 잘 생육하며 해수온도가 15℃ 이상이 되면 급격히 증식한다. 원인 식품은 어패류, 생선회, 수산식품 등이다.

059
알레르기성 식중독의 원인이 될 수 있는 가능성이 가장 높은 식품은?

① 오징어
② 꽁치
③ 갈치
④ 광어

알레르기성 식중독은 세균증식이나 세균독소가 원인이 아니라 세균오염에 의한 부패산물이 원인이 되어 일어나는 식중독으로 그 증상이 알러지(allergy) 상태인 때를 말한다. 원인식품으로는 꽁치, 고등어, 참치 등 붉은색 어류나 그 가공품 등이 있다.

060
밀가루의 표백과 숙성에 사용되는 첨가물의 종류는?

① 개량제
② 발색제
③ 피막제
④ 소포제

밀가루 개량제는 밀가루 표백과 숙성기간을 단축하고 제빵효과의 저해물질을 파괴함으로써 가공성 등을 개량하기 위한 목적으로 사용한다. 대표적인 밀가루 개량제로는 과산화벤조일과 과황산암모늄이 있다.

03회 【정답】 최근 기출문제

001	002	003	004	005
①	②	②	③	①
006	007	008	009	010
①	①	①	④	②
011	012	013	014	015
①	④	③	①	③
016	017	018	019	020
④	③	②	②	①
021	022	023	024	025
①	②	③	①	②
026	027	028	029	030
④	②	①	④	②
031	032	033	034	035
①	②	④	①	②
036	037	038	039	040
③	④	②	④	①
041	042	043	044	045
①	①	①	②	②
046	047	048	049	050
④	②	③	②	①
051	052	053	054	055
②	①	④	③	③
056	057	058	059	060
④	③	②	②	①

제 04 회 최근 기출문제

CHECK POINT QUESTION

001
다음 설명 중 맛과 향이 떨어지는 원인이 아닌 것은?

① 설탕을 넣지 않는 제품은 맛과 향이 제대로 나지 않는다.
② 저장 중 산패된 유지, 오래된 달걀으로 인한 냄새를 흡수한 재료는 품질이 떨어진다.
③ 탈향의 원인이 되는 불결한 팬의 사용과 탄화된 물질이 제품에 붙으면 맛과 외양을 악화시킨다.
④ 굽기 상태가 부적절하면 생재료 맛이나 탄 맛이 남는다.

002
반죽형으로 제조되는 케이크 제품은?

① 파운드 케이크
② 시퐁 케이크
③ 레몬 시트론 케이크
④ 스파이스 케이크

반죽형으로 제조되는 케이크는 많은 양의 유지와 화학팽창제를 이용하는 반죽으로 밀가루, 유지, 설탕, 달걀을 기본재료로 한다. 이러한 반죽형 케이크에는 파운드 케이크, 마블 케이크, 과일 케이크, 마들렌, 머핀, 레이어 케이크 등이 있다.

003
핑거 쿠키 성형시 가장 적정한 길이(cm)는?

① 3
② 5
③ 9
④ 12

핑거 쿠키는 손가락모양의 거품형과자로 성형시 가장 적정한 길이는 5~6cm 정도이며, 철판에 종이를 깔고 짠다.

004
다음 유지 중 성질이 다른 것은?

① 버터
② 마가린
③ 샐러드유
④ 쇼트닝

버터, 마가린, 쇼트닝, 라드는 고체 상태의 지방으로 쇼트닝성, 가소성, 크리밍성과 같은 특징을 갖는다. 샐러드유는 샐러드 드레싱을 만드는 데 쓰이는 식물성 기름으로 정제과정을 거친 식용유이다.

005
비중이 높은 제품의 특징이 아닌 것은?

① 기공이 조밀하다.
② 부피가 작다.
③ 껍질색이 진하다.
④ 제품이 단단하다.

비중이란 부피가 같은 물의 무게에 대해 반죽의 무게를 숫자로 나타낸 값으로 반죽의 비중이 높은 제품은 공기의 혼입이 작아 기공이 조밀하고 부피가 작아 단단한 제품이 된다.

006
거품을 올린 흰자에 뜨거운 시럽을 첨가하면서 고속으로 믹싱 하여 만드는 아이싱은?

① 마시멜로 아이싱
② 콤비네이션 아이싱
③ 초콜릿 아이싱
④ 로얄 아이싱

마시멜로 아이싱은 거품을 올린 흰자에 113~114°C로 끓인 설탕 시럽을 첨가하면서 만드는 아이싱을 말한다.

007
퐁당 아이싱이 끈적거리거나 포장지에 붙는 경향을 감소시키는 방법으로 옳지 않은 것은?

① 아이싱을 다소 덥게(40℃)하여 사용한다.
② 아이싱에 최대의 액체를 사용한다.
③ 굳은 것은 설탕시럽을 첨가하거나 데워서 사용한다.
④ 젤라틴, 한천 등과 같은 안정제를 적절하게 사용한다.

끈적거림을 감소시키기 위해서는 아이싱에 최소의 액체를 사용한다.

008
쿠키에 팽창제를 사용하는 주된 목적은?

① 제품의 부피를 감소시키기 위해
② 딱딱한 제품을 만들기 위해
③ 퍼짐과 크기를 조절을 위해
④ 설탕 입자의 조절을 위해

팽창제는 제과 및 제빵에서 가스를 발생시켜 제품을 부풀려 모양을 갖추게 하며 부드러운 조직을 부여하기 위해 사용되는 첨가제이다.

009
케이크 팬 용적 410cm³에 100g의 스펀지 케이크 반죽을 넣어 좋은 결과를 얻었다면, 팬 용적 1230cm³에 넣어야 할 스펀지 케이크의 반죽무게(g)는?

① 123
② 200
③ 300
④ 410

• 비용적 = 410(cm³) ÷ 100(g) = 4.1cm³/g
• 반죽 무게 = 팬의 부피 ÷ 비용적 = 1230(cm³) ÷ 4.1(cm³/g) = 300g

010
도넛의 튀김온도로 가장 적당한 온도 범위는?

① 105℃ 내외
② 145℃ 내외
③ 185℃ 내외
④ 250℃ 내외

도넛의 튀김온도는 180~195℃로 제품의 크기에 따라 조정할 수 있다.

011
일반적인 과자반죽의 결과 온도로 가장 알맞은 것은?

① 10 ~ 13℃
② 22 ~ 24℃
③ 26 ~ 28℃
④ 32 ~ 34℃

일반적인 과자반죽의 결과온도는 23~24℃가 적당하며, 낮은 반죽온도는 부피가 작고 기공도 조밀하며 식감이 안 좋다. 또한, 높은 반죽온도는 기공이 거칠고 노화도 빨라진다.

012
베이킹 파우더를 많이 사용한 제품의 결과와 거리가 먼 것은?

① 밀도가 크고 부피가 작다.
② 속결이 거칠다.
③ 오븐스프링이 커서 찌그러들기 쉽다.
④ 속 색이 어둡다.

베이킹 파우더는 탄산수소나트륨(NaHCO₃)을 주성분으로 하여 각종 산성제를 배합하고 분산제로 전분을 첨가한 팽창제이다.

013
푸딩에 대한 설명 중 맞는 것은?

① 우유와 설탕은 120℃로 데운 후 달걀과 소금을 넣어 혼합한다.
② 우유와 소금의 혼합 비율은 100:10 이다.
③ 달걀의 열변성에 의한 농후화 작용을 이용한 제품이다.
④ 육류, 과일, 야채, 빵을 섞어 만들지는 않는다.

푸딩의 제조
• 우유와 일부의 설탕을 80~90℃까지 데운다.
• 경도는 달걀의 비율로 조정되며 설탕과 달걀의 비는 1:2를 기본으로 한다.
• 달걀, 설탕, 우유 등을 혼합하여 중탕으로 구운 제품으로 육류, 과일, 야채, 빵을 섞어 만들기도 한다.

014
주방 설계에 있어 주의할 점이 아닌 것은?

① 가스를 사용하는 장소에는 환기시설을 갖춘다.
② 주방 내의 여유 공간을 확보한다.
③ 종업원의 출입구와 손님용 출입구는 별도로 하여 재료의 반입은 종업원 출입구로 한다.
④ 주방의 환기는 소형의 것을 여러 개 설치하는 것보다 대형의 환기장치 1개를 설치하는 것이 좋다.

주방 설계시 환기장치는 대형의 환기장치를 1개 설치하는 것보다 소형의 환기장치를 여러 개 설치하는 것이 효과적이다.

015
과일 케이크를 구울 때 증기를 분사하는 목적과 거리가 먼 것은?

① 향의 손실을 막는다.
② 껍질을 두껍게 만든다.
③ 표피의 캐러멜화 반응을 연장한다.
④ 수분의 손실을 막는다.

과일 케이크를 구울 때 증기를 분사하면 반죽에 수분이 착상하여 수막을 형성하게 된다. 이렇게 형성된 수막이 껍질의 형성을 더디게 함으로써 껍질이 얇게 만들어진다.

016
발효 손실의 원인이 아닌 것은?

① 수분이 증발하여
② 탄수화물이 탄산가스로 전환되어
③ 탄수화물이 알코올로 전환되어
④ 재료 계량의 오차로 인해

발효 손실은 장시간 발효 중에 수분이 증발하고, 탄수화물이 발효에 의해 탄산가스와 알코올로 전환되어 발생한다. 일반 발효 중에는 1~2% 정도 손실된다.

017
오븐스프링(oven spring)이 일어나는 원인이 아닌 것은?

① 가스압
② 용해 탄산가스
③ 전분호화
④ 알코올 기화

오븐스프링은 굽기 초기단계에서 처음 크기의 1/3이 급격히 팽창되는 것으로, 가스 압력이 증가하고 용해도가 낮아진 탄산가스가 외부로 방출되며 알코올 등이 증발되면서 일어난다.

018
원가관리 개념에서 식품을 저장하고자 할 때 저장 온도로 부적합한 것은?

① 상온식품은 15~20℃에서 저장한다.
② 보냉식품은 10~15℃에서 저장한다.
③ 냉장식품은 5℃ 전후에서 저장한다.
④ 냉동식품은 -40℃ 이하로 저장한다.

냉동식품은 식품의 중심온도가 -18℃ 이하를 계속 유지하는 식품을 말하며, 냉동저장은 식품을 -18℃ 이하에서 보관함으로써 식품 내 수분의 대부분을 빙결시켜 변패를 억제시키는 저장방법이다.

019
다음 중 파이롤러를 사용하기에 부적합한 제품은?

① 스위트롤
② 데니시 페이스트리
③ 크로와상
④ 브리오슈

파이롤러는 반죽의 두께를 조절하여 얇게 또는 두껍게 밀어 펴는 기계로 페이스트리, 케이크 도넛, 스위트롤 등에 적당하다. 참고로 브리오슈는 버터와 달걀이 많이 들어가는 배합으로 만든 반죽을 눈사람, 원통형 등 여러 가지 모양으로 성형해 구운 것이다.

020
냉동반죽의 사용 재료에 대한 설명 중 틀린 것은?

① 유화제는 냉동반죽의 가스 보유력을 높이는 역할을 한다.
② 물은 일반 제품보다 3~5% 줄인다.
③ 일반 제품보다 산화제 사용량을 증가시킨다.
④ 밀가루는 중력분을 10% 정도 혼합한다.

냉동반죽을 할 때는 반죽의 가스 보유력을 증가시키기 위해 단백질 함량이 11.75~13.5%로 비교적 높은 밀가루를 사용한다.

021
팬닝시 주의할 사항으로 적합하지 않은 것은?

① 팬에 적정량의 팬 오일을 바른다.
② 틀이나 철판의 온도를 25℃로 맞춘다.
③ 반죽의 이음매가 틀의 바닥에 놓이도록 팬닝한다.
④ 반죽의 무게와 상태를 정하여 비용적에 맞추어 적당한 반죽량을 넣는다.

> 팬닝시 적당한 틀이나 철판의 온도는 32℃ 정도이다.

022
제빵과정에서 2차 발효가 덜 된 경우에 나타나는 현상은?

① 기공이 거칠다.
② 부피가 작아진다.
③ 브레이크와 슈레이드가 부족하다.
④ 빵 속 색깔이 회색같이 어둡다.

> 발효가 부족한 경우 글루텐의 신장성이 불충분하여 부피가 작아진다.

023
여름철에 빵의 부패 원인균인 곰팡이 및 세균을 방지하기 위한 방법으로 부적당한 것은?

① 작업자 및 기계, 기구를 청결히 하고 공장 내부의 공기를 순환시킨다.
② 이스트 첨가량을 늘리고 발효온도를 약간 낮게 유지하면서 충분히 굽는다.
③ 초산, 젖산 및 사우어 등을 첨가하여 반죽은 pH를 낮게 유지한다.
④ 보존료인 소르빈산을 반죽에 첨가한다.

> 보존료인 소르빈산(Sorbic acid)은 치즈, 식육가공품, 어육가공품 등 그 사용식품과 사용량이 제한되어 있는 것으로 반죽에 첨가할 수 없다. 참고로 식품첨가물공전상 제과·제빵에 사용할 수 있는 보존료로는 프로피온산·프로피온산나트륨·프로피온산칼슘(빵 및 케이크류), 이초산나트륨(빵류)이 있다.

024
다음 중 소프트 롤에 속하지 않는 것은?

① 디너 롤   ② 프렌치 롤
③ 브리오슈   ④ 치즈 롤

> 프렌치 롤은 직접 구워 딱딱한 껍질의 빵을 의미한다. 딱딱하고 매끈한 겉모양과 섬세하고 윤이 나는 껍질, 기공이 많은 내부조직이 특징이다.

025
스펀지 반죽법에서 스펀지 반죽의 재료가 아닌 것은?

① 설탕   ② 물
③ 이스트   ④ 밀가루

> 스펀지 반죽법에서 스펀지 반죽의 사용재료는 밀가루, 물, 이스트, 이스트푸드이며, 밀가루의 사용범위는 55~100%이다.

026
500g의 식빵을 2개 만들려고 한다. 총 배합율은 180%이고 발효손실은 1%, 굽기손실은 12%라고 가정할 때 사용할 밀가루 무게는 약 얼마인가? (단, 계산의 답은 소수점 첫째 자리에서 반올림한다.)

① 319g   ② 638g
③ 568g   ④ 284g

> • 완제품의 총 무게 = 500g × 2개 = 1,000(g)
> • 총 반죽무게 = 완제품의 총 무게 ÷ (1 − 발효손실률) ÷ (1 − 굽기손실률)
>   = 1,000 ÷ (1 − 0.01) ÷ (1 − 0.12) ≒ 1147.84g
> • 밀가루 무게(g) = $\frac{밀가루 비율(\%) \times 총 반죽무게(g)}{총 배합률(\%)}$
>   = $\frac{100(\%) \times 1147.84(g)}{180(\%)}$
>   ≒ 637.68 ≒ 638(g)

027
빵의 노화를 지연시키는 방법 중 잘못된 것은?

① −18℃에서 밀봉 보관한다.
② 2~10℃에서 보관한다.

③ 당류를 첨가한다.
④ 방습 포장지로 포장한다.

빵의 노화란 빵의 껍질과 속결에서 일어나는 물리·화학적 변화로 제품의 맛, 향미가 변화하며 딱딱해지는 현상을 의미하는 것으로 냉장온도(0~8℃)에서 노화가 가장 빠르게 진행된다.

028
빵제품의 제조공정에 대한 설명으로 올바르지 않은 것은?

① 반죽은 무게 또는 부피에 의하여 분할한다.
② 둥글리기에서 과다한 덧가루를 사용하면 제품에 줄무늬가 생성된다.
③ 중간발효시간은 보통 10~20분이며, 27~29℃에서 실시한다.
④ 성형은 반죽을 일정한 형태로 만드는 1단계 공정으로 이루어져 있다.

성형과정은 분할 → 둥글리기 → 중간발효 → 정형 → 팬닝의 여러 공정으로 이루어져 있다.

029
식빵반죽을 혼합할 때 반죽의 온도 조절에 가장 크게 영향을 미치는 원료는?

① 밀가루   ② 설탕
③ 물   ④ 이스트

반죽온도란 반죽이 완성된 직후에 나타나는 온도를 말하며, 온도조절이 가장 쉬운 물을 사용하여 반죽온도를 조절한다.

030
빵을 구워낸 직후의 수분함량과 냉각 후 포장 직전의 수분함량으로 가장 적합한 것은?

① 35%, 27%   ② 45%, 38%
③ 60%, 52%   ④ 68%, 60%

빵을 구워 낸 직후 내부의 수분함량은 42~45%이며, 냉각 후 포장직전의 적합한 중심온도와 수분함량은 각각 35℃, 38%이다.

031
다음 중 제빵용 효모에 함유되어 있지 않은 효소는?

① 프로테아제(protease)
② 말타아제(maltase)
③ 사카라아제(saccharase)
④ 인버타아제(invertase)

이스트에는 말타아제(맥아당 분해), 인버타아제(자당 분해), 치마아제(포도당, 과당 분해), 프로테아제(단백질 분해), 리파아제(지방 분해)가 함유되어 있다.

032
우유에 함유되어 있는 당으로 제빵용 효모에 의하여 발효되지 않는 것은?

① 포도당   ② 유당
③ 설탕   ④ 과당

제빵용 이스트에는 유당(젖당)을 분해하는 효소인 락타아제(lactase)가 들어 있지 않아 유당은 분해되지 않는다.

033
다음 중 pH가 중성인 것은?

① 식초   ② 수산화나트륨용액
③ 중조   ④ 증류수

수산화나트륨과 중조는 염기성, 식초는 산성이다. 순수한 물 즉, 증류수는 pH 7로 중성이다.

034
검류에 대한 설명으로 틀린 것은?

① 유화제, 안정제, 점착제 등으로 사용된다.
② 낮은 온도에서도 높은 점성을 나타낸다.
③ 무기질과 단백질로 구성되어 있다.
④ 친수성 물질이다.

검류는 포도당 외의 다른 단당류나 당 유도체로 연결된 거대 복합체이다. 친수성 콜로이드로 물에 녹거나 분산되어 점성을 가지며 겔을 형성하므로 식품산업에서 많이 이용하는 탄수화물 소재이다.

035
달걀 중에서 껍질을 제외한 고형질은 약 몇 %인가?
① 15% ② 25%
③ 35% ④ 45%

> 달걀의 수분 함량은 약 75%, 고형분 함량은 25%로 구성되어 있다.

036
패리노그래프에 대한 설명으로 틀린 것은?
① 혼합하는 동안 일어나는 반죽의 물리적 성질을 파동곡선 기록기로 기록하여 해석한다.
② 흡수율, 믹싱 내구성, 믹싱 시간 등을 판단할 수 있다.
③ 곡선이 500 B.U에 도달하는 시간 등으로 밀가루의 특성을 알 수 있다.
④ 반죽의 신장도를 cm 단위로 측정한다.

> 반죽의 신장도를 측정하는 기기는 익스텐소그래프(Extensograph)이다.

037
식용유지의 산화방지제로 항산화제를 사용하고 있는데 항산화제는 직접 산화를 방지하는 물질과 항산화 작용을 보조하는 물질 또는 앞의 두 작용을 가진 물질로 구분하는 데 항산화 작용을 보조하는 물질은?
① 비타민 C ② BHA
③ 비타민 A ④ BHT

> 비타민 C는 수용성으로 항산화 작용을 보조한다.

038
밀알에서 내배유가 차지하는 구성비와 가장 근접한 것은?
① 14% ② 36%
③ 65% ④ 83%

> 밀알은 배아 3%, 내배유 83%, 껍질 14%로 구성되어 있으며, 내배유는 밀가루가 되는 부분이다.

039
유지의 산화방지에 주로 사용되는 방법은?
① 수분첨가
② 비타민 E 첨가
③ 단백질 제거
④ 가열 후 냉각

> 유지의 산화에 의한 변질 현상을 방지하는 산화방지제로는 BHT, BHA, 비타민 E(토코페롤), 프로필갈레이드 등이 있다.

040
비터 초콜릿(Bitter chocolate) 32% 중에는 코코아가 약 얼마 정도 함유되어 있는가?
① 8% ② 16%
③ 20% ④ 24%

> - 비터 초콜릿은 코코아 62.5%(5/8), 코코아 버터 37.5%(3/8)로 구성되어 있다.
> - 코코아의 함유량 = 32(%) × 5/8 = 20(%)

041
다음에서 이스트의 영양원이 되는 물질은?
① 인산칼슘 ② 소금
③ 황산암모늄 ④ 브롬산칼슘

> 이스트의 영양원이 되는 물질은 염화암모늄, 황산암모늄, 인산암모늄 등의 질소공급원이다.

042
다음 중 동물성 단백질은?
① 덱스트린 ② 아밀로오스
③ 글루텐 ④ 젤라틴

> 젤라틴(gelatin)은 동물의 껍질과 연골 속에 있는 콜라겐을 정제한 것으로 찬물에는 팽윤하나 더운물에는 녹아 졸이 된다.

043
제빵에서의 수분 분포에 관한 설명으로 틀린 것은?

① 물이 반죽에 균일하게 분산되는 시간은 보통 10분 정도이다.
② 1차 발효와 2차 발효를 거치는 동안 반죽은 다소 건조하게 된다.
③ 발효를 거치는 동안 전분의 가수분해에 의해서 반죽 내 수분량이 변화한다.
④ 소금은 글루텐을 단단하게 하여 글루텐 흡수량의 약 8%를 감소시킨다.

044
다음 중 감미도가 가장 높은 것은?

① 포도당
② 유당
③ 과당
④ 맥아당

> 당류의 감미도 : 과당 〉 전화당 〉 설탕(자당) 〉 포도당 〉 맥아당 〉 갈락토오스 〉 유당(젖당)

045
다음 중 패리노그래프로 알 수 없는 것은?

① 반죽의 흡수율
② 반죽의 점탄성
③ 반죽의 안정도
④ 반죽의 신장저항력

> 익스텐소그래프(Extensograph)는 반죽의 신장성에 대한 저항 측정과 신장 내구성으로 발효시간을 추정한다.

046
지방의 기능이 아닌 것은?

① 지용성 비타민의 흡수를 돕는다.
② 외부의 충격으로부터 장기를 보호한다.
③ 높은 열량을 제공한다.
④ 변의 크기를 증대시켜 장관 내 체류시간을 단축시킨다.

> 탄수화물 중 다당류인 섬유소는 소화효소에 의해 가수분해되지 않으며 장의 연동작용을 자극하여 배설작용을 촉진한다.

047
밀가루가 75%의 탄수화물, 10%의 단백질, 1%의 지방을 함유하고 있다면 100g의 밀가루를 섭취하였을 때 얻을 수 있는 열량(kcal)은?

① 386
② 349
③ 317
④ 307

> - 탄수화물, 단백질은 1g당 4kcal, 지방은 1g당 9kcal의 열량을 발생시킨다.
> - 섭취 열량 = 탄수화물 열량(75g × 4kcal) + 단백질 열량(10g × 4kcal) + 지방 열량(1g × 9kcal) = 349(kcal)

048
올리고당류의 특징으로 가장 거리가 먼 것은?

① 청량감이 있다.
② 감미도가 설탕의 20~30% 정도이다.
③ 설탕에 비해 항충치성이 있다.
④ 장내 비피더스균의 증식을 억제한다.

> 올리고당류는 단당류가 2~10개 정도 복잡한 구조의 다당류로 소화과정에서 흡수되지 않고 장까지 도달해 장내 비피더스균의 먹이가 되어 증식하는 것을 돕는다.

049
당질의 대사과정에 필요한 비타민으로서 쌀을 주식으로 하는 우리나라 사람에게 더욱 중요한 것은?

① 비타민 A
② 비타민 B_1
③ 비타민 B_{12}
④ 비타민 D

> 비타민 B_1은 수용성 비타민의 하나로 탄수화물 대사를 조절하는 데 관여하며, 권장 섭취량은 탄수화물의 섭취량과 비례한다.

050
필수 아미노산이 아닌 것은?

① 라이신
② 메티오닌
③ 페닐알라닌
④ 아라키돈산

> 필수아미노산은 체내 합성이 불가능하여 반드시 음식물에서 섭취해야 한다. 성인에게는 이소류신, 류신, 라이신(리신), 메티오닌, 페닐알라닌, 트레오닌, 트립토판, 발린 등 8종류가 필요하다. 참고로 아라키돈산은 필수 지방산이다.

051
대장균에 대한 설명으로 틀린 것은?

① 유당을 분해한다.
② 그램(gram)양성이다.
③ 호기성 또는 통성 혐기성이다.
④ 무아포 간균이다.

> 대장균은 그램(gram)음성균으로서 아포를 형성하지 않으며 호기성 또는 통성 혐기성인 간균을 총칭한다.

052
화학적 식중독에 대한 설명으로 잘못된 것은?

① 유해색소의 경우 급성독성은 문제되나 소량을 연속적으로 섭취할 경우 만성독성의 문제는 없다.
② 인공감미료 중 싸이클라메이트는 발암성이 문제되어 사용이 금지되어 있다.
③ 유해성 보존료인 포르말린은 식품에 첨가할 수 없으며 플라스틱 용기로부터 식품 중에 용출되는 것도 규제하고 있다.
④ 유해성 표백제인 롱가릿 사용시 포르말린이 오래도록 식품에 잔류할 가능성이 있으므로 위험하다.

> 유해색소는 발암성이나 독성이 강한 색소로 급성독성 뿐만 아니라 만성독성으로 인해 인체 위해성이 더 크다.

053
빵이나 케이크에 허용되어 있는 보존료는?

① 프로피온산나트륨
② 안식향산
③ 데히드로초산
④ 소르비톨

> 빵 및 케이크류에 보존료로 허용되어 있는 프로피온산, 프로피온산나트륨, 프로피온산칼슘의 허용기준은 2.5g/kg 이하이며, 빵류에 허용되어 있는 이초산나트륨의 허용기준은 0.4% 이하이다.

054
식품의 부패 요인과 가장 거리가 먼 것은?

① 수분
② 온도
③ 가열
④ pH

> 식품의 변질에 영향을 미치는 요인은 영양소, 수분, 온도, pH, 산소, 삼투압 등이다.

055
제품의 유통기간 연장을 위해서 포장에 이용되는 불활성 가스는?

① 산소   ② 질소
③ 수소   ④ 염소

> 질소는 불연성, 비독성의 불활성 가스로 제품의 포장에 널리 이용된다.

056
세균성 식중독과 비교하여 경구 감염병의 특징이 아닌 것은?

① 적은 양의 균으로도 질병을 일으킬 수 있다.
② 2차 감염이 된다.
③ 잠복기가 비교적 짧다.
④ 감염 후 면역형성이 잘된다.

경구 감염병은 병원체가 입을 통하여 침입하여 감염을 일으키는 소화기계통의 감염병으로 일반적으로 잠복기가 길고 감염성 또한 강하다.

057

살모넬라균으로 인한 식중독의 잠복기와 증상으로 옳은 것은?

① 오염식품 섭취 10~24 시간 후 발열(38~40℃)이 나타나며 1주일 이내 회복이 된다.
② 오염식품 섭취 10~20 시간 후 오한과 혈액이 섞인 설사가 나타나며 이질로 의심되기도 한다.
③ 오염식품 섭취 10~30 시간 후 점액성 대변을 배설하고 신경증상을 보여 곧 사망한다.
④ 오염식품 섭취 8~20 시간 후 복통이 있고 흔히 A, F형의 독소에 의한 발병이 특징이다.

살모넬라균에 의한 식중독은 세균에 의한 감염형 식중독으로 평균 24시간 전·후의 잠복기를 가지며 주요 증상은 복통, 설사, 구토, 발열 등이다.

058

장염 비브리오(Vibrio)균에 의한 식중독 유형은?

① 독소형 식중독   ② 감염형 식중독
③ 곰팡이독 식중독   ④ 화학물질 식중독

감염형·독소형 식중독
- 감염형 식중독 : 살모넬라 식중독, 장염 비브리오 식중독, 병원성 대장균 식중독, 웰치균 식중독
- 독소형 식중독 : 포도상구균 식중독, 보툴리누스균 식중독, 클로스트리디움 퍼프린젠스 식중독

059

인수공통감염병 중 오염된 우유나 유제품을 통해 사람에게 감염되는 것은?

① 탄저   ② 결핵
③ 야토병   ④ 구제역

결핵 중 사람에 감염되는 우형균은 병든 소의 오염된 우유를 마시거나 그 유제품을 섭취하는 경우에 발생한다.

060

다음 중 HACCP 적용의 7가지 원칙에 해당하지 않는 것은?

① 위해요소분석
② HACCP 팀 구성
③ 한계기준설정
④ 기록유지 및 문서관리

HACCP 관리의 수행 단계
1. 위해요소분석 → 2. 중요관리점결정 → 3. 한계기준설정 → 4. 모니터링 체계 확립 → 5. 개선조치 방법 수립 → 6. 검증 절차 및 방법 수립 → 7. 문서화 및 기록 유지

04회 【정답】 최근 기출문제

001	002	003	004	005
①	①	②	③	③
006	007	008	009	010
①	②	④	②	③
011	012	013	014	015
②	①	③	④	②
016	017	018	019	020
④	③	④	④	④
021	022	023	024	025
②	②	④	②	①
026	027	028	029	030
②	④	④	③	②
031	032	033	034	035
③	②	④	③	②
036	037	038	039	040
④	①	④	②	③
041	042	043	044	045
③	④	②	③	④
046	047	048	049	050
④	②	④	②	④
051	052	053	054	055
②	①	①	③	②
056	057	058	059	060
③	①	②	②	②

제 05 회 최근 기출문제

CHECK POINT QUESTION

001
파운드 케이크를 구울 때 윗면이 자연적으로 터지는 경우가 아닌 것은?

① 굽기 시작 전에 증기를 분무할 때
② 설탕 입자가 용해되지 않고 남아 있을 때
③ 반죽 내 수분이 불충분할 때
④ 오븐 온도가 높아 껍질 형성이 너무 빠를 때

002
도넛 글레이즈의 사용온도로 가장 적합한 것은?

① 49℃ ② 39℃
③ 29℃ ④ 19℃

글레이즈는 과자류의 표면에 광택을 내는 일로 글레이즈의 사용 온도는 45~50℃ 이다.

003
제빵 공장에서 5인이 8시간 동안 옥수수 식빵 500개, 바게트 빵 550개를 만들었다. 개당 제품의 노무비는 얼마인가? (단, 시간당 노무비는 4000원이다.)

① 132원 ② 142원
③ 152원 ④ 162원

노무비는 제조활동과 관련된 인건비이다. 총노무비는 5인 × 8시간 × 4,000원 = 160,000원. 총생산 수량은 1,050개, 개당 제품 노무비는 160,000 ÷ 1,050 = 152.38원

004
엔젤 푸드 케이크 제조 시 팬에 사용하는 이형제로 가장 적절한 것은?

① 쇼트닝 ② 밀가루
③ 라드   ④ 물

엔젤 푸드 케이크는 거품형 케이크이며 달걀의 흰자만을 이용하는 케이크로 이형제로 물을 사용한다.

005
케이크의 부피가 작아지는 원인에 해당하는 것은?

① 강력분을 사용한 경우
② 액체 재료가 적은 경우
③ 크리밍성이 좋은 유지를 사용한 경우
④ 달걀 양이 많은 반죽의 경우

006
쇼트 브레드 쿠키의 성형 시 주의할 점이 아닌 것은?

① 글루텐 형성방지를 위해 가볍게 뭉쳐서 밀어 편다.
② 반죽의 휴지를 위해 성형 전에 냉동고에 동결시킨다.
③ 반죽을 일정한 두께로 밀어 펴서 원형 또는 주름 커터로 찍어낸다.
④ 달걀 노른자를 바르고 조금 지난 뒤 포크로 무늬를 그려낸다.

쇼트 브레드 쿠키는 다량의 버터, 설탕, 밀가루로 반죽을 하여 냉장휴지를 한 후 반죽을 일정한 두께로 밀어 펴서 틀로 찍는 형태의 쿠키로 식감은 부드럽고 바삭바삭하다.

007
반죽형 케이크를 구웠더니 너무 가볍고 부서지는 현상이 나타났다. 그 원인이 아닌 것은?

① 반죽에 밀가루 양이 많았다.
② 반죽의 크림화가 지나쳤다.
③ 팽창제 사용량이 많았다.
④ 쇼트닝 사용량이 많았다.

> 반죽형 케이크는 많은 양의 유지와 화학팽창제를 이용하는 반죽으로 밀가루, 유지, 설탕, 달걀을 기본재료로 한다.

008
생크림에 대한 설명으로 옳지 않은 것은?

① 생크림은 우유로 제조한다.
② 유사 생크림은 팜, 코코넛유 등 식물성 기름을 사용하여 만든다.
③ 생크림은 냉장온도에서 보관하여야 한다.
④ 생크림의 유지 함량은 82% 정도이다.

> 일반적으로 유지방 38% 이상의 생크림을 휘핑용 크림이라 부른다.

009
찜을 이용한 제품에 사용되는 팽창제의 특성은?

① 지속성
② 속효성
③ 지효성
④ 이중팽창

> 속효성 팽창제는 산작용제로 주석산을 함유한 것으로 실온에서 반응을 시작해 높은 온도에서 가스를 발생하는 것으로 핫케이크, 찜케이크와 같은 반죽의 형성단계에서 팽화하기 시작하여 가열시간이 짧으며 가열온도가 낮은 제품에서 사용한다.

010
커스터드 크림의 재료에 속하지 않은 것은?

① 우유
② 달걀
③ 설탕
④ 생크림

> 커스터드 크림은 우유, 설탕, 달걀을 섞고 안정제로 전분이나 박력분을 사용하여 끓인 크림이다.

011
도넛 튀김기에 붓는 기름의 평균 깊이로 가장 적당한 것은?

① 5~8 cm
② 9~12 cm
③ 12~15 cm
④ 16~19 cm

> 튀김기에 붓는 적정 기름의 깊이는 12~15cm 정도로 튀김 기름의 양이 적으면 도넛을 뒤집기 어렵고, 과열되기 쉽다.

012
다음 쿠키 중에서 상대적으로 수분이 적어서 밀어 펴는 형태로 만드는 제품은?

① 드롭 쿠키
② 스냅 쿠키
③ 스펀지 쿠키
④ 머랭 쿠키

> 스냅(슈거) 쿠키는 반죽형 쿠키로 달걀 사용량이 적어 밀어 펴서 성형기로 찍어 굽는다.

013
다음 중 반죽의 얼음사용량 계산공식으로 옳은 것은?

① 얼음 = $\dfrac{\text{물사용량} \times (\text{수돗물온도} - \text{사용수온도})}{80 + \text{수돗물온도}}$

② 얼음 = $\dfrac{\text{물사용량} \times (\text{수돗물온도} + \text{사용수온도})}{80 + \text{수돗물온도}}$

③ 얼음 = $\dfrac{\text{물사용량} \times (\text{수돗물온도} \times \text{사용수온도})}{80 + \text{수돗물온도}}$

④ 얼음 = $\dfrac{\text{물사용량} \times (\text{계산된물온도} - \text{사용수온도})}{80 + \text{수돗물온도}}$

014
비중 컵의 물을 담은 무게가 300g이고 반죽을 담은 무게가 260g일 때 비중은? (단, 비중 컵의 무게는 50g이다)

① 0.64
② 0.74
③ 0.84
④ 1.04

> 반죽의 비중은 부피가 같은 물의 무게에 대해 반죽의 무게를 숫자로 나타낸 값으로, 비중 = 반죽무게/물무게 = (260-50)/(300-50) = 0.84

015
블렌딩법에 대한 설명으로 옳은 것은?

① 건조재료와 달걀, 물을 가볍게 믹싱 하다가 유지를 넣어 반죽하는 방법이다.
② 설탕입자가 고와 스크래핑이 필요 없고 대규모 생산 회사에서 이용하는 방법이다.
③ 부피를 우선으로 하는 제품에 이용하는 방법이다.
④ 유지와 밀가루를 먼저 믹싱 하는 방법이며, 제품의 유연성이 좋다.

> 블렌딩법은 밀가루와 유지를 섞어 밀가루가 유지에 감싸이게 한다. 나머지 건조재료, 액체재료 순서로 혼합한다. 글루텐이 만들어지지 않으므로 유연감이 좋은 제품을 만들기에 적합하다.

016
일반적으로 작은 규모의 제과점에서 사용하는 믹서는?

① 수직형 믹서
② 수평형 믹서
③ 초고속 믹서
④ 커터 믹서

> 수직형 믹서(버티컬 믹서)는 반죽 날개가 세로로 곧게 부착되어 있고 이것이 좌우로 회전하는 것으로 주로 소규모 제과점에서 사용한다.

017
갓 구워낸 빵을 식혀 상온으로 낮추는 냉각에 관한 설명으로 틀린 것은?

① 빵 속의 온도를 35~40℃로 낮추는 것이다.
② 곰팡이 및 기타 균의 피해를 막는다.
③ 절단, 포장을 용이하게 한다.
④ 수분함량을 25%로 낮추는 것이다.

> 굽기 직후의 수분함량은 껍질 12~15%, 내부 42~45%인데 냉각 후에는 전체 38%로 평형을 이룬다.

018
식빵 제조 시 과도한 부피의 제품이 되는 원인은?

① 소금량의 부족
② 오븐 온도가 높음
③ 배합수의 부족
④ 미숙성 소맥분

> 소금함량이 부족하면 삼투압의 영향으로 발효가 많이 되어 과도한 부피의 원인이 된다.

019
원가의 구성에서 직접원가에 해당되지 않는 것은?

① 직접재료비
② 직접노무비
③ 직접경비
④ 직접판매비

> 판매비는 총원가를 구성하는 요소이다.

020
냉동반죽법에서 반죽의 온도를 낮추는 가장 주된 이유는?

① 수분 사용량이 많아서
② 밀가루의 단백질 함량이 낮아서
③ 이스트 활동을 억제하기 위해서
④ 이스트 사용량이 감소해서

> 냉동반죽법에서 반죽의 온도를 20℃로 낮추는 이유는 이스트의 활동을 억제하기 위해서이다.

021
성형 후 공정으로 가스팽창을 최대로 만드는 단계로 가장 적합한 것은?

① 1차 발효
② 중간 발효
③ 펀치
④ 2차 발효

2차 발효는 정형한 반죽을 발효실에 넣어 숙성시켜 좋은 외형과 식감의 제품을 얻기 위하여 제품 부피의 70~80% 까지 부풀리는 작업으로 발효의 최종단계이다.

022
스펀지 발효에서 생기는 결함을 없애기 위하여 만들어진 제조법으로 ADMI법이라고 불리는 제빵법은?

① 액종법(liquid ferments)
② 비상 반죽법(emergency dough method)
③ 노타임 반죽법(no time dough method)
④ 스펀지/도법(sponge/dough method)

ADMI법은 완충제로 탈지분유를 사용하는 액종법으로 아드미(ADMI, 미국분유협회)가 개발한 방법이다. 액종의 관리를 합리적으로 하면 완성제품의 실패율이 적다.

023
500g짜리 완제품 식빵 500개를 주문 받았다. 총 배합률은 190%이고, 발효 손실은 2%, 굽기 손실은 10%일 때 20kg 짜리 밀가루는 몇 포대 필요한가?

① 6포대
② 7포대
③ 8포대
④ 9포대

- 완제품중량 = 500g × 500개 = 250,000g
- 총반죽량 = 완제품중량 ÷ (1-발효손실) ÷ (1-굽기손실)
  = 250,000 ÷ (1-0.02) ÷ (1-0.1)
  = 283,446g
- 밀가루 중량 = (밀가루 배합률 × 총반죽량) / 총 배합률
  = (100 × 283,446)/190 = 149,182g

024
빵의 관능적 평가법에서 외부적 특성을 평가하는 항목으로 틀린 것은?

① 대칭성
② 껍질색상
③ 껍질특성
④ 맛

맛은 내부 평가항목으로 전체 평가항목에서 가장 중요하다.

025
제빵용 팬기름에 대한 설명으로 틀린 것은?

① 종류에 상관없이 발연점이 낮아야 한다.
② 무색, 무미, 무취이어야 한다.
③ 정제 라드, 식물유, 혼합유도 사용된다.
④ 과다하게 칠하면 밑 껍질이 두껍고 어둡게 된다.

팬기름은 무색, 무미, 무취의 발연점이 높은 기름을 사용한다. 반죽 무게의 0.1~0.2% 정도 사용하며 과다 사용하면 제품의 밑 껍질이 두껍고 어둡게 된다.

026
다음 중 정상적인 스펀지 반죽을 발효시키는 동안 스펀지 내부의 온도 상승은 어느 정도가 가장 바람직한가?

① 1~2℃
② 4~6℃
③ 8~10℃
④ 12~14℃

스펀지 반죽을 발효시키는 동안 온도는 올라가고 pH는 떨어진다.

027
불란서 빵 제조 시 스팀 주입이 많을 경우 생기는 현상은?

① 껍질이 바삭바삭하다.
② 껍질이 벌어진다.
③ 질긴 껍질이 된다.
④ 균열이 생긴다.

스팀 주입량이 많으면 쿠프의 터짐이 나쁘고 빵의 부피가 작으며 표면이 반질반질 해 진다.

028
제빵용 밀가루의 적정 손상전분의 함량은?

① 1.5~3%
② 4.5~8%
③ 11.5~14%
④ 15.5~17%

> 밀가루 제분 중 전분이 기계적으로 절단, 파쇄된 것으로 발효와 밀접한 관계가 있으며, 적정 권장량은 4.5~8% 정도이다.

029
스펀지법(sponge &dough method)에서 가장 적합한 스펀지 반죽의 온도는?

① 10~20℃   ② 22~26℃
③ 34~38℃   ④ 42~46℃

030
빵 반죽의 손분할이나 기계분할은 가능한 몇 분 이내로 완료하는 것이 좋은가?

① 15~20분
② 25~30분
③ 35~40분
④ 45~50분

031
튀김기름에 스테아린(stearin)을 첨가하는 이유에 대한 설명으로 틀린 것은?

① 기름의 침출을 막아 도넛 설탕이 젖는 것을 방지한다.
② 유지의 융점을 높인다.
③ 도넛에 설탕이 붙는 점착성을 높인다.
④ 경화제(hardener)로 튀김기름의 3~6%를 사용한다.

> 지방이 도넛 설탕을 적시는 황화현상을 방지하기 위한 조치로 경화제인 스테아린을 튀김기름의 3~6% 첨가한다.

032
밀가루 25g에서 젖은 글루텐 6g을 얻었다면 이 밀가루는 다음 어디에 속하는가?

① 박력분   ② 중력분
③ 강력분   ④ 제빵용 밀가루

> • 젖은 글루텐 함량(%) = (젖은 글루텐 무게 ÷ 밀가루 무게) × 100
> • 건조 글루텐 함량(%) = 젖은 글루텐 함량(%) ÷ 3 = 단백질함량
> • 젖은 글루텐 함량(%) = (6 ÷ 25) × 100 = 24
> • 건조 글루텐 함량(%) = 24 ÷ 3 = 8 = 단백질 함량

033
아이싱 크림에 많이 쓰이는 퐁당(fondant)을 만들 때 끓이는 온도로 가장 적합한 것은?

① 78~80℃   ② 98~100℃
③ 114~116℃   ④ 130~132℃

> 퐁당(fondant)은 설탕 100에 대하여 물 30을 넣고 114~118℃로 끓인 뒤 냉각하여 희뿌연 상태로 재결정화 시킨 것으로 38~44℃에서 사용한다.

034
제빵에서 설탕의 역할이 아닌 것은?

① 이스트의 영양분이 됨
② 껍질색을 나게 함
③ 향을 향상시킴
④ 노화를 촉진시킴

> 설탕은 수분 보유력이 있어 노화가 진행되는 것을 늦추어 준다.

035
메이스(mace)와 같은 나무에서 생산되는 것으로 단맛의 향기가 있는 향신료는?

① 넛메그   ② 시나몬
③ 클로브   ④ 오레가노

> 메이스는 넛메그의 종자를 싸고 있는 빨간 껍질을 말린 것이다.

036
패리노그래프에 관한 설명 중 틀린 것은?

① 흡수율 측정
② 믹싱시간 측정
③ 믹싱내구성 측정
④ 전분의 점도 측정

> 패리노그래프는 일정한 온도에서 반죽을 교반하면서 반죽의 가소성, 움직임을 측정하는 기기로 반죽이 일정한 굳기를 얻기까지 필요로 하는 밀가루의 흡수율(단백질 흡수율, 글루텐의 질)을 측정한다.

037
유지를 고온으로 계속 가열하였을 때 다음 중 점차 낮아지는 것은?

① 산가
② 점도
③ 과산화물가
④ 발연점

> 발연점은 유지를 강하게 가열할 때 유지의 표면에서 엷은 푸른 연기가 발생할 때의 온도이다.

038
제빵에 적정한 물의 경도는 120~180 ppm인데, 이는 다음 중 어느 분류에 속하는가?

① 연수
② 아경수
③ 일시적 경수
④ 영구적 경수

> 아경수는 제빵용 물로 가장 적합하며 이스트의 영양물질 공급과 글루텐을 경화시키는 기능을 한다.

039
달걀에 대한 설명 중 옳은 것은?

① 노른자에 가장 많은 것은 단백질이다.
② 흰자는 대부분이 물이고 그 다음 많은 성분은 지방질이다.
③ 껍질은 대부분 탄산칼슘으로 이루어져 있다.
④ 흰자보다 노른자 중량이 더 크다.

> 달걀 노른자에 가장 많은 것은 지방질이고 흰자는 단백질이다. 달걀 무게의 10%는 껍질, 60%는 흰자, 30%는 노른자로 구성되어 있다.

040
제빵에서 소금의 역할이 아닌 것은?

① 글루텐을 강화시킨다.
② 유해균의 번식을 억제시킨다.
③ 빵의 내상을 희게 한다.
④ 맛을 조절한다.

041
화학적 팽창에 대한 설명으로 잘못된 것은?

① 효모보다 가스 생산이 느리다
② 가스를 생산하는 것은 탄산수소나트륨이다.
③ 증량제로 전분이나 밀가루를 사용한다.
④ 산의 종류에 따라 작용 속도가 달라진다.

> 화학적 팽창제는 베이킹파우더 등 20여종이 있으며 효모보다 가스 생산이 빠르다.

042
아밀로그래프(Amylograph)에서 50℃에서의 점도(minimum viscosity)와 최종점도(final viscosity) 차이를 표시하는 것으로 노화도를 나타내는 것은?

① 브레이크 다운(break down)
② 세트 백(setback)
③ 최소 점도(minimum viscosity)
④ 최대 점도(maximum viscosity)

043
지방의 산화를 가속시키는 요소가 아닌 것은?

① 공기와의 접촉이 많다.
② 토코페롤을 첨가한다.
③ 높은 온도로 여러 번 사용한다.
④ 자외선에 노출시킨다.

> 토코페롤은 항산화 작용이 강한 지용성 비타민인 비타민 E를 말한다.

044
자당(sucrose) 10%를 이성화해서 10.52%의 전화당(invert sugar)을 얻었다. 포도당(glucose)과 과당(fructose)의 비율은?

① 포도당 7.0%, 과당 3.52%
② 포도당 5.26%, 과당 5.26%
③ 포도당 3.52%, 과당 7.0%
④ 포도당 2.63%, 과당 7.89%

전화당은 과당과 포도당이 동량으로 들어 있는 혼합물이다.

045
빵에서 탈지분유의 역할이 아닌 것은?

① 흡수율 감소
② 조직 개선
③ 완충제 역할
④ 껍질색 개선

빵 반죽에서 탈지분유가 1% 증가하면 흡수율도 0.75~1% 증가한다.

046
식품의 열량(kcal) 계산공식으로 맞는 것은? (단, 각 영양소 양의 기준은 g 단위로 한다.)

① (탄수화물의 양 + 단백질의 양) × 4 + (지방의 양 × 9)
② (탄수화물의 양 + 지방의 양) × 4 + (단백질의 양 × 9)
③ (지방의 양 + 단백질의 양) × 4 + (탄수화물의 양 × 9)
④ (탄수화물의 양+지방의 양) × 9 + (단백질의 양 × 4)

열량을 내는 영양소는 탄수화물, 단백질, 지방이 있다. 탄수화물과 단백질은 1g 당 4kcal, 지방은 1g 당 9kcal의 열량을 발생시킨다.

047
포화지방산과 불포화지방산에 대한 설명 중 옳은 것은?

① 포화지방산은 이중결합을 함유하고 있다.
② 포화지방산은 할로겐이나 수소첨가에 따라 불포화될 수 있다.
③ 코코넛 기름에는 불포화지방산이 더 높은 비율로 들어 있다.
④ 식물성 유지에는 불포화지방산이 더 높은 비율로 들어 있다.

코코넛유는 저급지방산과 포화지방산이 많이 들어 있어 상온에서 반 고형 상태이나 입 속의 온도에서 녹으며 마가린, 제과용 등의 원료로 사용된다.

048
유용한 장내 세균의 발육을 왕성하게 하여 장에 좋은 영향을 미치는 이당류는?

① 설탕(sucrose)
② 유당(lactose)
③ 맥아당(maltose)
④ 포도당(glucose)

유당은 우유의 주요 탄수화물로 포도당과 갈락토오스로 구성되어 있는 이당류이며 약 4.8~5.0%를 차지하고 있다.

049
괴혈병을 예방하기 위해 어떤 영양소가 많은 식품을 섭취해야 하는가?

① 비타민 A
② 비타민 C
③ 비타민 D
④ 비타민 B_1

비타민 C는 세포의 산화·환원작용 조절, 세포의 저항력 증강에 영향을 끼치며 결핍증으로 괴혈병, 저항력 감소 등이 있다.

050
필수아미노산이 아닌 것은?

① 트레오닌　　② 이소류신
③ 발린　　　　④ 알라닌

> 필수아미노산은 체내 합성이 불가능하여 반드시 음식물에서 섭취해야 하는 것으로 성인에게는 이소류신, 류신, 리신, 메티오닌, 트레오닌, 페닐알라닌, 트립토판, 발린 등 8종류가 필요하다.

051
다음 중 병원체가 바이러스(Virus)인 질병인?

① 유행성 간염　　② 결핵
③ 발진티푸스　　　④ 말라리아

> 바이러스(Virus)는 미생물 중에서 가장 작은 것으로 살아있는 세포에서만 생존한다. 천연두, 인플루엔자, 일본뇌염, 광견병, 소아마비 등의 병원체이다.

052
살모넬라(Salmonella)균의 특징이 아닌 것은?

① 그람(Gram)음성 간균이다.
② 발육 최적 pH는 7~8 온도는 37℃ 이다.
③ 60℃에서 20분 정도의 가열로 사멸한다.
④ 독소에 의한 식중독을 일으킨다.

> 살모넬라균은 그람 음성, 비아포성, 통성혐기성 간균인 살모넬라에 의한 식중독으로 우리나라에서 많이 발생한다. 생육 최적온도는 37℃이며 60℃에서 20분간 가열하면 사멸한다. 감염형 식중독을 일으킨다.

053
다음 중 부패로 볼 수 없는 것은?

① 육류의 변질
② 달걀의 변질
③ 어패류의 변질
④ 열에 의한 식용유의 변질

> 부패는 주로 단백질 식품이 미생물의 분해작용을 받아 질소화합물의 분해에 의해 암모니아 등을 발생시키고, 악취와 유해물질을 생성하는 것이다.

054
균체의 독소 중 뉴로톡신(neurotxin)을 생산하는 식중독균은?

① 포도상구균
② 클로스트리디움 보툴리누스균
③ 장염 비브리오균
④ 병원성 대장균

> 뉴로톡신(neurotxin)은 보툴리누스균이 혐기상태에서 증식할 때 생산하는 신경독소이다.

055
인수공통 감염병으로만 짝지어진 것은?

① 폴리오, 장티푸스　　② 탄저, 리스테리아증
③ 결핵, 유행성 간염　　④ 홍역, 브루셀라증

> 인수공통 감염병은 사람과 사람 이외의 동물 사이에서 동일한 병원체에 의해서 발생하는 질병이나 감염상태를 말한다.

056
식품에 식염을 첨가함으로써 미생물 증식을 억제하는 효과와 관계가 없는 것은?

① 탈수작용에 의한 식품 내 수분감소
② 산소의 용해도 감소
③ 삼투압 증가
④ 펩티드 결합의 분해

> 소금은 단백질의 결합은 단단하게 하는 역할을 한다.

057
빵의 제조과정에서 빵반죽을 분할기에서 분할할 때 달라붙지 않게 하는 첨가물은?

① 호료(thickening agent)
② 피막제(coating agent)
③ 용제(solvents)
④ 이형제(release agent)

이형제는 제과·제빵에서 제품을 틀에서 쉽게 분리하기 위하여 틀에 바른다. 유동 파라핀이 사용된다.

058
화학적 식중독을 유발하는 원인이 아닌 것은?

① 복어독
② 불량한 포장용기
③ 유해한 식품첨가물
④ 농약에 오염된 식품

복어독은 테트로도톡신(tetrodotoxin)으로 복어의 장기와 특히 산란 직전의 난소, 고환에 있는 동물성 자연독이다.

059
다음 중 음식물을 매개로 전파되지 않는 것은?

① 이질   ② 장티푸스
③ 콜레라 ④ 광견병

광견병은 인수공통감염병의 하나로 바이러스성 질환이다. 사람은 대개 개에게 물려 감염되는데, 림프샘이 붓고 경련·호흡 곤란 따위의 격렬한 증상을 보인다.

060
우리나라에서 지정된 식품첨가물 중 버터류에 사용할 수 없는 것은?

① 터셔리부틸히드로퀴논(TBHQ)
② 식용색소 황색4호
③ 부틸히드록시아니솔(BHA)
④ 디부틸히드록시틀루엔(BHT)

식용색소 황색4호는 타르색소로 식용유지, 버터류, 마가린류 등에 사용할 수 없다.

05회 【정답】 최근 기출문제

001	002	003	004	005
①	①	③	④	①
006	007	008	009	010
②	①	④	②	④
011	012	013	014	015
③	②	①	③	④
016	017	018	019	020
①	④	①	④	③
021	022	023	024	025
④	①	③	④	①
026	027	028	029	030
②	③	②	②	①
031	032	033	034	035
③	①	③	④	①
036	037	038	039	040
④	④	④	③	③
041	042	043	044	045
①	②	②	②	①
046	047	048	049	050
①	④	②	②	④
051	052	053	054	055
①	④	④	④	②
056	057	058	059	060
④	④	①	④	②

제 06 회 최근 기출문제

○ CHECK POINT QUESTION

001
다음 제품 중 비중이 가장 낮은 것은?

① 젤리 롤 케이크
② 버터 스펀지 케이크
③ 파운드 케이크
④ 옐로 레이어 케이크

> 반죽형 케이크인 파운드 케이크와 옐로 레이어케이크의 비중은 0.8~0.85이며, 거품형 케이크인 버터 스펀지 케이크는 0.50~0.60, 젤리 롤 케이크는 0.40~0.50이다.

002
퍼프 페이스트리 굽기 후 결점과 원인으로 틀린 것은?

① 수축 : 밀어 펴기 과다, 너무 높은 오븐온도
② 수포 생성 : 단백질 함량이 높은 밀가루로 반죽
③ 충전물 흘러나옴 : 충전물량 과다, 봉합 부적절
④ 작은 부피 : 수분이 없는 경화 쇼트닝을 충전용 유지로 사용

003
흰자를 이용한 머랭 제조시 좋은 머랭을 얻기 위한 방법이 아닌 것은?

① 사용 용기 내에 유지가 없어야 한다.
② 머랭의 온도를 따뜻하게 한다.
③ 노른자를 첨가한다.
④ 주석산 크림을 넣는다.

> 머랭에 노른자를 첨가하면 노른자에 함유되어 있는 지방성분이 흰자의 거품을 깨뜨리는 역할을 한다.

004
공장 설비시 배수관의 최소 내경으로 알맞은 것은?

① 5cm ② 7cm
③ 10cm ④ 15cm

005
설탕 공예용 당액 제조시 고농도화 된 당의 결정을 막아주는 재료는?

① 중조
② 주석산
③ 포도당
④ 베이킹파우더

> 산에는 설탕의 일부를 분해 시켜 전화당으로 만드는 성질이 있고, 이 전화당에는 결정화를 막는 과당이 들어 있다. 주석산 대신 레몬 과즙이나 식초를 소량 넣어도 같은 결과를 얻을 수 있다.

006
실내온도 25℃, 밀가루 온도 25℃, 설탕온도 25℃, 유지온도 20℃, 달걀온도 20℃, 수돗물온도 23℃, 마찰계수 21, 반죽 희망온도가 22℃라면 사용할 물의 온도는?

① −4℃
② −1℃
③ 0℃
④ 8℃

> • 사용할 물 온도 = (희망 반죽온도 × 6) − (밀가루 온도 + 실내온도 + 설탕 온도 + 쇼트닝 온도 + 달걀 온도 + 마찰계수)
> • 사용할 물 온도 = (22 × 6) − (25 + 25 + 25 + 20 + 20 + 21) = 132 − 136 = −4

007
스펀지 케이크 400g짜리 완제품을 만들 때 굽기 손실이 20%라면 분할 반죽의 무게는?

① 600g ② 500g
③ 400g ④ 300g

- 분할무게 = 완제품중량/(1-손실률)
- 분할무게 = 400/(1-0.2) = 500

008
소프트 롤을 말 때 겉면이 터지는 경우 조치사항이 아닌 것은?

① 팽창이 과도한 경우 팽창제 사용량을 감소시킨다.
② 설탕의 일부를 물엿으로 대치한다.
③ 저온 처리하여 말기를 한다.
④ 덱스트린의 점착성을 이용한다.

롤 케이크를 말 때 제품의 온도가 낮으면 표피가 건조해져서 겉면이 터지는 원인이 된다.

009
다음 제품 중 냉과류에 속하는 제품은?

① 무스케이크 ② 젤리 롤 케이크
③ 소프트 롤 케이크 ④ 양갱

냉과류는 차가운 상태에서 먹는 단맛 나는 과자를 의미한다. 젤리, 바바루아, 무스, 블랑망제, 푸딩 등이 있다.

010
도넛을 튀길 때 사용하는 기름에 대한 설명으로 틀린 것은?

① 기름이 적으면 뒤집기가 쉽다.
② 발연점이 높은 기름이 좋다.
③ 기름이 너무 많으면 온도를 올리는 시간이 길어진다.
④ 튀김 기름의 평균 깊이는 12~15cm 정도가 좋다.

기름이 적으면 제품을 뒤집기가 어렵다.

011
케이크 도넛의 껍질색을 진하게 내려고 할 때 설탕의 일부를 무엇으로 대치하여 사용하는가?

① 물엿 ② 포도당
③ 유당 ④ 맥아당

포도당은 단당류로 캐러멜화 반응 온도를 낮추며 메일라드반응을 일으켜 껍질색을 진하게 낸다.

012
퍼프 페이스트리 제조 시 다른 조건이 같을 때 충전용 유지에 대한 설명으로 틀린 것은?

① 충전용 유지가 많을수록 결이 분명해진다.
② 충전용 유지가 많을수록 밀어 펴기가 쉬워진다.
③ 충전용 유지가 많을수록 부피가 커진다.
④ 충전용 유지는 가소성 범위가 넓은 파이용이 적당하다.

충전용 유지가 많을수록 밀어 펴기가 어려워진다.

013
시퐁 케이크 제조시 냉각 전에 팬에서 분리되는 결점이 나타났을 때의 원인과 거리가 먼 것은?

① 굽기 시간이 짧다.
② 밀가루 양이 많다.
③ 반죽에 수분이 많다.
④ 오븐 온도가 낮다.

014
아이싱에 사용하는 안정제 중 적정한 농도의 설탕과 산이 있어야 쉽게 굳는 것은?

① 한천 ② 펙틴
③ 젤라틴 ④ 로커스트 빈 검

펙틴은 식물체의 세포간질을 구성하는 주요 성분으로 당과 산의 존재 하에서 겔을 형성하는 능력이 있다. 펙틴은 겔 형성제로 사용되며 혼합 주스에서 안정제로도 사용된다.

015
튀김에 기름을 반복 사용할 경우 일어나는 주요한 변화 중 틀린 것은?

① 중합의 증가
② 변색의 증가
③ 점도의 증가
④ 발연점의 상승

기름을 반복사용 할 때 마다 발연점은 15℃ 씩 낮아진다.

016
빵 90g짜리 520개를 만들기 위해 필요한 밀가루 양은? (제품 배합율 180%, 발효 및 굽기 손실은 무시)

① 10kg   ② 18kg
③ 26kg   ④ 31kg

- 총반죽중량 = 완제품 중량 = 90g × 520개 = 46,800g
- 총배합률 = 180%, 밀가루 비율 = 100%
- 밀가루중량(g) = [밀가루비율(%) × 총반죽중량(g)]/총배합율(%)
  = (100 × 46,800)/180 = 26,000g = 26kg

017
노무비를 절감하는 방법으로 바람직하지 않은 것은?

① 표준화
② 단순화
③ 설비 휴무
④ 공정시간 단축

노무비는 제조 활동과 관련된 인건비를 가리키는 말이다. 노무비는 매입한 노동력을 소비함으로써 생기는 원가 요소를 나타낸다. 노무비는 소비 형태에 따라 직접노무비와 간접노무비로 나뉜다.

018
발효가 지나친 반죽으로 빵을 구웠을 때의 제품 특성이 아닌 것은?

① 빵 껍질색이 밝다.
② 신 냄새가 있다.
③ 체적이 적다.
④ 제품의 조직이 고르다.

발효가 지나친 반죽으로 빵을 구우면 기공의 크기가 고르지 못해 제품의 조직이 불균일하다.

019
다음 중 굽기 과정에서 일어나는 변화로 틀린 것은?

① 글루텐이 응고된다.
② 반죽의 온도가 90℃일 때 효소의 활성이 증가한다.
③ 오븐 팽창이 일어난다.
④ 향이 생성된다.

60℃에서 전분이 호화되기 시작하면서 효소 활동이 활성화된다.

020
제빵의 일반적인 스펀지 반죽방법에서 가장 적당한 스펀지 온도는?

① 12~15℃
② 18~20℃
③ 23~25℃
④ 29~32℃

스펀지 반죽의 적당한 온도는 24℃이다.

021
비용적의 단위로 옳은 것은?

① cm^3/g
② cm^2/g
③ cm^3/ml
④ cm^2/ml

비용적은 단위 질량을 가진 물체가 차지하는 부피를 말하며, 단위는 ㎤/g이다.

022
연속식 제빵법에 관한 설명으로 틀린 것은?

① 액체 발효법을 이용하여 연속적으로 제품을 생산한다.
② 발효 손실 감소, 인력 감소 등의 이점이 있다.
③ 3~4기압의 디벨로퍼로 반죽을 제조하기 때문에 많은 양의 산화제가 필요하다.
④ 자동화 시설을 갖추기 위해 설비공간의 면적이 많이 소요된다.

연속식 제빵법은 액체발효법이 더 발달된 방법으로 공정이 자동으로 진행되며 기계적인 설비를 사용하여 설비와 설비공간을 감소시킬 수 있다.

023
다음 제빵 공정 중 시간보다 상태로 판단하는 것이 좋은 공정은?

① 포장
② 분할
③ 2차 발효
④ 성형

발효공정의 시간은 온도와 습도에 영향을 받게 되므로 시간보다는 상태로 판단한다.

024
중간 발효에 대한 설명으로 틀린 것은?

① 중간발효는 온도 32℃ 이내, 상대습도 75% 전후에서 실시한다.
② 반죽의 온도, 크기에 따라 시간이 달라진다.
③ 반죽의 상처회복과 성형을 용이하게 하기 위함이다.
④ 상대습도가 낮으면 덧가루 사용량이 증가한다.

상대습도가 낮으면 표피가 말라 덧가루 사용량은 감소하지만 빵 속에 줄무늬가 생길 수 있다.

025
제빵공정 중 팬닝 시 틀(팬)의 온도로 가장 적합한 것은?

① 20℃
② 32℃
③ 55℃
④ 70℃

틀의 온도는 30~35℃가 적당하다.

026
이스트 2%를 사용했을 때 150분 발효시켜 좋은 결과를 얻었다면, 100분 발효시켜 같은 결과를 얻기 위해 얼마의 이스트를 사용하면 좋을까?

① 1%
② 2%
③ 3%
④ 4%

변경할 이스트의 양(%)
$= \dfrac{\text{기존 이스트의 양} \times \text{기존 발효시간}}{\text{변경할 발효시간}}$
$= \dfrac{2 \times 150}{100} = 3\%$

027
다음 중 반죽 10kg을 혼합할 때 가장 적합한 믹서의 용량은?

① 8kg
② 10kg
③ 15kg
④ 30kg

028
제빵 냉각법 중 적합하지 않은 것은?

① 급속냉각
② 자연냉각
③ 터널식냉각
④ 에어컨디션식냉각

급속냉각은 빵의 노화를 빨리 일어나게 한다.

029
냉동반죽에 사용되는 재료와 제품의 특성에 대한 설명 중 틀린 것은?

① 일반 제품보다 산화제 사용량을 증가시킨다.

② 저율배합인 프랑스빵이 가장 유리하다.
③ 유화제를 사용하는 것이 좋다.
④ 밀가루는 단백질의 함량과 질이 좋은 것을 사용한다.

> 냉동반죽은 주로 고배합 반죽으로 만든 데니시페이스트리, 크루아상, 스위트 도, 버터롤 등이다.

030
오버베이킹에 대한 설명으로 옳은 것은?
① 높은 온도의 오븐에서 굽는다.
② 짧은 시간 굽는다.
③ 제품의 수분 함량이 많다.
④ 노화가 빠르다.

> 오버베이킹은 제품을 낮은 온도에서 오래 굽는 것으로 제품의 수분 함량이 적어 노화가 빠르다.

031
술에 대한 설명으로 틀린 것은?
① 달걀 비린내, 생크림의 비린 맛 등을 완화시켜 풍미를 좋게 한다.
② 양조주란 곡물이나 과실을 원료로 하여 효모로 발효시킨 것이다.
③ 증류주란 발효시킨 양조주를 증류한 것이다.
④ 혼성주란 증류주를 기본으로 하여 정제당을 넣고 과실 등의 추출물로 향미를 낸 것으로 대부분 알코올 농도가 낮다.

> 혼성주는 증류주를 기본으로 하기 때문에 알코올 농도가 높다.

032
맥아에 함유되어 있는 아밀라아제를 이용하여 전분을 당화시켜 엿을 만든다. 이때 엿에 주로 함유되어 있는 당류는?
① 포도당
② 유당
③ 과당
④ 맥아당

> 엿은 곡식에 엿기름을 섞어 당화시켜 졸여서 만든다. 원료는 찹쌀, 멥쌀, 옥수수, 조, 고구마 녹말 등이다.

033
식염이 반죽의 물성 및 발효에 미치는 영향에 대한 설명으로 틀린 것은?
① 흡수율이 감소한다.
② 반죽시간이 길어진다.
③ 껍질색상을 더 진하게 한다.
④ 프로테아제의 활성을 증가시킨다.

> 소금은 풍미를 주고 발효속도를 조절하여 제빵 작업속도를 조절한다. 삼투압 작용으로 잡균의 번식을 억제하여 방부효과를 준다. 글루텐을 강하게 하여 반죽을 견고하게 한다.

034
다음 중 코팅용 초콜릿이 갖추어야 하는 성질은?
① 융점이 항상 낮은 것
② 융점이 항상 높은 것
③ 융점이 겨울에는 높고, 여름에는 낮은 것
④ 융점이 겨울에는 낮고, 여름에는 높은 것

> 코팅용 초콜릿을 과자에 피복할 때 가장 알맞은 온도는 29~31℃이다. 34℃이상이 되면 카카오 버터가 녹아 나오기 때문에, 설탕이나 카카오 고형물과의 결합력을 잃는다. 융점이 겨울에는 낮고 여름에는 높은 것을 사용한다.

035
어떤 밀가루에서 젖은 글루텐을 채취하여 보니 밀가루 100g에서 36g이 되었다. 이때 단백질 함량은?
① 9%
② 12%
③ 15%
④ 18%

> - 젖은 글루텐 함량(%) = (젖은 글루텐 무게 ÷ 밀가루 무게) × 100 = (36 ÷ 100) × 100 = 36
> - 건조 글루텐 함량(%) = 젖은 글루텐 함량(%) ÷ 3 = 36(%) ÷ 3 = 12

036
다음 중 효소에 대한 설명으로 틀린 것은?

① 생체내의 화학반응을 촉진시키는 생체 촉매이다.
② 효소반응은 온도, pH, 기질농도 등에 영향을 받는다.
③ β-아밀라아제를 액화효소, α-아밀라아제를 당화효소라 한다.
④ 효소는 특정기질에 선택적으로 작용하는 기질 특이성이 있다.

> β-아밀라아제는 당화효소, α-아밀라아제를 액화효소라고 한다.

037
동물의 가죽이나 뼈 등에서 추출하며 안정제로 사용되는 것은?

① 젤라틴   ② 한천
③ 펙틴   ④ 카라기난

> 젤라틴은 동물의 연골, 힘줄, 가죽 등을 구성하는 단백질인 콜라겐을 더운물로 처리했을 때 얻어지는 유도단백질의 하나로 응고제로 사용한다.

038
제빵에 가장 적합한 물은?

① 경수   ② 연수
③ 아경수   ④ 알칼리수

> 제빵에 가장 적합한 물을 약산성(pH 5.2~5.6)의 아경수(경도 120ppm 이상 ~ 180ppm 미만) 이다.

039
생이스트의 구성 비율이 올바른 것은?

① 수분 8%, 고형분 92% 정도
② 수분 92%, 고형분 8% 정도
③ 수분 70%, 고형분 30% 정도
④ 수분 30%, 고형분 70% 정도

> 생이스트는 압착효모라고도 하며 고형분 25~30%, 수분 70~75% 정도로 구성되어 있다.

040
커스터드 크림에서 달걀은 주로 어떤 역할을 하는가?

① 쇼트닝 작용   ② 결합제
③ 팽창제   ④ 저장성

> 커스터드크림은 우유, 설탕, 달걀을 섞고 안정제로 전분이나 박력분을 사용하여 끓인 크림으로 달걀이 결합제 역할을 한다.

041
다음 중 유지의 산패와 거리가 먼 것은?

① 온도   ② 수분
③ 공기   ④ 비타민 E

> 산패는 유지를 공기 중에 오래 방치해 두었을 때 산화되어 불쾌한 냄새가 나고 맛이 나빠지거나 빛깔이 변하며 산가가 증가되는 현상으로 공기 속의 산소, 빛, 열, 세균, 효소, 습기 등의 작용에 의하여 유지가 화학변화를 일으킴으로써 생기는 현상이다.

042
버터를 쇼트닝으로 대치하려 할 때 고려해야 할 재료와 거리가 먼 것은?

① 유지 고형질   ② 수분
③ 소금   ④ 유당

> 버터는 우유지방 80~81%, 수분 14~17%, 소금 1~3% 등으로 구성되어 있고 쇼트닝은 지방 100%로 구성되어 있다.

043
믹서 내에서 일어나는 물리적 성질을 파동 곡선 기록기로 기록하여 밀가루의 흡수율, 믹싱 시간, 믹싱 내구성 등을 측정하는 기계는?

① 패리노그래프
② 익스텐소그래프
③ 아밀로그래프
④ 분광분석기

> 패리노그래프는 밀가루의 흡수율(단백질 흡수율, 글루텐의 질)을 측정하며, 반죽 내구성, 시간 등을 측정한다.

044
휘핑용 생크림에 대한 설명 중 틀린 것은?

① 유지방 40% 이상의 진한 생크림을 쓰는 것이 좋음
② 기포성을 이용하여 제조함
③ 유지방이 기포 형성의 주체임
④ 거품의 품질 유지를 위해 높은 온도에서 보관함

> 휘핑크림은 유지방이 40% 이상인 생크림, 설탕, 양주를 거품을 일으켜 만든 크림으로 생크림의 보관이나 작업의 온도는 3~7℃가 적당하다.

045
단당류 2~10개로 구성된 당으로, 장내의 비피더스균 증식을 활발하게 하는 당은?

① 올리고당　　② 고과당
③ 물엿　　　　④ 이성화당

> 단당류가 2~8개 정도 결합한 탄수화물이다. 천연감미료로 설탕 대체효과를 지닌 올리고당은 장내이 비피도박테리아를 증식시켜 정장작용의 촉진, 충치예방 등의 작용을 한다. 올리고당의 유용성과 기능은 장내세균 개선, 배변의 개선, 장내 부패물질의 감소, 면역력의 강화와 노화방지 등이다.

046
식빵에 당질 50%, 지방 5%, 단백질 9%, 수분 24%, 회분 2%가 들어있다면 식빵을 100g 섭취하였을 때 열량은?

① 281kcal　　② 301kcal
③ 326kcal　　④ 506kcal

> 당질 50g × 4kcal + 단백질 9g × 4kcal + 지방 5g × 9kcal = 281kcal

047
단백질의 가장 주요한 기능은?

① 체온유지
② 유화작용
③ 체조직 구성
④ 체액의 압력조절

> 단백질은 열량을 공급하며 체조직과 혈액단백질, 효소, 호르몬, 신경전달물질 형성한다. 체내 삼투압 조절로 체내 수분평형유지 및 체액의 pH를 유지한다.

048
수분의 필요량을 증가시키는 요인이 아닌 것은?

① 장기간의 구토, 설사, 발열
② 지방이 많은 음식을 먹은 경우
③ 수술, 출혈, 화상
④ 알코올 또는 카페인의 섭취

049
불포화지방산에 대한 설명 중 틀린 것은?

① 불포화지방산은 산패되기 쉽다.
② 고도 불포화지방산은 성인병을 예방한다.
③ 이중결합 2개 이상의 불포화지방산은 모두 필수지방산이다.
④ 불포화지방산이 많이 함유된 유지는 실온에서 액상이다.

> 불포화지방산은 자연계에 존재하고 이중결합을 1개에서 5개 또는 그 이상 가진 지방산으로 포화지방산에 비해 화학적으로 불안정하며, 산화되기 쉽고 융점이 낮다.

050
글리코겐이 주로 합성되는 곳은?

① 간, 신장　　② 소화관, 근육
③ 간, 혈액　　④ 간, 근육

> 글리코겐의 포도당의 중합체로 동물체의 간과 근육에 저장되는 탄수화물 중의 하나이다.

051
식품위생법에서 식품 등의 공전은 누가 작성, 보급하는가?

① 보건복지부장관　　② 식품의약품안전처장
③ 국립보건원장　　　④ 시, 도지사

우리나라 식품위생법 규정에 의하면 식품, 첨가물의 기준, 규격을 수록한 식품, 첨가물 등의 공전을 작성, 보급하여야 한다고 규정하고 있다. 식품공전은 국가기관의 필요와 국민의 요구에 따라 수시로 개정, 추가, 삭제하고 있으며 이에 관한 업무는 식품의약품안전처에서 수행하고 있다.

052
변질되기 쉬운 식품을 생산지로부터 소비자에게 전달하기까지 저온으로 보존하는 시스템은?

① 냉장유통체계
② 냉동유통체계
③ 저온유통체계
④ 상온유통체계

저온유통체계는 저온에서 취급하여 품질이 좋게 유지되도록 하는 유통체계. 냉각 또는 동결된 식품의 저온 유통은 각 단계의 저온창고나 저온판매설비와 이것들을 연결하기 위한 각종 수송기관으로 이루어진다. 5℃ 전후의 차를 냉장차, -20℃ 전후의 차를 냉동차라고 한다.

053
식중독 발생 현황에서 발생 빈도가 높은 우리나라 3대 식중독 원인 세균이 아닌 것은?

① 살모넬라균
② 포도상구균
③ 장염 비브리오균
④ 바실러스 세레우스

우리나라에서 발생한 식중독 사고의 원인을 구분하여 비교한 결과, 살모넬라 균에 의한 식중독이 40~50%, 다음으로 포도상구균과 장염비브리오 순으로 이 세 가지 균이 우리나라 식중독 발생사고의 80% 이상을 차지하고 있다.

054
어육이나 식육의 초기부패를 확인하는 화학적 검사방법으로 적합하지 않은 것은?

① 휘발성 염기질소량의 측정
② pH의 측정
③ 트리메틸아민 양의 측정
④ 탄력성의 측정

탄력성의 측정은 관능검사 방법이다.

055
아래에서 설명하는 식중독 원인균은?

- 미호기성 세균이다.
- 발육온도는 약 30~46℃ 정도이다.
- 원인식품은 오염된 식육 및 식육가공품, 우유 등이다.
- 소아에서는 이질과 같은 설사 증세를 보인다.

① 캄필로박터 제주니
② 바실러스 세레우스
③ 장염비브리오
④ 병원성 대장균

캄필로박터 식중독은 대부분 처리하지 않은 우유나 오염된 음용수, 비위생적으로 처리한 가금류가 원인 식품으로 지목되고 있다. 주로 유아, 어린이 및 면역력이 저하된 사람들에게 감염률이 높고, 주된 증상은 설사이며 열, 메스꺼움, 복통 및 구토 등도 나타난다.

056
산화방지제와 거리가 먼 것은?

① 부틸히드록시아니솔(BHA)
② 디부틸히드록시톨루엔(BHT)
③ 몰식자산프로필(propyl gallate)
④ 비타민 A

산화방지제는 식품의 보존시 공기 중의 산소에 의해 유지의 산패나 식품의 맛과 색이 변질되는 산화를 방지하기 위한 목적으로 사용하는 식품첨가물이다.

057
식품첨가물에 의한 식중독으로 규정되지 않는 것은?

① 허용되지 않은 첨가물의 사용
② 불순한 첨가물의 사용
③ 허용된 첨가물의 과다 사용
④ 독성물질을 식품에 고의로 첨가

식품첨가물은 식품의 품질을 개량하여 보존성 또는 기호성을 향상시킬 뿐만 아니라, 영양가 및 식품의 실질적인 가치를 증진시킬 목적으로 식품을 제조, 가공 또는 보존함에 있어 식품에 첨가, 혼합, 침윤, 기타의 방법으로 사용하는 식품 본래의 성분 이외의 물질을 말한다.

058
황색포도상구균 식중독의 특징으로 틀린 것은?

① 잠복기가 다른 식중독균보다 짧으며 회복이 빠르다.
② 치사율이 다른 식중독균보다 낮다.
③ 그람 양성균으로 장내독소를(entero toxin) 생산한다.
④ 발열이 24~48시간 정도 지속된다.

> 황색포도상구균에 의한 식중독은 포도상구균이 식품 중에 증식하여 그 대사산물로 생성한 엔테로톡신을 섭취하여 발생하는 독소형 식중독으로 그람 양성 구균으로 호기성 또는 통성혐기성 균이며 열에 대한 내성이 강하다. 주요 증상은 구토, 설사와 심한 복통을 유발한다. 잠복기는 2~6시간 이며, 치사율은 낮고 24~48 시간 이내에 회복된다.

059
병원체가 음식물, 손, 식기, 완구, 곤충 등을 통하여 입으로 침입하여 감염을 일으키는 것 중 바이러스에 의한 것은?

① 이질　　　　　② 폴리오
③ 장티푸스　　　④ 콜레라

> 경구감염병은 병원 미생물이 음식물이나 손, 기구, 음료수 등을 통하여 경구적으로 체내에 침입한 후 증식하여 질병을 일으키는 감염병으로 바이러스가 원인인 것은 폴리오, 전염성설사, 유행성 간염 등이 있다.

060
오염된 우유를 먹었을 때 발생할 수 있는 인수공통감염병이 아닌 것은?

① 파상열　　　② 결핵
③ Q-열　　　　④ 야토병

> 야토병은 산토끼나 설치류 사이에 유행하는 감염병으로 오한과 발열, 장티푸스와 같은 열성증상을 일으킨다.

06회 【정답】 최근 기출문제

001	002	003	004	005
①	②	③	③	②
006	007	008	009	010
①	②	③	①	①
011	012	013	014	015
②	②	②	②	④
016	017	018	019	020
③	③	④	②	③
021	022	023	024	025
①	④	③	④	②
026	027	028	029	030
③	③	①	②	④
031	032	033	034	035
④	④	④	④	②
036	037	038	039	040
③	①	③	③	②
041	042	043	044	045
④	④	①	④	①
046	047	048	049	050
①	③	②	③	④
051	052	053	054	055
③	③	③	③	①
056	057	058	059	060
④	④	④	②	④

제 07 회 최근 기출문제

CHECK POINT QUESTION

001
성형한 파이 반죽에 포크 등을 이용하여 구멍을 내주는 가장 주된 이유는?

① 제품을 부드럽게 하기 위해
② 제품의 수축을 막기 위해
③ 제품의 원활한 팽창을 위해
④ 제품에 기포나 수포가 생기는 것을 막기 위해

> 반죽의 표면에 작은 구멍을 뚫는 과정을 피케(Piquer)라 하며, 이는 굽는 동안 반죽이 부풀거나 기포 또는 수포가 생기지 않도록 하기 위한 작업이다.

002
다음 중 반죽형 케이크의 반죽 제조법에 해당하는 것은?

① 공립법
② 별립법
③ 머랭법
④ 블렌딩법

> 반죽형 케이크 반죽은 많은 양의 유지와 화학팽창제를 이용하는 반죽으로 블렌딩법, 크림법, 설탕/물법, 1단계법 등이 있다.

003
다음의 조건에서 물 온도를 계산하면?

- 반죽희망 온도 23℃
- 밀가루 온도 25℃
- 실내 온도 25℃
- 설탕 온도 25℃
- 쇼트닝 온도 20℃
- 달걀 온도 20℃
- 수돗물 온도 23℃
- 마찰계수 20

① 0℃
② 3℃
③ 8℃
④ 12℃

> - 사용할 물의 온도 = (희망 반죽온도 × 6) − (밀가루 온도 + 실내 온도 + 설탕 온도 + 쇼트닝 온도 + 달걀 온도 + 마찰계수)
> - 사용할 물 온도 = (23 × 6) − (25 + 25 + 25 + 20 + 20 + 20) = 3℃

004
제분에 대한 설명 중 틀린 것은?

① 넓은 의미의 개념으로 제분이란 곡류를 가루로 만드는 것이지만 일반적으로 밀을 사용하여 밀가루를 제조하는 것을 제분이라고 한다.
② 밀은 배유부가 치밀하거나 단단하지 못하여 도정 할 경우 싸라기가 많이 나오기 때문에 처음부터 분말화하여 활용하는 것을 제분이라고 한다.
③ 제분 시 밀기울이 많이 들어가면 밀가루의 회분 함량이 낮아진다.
④ 제분율이란 밀을 제분하여 밀가루를 만들 때 밀에 대한 밀가루의 백분율을 말한다.

> 제분이란 곡류를 가루 형태로 가공하는 것으로 밀이 대표적이다. 제분 시 밀기울이 많이 들어가면 밀기울 부분에는 회분함량이 높기 때문에 밀가루의 회분함량은 높아진다.

005
스펀지 케이크를 만들 때 설탕이 적게 들어감으로 해서 생길 수 있는 현상은?

① 오븐에서 제품이 주저앉는다.
② 제품의 껍질이 두껍다.
③ 제품의 껍질이 갈라진다.
④ 제품의 부피가 증가한다.

스펀지 케이크는 달걀의 기포성을 이용한 케이크로 설탕은 감미원 뿐 아니라 달걀의 기포성을 안정시키고 반죽에 찰기를 주며 노화를 방지하는 역할을 한다.

006
튀김 기름의 조건으로 틀린 것은?

① 발연점(smoking point)이 높아야 한다.
② 산패에 대한 안정성이 있어야 한다.
③ 여름철에 융점이 낮은 기름을 사용한다.
④ 산가(acid value)가 낮아야 한다.

융점은 고체가 열을 받아 액체가 되는 현상으로 튀김용 기름은 발연점이 높고 유화제가 들어 있지 않으며 융점이 높은 기름을 사용한다.

007
슈(Choux)에 대한 설명이 틀린 것은?

① 팬닝 후 반죽표면에 물을 분사하여 오븐에서 껍질이 형성되는 것을 지연시킨다.
② 껍질반죽은 액체재료를 많이 사용하기 때문에 굽기 중 증기 발생으로 팽창한다.
③ 오븐의 열 분배가 고르지 않으면 껍질이 약하여 주저앉는다.
④ 기름칠이 적으면 껍질 밑부분이 접시모양으로 올라오거나 위와 아래가 바뀐 모양이 된다.

슈는 프랑스어로 양배추란 의미이다. 구워냈을 때 표면에 생긴 균열과 부푼 형태가 양배추 모양과 비슷하다 하여 붙여진 명칭으로 구울 때 철판에 기름을 균일하게 바른다. 너무 바르면 모양이 일정하게 부풀지 않고 밑부분이 들뜨게 된다.

008
케이크 반죽의 pH가 적정 범위를 벗어나 알칼리일 경우 제품에서 나타나는 현상은?

① 부피가 작다.   ② 향이 약하다.
③ 껍질색이 여리다.   ④ 기공이 거칠다.

반죽의 pH가 알칼리일 경우는 제품이 거친 기공, 어두운 색, 강한 향, 소다 맛, 부피가 커지는 특징을 나타낸다.

009
소규모 주방설비 중 작업의 효율성을 높이기 위한 작업 테이블의 위치로 가장 적당한 것은?

① 오븐 옆에 설치한다.
② 냉장고 옆에 설치한다.
③ 발효실 옆에 설치한다.
④ 주방의 중앙부에 설치한다.

010
고율배합의 제품을 굽는 방법으로 알맞은 것은?

① 저온 단시간   ② 고온 단시간
③ 저온 장시간   ④ 고온 장시간

고율배합은 설탕의 사용량이 밀가루 사용량보다 많은 배합으로 낮은 온도에서 오랫동안 구워야 한다.

011
다음 중 비용적이 가장 큰 케이크는?

① 스펀지 케이크
② 파운드 케이크
③ 화이트 레이어 케이크
④ 초콜릿 케이크

비용적은 반죽 1g이 차지하는 부피를 의미(단위 cm^3/g, cc/g)하며 파운드 케이크 $2.40cm^3/g$, 레이어 케이크 $2.96cm^3/g$, 엔젤 푸드 케이크 $4.71cm^3/g$, 스펀지 케이크 $5.08cm^3/g$이다.

012
어떤 과자반죽의 비중을 측정하기 위하여 다음과 같이 무게를 달았다면 이반죽의 비중은? (단, 비중컵 = 50g, 비중컵 + 물 = 250g, 비중컵 + 반죽 = 170g)

① 0.40   ② 0.60
③ 0.68   ④ 1.47

$$비중 = \frac{(비중컵 + 반죽)의\ 무게 - 컵의\ 무게}{(비중컵 + 물)의\ 무게 - 컵의\ 무게}$$
$$= \frac{170 - 50}{250 - 50} = 0.60$$

013
같은 크기의 팬에 각 제품의 비용적에 맞는 반죽을 팬닝 하였을 경우 반죽량이 가장 무거운 반죽은?

① 파운드 케이크
② 레이어 케이크
③ 스펀지 케이크
④ 소프트 롤 케이크

같은 크기의 팬을 사용할 경우 비용적이 작은 제품은 많은 양의 반죽을 넣어야 한다. 파운드케이크의 비용적이 $2.40cm^3/g$으로 가장 작다.

014
흰자를 거품내면서 뜨겁게 끓인 시럽을 부어 만든 머랭은?

① 냉제 머랭
② 온제 머랭
③ 스위스 머랭
④ 이탈리안 머랭

이탈리안 머랭은 흰자를 거품내면서 뜨겁게 끓인 시럽을 부어 만든 머랭으로 흰자의 일부가 열에 응고하여 기포가 아주 안정된다. 무스나 크림 등 굽지 않는 제품을 만들 때 사용한다.

015
도넛과 케이크의 글레이즈(glaze) 사용 온도로 가장 적합한 것은?

① 23℃
② 34℃
③ 49℃
④ 68℃

글레이즈는 과자류 표면에 광택을 내는 일로 살구잼, 젤라틴 젤리, 시럽, 퐁당, 커버추어 등을 사용한다.

016
다음 중 1mg과 같은 것은?

① 0.0001g
② 0.001g
③ 0.1g
④ 1000g

1mg은 질량을 나타내는 단위로 0.001g이다.

017
냉동반죽의 장점이 아닌 것은?

① 노동력 절약
② 작업 효율의 극대화
③ 설비와 공간의 절약
④ 이스트푸드의 절감

냉동반죽은 발효를 억제시키고 단시간에 제품을 얻기 위하여 어는 점 아래로 동결시킨 반죽으로 단시간에 최종제품을 얻을 수 있고 빵의 부피가 커지며 빵의 노화가 억제된다.

018
3% 이스트를 사용하여 4시간 발효시켜 좋은 결과를 얻는다고 가정할 때 발효시간을 3시간으로 줄이려 한다. 이때 필요한 이스트 양은?(단, 다른 조건은 같다고 본다.)

① 3.5%
② 4%
③ 4.5%
④ 5%

변경할 이스트의 양
$= \dfrac{\text{기존 이스트의 양} \times \text{기존 발효시간}}{\text{변경할 발효시간}}$
$= \dfrac{3 \times 4}{3} = 4\%$

019
식빵의 온도를 28℃까지 냉각한 후 포장할 때 식빵에 미치는 영향은?

① 노화가 일어나서 빨리 딱딱해진다.
② 빵에 곰팡이가 쉽게 발생한다.
③ 빵의 모양이 찌그러지기 쉽다.
④ 식빵을 슬라이스하기 어렵다.

냉각온도는 35~40℃가 적당하다. 냉각온도가 낮을 경우는 제품이 건조해지며 노화가 빨리 진행된다.

020
버터 톱 식빵 제조 시 분할손실이 3%이고, 완제품 500g 짜리 4개를 만들 때 사용하는 강력분의 양으로 가장 적당한 것은? (단, 총 배합률은 195.8% 이다.)

① 약 1065g
② 약 2140g

③ 약 1053g   ④ 약 1123g

- 완제품 중량 = 500g × 4개 = 2,000g
- 총반죽중량 = 완제품중량 ÷ (1 − 분할손실)
  = 2,000 ÷ (1 − 0.03) = 2,061.86g
- 총배합률 = 195.8%, 밀가루 비율 = 100%
- 밀가루중량(g) = [밀가루비율(%) × 총반죽중량(g)] / 총배합율(%)
  = (100 × 2,061.86) / 195.8 = 1,053.04g

021
빵 속에 줄무늬가 생기는 원인으로 옳은 것은?

① 덧가루 사용이 과다한 경우
② 반죽개량제의 사용이 과다한 경우
③ 밀가루를 체로 치지 않은 경우
④ 너무 되거나 진 반죽인 경우

022
하나의 스펀지 반죽으로 2~4개의 도우(dough)를 제조하는 방법으로 노동력, 시간이 절약되는 방법은?

① 가당 스펀지법
② 오버나잇 스펀지법
③ 마스터 스펀지법
④ 비상 스펀지법

스펀지법은 재료의 일부로 스펀지를 만들고 충분히 발효시킨 뒤 본 반죽에 들어가는 방법으로 발효시간과 반죽 방법에 따라 여러 가지로 나뉜다.

023
반죽이 팬 또는 용기에 가득 차는 성질과 관련된 것은?

① 흐름성   ② 가소성
③ 탄성   ④ 점탄성

024
다음 중 냉동 반죽을 저장할 때의 적정온도로 옳은 것은?

① −1 ~ −5℃ 정도
② −6 ~ −10℃ 정도
③ −18 ~ −24℃ 정도
④ −40℃ ~ −45℃ 정도

냉동반죽은 −40℃로 급속냉동시켜 −18˚~−25℃ 전후로 보관한 후 해동시켜 제조하는 방법이다.

025
다음 재료 중 식빵 제조 시 반죽온도에 가장 큰 영향을 주는 것은?

① 설탕
② 밀가루
③ 소금
④ 반죽개량제

식빵 제조에서는 밀가루의 사용량이 많기 때문에 밀가루의 온도도 반죽온도에 많은 영향을 끼친다.

026
빵 표피의 갈변반응을 설명한 것 중 옳은 것은?

① 이스트가 사멸해서 생긴다.
② 마가린으로부터 생긴다.
③ 아미노산과 당으로부터 생긴다.
④ 굽기 온도 때문에 지방이 산패되어 생긴다.

껍질의 갈색 변화는 캐러멜화 반응과 메일라드 반응에 의하여 나타난다. 캐러멜화 반응은 높은 온도(160~180℃)에 의해 당류가 갈색으로 변하는 반응이며 메일라드 반응 당류와 아미노산이 결합하여 갈색 색소인 멜라노이딘을 만드는 반응이다.

027
제빵용으로 주로 사용되는 도구는?

① 모양깍지
② 돌림판(회전판)
③ 짤주머니
④ 스크레이퍼

스크레이퍼는 반죽을 분할하고 한데 모으며 작업대에 들러붙은 반죽을 떼어 낼 때 사용하는 도구이다.

028
빵 제품의 껍질색이 연한 원인 설명으로 거리가 먼 것은?

① 1차 발효 과다
② 낮은 오븐 온도
③ 덧가루 사용 과다
④ 고율배합

> 고율배합은 설탕, 유지, 달걀의 배합 비율이 높은 제품으로 당의 함량이 높아 껍질색이 진하다.

029
둥글리기(Rounding) 공정에 대한 설명으로 틀린 것은?

① 덧가루, 분할기 기름을 최대로 사용한다.
② 손 분할, 기계분할이 있다.
③ 분할기의 종류는 제품에 적합한 기종을 선택한다.
④ 둥글리기 과정 중 큰 기포는 제거되고 반죽온도가 균일화된다.

> 둥글리기 공정에서 사용하는 덧가루와 분할기의 기름은 제품 내부의 줄무늬를 만드는 원인이 되므로 최소한으로 줄여서 사용한다.

030
오랜 시간 발효과정을 거치지 않고 혼합 후 정형하여 2차 발효를 하는 제빵 법은?

① 재반죽법
② 스트레이트법
③ 노타임법
④ 스펀지법

> 노타임법은 발효에 의한 글루텐의 숙성을 산화제와 환원제를 사용하여 발효시간을 단축하여 제조하는 방법이다. 반죽한 뒤에 잠깐 휴지 시키는 일 이외에 보통 발효라는 할 수 있는 공정을 거치지 않으므로 무발효 반죽법이라고도 한다.

031
밀가루 중에 가장 많이 함유된 물질은?

① 단백질
② 지방
③ 전분
④ 회분

> 탄수화물은 밀가루 함량의 70%를 차지하며 대부분은 전분이다.

032
우유를 살균할 때 고온단시간살균법(HTST)으로서 가장 적합한 조건은?

① 72℃에서 15초 처리
② 75℃ 이상에서 15분 처리
③ 130℃에서 2~3초 이내 처리
④ 62~65℃에서 30분 처리

> 고온단시간살균법(HTST, high temperature short time method)은 70~72℃에서 15초간 살균하는 방법이다.

033
다음 중 효소와 온도에 대한 설명으로 틀린 것은?

① 효소는 일종의 단백질이기 때문에 열에 의해 변성된다.
② 최적온도 수준이 지나도 반응 속도는 증가한다.
③ 적정온도 범위에서 온도가 낮아질수록 반응속도는 낮아진다.
④ 적정온도 범위 내에서 온도 10℃ 상승에 따라 효소 활성은 약 2배로 증가한다.

> 생물체 속에서 일어나는 화학반응에 촉매 역할을 하는 단백질이다. 온도, pH, 수분에 영향을 받으며 선택적으로 반응한다.

034
다음의 초콜릿 성분이 설명하는 것은?

> - 글리세린 1개에 지방산 3개가 결합한 구조이다.
> - 실온에서는 단단한 상태이지만, 입안에 넣는 순간 녹게 만든다.
> - 고체로부터 액체로 변하는 온도 범위(가소성)가 겨우 2~3℃로 매우 좁다.

① 카카오매스
② 카카오기름
③ 카카오버터
④ 코코아파우더

> 카카오버터는 카카오빈에서 뽑아 낸 지방성분으로 초콜릿의 주요 성분이 된다. 카카오 버터의 융점은 32~35℃이고, 응고점은 26℃이다.

035
패리노그래프 커브의 윗부분이 200B.U.에 닿는 시간을 무엇이라고 하는가?

① 반죽시간(peak time)
② 도달시간(arrival time)
③ 반죽형성시간(dough development time)
④ 이탈시간(departure time)

> 패리노그래프는 일정한 온도에서 반죽을 교반하여 밀가루의 흡수율(단백질 흡수율, 글루텐의 질), 반죽 내구성, 시간 등을 측정하는 기기이다.

036
다음에서 탄산수소나트륨(중조)이 반응에 의해 발생하는 물질이 아닌 것은?

① CO_2
② H_2O
③ C_2H_5OH
④ Na_2CO_3

> 탄산수소나트륨이 분해되어 이산화탄소(CO_2), 물(H_2O), 탄산나트륨(Na_2CO_3)이 되는 것이다.

037
제빵에 사용하는 물로 가장 적합한 형태는?

① 아경수
② 알칼리수
③ 증류수
④ 염수

> 아경수(경도 120ppm 이상 180ppm 미만)는 제빵용 물로 가장 적합하며 이스트의 영양물질 공급과 글루텐을 경화시키는 기능이 있다.

038
유지의 경화란?

① 포화 지방산의 수증기 증류를 말한다.
② 불포화 지방산에 수소를 첨가하는 것이다.
③ 규조토를 경화제로 하는 것이다.
④ 알칼리 정제를 말한다.

> 유지의 경화란 지방산의 이중결합에 니켈을 촉매로 수소를 첨가시켜 지방의 불포화도를 감소시켜 유지의 융점을 높게 만든 공정이다.

039
아밀로그래프에 관한 설명 중 틀린 것은?

① 반죽의 신장성 측정
② 맥아의 액화효과 측정
③ 알파 아밀라아제의 활성 측정
④ 보통 제빵용 밀가루는 약 400~600 B.U.

> 아밀로그래프는 밀가루의 호화정도 등 밀가루 전분의 질을 측정하며 온도 변화에 따라 밀가루의 α-아밀라아제의 효과를 측정한다.

040
쇼트닝에 대한 설명으로 틀린 것은?

① 라드(돼지기름) 대용품으로 개발되었다.
② 정제한 동·식물성 유지로 만든다.
③ 온도 범위가 넓어 취급이 용이하다.
④ 수분을 16% 함유하고 있다.

> 쇼트닝은 지방 100%로 구성되어 있다.

041
다음 중 당 알코올(sugar alcohol)이 아닌 것은?

① 자일리톨
② 솔비톨
③ 갈락티톨
④ 글리세롤

> 글리세롤은 지방을 가수분해 하면 지방산과 함께 생성된다. 글리세린이라고 하며 무색, 투명하고 단맛이 있는 액체이다.

042
케이크 제품에서 달걀의 기능이 아닌 것은?

① 영양가 증대
② 결합제 역할
③ 유화작용 저해
④ 수분 증발 감소

> 달걀 노른자에 들어 있는 인지질인 레시틴은 물과 함께 유탁액을 만든다.

043
맥아당은 이스트의 발효과정 중 효소에 의해 어떻게 분해되는가?

① 포도당 + 포도당
② 포도당 + 과당
③ 포도당 + 유당
④ 과당 + 과당

맥아당은 이당류로 이스트에 들어 있는 말타아제라는 효소에 의하여 2분자의 포도당으로 분해된다.

044
육두구과의 상록활엽교목에 맺히는 종자를 말리면 넛메그가 된다. 이 넛메그의 종자를 싸고 있는 빨간 껍질을 말린 향신료는?

① 생강
② 클로브
③ 메이스
④ 시너먼

메이스는 넛메그 종자를 싸고 있는 빨간 껍질을 말린 것으로 건조시키면 선홍색에서 오렌지색으로 바뀌고 이것을 가루로 빻으면 황오렌지색이 된다. 넛메그에 비해 메이스가 쓴맛이 적고 값이 더 비싸다.

045
밀 제분 공정 중 정선기에 온 밀가루를 다시 마쇄하여 작은 입자로 만드는 공정은?

① 조쇄공정(break roll)
② 분쇄공정(reduction roll)
③ 정선공정(milling separator)
④ 조질공정(tempering)

제분은 밀로부터 밀가루를 생산하는 단계로 처음의 큰 덩어리를 작게 하는 조쇄 공정을 거쳐 고운 가루로 만들어 주는 분쇄 공정을 거친다.

046
수크라아제(sucrase)는 무엇을 가수분해 시키는가?

① 맥아당
② 설탕
③ 전분
④ 과당

설탕을 가수분해하여 포도당과 과당을 만드는 효소이다. 인베르타아제 또는 사카라아제라고도 한다.

047
리놀렌산(linolenic acid)의 급원식품으로 가장 적합한 것은?

① 라드
② 들기름
③ 면실유
④ 해바라기씨유

리놀렌산은 이중결합이 3개 있는 불포화지방산이다. 대부분 건성유에 존재한다.

048
새우, 게 등의 겉껍질을 구성하는 chitin의 주된 단위성분은?

① 갈락토사민(galactosamine)
② 글루코사민(glucosamine)
③ 글루쿠로닉산(glucuronic acid)
④ 갈락투로닉산(galacturonic acid)

키틴. 키토산(chitin)은 아미노당(당의 아미노산 유도체)으로 이루어진, N-아세틸-D-글루코사민이 β-1,4결합으로 중합한 것으로 게, 새우, 크릴 등의 갑각류, 오징어, 패류, 곤충류 등의 갑피 등에 넓게 분포되는 다당류이다.

049
단백질에 대한 설명으로 틀린 것은?

① 조직의 삼투압과 수분평형을 조절한다.
② 약 20여 종의 아미노산으로 되어있다.
③ 부족하면 2차적 빈혈을 유발하기 쉽다.
④ 동물성 식품에만 포함되어 있다.

단백질은 식물성이 곡류와 두류에도 고루 분포되어 있다.

050
건강한 성인이 식사 시 섭취한 철분이 200mg인 경우 체내 흡수된 철분의 양은?

① 1~5mg
② 10~30mg
③ 100~150mg
④ 200mg

철분(Fe)은 성인체내에 수 그램 존재하며, 60~70%는 헤모글로빈 철로서 산소의 운반에 관여한다. 흡수율은 보통 10% 정도이다.

051
착색료에 대한 설명으로 틀린 것은?

① 천연색소는 인공색소에 비해 값이 비싸다.
② 타르색소는 카스텔라에 사용이 허용되어 있다.
③ 인공색소는 색깔이 다양하고 선명하다.
④ 레토르트 식품에서 타르색소가 검출되면 안 된다.

> 착색료는 식품의 기호성을 높이기 위해 인공적으로 식품을 착색시키기 위하여 사용되는 식품첨가물로 타르색소는 모두 수용성이기 때문에 사용률이 착색료 중 가장 크다. 버터류, 마가린류, 식빵, 카스텔라, 레토르트식품 등에는 타르색소를 사용할 수 없다.

052
다음 중 작업공간의 살균에 가장 적당한 것은?

① 자외선 살균
② 적외선 살균
③ 가시광선 살균
④ 자비살균

> 자외선이 가진 살균작용을 응용해서 일정한 장소의 청정화를 도모하기 위해 이용된다.

053
다음 중 허가된 천연유화제는?

① 구연산
② 고시폴
③ 레시틴
④ 세사몰

> 유화제(계면활성제)는 서로 혼합되지 않는 두 종류의 액체를 유화시키기 위해 사용하며 레시틴은 인지질로 노른자, 콩기름, 간장, 뇌 등에 들어 있다.

054
다음 중 살모넬라균의 주요 감염원은?

① 채소류
② 육류
③ 곡류
④ 과일류

> 살모넬라균은 그람음성, 비아포성, 통성혐기성 간균으로 익히지 않은 육류나 달걀을 먹었을 때 감염될 수 있는데, 음식물 섭취 후 8~24시간이 지난 뒤 급성장염을 일으켜 발열, 복통, 설사 등의 증상을 나타내는 세균으로 발병한 환자는 3일 이내에 증세가 가벼워진 뒤 회복돼 치사율은 낮은 것으로 알려졌다.

055
경구감염병의 예방대책 중 전염원에 대한 대책으로 바람직하지 않은 것은?

① 환자를 조기 발견하여 격리 치료한다.
② 환자가 발생하면 접촉자의 대변을 검사하고 보균자를 관리한다.
③ 일반 및 유흥음식점에서 일하는 사람들은 정기적인 건강진단이 필요하다.
④ 오염이 의심되는 물건은 어둡고 손이 닿지 않는 곳에 모아둔다.

> 경구감염병은 병원 미생물이 음식물이나 손, 기구 음료수 등을 통하여 경구적으로 체내에 침입한 후 증식하여 질병을 일으키는 감염병으로 주로 소화기계통에 장해를 일으키기 때문에 소화기계감염병이라고도 한다.

056
산양, 양, 돼지, 소에게 감염되면 유산을 일으키고, 인체 감염시 고열이 주기적으로 일어나는 인수공통감염병은?

① 광우병
② 공수병
③ 파상열
④ 신증후군출혈열

> 인수공통감염병은 사람과 사람 이외의 동물 사이에서 동일한 병원체에 의해서 발생하는 질병이나 감염상태를 말한다. 브루셀라증은 파상열이라고도 한다. 그람음성 단간균인 브루셀라균에 의해 동물에 감염성 유산을 일으킨다.

057
"제2급감염병"이란 전파가능성을 고려하여 발생 또는 유행 시 24시간 이내에 신고하여야 하고, 격리가 필요한 감염병을 말하는 데 다음 중 여기에 속하지 않는 감염병은?

① 콜레라
② 파라티푸스
③ 디프테리아
④ 장출혈성대장균감염증

제2급감염병이란 전파가능성을 고려하여 발생 또는 유행 시 24시간 이내에 신고하여야 하고, 격리가 필요한 감염병으로 결핵, 수두, 홍역, 콜레라, 장티푸스, 파라티푸스, 세균성이질, 장출혈성대장균감염증, A형간염, 백일해, 유행성이하선염, 풍진, 폴리오, 수막구균 감염증, b형헤모필루스인플루엔자, 폐렴구균 감염증, 한센병, 성홍열, 반코마이신내성황색포도알균(VRSA) 감염증, 카바페넴내성장내세균속균종(CRE) 감염증, E형간염이 해당된다.

058

다음 중 식중독 관련 세균의 생육에 최적인 식품의 수분 활성도는?

① 0.30 ~ 0.39
② 0.50 ~ 0.59
③ 0.70 ~ 0.79
④ 0.90 ~ 1.00

수분은 미생물 몸체의 주성분이며, 생리기능을 조절하는데 필요하다. 수분활성도(Aw)가 세균 0.95, 효모 0.87, 곰팡이 0.80 이하 일 때 증식이 저지된다.

059

주로 냉동된 육류 등 저온에서도 생존력이 강하고 수막염이나 임신부의 자궁 내 패혈증 등을 일으키는 식중독균은?

① 대장균
② 살모넬라균
③ 리스테리아균
④ 포도상구균

리스테리아균은 인체의 유산(流産)을 일으키는 병원균이다.

060

다음 중 감염형 식중독을 일으키는 것은?

① 보툴리누스균
② 살모넬라균
③ 포도상구균
④ 고초균

감염형 식중독은 식품과 함께 식품 중에 증식한 세균을 먹고 발병하는 식중독으로 살모넬라(Salmonella)균에 의한 식중독, 장염 비브리오(Vibrio)균에 의한 식중독, 병원성 대장균에 의한 식중독 등이 있다.

07회 【정답】 최근 기출문제

001	002	003	004	005
④	④	②	③	③
006	007	008	009	010
③	④	④	④	③
011	012	013	014	015
①	②	①	④	③
016	017	018	019	020
②	④	②	①	③
021	022	023	024	025
①	③	①	③	②
026	027	028	029	030
③	④	④	①	③
031	032	033	034	035
③	①	②	③	②
036	037	038	039	040
③	①	②	①	④
041	042	043	044	045
④	③	①	③	②
046	047	048	049	050
②	②	②	④	②
051	052	053	054	055
②	①	③	②	④
056	057	058	059	060
③	③	④	③	②

제 08 회 최근 기출문제

○ CHECK POINT QUESTION

001
머랭 제조에 대한 설명으로 옳은 것은?

① 기름기나 노른자가 없어야 튼튼한 거품이 나온다.
② 일반적으로 흰자 100에 대하여 설탕 50의 비율로 만든다.
③ 저속으로 거품을 올린다.
④ 설탕을 믹싱 초기에 첨가하여야 부피가 커진다.

> 머랭은 흰자에 설탕을 더해 거품을 낸 것으로 설탕의 사용량에 따라 헤비 머랭과 라이트 머랭으로 나누어지며 머랭을 만들 때는 설탕을 처음부터 넣지 않는다.

002
다음 중 쿠키의 과도한 퍼짐 원인이 아닌 것은?

① 반죽의 되기가 너무 묽을 때
② 유지함량이 적을 때
③ 설탕 사용량이 많을 때
④ 굽는 온도가 너무 낮을 때

003
반죽형 케이크의 반죽 제조법에 대한 설명이 틀린 것은?

① 크림법 : 유지와 설탕을 넣어 가벼운 크림상태로 만든 후 달걀을 넣는다.
② 블렌딩법 : 밀가루와 유지를 넣고 유지에 의해 밀가루가 가볍게 피복되도록 한 후 건조, 액체 재료를 넣는다.
③ 설탕물법 : 건조재료를 혼합한 후 설탕 전체를 넣어 포화용액을 만드는 방법이다.
④ 1단계법 : 모든 재료를 한꺼번에 넣고 믹싱하는 방법이다.

> 설탕물법은 설탕과 물의 비율을 2:1로 하여 시럽을 만들어 넣는 방법이다. 설탕입자가 남지 않아 고운 속결, 껍질색이 균일한 제품생산을 할 수 있다.

004
일반적으로 초콜릿은 코코아와 카카오 버터로 나누어져 있다. 초콜릿 56%를 사용할 때 코코아의 양은 얼마인가?

① 35%
② 37%
③ 38%
④ 41%

> 코코아는 초콜릿의 62.5%의 비율로 들어 있다. 따라서, 코코아 양 = 56(%) × 0.625 = 35(%)

005
반죽온도 조절을 위한 고려사항으로 적절하지 않은 것은?

① 마찰계수를 구하기 위한 필수적인 요소는 반죽 결과 온도, 원재료온도, 작업장 온도, 사용되는 물온도, 작업장 상대습도이다.
② 기준이 되는 반죽온도보다 결과온도가 높다면 사용하는 물(배합수) 일부를 얼음으로 사용하여 희망하는 반죽온도를 맞춘다.
③ 마찰계수란 일정량의 반죽을 일정한 방법으로 믹싱할 때 반죽온도에 영향을 미치는 마찰열을 실질적인 수치로 환산한 것이다.
④ 계산된 사용수 온도가 56℃ 이상일 때는 뜨거운 물을 사용할 수 없으며, 영하로 나오더라도 절대치의 차이라는 개념에서 얼음계산법을 적용한다.

마찰계수에 영향을 주는 요인으로는 실내온도, 밀가루 온도, 설탕 온도, 쇼트닝 온도, 달걀 온도, 수돗물 온도 등이 있다.

006
파운드 케이크를 팬닝 할 때 밑면의 껍질 형성을 방지하기 위한 팬으로 가장 적합한 것은?

① 일반팬　　　　② 이중팬
③ 은박팬　　　　④ 종이팬

파운드 틀은 파운드 케이크라 불리는 버터 케이크를 굽는 틀로 바닥이 깊은 직사각형 틀이다. 밑면의 껍질 형성을 방지하기 위하여 이중팬을 사용한다.

007
유화제를 사용하는 목적이 아닌 것은?

① 물과 기름이 잘 혼합되게 한다.
② 빵이나 케이크를 부드럽게 한다.
③ 빵이나 케이크가 노화되는 것을 지연시킬 수 있다.
④ 달콤한 맛이 나게 하는데 사용한다.

유화제는 유화상태를 오래 지속시킬 수 있는 기능을 갖는 물질로 물과 기름처럼 서로 잘 섞이지 않는 2종류의 액체를 혼합할 때 유화제를 더하면 분리되지 않는다. 제품의 노화를 지연시키며 부드럽게 하는 기능도 한다.

008
케이크 제품의 굽기 후 제품 부피가 기준보다 작은 경우의 원인이 아닌 것은?

① 틀의 바닥에 공기나 물이 들어갔다.
② 반죽의 비중이 높았다.
③ 오븐의 굽기 온도가 높았다.
④ 반죽을 팬닝 한 후 오래 방치했다.

반죽의 비중이 높은 경우에는 공기의 포함이 작아 기공이 조밀하여 무겁고 부피가 작다.

009
도넛 글레이즈가 끈적이는 원인과 대응방안으로 틀린 것은?

① 유지 성분과 수분의 유화 평형 불안정 – 원재료 중 유화제 함량을 높임
② 온도, 습도가 높은 환경 – 냉장 진열장 사용 또는 통풍이 잘되는 장소 선택
③ 안정제, 농후화제 부족 – 글레이즈 제조 시 첨가된 검류의 함량을 높임
④ 도넛 제조 시 지친 반죽, 2차 발효가 지나친 반죽 사용 – 표준 제조 공정 준수

010
도넛 튀김용 유지로 가장 적당한 것은?

① 라드　　　　　② 유화쇼트닝
③ 면실유　　　　④ 버터

튀김용 기름으로는 발연점이 높고 유화제가 들어 있지 않은 식물성 기름이 적당하다. 면실유, 대두유, 옥수수기름 등이 적당하다.

011
초콜릿 제품을 생산하는데 필요한 도구는?

① 디핑 포크(dipping forks)
② 오븐(oven)
③ 파이 롤러(pie roller)
④ 워터스프레이(water spray)

디핑포크는 종류가 다양한 초콜릿 과자 전용 포크로 초콜릿 옷을 입히거나 코코아 가루를 묻힐 때 필요하다.

012
화이트 레이어 케이크의 반죽 비중으로 가장 적합한 것은?

① 0.90 ~ 1.0　　　② 0.45 ~ 0.55
③ 0.60 ~ 0.70　　④ 0.75 ~ 0.85

화이트 레이어 케이크는 흰자만 사용하는 반죽형 반죽 케이크로 0.8±0.05의 비중이 적당하다.

013
케이크 반죽이 30L 용량의 그릇 10개에 가득 차

있다. 이것으로 분할 반죽 300g 짜리 600개를 만들었다. 이 반죽의 비중은?

① 0.8
② 0.7
③ 0.6
④ 0.5

014
퍼프 페이스트리의 휴지가 종료되었을 때 손으로 살짝 누르게 되면 다음 중 어떤 현상이 나타나는가?

① 누른 자국이 남아 있다.
② 누른 자국이 원상태로 올라온다.
③ 누른 자국이 유동성 있게 움직인다.
④ 내부의 유지가 흘러나온다.

015
다음 중 제과제빵 재료로 사용되는 쇼트닝(shortening)에 대한 설명으로 틀린 것은?

① 쇼트닝을 경화유라고 한다.
② 쇼트닝은 불포화 지방산의 이중결합에 촉매 존재하에 수소를 첨가하여 제조한다.
③ 쇼트닝성과 공기포집 능력을 갖는다.
④ 쇼트닝은 융점(melting point)이 매우 낮다.

쇼트닝은 지방질이 100%인 반고체상태의 가소성 유지제품으로 라드의 대용품으로 만들어 졌으며 쇼트닝의 특징은 비스킷 등에 바삭함을 주는 쇼트닝성과 교반했을 때 공기를 포함시키는 크리밍성이다.

016
다음 중 발효시간을 연장시켜야하는 경우는?

① 식빵 반죽온도가 27℃이다.
② 발효실 온도가 24℃이다.
③ 이스트푸드가 충분하다.
④ 1차 발효실 상대습도가 80%이다.

일반적인 제품의 1차 발효는 27℃, 상대습도 75~80%, 2차 발효는 32~45℃, 상대습도 75~90% 정도 이다.

017
제빵 시 굽기 단계에서 일어나는 반응에 대한 설명으로 틀린 것은?

① 반죽온도가 60℃로 오르기 까지 효소의 작용이 활발해지고 휘발성 물질이 증가한다.
② 글루텐은 90℃부터 굳기 시작하여 빵이 다 구워질 때까지 천천히 계속된다.
③ 반죽온도가 60℃에 가까워지면 이스트가 죽기 시작한다. 그와 함께 전분이 호화하기 시작한다.
④ 표피부분이 160℃를 넘어서면 당과 아미노산이 마이야르 반응을 일으켜 멜라노이드를 만들고, 당의 캐러멜화 반응이 일어나고 전분이 덱스트린으로 분해된다.

반죽온도가 74℃를 넘으면 단백질이 굳기 시작하며 호화된 전분과 함께 빵의 구조를 형성하게 된다.

018
어느 제과점의 이번 달 생산예상 총액이 1000만원인 경우, 목표 노동 생산성은 5000원/시/인, 생산가동일 수가 20일, 1일 작업시간 10시간인 경우 소요인원은?

① 4명
② 6명
③ 8명
④ 10명

1인당 20일간 생산액 = 5000원/시/인×10시간/일/인×20일 = 1,000,000원. 그러므로 10명이 필요하다.

019
냉각으로 인한 빵 속의 수분 함량으로 적당한 것은?

① 약 5%
② 약 15%
③ 약 25%
④ 약 38%

굽기 직후에는 껍질 12~15%, 내부 42~45% 수분함량을 나타내고 냉각 후에는 전체 38%로 평형을 이룬다.

020
다음 제품 중 2차 발효실의 습도를 가장 높게 설정해야 되는 것은?
① 호밀빵
② 햄버거빵
③ 불란서빵
④ 빵 도넛

> 햄버거빵은 일반적인 식빵·과자빵류의 발효조건인 38~40℃, 상대습도 85~90%로 설정된다.

021
노타임 반죽법에 사용되는 산화, 환원제의 종류가 아닌 것은?
① ADA(azodicarbonamide)
② L-시스테인
③ 소르브산
④ 요오드칼슘

> 산화제는 밀가루 단백질의 S-H기를 S-S기로 변화시켜 단백질의 구조를 강하게 하고 가스 포집력을 증가시키는 기능을 하며 브롬산칼륨(지효성 작용), 요오드칼륨(속효성 작용)을 사용하고 환원제는 S-S결합을 절단시켜 글루텐을 약하게 하며, 믹싱시간을 25% 단축시킨다. L-시스테인, 프로테아제 등을 사용한다.

022
80% 스펀지에서 전체 밀가루가 2000g, 전체 가수율이 63%인 경우, 스펀지에 55%의 물을 사용하였다면 본반죽에 사용할 물량은?
① 380g
② 760g
③ 1140g
④ 1260g

> • 반죽전체에 사용하는 물의 양 = 2000(g) × 0.63 = 1,260(g)
> • 스펀지에 사용하는 밀가루의 양 = 2000(g) × 0.8 = 1600(g)
> • 스펀지에 사용하는 물 = 1,600(g) × 0.55 = 880(g)
> • 본반죽에 사용할 물의 양 = 1,260(g) − 880(g) = 380(g)

023
어린 반죽(발효가 덜 된 반죽)으로 제조를 할 경우 중간 발효시간은 어떻게 조절되는가?
① 길어진다.
② 짧아진다.
③ 같다.
④ 판단할 수 없다.

> 1차 발효가 덜 된 반죽으로 제조를 할 경우 중간 발효시간을 길게 한다.

024
다음 중 식빵에서 설탕이 과다할 경우 대응책으로 가장 적합한 것은?
① 소금 양을 늘린다.
② 이스트 양을 늘린다.
③ 반죽온도를 낮춘다.
④ 발효시간을 줄인다.

> 설탕의 사용량이 과다할 경우 가스 발생력이 약해져 발효시간이 길어지므로 이스트의 양을 늘려 사용한다.

025
둥글리기의 목적과 거리가 먼 것은?
① 공 모양의 일정한 모양을 만든다.
② 큰 가스는 제거하고 작은 가스는 고르게 분산시킨다.
③ 흐트러진 글루텐을 재정렬 한다.
④ 방향성 물질을 생성하여 맛과 향을 좋게 한다.

026
냉동반죽의 해동을 높은 온도에서 빨리 할 경우 반죽의 표면에서 물이 나오는 드립(drip)현상이 발생하는데 그 원인이 아닌 것은?
① 얼음결정이 반죽의 세포를 파괴 손상
② 반죽내 수분의 빙결분리
③ 단백질의 변성
④ 급속냉동

> 냉동반죽을 급속냉동하는 이유는 최대 얼음 결정 형성대를 빨리 통과시켜 반죽내의 수분이 얼음 알갱이를 형성하는 것을 방지하기 위해서 이다.

027
제빵 생산의 원가를 계산하는 목적으로만 연결된 것은?

① 순이익과 총매출의 계산
② 이익계산, 가격결정, 원가관리
③ 노무비, 재료비, 경비 산출
④ 생산량관리, 재고관리, 판매관리

028
다음 중 빵의 냉각방법으로 가장 적합한 것은?

① 바람이 없는 실내에서 냉각
② 강한 송풍을 이용한 급냉
③ 냉동실에서 냉각
④ 수분분사 방식

> 자연냉각은 가장 좋은 방법으로 냉각판에 올려 바람이 없는 상온에서 냉각하는 것으로 실온에서 3~4시간 냉각한다.

029
식빵 제조 시 수돗물 온도 20℃, 사용할 물 온도 10℃, 사용물 양 4kg일 때 사용할 얼음 양은?

① 100g   ② 200g
③ 300g   ④ 400g

> 얼음 사용량
> $= \dfrac{\text{사용할 물량} \times (\text{수돗물 온도} - \text{사용할 물 온도})}{80 + \text{수돗물 온도}}$
> $= \dfrac{4000 \times (20-10)}{80+20} = 400(g)$

030
건포도 식빵 제조 시 2차 발효에 대한 설명으로 틀린 것은?

① 최적의 품질을 위해 2차 발효를 짧게 한다.
② 식감이 가볍고 잘 끊어지는 제품을 만들 때는 2차 발효를 약간 길게 한다.
③ 밀가루의 단백질의 질이 좋은 것일수록 오븐 스프링이 크다.
④ 100% 중종법보다 70%중종법이 오븐스프링이 좋다.

> 스펀지 반죽에 밀가루의 양을 증가시킬 때 부피의 증대, 얇은 기공막, 부드러운 조직으로 제품의 품질이 좋아진다.

031
밀가루 중에 손상전분이 제빵 시에 미치는 영향으로 옳은 것은?

① 반죽 시 흡수가 늦고 흡수량이 많다.
② 반죽 시 흡수가 빠르고 흡수량이 적다.
③ 발효가 빠르게 진행된다.
④ 제빵과 아무 관계가 없다.

> 손상전분은 발효와 밀접한 관계가 있으며 많을수록 α-아밀라아제가 작용하기 쉬워 발효가 빠르게 진행된다.

032
다음 중 밀가루에 함유되어 있지 않은 색소는?

① 카로틴
② 멜라닌
③ 크산토
④ 플라본

> 밀가루의 노란색은 카로티노이드 색소에 의하며 카로티노이드계 색소는 카로틴과 크산토필로 나뉜다.

033
일반적으로 신선한 우유의 pH는?

① 4.0~4.5
② 3.0~4.0
③ 5.5~6.0
④ 6.5~6.7

> 우유의 비중은 1.030~1.032, pH는 6.6 정도 이다.

034
글리세린(glycerin, glycerol)에 대한 설명으로 틀린 것은?

① 무색, 무취한 액체이다.
② 3개의 수산기(-OH)를 가지고 있다.
③ 색과 향의 보존을 도와준다.
④ 탄수화물의 가수분해로 얻는다.

> 지방을 가수분해하면 3분자의 지방산과 1분자의 글리세린(글리세롤)으로 분해된다.

035
제빵에 있어 일반적으로 껍질을 부드럽게 하는 재료는?

① 소금
② 밀가루
③ 마가린
④ 이스트푸드

036
전분을 효소나 산에 의해 가수분해 시켜 얻은 포도당액을 효소나 알칼리 처리로 포도당과 과당을 만들어 놓은 당의 명칭은?

① 전화당
② 맥아당
③ 이성화당
④ 전분당

> 이성화당은 포도당에 이성화효소를 작용시켜서 과당으로 이성화시킨 당으로 설탕이나 포도당보다 단맛이 강해서 과자나 청량음료수, 통조림 등에 이용된다.

037
빵 반죽의 이스트 발효 시 주로 생성되는 물질은?

① 물 + 이산화탄소
② 알코올 + 이산화탄소
③ 알코올 + 물
④ 알코올 + 글루텐

038
직접반죽법에 의한 발효 시 가장 먼저 발효되는 당은?

① 맥아당(maltose)
② 포도당(glucose)
③ 과당(fructose)
④ 갈락토오스(galactose)

039
제빵 시 경수를 사용할 때 조치사항이 아닌 것은?

① 이스트 사용량 증가
② 맥아 첨가
③ 이스트푸드 사용량 감소
④ 급수량 감소

> 반죽에 경수를 사용하면 글루텐을 단단하게 하며, 발효속도가 느려진다. 따라서 급수량을 증가시키고 이스트 푸드, 소금사용량을 감소시키며 맥아를 첨가한다.

040
달걀의 특징적 성분으로 지방의 유화력이 강한 성분은?

① 레시틴(lecithin)
② 스테롤(sterol)
③ 세팔린(cephalin)
④ 아비딘(avidin)

> 레시틴은 달걀의 노른자에 들어있는 인지질의 하나로 유화성이 강하다.

041
다음 당류 중 감미도가 가장 낮은 곳은?

① 유당
② 전화당
③ 맥아당
④ 포도당

> 상대적 감미도(자당의 감미도 100을 기준)는 과당(175), 전화당(130), 자당(100), 포도당(75), 맥아당(32), 갈락토오스(32), 유당(16)의 순으로 되어 있다.

042
다음 중 밀가루 제품의 품질에 가장 크게 영향을 주는 것은?

① 글루텐의 함유량 ② 빛깔, 맛, 향기
③ 비타민 함유량 ④ 원산지

043
유화제에 대한 설명으로 틀린 것은?

① 계면활성제라고도 한다.
② 친유성기와 친수성기를 각 50%씩 갖고 있어 물과 기름의 분리를 막아 준다.
③ 레시틴, 모노글리세라이드, 난황 등이 유화제로 쓰인다.
④ 빵에서는 글루텐과 전분사이로 이동하는 자유수의 분포를 조절하여 노화를 방지한다.

> 유화제는 친수성-친유성 균형(HLB) 수치로 나타내며 친수성과 친유성 균형 상태를 나타내는 수치로 1에서 20까지로 표기한다.

044
비터 초콜릿(bitter chocolate) 32% 중에는 코코아가 약 얼마 정도 함유되어 있는가?

① 8% ② 16%
③ 20% ④ 24%

> 비터 초콜릿은 초콜릿을 만드는 과정에서 설탕을 더하지 않은 상태의 카카오 마스를 가리키는 명칭으로 일반적으로 코코아 62.5%, 코코아 버터 37.5%로 구성되어 있다. 그러므로 비터 초콜릿 32(%) 중의 코코아 함유량은 32(%) × 0.625 = 20(%)

045
검류에 대한 설명으로 틀린 것은?

① 유화제, 안정제, 접착제 등으로 사용된다.
② 낮은 온도에서는 높은 점성을 나타낸다.
③ 무기질과 단백질로 구성되어 있다.
④ 친수성 물질이다.

> 검질(gum)은 포도당 외의 다른 단당류나 당유도체로 연결된 거대 복합체로 친수성콜로이드로 물에 녹거나 분산되어 점성을 가지며 겔을 형성하므로 식품 산업에서 많이 이용하는 탄수화물 소재이다.

046
아미노산의 성질에 대한 설명 중 옳은 것은?

① 모든 아미노산은 선광성을 갖는다.
② 아미노산은 융점이 낮아서 액상이 많다.
③ 아미노산은 종류에 따라 등전점이 다르다.
④ 천연단백질을 구성하는 아미노산은 주로 D형이다.

> 등전점은 양성 전해질 용액에서 음양 두 이온의 농도가 동등하여 알짜 전하가 0인 pH. 일반적으로 단백질은 등전점에서는 용해도, 표면장력이 최소가 되므로 침전이나 발포현상을 볼 수 있다.

047
무기질에 대한 설명으로 틀린 것은?

① 나트륨은 결핍증이 없으며 소금, 육류 등에 많다.
② 마그네슘 결핍증은 근육약화, 경련 등이며 생선 견과류 등에 많다.
③ 철은 결핍 시 빈혈증상이 있으며 시금치, 두류 등에 많다.
④ 요오드 결핍 시에는 갑상선종이 생기며 유제품(해조류)등에 많다.

048
단백질의 소화, 흡수에 대한 설명으로 틀린 것은?

① 단백질은 위에서 소화되기 시작한다.
② 펩신은 육류 속 단백질 일부를 폴리펩티드로 만든다.
③ 십이지장에서 췌장에서 분비된 트립신에 의해 더 작게 분해된다.
④ 소장에서 단백질이 완전히 분해되지는 않는다.

> 소장에서 에렙신은 단백질, 펩톤, 펩티드를 아미노산으로 분해한다.

049
우유 1컵(200ml)에 지방이 6g이라면 지방으로부터 얻을 수 있는 열량은?

① 6kcal
② 24kcal
③ 54kcal
④ 120kcal

> 지방 1g을 9kcal은 열량을 발생시킨다.

050
혈당의 저하와 가장 관계가 깊은 것은?

① 인슐린
② 리파아제
③ 프로테아제
④ 펩신

> 혈당은 혈액 속에 함유된 포도당을 의미한다. 각종 호르몬의 상호작용을 통하여 당의 소비와 공급의 균형을 맞추어 혈액 내에서 적절한 정도가 유지된다. 세포 내 미토콘드리아 및 뇌의 에너지원으로 사용된다. 인슐린의 분비량이 적고 인슐린 저항성이 나타나면 혈당이 상승하여 고혈당이 된다.

051
식자재의 교차오염을 예방하기 위한 보관방법으로 잘못된 것은?

① 원재료와 완성품을 구분하여 보관
② 바닥과 벽으로부터 일정거리를 띄워 보관
③ 뚜껑이 있는 청결한 용기에 덮개를 덮어서 보관
④ 식자재와 비식자재를 함께 식품 창고에 보관

052
경구감염병과 거리가 먼 것은?

① 유행성 간염
② 콜레라
③ 세균성이질
④ 일본뇌염

> 경구감염병은 병원 미생물이 음식물이나 손, 기구, 음료수 등을 통하여 경구적으로 체내에 침입한 후 증식하여 질병을 일으키는 감염병이다.

053
다음 중 제2급 감염병에 속하지 않는 것은?

① 디프테리아
② 콜레라
③ 성홍열
④ 세균성이질

> 제2급 감염병은 전파가능성을 고려하여 발생 또는 유행 시 24시간 이내에 신고하여야 하고, 격리가 필요한 감염병으로 결핵, 수두, 홍역, 콜레라, 장티푸스, 파라티푸스, 세균성이질, 장출혈성대장균감염증, A형간염, 백일해, 유행성이하선염, 풍진, 폴리오, 수막구균 감염증, b형헤모필루스인플루엔자, 폐렴구균 감염증, 한센병, 성홍열, 반코마이신내성황색포도알균(VRSA) 감염증, 카바페넴내성장내세균속균종(CRE) 감염증, E형간염이 해당된다.

054
세균이 분비한 독소에 의해 감염을 일으키는 것은?

① 감염형 세균성 식중독
② 독소형 세균성 식중독
③ 화학성 식중독
④ 진균독 식중독

> 독소형 식중독은 병원성 미생물에 의해 생성된 독성물질을 함유한 식품을 섭취하여 발생하는 식중독이다.

055
식품첨가물의 사용에 대한 설명 중 틀린 것은?

① 식품첨가물 공전에서 식품첨가물의 규격 및 사용기준을 제한하고 있다.
② 식품첨가물은 안전성이 입증된 것으로 최대사용량의 원칙을 적용한다.
③ GRAS란 역사적으로 인체에 해가 없는 것이 인정된 화합물을 의미한다.
④ ADI란 일일섭취허용량을 의미한다.

> 식품첨가물은 안전성이 입증된 것으로 최소사용량의 원칙을 적용한다.

056
식품 및 축산물 안전관리인증기준(HACCP)을 식품별로 정하여 고시하는 자는?

① 보건복지부장관
② 식품의약품안전처장
③ 시장, 군수 또는 구청장
④ 환경부장관

057
경구감염병에 관한 설명 중 틀린 것은?

① 미량의 균으로 감염이 가능하다
② 식품은 증식매체이다.
③ 감염환이 성립된다.
④ 잠복기가 길다.

> 경구감염병은 병원체가 입을 통하여 침입하여 감염을 일으키는 소화기계통 감염병을 말한다. 적은 양으로 감염이 잘 되며 2차 감염이 되는 경우가 많다

058
주기적으로 열이 반복되어 나타나므로 파상열이라고 불리는 인수공통감염병은?

① Q열
② 결핵
③ 브루셀라병
④ 돈단독

> 파상열은 그람 음성 단간균인 브루셀라균에 의해 양, 산양, 돼지, 소에게 유산을 일으키고, 사람에게 감염되면 파상열을 일으키는 감염병이다.

059
메틸알코올의 중독 증상과 거리가 먼 것은?

① 두통
② 구토
③ 실명
④ 환각

> 메틸알코올(메탄올)은 주류 대용으로 사용하여 중독 시 증상은 복통, 두통, 실명, 사망 등이 나타난다.

060
보툴리누스 식중독에서 나타날 수 있는 주요 증상 및 증후가 아닌 것은?

① 구토 및 설사
② 호흡곤란
③ 출혈
④ 사망

> 보툴리누스 식중독은 보툴리누스균에 오염된 식품이 혐기상태에서 증식할 때 생산되는 신경독소에 의해 일어나는 독소형 식중독으로 구토, 복통, 설사 등의 소화기 증상으로 시작하여 시력장애, 두통, 신경장애 등의 증상이 있고 발열은 없으며, 결국 호흡부전에 의하여 사망하게 된다.

08회 【정답】 최근 기출문제

001	002	003	004	005
①	②	③	①	①
006	007	008	009	010
②	④	①	①	③
011	012	013	014	015
①	④	③	①	④
016	017	018	019	020
②	②	④	④	②
021	022	023	024	025
④	①	①	②	④
026	027	028	029	030
④	②	①	④	④
031	032	033	034	035
③	②	④	④	③
036	037	038	039	040
③	②	②	④	①
041	042	043	044	045
①	①	②	③	③
046	047	048	049	050
③	①	④	③	①
051	052	053	054	055
④	④	①	②	②
056	057	058	059	060
②	②	③	④	③

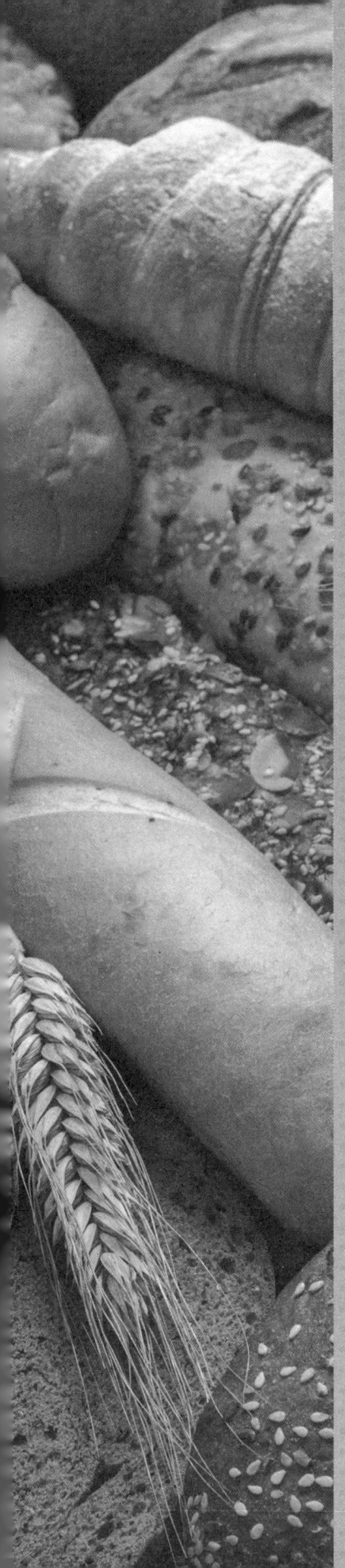

PART
05

제빵기능사
최근 기출문제

제 01회 최근 기출문제

○ CHECK POINT QUESTION

001
오븐의 생산능력은 무엇으로 계산하는가?

① 소모되는 전력량
② 오븐의 높이
③ 오븐의 단열 정도
④ 오븐 내 매입 철판 수

> 오븐의 생산 능력은 오븐 내 매입 철판의 수로 나타낸다.

002
밤과자 제조공정에 대한 설명으로 틀린 것은?

① 반죽을 한 덩어리로 만들어 즉시 분할한다.
② 반죽과 내용물의 되기를 동일하게 한다.
③ 성형 후 물을 뿌려 덧가루를 제거한다.
④ 껍질의 두께가 일정하도록 내용물을 싼다.

> 반죽을 한 덩어리로 만들어 비닐에 싸서 휴지를 주어 반죽이 수화된 후 성형을 한다.

003
반죽형 케이크의 반죽 믹싱법에 대한 설명으로 틀린 것은?

① 크림법은 유지, 설탕, 달걀로 크림을 만든다.
② 블랜딩법은 유지와 밀가루를 먼저 혼합한다.
③ 단단계법은 모든 재료를 한 번에 넣고 혼합한다.
④ 설탕물법은 설탕 1을 물 2의 비율로 용해하여 액당을 만든다.

> 설탕물법은 설탕과 물의 비율을 2:1로 하여 액당을 만든다.

004
도넛의 발한 현상을 방지하는 방법으로 틀린 것은?

① 튀김시간을 늘인다.
② 점착력이 낮은 기름을 사용한다.
③ 충분히 식히고 나서 설탕을 묻힌다.
④ 도넛 위에 뿌리는 설탕 사용량을 늘인다.

> 발한현상은 수분에 의해 도넛에 묻은 설탕이나 글레이즈가 녹는 현상으로 점착력이 높은 기름을 사용한다.

005
다음 제품 중 건조방지를 목적으로 나무틀을 사용하여 굽기를 하는 제품은?

① 슈
② 밀푀유
③ 카스텔라
④ 퍼프 페이스트리

006
케이크의 부피가 작아지는 원인에 해당하는 것은?

① 강력분을 사용한 경우
② 오버베이킹이 된 경우
③ 크리밍성이 좋은 유지를 사용한 경우
④ 신선한 달걀을 사용한 경우

007
가나슈 크림에 대한 설명으로 옳은 것은?

① 생크림은 절대 끓여서 사용하지 않는다.
② 초콜릿과 생크림의 배합비율은 10:1이 원칙이다.
③ 초콜릿 종류는 달라도 카카오 성분은 같다.
④ 끓인 생크림에 초콜릿을 더한 크림이다.

> 가나슈 크림은 끓인 생크림에 초콜릿을 더한 크림을 말한다.

008
퍼프 페이스트리 굽기 후 결점과 원인으로 틀린 것은?

① 수축 : 밀어 펴기 과다, 너무 높은 오븐 온도
② 수포 생성 : 단백질 함량이 높은 밀가루로 반죽을 함
③ 충전물 흘러나옴 : 충전물의 양 과다, 봉합 부적절
④ 작은 부피 : 수분이 없는 경화 쇼트닝을 충전용 유지로 사용

009
비중과 관련이 없는 것은?

① 완제품의 조직   ② 기공의 크기
③ 완제품의 크기   ④ 팬 용적

> 비중은 완제품의 크기, 내부의 조직, 기공의 크기 등에 관련이 있다.

010
머랭(meringue)을 제조할 때 주석산 크림의 사용 목적이 아닌 것은?

① 흰자를 강하게 한다.
② 머랭의 pH를 낮춘다.
③ 맛을 좋게 한다.
④ 색을 희게 한다.

> 머랭에 주석산을 사용하면 pH를 낮추어 흰자 거품을 단단하게 하며 색을 희게 하는 효과가 있다.

011
다음 중 익히는 방법이 나머지 셋과 다른 것은?

① 찐빵
② 엔젤푸드 케이크
③ 스펀지케이크
④ 파운드케이크

> 찐빵은 스팀(증기)을 사용하여 익힌다.

012
데블스푸드 케이크 제조 시 중조를 8g 사용했을 경우 가스 발생량으로 비교했을 때 베이킹파우더 몇 g과 효과가 같은가?

① 8g   ② 16g
③ 24g   ④ 32g

> 베이킹파우더는 탄산수소나트륨에 산성제를 배합하고, 분산제로 전분을 첨가한 팽창제이다. 중조의 1/3의 효과를 갖는다.

013
파운드케이크를 구운 직후 달걀 노른자에 설탕을 넣어 칠할 때 설탕의 역할이 아닌 것은?

① 광택제 효과   ② 보존기간 개선
③ 탈색 효과   ④ 맛의 개선

014
젤리 롤 케이크가 말 때 터지는 경우의 조치 사항이 아닌 것은?

① 달걀에 노른자를 추가시켜 사용한다.
② 설탕(자당)의 일부를 물엿으로 대처한다.
③ 덱스트린의 점착성을 이용한다.
④ 팽창이 과도한 경우에는 팽창제 사용량을 감소시킨다.

> 고형 성분이 많은 노른자 대신 전란을 사용한다.

015
다음 중 반죽의 얼음사용량 계산공식으로 옳은 것은?

① 얼음 = $\dfrac{\text{물사용량} \times (\text{수돗물온도} - \text{사용수온도})}{80 + \text{수돗물온도}}$

② 얼음 = $\dfrac{\text{물사용량} \times (\text{수돗물온도} + \text{사용수온도})}{80 + \text{수돗물온도}}$

③ 얼음 = $\dfrac{\text{물사용량} \times (\text{수돗물온도} \times \text{사용수온도})}{80 + \text{수돗물온도}}$

④ 얼음 = $\dfrac{\text{물사용량} \times (\text{계산된물온도} - \text{사용수온도})}{80 + \text{수돗물온도}}$

016
성형과정을 거치는 동안에 반죽이 거친 취급을 받아 상처받은 상태이므로 이를 회복시키기 위해 글루텐숙성과 팽창을 도모하는 과정은?

① 1차 발효
② 중간 발효
③ 펀치
④ 2차 발효

> 성형과정 다음 단계인 2차 발효는 정형한 반죽을 발효실에 넣어 숙성시켜 좋은 외형과 식감의 제품을 얻기 위하여 제품 부피의 70~80%까지 부풀리는 작업으로 발효의 최종단계이다.

017
일반적으로 작은 규모의 제과점에서 사용하는 믹서는?

① 수직형 믹서
② 수평형 믹서
③ 초고속 믹서
④ 커터 믹서

> 수직형 믹서는 일반적으로 작은 제과점에서 사용한다.

018
식빵배합률 합계가 180%, 밀가루 총 사용량이 3000g일 때 총 반죽의 무게는?(단, 기타손실은 없음)

① 1620g
② 3780g
③ 5400g
④ 5800g

> 총 반죽의 무게(g) = [총배합률(%) × 밀가루 무게(g)] ÷ 밀가루 비율(%)
> = (180 × 3000) ÷ 100 = 5400g

019
빵의 굽기에 대한 설명 중 옳은 것은?

① 고배합의 경우 낮은 온도에서 짧은 시간으로 굽기
② 고배합의 경우 높은 온도에서 긴 시간으로 굽기
③ 저배합의 경우 낮은 온도에서 긴 시간으로 굽기
④ 저배합의 경우 높은 온도에서 짧은 시간으로 굽기

020
반죽을 발효시키는 목적이 아닌 것은?

① 향 생성
② 반죽의 숙성 작용
③ 반죽의 팽창작용
④ 글루텐 응고

> 굽기 과정 중에 일어나는 글루텐의 응고는 74℃에서 나타난다.

021
과자빵의 껍질에 흰 반점이 생긴 경우 그 원인에 해당되지 않는 것은?

① 반죽온도가 높았다.
② 발효하는 동안 반죽이 식었다.
③ 숙성이 덜 된 반죽을 그대로 정형하였다.
④ 2차 발효 후 찬 공기를 오래 쐬었다.

022
생산관리의 기능과 거리가 먼 것은?

① 품질보증기능
② 적시 · 적량기능
③ 원가조절기능
④ 시장개척기능

023
다음 중 주로 유화제로 사용되는 식품첨가물은?

① 글리세린지방산에스테르
② 탄산암모늄
③ 프로피온산칼슘
④ 탄산나트륨

> 유화제는 서로 혼합되지 않는 두 종류의 액체를 유화시키기 위해 사용하며, 빵 반죽에 더하면 반죽의 기계내성이 향상되고 빵의 부피가 커지며 쉽게 노화하지 않는다.

024
제빵 냉각법 중 적합하지 않은 것은?

① 급속냉각
② 자연냉각
③ 터널식냉각
④ 에어컨디션식 냉각

> 급속냉각은 빵의 노화를 촉진한다

025
다음 중 제품 특성상 일반적으로 노화가 가장 빠른 것은?
① 단과자빵
② 카스텔라
③ 식빵
④ 도넛

설탕이 적게 사용된 저율 배합에서 노화가 쉽게 일어난다.

026
빵의 팬닝(팬넣기)에 있어 팬의 온도로 가장 적합한 것은?
① 냉장온도(0 ~ 5℃)
② 20 ~ 24℃
③ 30 ~ 35℃
④ 60℃ 이상

가장 적합한 팬넣기의 온도는 32℃ 이다.

027
제빵 시 유지를 투입하는 반죽의 단계는?
① 픽업단계
② 클린업단계
③ 발전단계
④ 최종단계

유지의 투입 단계는 클린업단계로 글루텐이 형성되기 시작하는 단계이다.

028
식빵 제조 시 결과 온도 33℃, 밀가루온도 23℃, 실내온도 26℃, 수돗물온도 22℃, 희망온도 27℃, 사용 물량 5kg일 때 마찰계수는?
① 19
② 22
③ 24
④ 28

마찰계수 = (결과온도 × 3) - (밀가루온도 + 실내온도 + 수돗물온도)
= (33 × 3) - (23 + 26 + 22) = 28

029
반죽을 팬에 넣기 전에 팬에서 제품이 잘 떨어지게 하기 위하여 이형유를 사용하는데 그 설명으로 틀린 것은?
① 이형유는 발연점이 높은 것을 사용해야 한다.
② 이형유는 고온이나 산패에 안정해야 한다.
③ 이형유의 사용량은 반죽 무게의 5% 정도이다.
④ 이형유의 사용량이 많으면 튀김현상이 나타난다.

이형유는 반죽무게의 0.1~0.2% 사용한다.

030
다음 중 일반적인 산형 식빵의 비용적은(cm³/g)은?
① 1.0 ~ 1.3
② 1.4 ~ 1.7
③ 2.3 ~ 2.7
④ 3.2 ~ 3.4

식빵의 비용적은 산형 식빵(오픈형) 3.2~ 3.4cm³/g, 풀먼형 식빵(샌드위치형) 3.3~ 4.0cm³/g이다.

031
이스트푸드의 구성 성분이 아닌 것은?
① 암모늄염
② 질산염
③ 칼슘염
④ 전분

이스트푸드는 암모늄염 형태로 이스트에 필요한 영양소인 질소를 공급한다. 물의 경도 조절을 위해 칼슘염을 분산제로 전분을 가지고 있다.

032
다음과 같은 조건에서 나타나는 현상과 그와 관련한 물질을 바르게 연결한 것은?

초콜릿의 보관방법이 적절치 않아 공기 중의 수분이 표면에 부착한 뒤 그 수분이 증발해 버려 어떤 물질이 결정형태로 남아 흰색이 나타났다.

① 팻브룸(fat bloom) - 카카오매스
② 팻브룸(fat bloom) - 글리세린
③ 슈가브룸(sugar bloom) - 카카오버터
④ 슈가브룸(sugar bloom) - 설탕

설탕블룸(sugar bloom)은 초콜릿을 습도가 높은 곳에 보관할 때 초콜릿에 들어 있는 설탕이 수분을 흡수하여 녹았다가 재결정이 되어 표면이 하얗게 변하는 현상이다.

033
마요네즈를 만드는데 노른자가 500g 필요하다. 껍질 포함 60g짜리 달걀을 몇 개 준비해야 하는가?

① 10개
② 14개
③ 28개
④ 56개

노른자는 전체 무게의 30%를 차지한다. 60g 중에는 노른자가 18g이 들어 있다. 그러므로 500 ÷ 18 = 27.7개이다.

034
패리노그래프(Farinograph)의 기능 및 특징이 아닌 것은?

① 흡수율 측정
② 믹싱 시간 측정
③ 500 B.U.를 중심으로 그래프 작성
④ 전분 호화력 측정

전분의 호화력은 아밀로그래프로 측정한다.

035
물과 반죽의 관계에 대한 설명 중 옳은 것은?

① 경수로 배합할 경우 발효속도가 빠르다.
② 연수로 배합할 경우 글루텐을 더욱 단단하게 한다.
③ 연수 배합 시 이스트푸드를 약간 늘리는 게 좋다
④ 경수로 배합을 하면 글루텐이 부드럽게 되고 기계에 잘 붙는 반죽이 된다.

036
다음 중 반죽에 산화제를 사용하였을 때의 결과에 대한 설명으로 잘못된 것은?

① 반죽강도가 증가된다.
② 가스 포집력이 증가한다.
③ 기계성이 개선된다.
④ 믹싱시간이 짧아진다.

믹싱시간을 줄이기 위해 사용되는 것은 환원제이다.

037
가장 광범위하게 사용되는 베이킹파우더(baking powder)의 주성분은?

① $CaHPO_4$
② $NaHCO_3$
③ Na_2CO_3
④ NH_4Cl

베이킹파우더는 탄산수소나트륨($NaHCO_3$)을 주성분으로 하여 각종 산성제를 배합하고 분산제로 전분을 첨가한 팽창제이다.

038
다음 중 제빵에 맥아를 사용하는 목적이 아닌 것은?

① 이산화탄소 생산을 증가시킨다.
② 제품에 독특한 향미를 부여한다.
③ 노화지연 효과가 있다.
④ 구조형성에 도움을 준다.

맥아는 보리를 발아시킨 낟알로 보통 가루형태로 이용된다. 함유되어 있는 효소 아밀라아제가 전분을 맥아당으로 분해하여 이스트 발효가 촉진된다. 맥아당으로 인해 특유의 향을 가지며 껍질색이 좋아진다.

039
마가린에 대한 설명 중 틀린 것은?

① 지방함량이 80% 이상이다.
② 유지원료는 동물성과 식물성이 있다.
③ 버터 대용품으로 사용된다.
④ 순수 유지방(乳脂肪)만을 사용했다.

마가린은 버터 대용품으로 주로 대두유, 면실유 등 식물성 유지를 경화시켜 만든다. 지방 80%, 수분 16.5%, 소금 0~3%, 유화제 0.5% 등으로 구성되어 있다.

040
지방에 대한 설명 중 잘못된 것은?

① 지방은 글리세린과 지방산으로 되어 있다.
② 지방 중 유리지방산 함량이 많으면 발연점이 높아진다.
③ 불포화지방산은 식물성유에 많다.
④ 지방산에 이중결합의 수가 많으면 융점이 낮아진다.

지방이 가수분해되어 생기는 유리지방산 함량이 많으면 발연점이 낮아진다.

041
제빵용 밀가루에서 빵 발효에 많은 영향을 주는 손상전분의 적정한 함량은?

① 0%   ② 1 ~ 3.5%
③ 4.5 ~ 8%   ④ 9 ~ 12.5%

042
제과제빵에 사용하는 분유의 기능이 아닌 것은?

① 갈변 방지
② 영양소 공급
③ 글루텐 강화
④ 맛과 향 개선

분유는 단백질을 가지고 있어 구조를 강화시키는 역할을 하고 영양소 공급과 맛과 향을 개선한다. 분유에 들어 있는 유당은 껍질의 갈색 반응을 일으킨다.

043
맥아당은 이스트의 발효과정 중에 효소에 의해 어떻게 분해되는가?

① 포도당 + 포도당   ② 포도당 + 과당
③ 포도당 + 유당   ④ 과당 + 과당

이당류인 맥아당은 이스트에 들어있는 말타아제라는 효소에 의해 2분자의 포도당으로 분해된다.

044
효소를 구성하는 주성분에 대한 설명으로 틀린 것은?

① 탄소, 수소, 산소, 질소 등의 원소로 구성되어 있다.
② 아미노산이 펩티드 결합을 하고 있는 구조이다.
③ 열에 안정하여 가열하여도 변성되지 않는다.
④ 섭취 시 4kcal의 열량을 낸다.

효소는 단백질로 구성되어 있으며 선택적 특이성을 갖는다.

045
정상 조건하의 베이킹파우더 100g에서 얼마 이상의 유효이산화탄소 가스가 발생되어야 하는가?

① 6g   ② 12g
③ 18g   ④ 24g

베이킹파우더는 무게의 12% 이상의 유효가스를 발생 시켜야하므로 12g의 유효가스를 발생시켜야 한다.

046
콜레스테롤 흡수와 가장 관계 깊은 것은?

① 타액
② 위액
③ 담즙
④ 장액

담즙산염은 간에서 콜레스테롤로부터 생성되어 쓸개(담낭)에 저장되었다가 일부가 십이지장으로 분비된다.

047
다음 중 단당류가 아닌 것은?

① 갈락토오스   ② 포도당
③ 과당   ④ 맥아당

맥아당은 2분자의 포도당이 결합된 이당류이다.

048
성인의 1일 단백질 섭취량이 체중 kg당 1.13g일 때 66kg의 성인이 섭취하는 단백질의 열량은?

① 74.6kcal ② 298.3kcal
③ 671.2kcal ④ 264kcal

- 단백질 섭취량 = 1.13 × 66 = 74.58
- 단백질의 열량 = 74.58(g) × 4(kcal) = 298.32(kcal)

049
지방의 주요 기능이 아닌 것은?

① 비타민 A, D, E, K의 운반 · 흡수작용
② 체온의 손실방지
③ 티아민(thiamine)의 절약작용
④ 정상적인 삼투압 조절에 관여

정상적인 삼투압 조절에 관여하는 영양소는 무기질이다.

050
식품을 태웠을 때 재로 남는 성분은?

① 유기질 ② 무기질
③ 단백질 ④ 비타민

무기질 성분이 식품을 태웠을 때 재로 남는다.

051
식품의 부패를 판정할 때 화학적 판정 방법이 아닌 것은?

① TMA 측정 ② ATP 측정
③ LD_{50} 측정 ④ VBN 측정

LD_{50}(50% lethal dose)은 일정 조건하에서 검체를 한 번 투여하여 반수의 동물이 죽는 양, 즉 반수치사량으로 독성 평가에 사용된다.

052
다음 중 제2급 감염병에 속하는 것은?

① 디프테리아 ② 일본뇌염
③ 콜레라 ④ 인플루엔자

제2급 감염병 : 종류 : 결핵, 수두, 홍역, 콜레라, 장티푸스, 파라티푸스, 세균성이질, 장출혈성대장균감염증, A형간염, 백일해, 유행성이하선염, 풍진, 폴리오, 수막구균 감염증, b형헤모필루스인플루엔자, 폐렴구균 감염증, 한센병, 성홍열, 반코마이신내성황색포도알균(VRSA) 감염증, 카바페넴내성장내세균속균종(CRE) 감염증, E형간염

053
과자류, 빵류를 제조할 때 가스를 발생시켜 연하고 맛이 좋고 소화되기 쉬운 상태로 만들 목적으로 사용하는 식품첨가물은?

① 유화제 ② 식품제조용제
③ 피막제 ④ 팽창제

팽창제는 빵, 과자 등에 연하고, 맛이 좋고, 소화되기 쉬운 것으로 만들기 위해서 사용되며 가스를 발생하는 성질을 가지고 있는 물질을 말한다.

054
식품을 제조, 가공 또는 보존 시 식품에 첨가, 혼합, 침윤 기타의 방법으로 사용되는 물질은?

① 식품첨가물 ② 식품
③ 화학적 합성품 ④ 기구

식품첨가물은 식품의 품질을 개량하여 보존성 또는 기호성을 향상시킬 뿐만 아니라, 영양가 및 식품의 실질적인 가치를 증진시킬 목적으로 식품을 제조, 가공 또는 보존함에 있어 식품에 첨가, 혼합, 침윤, 기타의 방법으로 사용하는 식품 본래의 성분 이외의 물질이다.

055
살모넬라균으로 인한 식중독의 잠복기와 증상으로 옳은 것은?

① 오염식품 섭취 10~24시간 후 발열(38~40℃)이 나타나며 1주 이내 회복이 된다.
② 오염식품 섭취 10~20시간 후 오한과 혈액이 섞인 설사가 나타나며 이질로 의심되기도 한다.
③ 오염식품 섭취 10~30시간 후 점액성 대변을 배설하고 신경증상을 보여 곧 사망한다.
④ 오염식품 섭취 8~20시간 후 복통이 있고 홀씨 A, F형의 독소에 의한 발병이 특징이다.

056
포도상구균이 생산하는 독소는?

① 솔라닌
② 테트로도톡신
③ 엔테로톡신
④ 뉴로톡신

포도상구균이 생산하는 원인독소는 엔테로톡신(enterotoxin)으로 내열성이 있어 열에 쉽게 파괴되지 않는다.

057
다음 중 병원체가 바이러스인 질병은?

① 폴리오　　　② 결핵
③ 디프테리아　④ 성홍열

바이러스(Virus)는 미생물 중에서 가장 작은 것으로 살아있는 세포에서만 생존한다. 천연두, 인플루엔자, 일본뇌염, 광견병, 소아마비(폴리오, 급성회백수염) 등의 병원체이다.

058
쥐나 곤충류에 의해서 발생될 수 있는 식중독은?

① 살모넬라 식중독
② 클로스트리디움 보툴리늄 식중독
③ 포도상구균 식중독
④ 장염비브리오 식중독

살모넬라(Salmonella)균에 의한 식중독의 원인식품은 육류 및 가공품, 어패류 및 그 가공품, 우유 및 유제품, 알류 등이며 감염경로는 쥐, 파리, 바퀴벌레 등의 곤충류이다.

059
식자재의 교차오염을 예방하기 위한 보관방법으로 잘못된 것은?

① 원재료와 완성품을 구분하여 보관
② 바닥과 벽으로부터 일정거리를 띄워 보관
③ 뚜껑이 있는 청결한 용기에 덮개를 덮어서 보관
④ 식자재와 비식자재를 함께 식품창고에 보관

식자재와 비식자재는 구분하여 보관한다.

060
클로스트리디움 보툴리늄 식중독과 관련 있는 것은?

① 화농성 질환의 대표균
② 저온살균 처리로 예방
③ 내열성 포자 형성
④ 감염형 식중독

보툴리누스 식중독균의 아포는 열에 강하고 독소인 뉴로톡신(neurotoxin)은 열에 약해 80℃에서 30분이면 파괴된다. 특징으로 식중독 중 치사율이 가장 높다. 원인식품은 완전 가열살균 되지 않은 병조림, 통조림, 소시지, 훈제품 등이다.

01회【정답】				최근 기출문제
001	002	003	004	005
④	①	④	②	③
006	007	008	009	010
①	④	②	④	①
011	012	013	014	015
①	③	③	①	①
016	017	018	019	020
④	①	③	④	④
021	022	023	024	025
①	④	①	①	③
026	027	028	029	030
③	②	④	③	④
031	032	033	034	035
②	④	①	④	③
036	037	038	039	040
④	②	④	④	②
041	042	043	044	045
③	①	①	③	②
046	047	048	049	050
③	④	②	④	②
051	052	053	054	055
③	③	③	①	①
056	057	058	059	060
③	①	①	④	③

제 02 회 최근 기출문제

CHECK POINT QUESTION

001
파운드 케이크를 팬닝 할 때 밑면의 껍질 형성을 방지하기 위한 팬으로 가장 적합한 것은?

① 일반팬
② 이중팬
③ 은박팬
④ 종이팬

> 파운드 케이크는 이중팬을 사용하여 열전도를 낮추어 껍질 생성을 방지한다.

002
반죽형 케이크의 특성에 해당되지 않는 것은?

① 일반적으로 밀가루가 달걀보다 많이 사용된다.
② 많은 양의 유지를 사용한다.
③ 화학팽창제에 의해 부피를 형성한다.
④ 해면 같은 조직으로 입에서의 감촉이 좋다.

> 해면 조직은 거품형 케이크의 내상에서 나타나는 특징이다.

003
반죽형 쿠키의 굽기 과정에서 퍼짐성이 나쁠 때 퍼짐성을 좋게 하기 위해서 사용할 수 있는 방법은?

① 입자가 굵은 설탕을 많이 사용한다.
② 반죽을 오래한다.
③ 오븐의 온도를 높인다.
④ 설탕의 양을 줄인다.

> 반죽형 쿠키의 퍼짐성은 설탕 입자의 크기로 조절할 수 있다. 설탕 입자가 크게 남아 있으면 쿠키의 퍼짐성이 커진다.

004
파이를 만들 때 충전물이 흘러 나왔을 경우 그 원인이 아닌 것은?

① 충전물의 양이 너무 많다.
② 충전물에 설탕이 부족하다.
③ 껍질에 구멍을 뚫어 놓지 않았다.
④ 오븐 온도가 낮다.

005
먼저 밀가루와 유지를 넣고 믹싱하여 유지에 의해 밀가루가 피복되도록 한 후 나머지 재료를 투입하는 방법으로 유연감을 우선으로 하는 제품에 사용되는 반죽법은?

① 1단계법
② 별립법
③ 블렌딩법
④ 크림법

> 블렌딩법은 밀가루와 유지를 먼저 믹싱하여 글루텐 생성을 방지하므로 유연감을 우선으로 하는 제품에 적당한 방법이다. 대표적인 제품에는 데블스푸드 케이크가 있다.

006
좋은 튀김기름의 조건이 아닌 것은?

① 천연의 항산화제가 있다.
② 발연점이 높다.
③ 수분이 10% 정도이다.
④ 저장성과 안정성이 높다.

> 식용유지의 KS 규격에는 수분 및 협잡물의 %가 0.10 이하로 규정되어 있다.

007
파이를 냉장고에 휴지시키는 이유와 가장 거리가 먼 것은?

① 전 재료의 수화 기회를 준다.
② 유지와 반죽의 굳은 정도를 같게 한다.
③ 반죽을 경화 및 긴장시킨다.
④ 끈적거림을 방지하여 작업성을 좋게 한다.

> 파이 반죽을 휴지 시켜주는 이유는 반죽을 유연하게 하여 밀어 펴기 쉽게 하기 위해서이다.

008
반죽의 비중과 관련이 없는 것은?

① 완제품의 조직   ② 기공의 크기
③ 완제품의 부피   ④ 팬 용적

> 제품의 비중이 낮으면 기공이 크고 제품의 조직이 거칠게 되며 완제품의 부피가 크게 된다.

009
제빵 공장에서 5인이 8시간 동안 옥수수 식빵 500개, 바게트빵 550개를 만들었다. 개당 제품의 노무비는 얼마인가?(단, 시간당 노무비는 4000원이다.)

① 132원   ② 142원
③ 152원   ④ 162원

> - 빵 생산수량 : 1050개
> - 1인이 1시간 당 생산수량 : 1050(개) ÷ 5(인) ÷ 8(시간) = 26.25개
> - 개당 제품의 노무비는 4000(원) ÷ 26.259(개) = 152.38원

010
반죽온도가 정상보다 낮을 때 나타나는 제품의 결과로 틀린 것은?

① 부피가 작다.
② 큰 기포가 형성된다.
③ 기공이 조밀하다.
④ 오븐에 굽는 시간이 약간 길다.

> 반죽온도가 낮으면 기공이 천천히 열려 작고 조밀한 기공이 형성되며 부피가 작은 특징이 있다.

011
컵에 반죽을 담았을 때 90g, 물을 담았을 때 110g 이었다. 이 때 컵 무게가 40g 이었다면 반죽의 비중은?

① 0.6   ② 0.7
③ 0.8   ④ 0.9

> 비중은 같은 부피의 반죽 무게/ 같은 부피의 물의 무게로 나타낼 수 있다. 따라서, 비중 = (90 − 40) ÷ (110 − 40) = 0.71

012
커스터드푸딩을 컵에 채워 몇 도의 오븐에서 중탕으로 굽는 것이 가장 적당한가?

① 160~170℃   ② 190~200℃
③ 210~220℃   ④ 230~240℃

> 커스터드푸딩은 160~170℃의 오븐에서 중탕으로 굽는다. 너무 높은 온도이거나 오래 구우면 제품에 기포가 생긴다.

013
제과용 포장재로 적합하지 않은 것은?

① P.E(Poly ethylene)
② O.P.P(Oriented Poly propylene)
③ P.P(Poly propylene)
④ 흰색의 형광 종이

> 형광종이는 형광물질 때문에 식품 위생상 포장재로 적합하지 않다.

014
단순 아이싱(flat icing)을 만드는 데 들어가는 재료가 아닌 것은?

① 분당   ② 달걀
③ 물   ④ 물엿

> 단순 아이싱은 글레이즈 등과 같이 단순히 혼합하여 만든 아이싱으로 토핑에 사용한다. 분설탕, 물, 물엿, 향료 등을 혼합한다.

015
아이싱에 이용되는 퐁당(fondant)은 설탕의 어떤 성질을 이용하는가?

① 보습성
② 재결정성
③ 용해성
④ 전화당으로 변하는 성질

> 퐁당은 설탕 100에 대하여 물 30을 넣고 114~118℃ 까지 끓인 후 냉각하여 재결정화 시킨 제품이다.

016
빵 제품의 모서리가 예리하게 된 것은 다음 중 어떤 반죽에서 오는 결과인가?

① 발효가 지나친 반죽
② 과다하게 이형유를 사용한 반죽
③ 어린 반죽
④ 2차 발효가 지나친 반죽

> 발효나 반죽이 덜 된 어린 반죽은 외형의 특징으로 예리한 모서리를 나타낸다.

017
지나친 반죽(과발효)이 제품에 미치는 영향을 잘못 설명한 것은?

① 부피가 크다.
② 향이 강하다.
③ 껍질이 두껍다.
④ 팬 흐름이 적다.

018
식빵의 가장 일반적인 포장 적온은?

① 15℃
② 25℃
③ 35℃
④ 45℃

019
제빵용 밀가루의 적정 손상 전분의 함량은?

① 1.5~3%
② 4.5~8%
③ 11.5~14%
④ 15.5~17%

> 손상전분은 밀의 제분과정에서 전분이 기계적 절단 또는 파쇄된 것으로 밀가루의 흡수율에 영향을 준다.

020
빵을 오븐에 넣으면 빵 속의 온도가 높아지면서 부피가 증가한다. 이때 일어나는 현상이 아닌 것은?

① 가스압이 증가한다.
② 이산화탄소 가스의 용해도가 증가한다.
③ 이스트의 효소활성이 60℃까지 계속된다.
④ 79℃부터 알코올이 증발하여 특유의 향이 발생한다.

021
발효의 목적이 아닌 것은?

① 반죽을 숙성시킨다.
② 글루텐을 강화시킨다.
③ 풍미성분을 생성시킨다.
④ 팽창작용을 한다.

> 발효과정에서는 글루텐을 연화시켜 글루텐의 가스 보유 능력을 개선한다.

022
내부에 팬이 부착되어 열풍을 강제 순환시키면서 굽는 타입으로 굽기의 편차가 극히 적은 오븐은?

① 터널오븐
② 컨벡션오븐
③ 밴드오븐
④ 래크오븐

023
정형한 식빵 반죽을 팬에 넣을 때 이음매의 위치는 어느 쪽이 가장 좋은가?

① 위
② 아래
③ 좌측
④ 우측

> 정형한 식빵의 이음매는 아래에 놓이도록 팬넣기 한다.

024
식빵 반죽을 분할할 때 처음에 분할한 반죽과 나중에 분할한 반죽은 숙성도의 차이가 크므로 단시간 내에 분할해야 한다. 몇 분 이내로 완료하는 것이 가장 좋은가?

① 2~7분
② 8~13분
③ 15~20분
④ 25~30분

분할하는 과정에서도 발효가 진행되므로 가능한 신속한 분할이 필요하다.

025
2차 발효시 상대습도가 부족할 때 일어나는 현상은?

① 질긴 껍질
② 흰 반점
③ 터짐
④ 단단한 표피

발효하는 과정에서 습도가 부족하면 껍질이 유연하게 늘어나지 못해 터지게 된다.

026
일반적인 스펀지 도우법으로 식빵을 만들 때 도우의 가장 적당한 온도는?

① 17℃
② 27℃
③ 37℃
④ 47℃

일반적으로 스펀지의 온도는 24℃, 도우의 온도는 27℃를 기준으로 한다.

027
건포도 식빵, 옥수수식빵, 야채식빵을 만들 때 건포도, 옥수수, 야채는 믹싱의 어느 단계에 넣는 것이 좋은가?

① 최종 단계 후
② 클린업 단계 후
③ 발전 단계 후
④ 렛 다운 단계 후

건포도나 옥수수, 야채 같은 부재료는 믹싱 마지막 단계에 넣어서 부서지는 것을 방지해야 한다.

028
밀가루 온도 25℃, 실내온도 24℃, 수돗물 온도 20℃, 결과온도 30℃, 희망온도 27℃, 마찰계수 24일 때 사용할 물 온도는?

① 2℃
② 6℃
③ 8℃
④ 17℃

사용할 물의 온도 = 희망온도 × 3 − (밀가루온도 + 실내온도 + 마찰계수)
= 27 × 3 − (25 + 24 + 24) = 8℃

029
노무비를 절감하는 방법으로 바람직하지 않은 것은?

① 표준화
② 단순화
③ 설비 휴무
④ 공정시간 단축

030
냉동반죽에 사용되는 재료와 제품의 특성에 대한 설명 중 틀린 것은?

① 일반 제품보다 산화제 사용량을 증가시킨다.
② 저율배합인 프랑스 빵이 가장 유리하다.
③ 유화제를 사용하는 것이 좋다.
④ 밀가루는 단백질 양과 질이 좋은 것을 사용한다.

냉동반죽에는 설탕의 양이 많은 고율 배합이 적당하다.

031
패리노그래프와 관계가 적은 것은?

① 흡수율 측정
② 믹싱시간 측정
③ 믹싱 내구성 측정
④ 호화특성 측정

호화특성을 측정하는 기계는 아밀로그래프를 사용한다.

032
다음 중 점도계가 아닌 것은?

① 비스코아밀로그래프(Viscoamylograph)
② 익스텐소그래프(Extensograph)
③ 맥미카엘(MacMichael)점도계
④ 브룩필드(Brookfield)점도계

익스텐소그래프는 반죽의 신장성에 대한 저항을 측정한다.

033
단백질 분해 효소는?

① 찌마아제
② 말타아제
③ 프로테아제
④ 인버타아제

찌마아제는 단당류 분해 효소, 말타아제는 맥아당 분해 효소, 인버타아제는 자당 분해효소로 사용된다.

034
이스트푸드의 구성성분 중 칼슘염의 주요 기능은?

① 이스트 성장에 필요하다.
② 반죽에 탄성을 준다.
③ 오븐 팽창이 커진다.
④ 물 조절제 역할을 한다.

이스트푸드 성분에서 칼슘염은 물의 경도를 조절해 주는 역할을 한다.

035
우유 단백질의 응고에 관여하지 않는 것은?

① 산
② 레닌
③ 가열
④ 리파아제

리파아제는 지방을 분해하는 효소이다.

036
커스터드 크림에서 달걀의 주요 역할은?

① 영양가   ② 결합제
③ 팽창제   ④ 저장성

커스터드크림에서 달걀은 결합제 역할을 한다.

037
제조현장에서 제빵용 이스트를 저장하는 현실적인 온도로 적당한 것은?

① -18℃ 이하   ② -1~5℃
③ 20℃   ④ 35℃ 이상

제빵용 이스트는 냉장온도에서 보관한다.

038
다음 중 지방 분해 효소는?

① 리파아제   ② 프로테아제
③ 찌마아제   ④ 말타아제

프로테아제는 단백질, 찌마아제는 단당류, 말타아제는 맥아당을 분해하는 역할을 한다.

039
강력분의 특성으로 틀린 것은?

① 중력분에 비해 단백질 함량이 높다.
② 박력분에 비해 글루텐 함량이 적다.
③ 박력분에 비해 점탄성이 크다.
④ 경질소맥을 원료로 한다.

강력분은 빵을 만드는데 주로 사용하며 박력분의 글루텐 함량이 7~9%인데 비해 강력분은 11~13% 정도이다.

040
다음 중 글레이즈(glaze)사용 시 적합한 것은?

① 15℃   ② 25℃
③ 35℃   ④ 45℃

041
제빵에서 설탕의 기능으로 틀린 것은?

① 이스트의 영양분이 됨
② 껍질색을 나게 함
③ 향을 향상시킴
④ 노화를 촉진시킴

> 설탕은 보습효과가 있어 수분을 잡아두어 노화를 방지하는 역할을 한다.

042
물의 기능이 아닌 것은?

① 유화 작용을 한다.
② 반죽 농도를 조절한다.
③ 소금 등의 재료를 분산 시킨다.
④ 효소의 활성을 제공한다.

043
반죽개량제에 대한 설명 중 틀린 것은?

① 반죽개량제는 빵의 품질과 기계성을 증가시킬 목적으로 첨가한다.
② 반죽개량제에는 산화제, 환원제, 반죽강화제, 노화지연제, 효소 등이 있다.
③ 산화제는 반죽의 구조를 강화시켜 제품의 부피를 증가시킨다.
④ 환원제는 반죽의 구조를 강화시켜 반죽시간을 증가시킨다.

> 환원제는 S-S 결합을 절단시켜 글루텐을 약하게 하며, 믹싱시간을 25% 단축시킨다.

044
발연점을 고려했을 때 튀김기름으로 가장 좋은 것은?

① 낙화생유   ② 올리브유
③ 라아드   ④ 면실유

> 발연점이 높은 기름이 튀김기름으로 적당하다.

045
다음 중 이당류(Disaccharides)에 속하는 것은?

① 포도당(glucose)   ② 과당(fructose)
③ 갈락토오스(galactose) ④ 설탕(sucrose)

> 설탕은 포도당과 과당이 결합한 이당류이다.

046
소화기관에 대한 설명 중 틀린 것은?

① 위는 강알칼리의 위액을 분비한다.
② 이자(췌장)는 당 대사 호르몬의 내분비선이다.
③ 소장은 영양분을 소화, 흡수한다.
④ 대장은 수분을 흡수하는 역할을 한다.

> 위는 강산의 위액을 분비한다.

047
아미노산과 아미노산과의 결합은?

① 글리코사이드 결합   ② 펩타이드 결합
③ α-1, 4결합   ④ 에스테르 결합

048
칼슘 흡수를 방해하는 인자는?

① 위액   ② 유당
③ 비타민 C   ④ 옥살산

> 옥살산은 칼슘의 흡수를 방해한다.

049
다음 중 필수지방산이 아닌 것은?

① 리놀렌산(linolenic acid)
② 리놀레산(linoleic acid)
③ 아라키돈산(arachidonic acid)
④ 스테아르산(stearic acid)

> 필수지방산은 체내에서 합성이 되지 않아 식품으로부터 흡수해야 한다. 리놀레산, 리놀렌산, 아라키돈산 등이 있다.

050
열량 영양소의 단위 g당 칼로리의 설명으로 옳은 것은?

① 단백질은 지방보다 칼로리가 많다.
② 탄수화물은 지방보다 칼로리가 적다.
③ 탄수화물은 단백질보다 칼로리가 적다.
④ 탄수화물은 단백질보다 칼로리가 많다.

단백질과 탄수화물은 1g 당 4kcal의 열량을 발생하고 지방은 1g 당 9kcal의 열량을 발생한다.

051
부패의 진행에 수반하여 생기는 부패산물이 아닌 것은?

① 암모니아   ② 황화수소
③ 메르캅탄   ④ 일산화탄소

단백질이 부패되며 암모니아, 황화수소, 메르캅탄 등이 수반된다.

052
법정감염병 중 그 발생을 계속 감시할 필요가 있어 발생 또는 유행 시 24시간 이내에 신고하여야 하는 감염병은?

① 제1급 감염병   ② 제2급 감염병
③ 제3급 감염병   ④ 제4급 감염병

- 제2급감염병 : 전파가능성을 고려하여 발생 또는 유행 시 24시간 이내에 신고하여야 하고, 격리가 필요한 감염병
- 제3급감염병 : 그 발생을 계속 감시할 필요가 있어 발생 또는 유행 시 24시간 이내에 신고하여야 하는 감염병

053
손에 화농성 염증이 있는 조리사가 만든 김밥을 먹고 감염될 수 있는 식중독은?

① 비브리오 패혈증
② 살모넬라 식중독
③ 보툴리누스 식중독
④ 황색 포도상구균 식중독

황색포도상구균은 사람이나 동물의 화농성 질환의 대표적인 균이다.

054
다음 중 독버섯 독성분은?

① 솔라닌(solanine)
② 에르고톡신(ergotoxin)
③ 무스카린(muscarine)
④ 베네루핀(venerupin)

솔라닌은 감자 발아 부위에 존재하며 베네루핀은 모시조개, 굴, 바지락 등에 있는 동물성 식중독 균이다.

055
다음 중 밀가루 개량제가 아닌 것은?

① 과산화벤조일   ② 과황산암모늄
③ 염화칼슘   ④ 이산화염소

밀가루 개량제는 제분된 밀가루의 표백과 숙성기간을 단축하기 위한 목적으로 사용된다. 종류는 브롬산칼륨, 아조디카본아마이드, 과산화벤조일, 이산화염소, 염소, 과황산암모늄 등이 있다.

056
식품보존료로서 갖추어야 할 요건으로 적합한 것은?

① 공기, 광선에 안정할 것
② 사용방법이 까다로울 것
③ 일시적으로 효력이 나타날 것
④ 열에 의해 쉽게 파괴될 것

보존료는 식품의 변질 및 부패를 방지하고 신선도를 유지하기 위해 사용된다. 프로피온산 칼슘(빵류), 프로피온산 나트륨(빵류, 과자류), 안식향산(간장, 청량음료), 소르브산(어육 연제품, 식육제품, 된장, 고추장) 등이 사용된다.

057
다음 중 곰팡이가 생존하기에 가장 어려운 서식처는?

① 물   ② 곡류식품
③ 두류식품   ④ 토양

058
장티푸스에 대한 일반적인 설명으로 잘못된 것은?

① 잠복기간은 7~14일 이다.
② 사망률은 10~20% 이다.
③ 앓고 난 뒤 강한 면역이 생긴다.
④ 예방할 수 있는 백신은 개발되어 있지 않다.

장티푸스는 예방할 수 있는 백신이 개발되어 있다. 파리가 매개체이며 우리나라에서 가장 많이 발생하는 급성 감염병으로 잠복기가 비교적 길며 40℃ 이상의 고열이 2주간 계속된다

059
제2급 감염병으로 소화기계 감염병인 것은?

① 말라리아
② 화농성피부염
③ 장티푸스
④ 독감

제2급 감염병
• 정의 : 전파가능성을 고려하여 발생 또는 유행 시 24시간 이내에 신고하여야 하고, 격리가 필요한 감염병
• 종류 : 결핵, 수두, 홍역, 콜레라, 장티푸스, 파라티푸스, 세균성이질, 장출혈성대장균감염증, A형간염, 백일해, 유행성이하선염, 풍진, 폴리오, 수막구균 감염증, b형헤모필루스인플루엔자, 폐렴구균 감염증, 한센병, 성홍열, 반코마이신내성황색포도알균(VRSA) 감염증, 카바페넴내성장내세균속균종(CRE) 감염증, E형간염

060
살모넬라 식중독의 예방대책으로 틀린 것은?

① 조리된 식품을 냉장고에 장기 보관한다.
② 음식물을 철저히 가열하여 섭취한다.
③ 개인위생관리를 철저히 한다.
④ 유해동물과 해충을 방제한다.

조리된 음식은 가능한 빨리 소비하는 것이 위생상 좋다.

02회 【정답】 최근 기출문제

001	002	003	004	005
②	④	①	②	③
006	007	008	009	010
③	③	④	③	②
011	012	013	014	015
②	①	④	②	②
016	017	018	019	020
③	②	③	②	②
021	022	023	024	025
②	②	②	②	③
026	027	028	029	030
②	①	③	②	②
031	032	033	034	035
④	②	③	④	④
036	037	038	039	040
②	②	①	③	④
041	042	043	044	045
④	①	④	④	④
046	047	048	049	050
①	②	④	④	②
051	052	053	054	055
④	②	③	②	③
056	057	058	059	060
①	①	④	③	①

제 03 회 최근 기출문제

○ CHECK POINT QUESTION

001
제과 제품을 평가하는데 있어 외부 특성에 해당하지 않는 것은?

① 부피
② 껍질색
③ 기공
④ 균형

제품의 외부평가요인은 부피, 껍질색, 형태의 균형, 껍질의 특성이며 내부평가요인은 기공, 속색, 향, 맛 등이다.

002
일반적으로 옐로 레이어 케이크의 반죽온도는 어느 정도가 가장 적당한가?

① 10℃
② 16℃
③ 24℃
④ 34℃

반죽형 케이크의 반죽온도는 20~24℃ 사이가 적당하다.

003
이탈리안 머랭에 대한 설명 중 틀린 것은?

① 흰자를 거품으로 치대어 30% 정도의 거품을 만들고 설탕을 넣으면서 50% 정도의 머랭을 만든다.
② 흰자가 신선해야 거품이 튼튼하게 나온다.
③ 뜨거운 시럽에 머랭을 한꺼번에 넣고 거품을 올린다.
④ 강한 불에 구워 착색하는 제품을 만드는데 알맞다.

이탈리안 머랭은 흰자를 거품내면서 뜨거운 시럽을 조금씩 부어 만든다.

004
다음 중 파운드 케이크의 윗면이 자연적으로 터지는 원인이 아닌 것은?

① 반죽 내에 수분이 불충분한 경우
② 설탕입자가 용해되지 않고 남아있는 경우
③ 팬닝 후 장시간 방치하여 표피가 말랐을 경우
④ 오븐 온도가 낮아 껍질 형성이 늦은 경우

오븐 온도가 높아 껍질 형성이 빠를 때 윗면이 자연적으로 터지게 된다.

005
에클레어는 어떤 종류의 반죽으로 만드는가?

① 스펀지 반죽
② 슈 반죽
③ 비스킷 반죽
④ 파이 반죽

에클레어는 번개란 뜻의 프랑스어로 슈의 표면에 바른 퐁당 쇼콜라가 빛을 반사해서 번개처럼 빛난다고 하여 붙여진 명칭이다.

006
다음 중 파이 껍질의 결점이 원인이 아닌 것은?

① 강한 밀가루를 사용하거나 과도한 밀어펴기를 하는 경우
② 많은 파지를 사용하거나 불충분한 휴지를 하는 경우
③ 적절한 밀가루와 유지를 혼합하여 파지를 사용하지 않은 경우
④ 껍질에 구멍을 뚫지 않거나 달걀 물칠을 너무 많이 한 경우

파이 껍질은 반죽시간과 휴지 시간이 부족하거나 파지를 많이 사용하게 되면 껍질이 단단하고 정형 또는 굽기 중에 수축하게 된다.

007

어떤 한 종류의 케이크를 만들기 위하여 믹싱을 끝내고 비중을 측정한 결과가 다음과 같을 때, 구운 후 기공이 조밀하고 부피가 가장 작아지는 비중의 수치는?

0.45, 0.55, 0.66, 0.75

① 0.45
② 0.55
③ 0.66
④ 0.75

반죽의 비중은 부피가 같은 물의 무게에 대해 반죽의 무게를 숫자로 나타낸 값으로 비중이 높은 경우는 공기의 포함이 작아 기공이 조밀하여 무겁고 부피가 작다.

008

다음 중 우유에 관한 설명이 아닌 것은?

① 우유에 함유된 주 단백질은 카제인이다.
② 연유나 생크림은 농축우유의 일종이다.
③ 전지분유는 우유 중의 수분을 증발시키고 고형질 함량을 높인 것이다.
④ 우유 교반시 비중의 차이로 지방입자가 뭉쳐 크림이 된다.

전지분유는 우유를 농축, 건조시킨 것으로 분무식 건조법을 이용하여 만든 분말상의 제품이다. 참고로 생크림은 우유의 지방분을 농축한 것이다.

009

도넛의 튀김 기름이 갖추어야 할 조건은?

① 산패취가 없다.
② 저장 중 안정성이 낮다.
③ 발연점이 낮다.
④ 산화와 가수분해가 쉽게 일어난다.

튀김용 기름으로는 발연점이 높고 유화제가 들어 있지 않은 식물성 기름이 알맞다.

010

유화제를 사용하는 목적이 아닌 것은?

① 물과 기름이 잘 혼합되게 한다.
② 빵이나 케이크를 부드럽게 한다.
③ 빵이나 케이크가 노화되는 것을 지연시킬 수 있다.
④ 달콤한 맛이 나게 하는데 사용한다.

유화제는 유화 상태를 오래 지속시킬 수 있는 기능을 갖는 물질로 빵과 케이크에 사용하면 제품의 노화를 지연시킬 수 있다.

011

핑거 쿠키 성형방법으로 옳지 않은 것은?

① 원형 깍지를 이용하여 일정한 간격으로 짠다.
② 철판에 기름을 바르고 짠다.
③ 5~6cm 정도의 길이로 짠다.
④ 짠 뒤에 윗면에 고르게 설탕을 뿌려준다.

핑거 쿠키는 손가락 모양의 쿠키로 철판에 종이를 깔고 짠다.

012

파운드 케이크의 팬닝은 틀 높이의 몇 % 정도까지 반죽을 채우는 것이 가장 적당한가?

① 50%
② 70%
③ 90%
④ 100%

파운드 케이크의 반죽은 팬 높이의 70% 까지 채운다.

013

아이싱에 사용되는 재료 중 다른 세 가지와 조성이 다른 것은?

① 이탈리안 머랭
② 퐁당
③ 버터크림
④ 스위스 머랭

머랭과 퐁당은 주재료가 설탕이다.

014
생산 부서의 지난달 원가관련 자료가 아래와 같을 때 생산가치율은 얼마인가?

- 근로자 : 100명
- 인건비 : 170000000원
- 생산액 : 1000000000원
- 외부가치 : 700000000원
- 생산가치 : 300000000원
- 감가상각비 : 20000000원

① 25% ② 30%
③ 35% ④ 40%

> 생산시스템은 투입에서 생산활동과 산출까지의 전 과정을 관리하는 것으로 "생산가치율(%) = (생산가치 / 생산금액) × 100"으로 생산가치율(%) = (300000000 / 1000000000) × 100 = 30(%) 이다.

015
케이크에서 설탕의 역할과 거리가 먼 것은?

① 감미를 준다.
② 껍질색을 진하게 한다.
③ 수분 보유력이 있어 노화가 지연된다.
④ 제품의 형태를 유지시킨다.

> 설탕은 밀가루의 단백질을 부드럽게 하는 연화작용을 한다

016
어린 생지로 만든 제품의 특성이 아닌 것은?

① 부피가 작다.
② 속결이 거칠다.
③ 빵 속 색깔이 희다.
④ 모서리가 예리하다.

> 어린 생지는 반죽이나 발효가 덜 된 것으로 빵 속의 색이 무겁고 어둡다.

017
원가에 대한 설명 중 틀린 것은?

① 기초원가는 직접 노무비, 직접 재료비를 말한다.
② 직접원가는 기초원가에 직접 경비를 더한 것이다.
③ 제조원가는 간접비를 포함한 것으로 보통 제품의 원가라고 한다.
④ 총원가는 제조원가에서 판매비용을 뺀 것이다.

> 총원가는 제조원가와 판매비, 일반관리비 등을 더 한 것이다.

018
빵의 팬닝(팬 넣기)에 있어 팬의 온도로 가장 적합한 것은?

① 0~5℃
② 20~24℃
③ 30~35℃
④ 60℃ 이상

> 빵의 팬닝(팬 넣기)에 있어 팬의 가장 적합한 온도는 32℃ 정도이다.

019
유지가 층상구조를 이루는 파이, 크루아상, 데니시 페이스트리 등의 제품은 유지의 어떤 성질을 이용한 것인가?

① 쇼트닝성 ② 가소성
③ 안정성   ④ 크리밍성

> 가소성은 어떤 고체에 탄성 한계 이상의 힘을 주어 변형시킬 때 그 고체가 점성이 큰 유동체와 같은 성질을 띠며 그 힘을 없애도 앞서 변형시킨 모양이 그대로 남는 성질로 파이용 유지는 가소성이 큰 것을 사용해야 한다.

020
냉동반죽법에서 반죽의 냉동온도와 저장온도의 범위로 가장 적합한 것은?

① -5℃, 0~4℃
② -20℃, -18~0℃
③ -40℃, -25~-18℃
④ -80℃, -18~0℃

> 냉동반죽법은 1차 발효 또는 성형 후 -40℃로 급속냉동시켜 -18~-25℃ 전후로 보관한 후 해동시켜 제조하는 방법이다.

021
빵의 관능적 평가법에서 내부적 특성을 평가하는 항목이 아닌 것은?

① 기공(grain)
② 조직(texture)
③ 속 색상(crumb color)
④ 입안에서의 감촉(mouth feel)

022
식빵 반죽의 제조공정에서 사용하지 않는 기계는?

① 분할기(divider)
② 라운더(rounder)
③ 성형기(moulder)
④ 데포지터(depositor)

데포지터(depositor)는 시럽, 소스, 가나슈 또는 묽은 반죽을 자동으로 일정량씩 흘러나오도록 하는 기구로 보통 제과 공정에서 많이 쓰인다.

023
믹서의 종류에 속하지 않는 것은?

① 수직 믹서
② 스파이럴 믹서
③ 수평 믹서
④ 원형 믹서

믹서는 혼합·반죽용 기구로 회전축의 위치에 따라 수평믹서, 수직믹서로 나뉘며, 스파이럴 믹서는 제빵 전용믹서이다.

024
냉동반죽법의 냉동과 해동 방법으로 옳은 것은?

① 급속냉동, 급속해동
② 급속냉동, 완만해동
③ 완만해동, 급속해동
④ 완만냉동, 완만해동

냉동반죽법은 −40℃로 급속냉동시켜 −18~−25℃ 전후로 보관한 후 완만하게 해동시켜 제조하는 방법이다.

025
스트레이트법에 의해 식빵을 만들 경우 밀가루 온도 22℃, 실내온도 26℃, 수돗물온도 17℃, 결과온도 30℃, 희망온도 27℃, 사용물량 1000g이면 얼음 사용량은 약 얼마인가?

① 98g
② 93g
③ 88g
④ 83g

스트레이트법에서의 반죽온도 계산방법
- 마찰 계수 = (결과 온도 × 3) − (밀가루 온도 + 실내온도 + 수돗물 온도)
  = (30 × 3) − (22 + 26 + 17) = 25
- 사용할 물 온도 = (희망 온도 × 3) − (밀가루 온도 + 실내온도 + 마찰계수)
  = (27 × 3) − (22 + 26 + 25) = 8
- 얼음 사용량 = [사용할 물량 × (수돗물 온도 − 사용할 물 온도)] / (80 + 수돗물 온도)
  = [1000 × (17 − 8)] / (80 + 17) = 92.78

026
튀김기름의 질을 저하시키는 요인이 아닌 것은?

① 가열
② 공기
③ 물
④ 토코페롤

토코페롤은 산패를 지연시키는 천연항산화제이다.

027
빵 제조시 발효공정의 직접적인 목적이 아닌 것은?

① 탄산가스의 발생으로 팽창작용을 한다.
② 유기산, 알코올 등을 생성시켜 빵 고유의 향을 발달시킨다.
③ 글루텐을 발전, 숙성시켜 가스의 포집과 보유능력을 증대시킨다.
④ 발효성 탄수화물의 공급으로 이스트 세포수를 증가시킨다.

발효의 목적은 반죽의 팽창작용, 반죽의 숙성작용, 빵의 풍미 생성 등이다.

028
정통 불란서빵을 제조할 때 2차 발효실의 상대습도로 가장 적합한 것은?

① 75~80% ② 85~88%
③ 90~94% ④ 95~99%

> 바게트의 2차 발효실 온도는 32℃, 습도는 75~80% 정도가 적당하다.

029
빵의 포장온도로 가장 적합한 것은?

① 15~20℃ ② 25~30℃
③ 35~40℃ ④ 45~50℃

> 빵의 포장온도는 35~40℃가 가정 적합하다.

030
식빵의 밑이 움푹 패이는 원인이 아닌 것은?

① 2차 발효실의 습도가 높을 때
② 팬의 바닥에 수분이 있을 때
③ 오븐 바닥열이 약할 때
④ 팬에 기름칠을 하지 않을 때

031
잎을 건조시켜 만든 향신료는?

① 계피   ② 넛메그
③ 메이스 ④ 오레가노

> 오레가노는 잎을 건조시켜 만든 것으로 토마토를 이용한 스파게티, 피자 등의 이탈리아 요리에는 빼놓을 수 없는 향신료이다.

032
제분 직후의 숙성하지 않은 밀가루에 대한 설명으로 틀린 것은?

① 밀가루의 pH는 6.1~6.2 정도이다.
② 효소 작용이 활발하다.
③ 밀가루 내의 지용성 색소인 크산토필 때문에 노란색을 띤다.
④ 효소류의 작용으로 환원성 물질이 산화되어 반죽 글루텐의 파괴를 막아준다.

> 제분 직후의 밀가루 보다 제분 후 1~2개월 정도 숙성시킨 것이 색깔도 희고 제빵적성도 좋아진다.

033
제빵에 사용하는 물로 가장 적합한 형태는?

① 아경수   ② 알칼리수
③ 증류수   ④ 염수

> 아경수(경도 120ppm 이상 180ppm 미만)는 제빵용 물로 가장 적합하며 이스트의 영양물질 공급과 글루텐을 경화시키는 기능을 한다.

034
유지의 분해산물인 글리세린에 대한 설명으로 틀린 것은?

① 자당보다 감미가 크다.
② 향미제의 용매로 식품의 색택을 좋게 하는 독성이 없는 극소수 용매 중의 하나이다.
③ 보습성이 뛰어나 빵류, 케이크류, 소프트 쿠키류의 저장성을 연장시킨다.
④ 물-기름의 유탁액에 대한 안정 기능이 있다.

> 글리세린은 무색·투명하고 단맛이 나는 액체이다. 흡습성이 강해서 물에 잘 녹는다. 글리세린은 구워낸 과자, 케이크 등의 건조방지제, 광택제로 사용된다.

035
초콜릿의 팻 블룸(fat bloom) 현상에 대한 설명으로 틀린 것은?

① 초콜릿 제조 시 온도 조절이 부적합 할 때 생기는 현상이다.
② 초콜릿 표면에 수분이 응축하며 나타나는 현상이다.
③ 보관중 온도관리가 나쁜 경우 발생되는 현상이다.
④ 초콜릿의 균열을 통해서 표면에 침출하는 현상이다.

초콜릿의 지방 블룸(fat bloom)은 초콜릿을 온도가 높은 곳에 보관하거나 직사광선에 노출시켰을 때 지방이 분리되었다가 다시 굳어지면서 얼룩이 만들어지는 현상이다.

036
밀가루 반죽이 일정한 점도에 도달하는데 요하는 흡수율과 반죽특성을 측정하는 기계는?

① 패리노그래프(Farinograph)
② 아밀로그래프(Amylograph)
③ 믹소그래프(Mixograph)
④ 익스텐소그래프(Extensograph)

패리노그래프(Farinograph)는 밀가루의 흡수율(단백질 흡수율, 글루텐의 질), 반죽 내구성, 시간 등을 측정한다.

037
호밀빵 제조시 호밀을 사용하는 이유 및 기능과 거리가 먼 것은?

① 독특한 맛 부여   ② 조직의 특성 부여
③ 색상 향상   ④ 구조력 향상

호밀가루는 글루텐 형성 단백질이 밀가루보다 적고 펜토산 함량이 높아 반죽을 끈적이게 하고 글루텐의 탄력성을 약화시켜 구조력을 약하게 한다.

038
이스트의 3대 기능과 가장 거리가 먼 것은?

① 팽창 작용   ② 향 개발
③ 반죽 발전   ④ 저장성 증가

이스트는 반죽의 발효과정에서 반죽의 팽창, 반죽의 숙성, 향의 생성에 영향을 끼친다.

039
흰자를 사용하는 제품에 주석산 크림이나 식초를 첨가하는 이유로 적합하지 않은 것은?

① 알칼리성의 흰자를 중화함
② pH를 낮춤으로 흰자를 강력하게 함
③ 풍미를 좋게 함
④ 색깔을 희게 함

주석산 크림과 식초는 흰자의 알칼리성에 대한 중화역할로 튼튼한 거품을 만들며, 내상을 희게 만드는 역할을 한다.

040
다음 중 향신료가 아닌 것은?

① 카다몬   ② 올스파이스
③ 카라야검   ④ 시너몬

카라야검(karaya gum)은 식품의 점착성 및 점도를 증가시키고 유화안정성을 증진하며 식품의 물성 및 촉감을 향상시키기 위해 사용되는 식품첨가물이다.

041
아밀로오스(amylose)의 특징이 아닌 것은?

① 일반 곡물 전분 속에 약 17~28% 존재한다.
② 비교적 적은 분자량을 가졌다.
③ 퇴화의 경향이 적다.
④ 요오드 용액에 청색 반응을 일으킨다.

아밀로오스는 아밀로펙틴에 비하여 퇴화의 경향이 크다.

042
제과·제빵에서 유지의 기능이 아닌 것은?

① 흡수율 증가
② 연화 작용
③ 공기 포집
④ 보존성 향상

043
글루텐 형성의 주요 성분으로 탄력성을 갖는 단백질은 다음 중 어느 것인가?

① 알부민   ② 글로불린
③ 글루테닌   ④ 글리아딘

글루텐을 형성하는 단백질을 글리아딘과 글루테닌으로 글리아딘은 반죽의 신장성에, 글루테닌은 탄력성에 영향을 준다.

044
다음 중 연질 치즈로 곰팡이와 세균으로 숙성시킨 치즈는?

① 크림(cream) 치즈
② 로마노(romano) 치즈
③ 파머산(parmesan) 치즈
④ 카망베르(camembert) 치즈

> 카망베르 치즈는 전유 또는 탈지유를 곰팡이로 숙성시킨 연질의 냄새가 강한 프랑스 치즈이다.

045
다음 중 전화당에 대한 설명으로 틀린 것은?

① 전화당의 상대적 감미도는 80 정도이다.
② 수분 보유력이 높아 신선도를 유지한다.
③ 포도당과 과당이 동량으로 혼합되어 있는 혼합물이다.
④ 케이크와 쿠키의 저장성을 연장시킨다.

> 상대적 감미도는 과당(175) 〉 전화당(130) 〉 자당(100) 〉 포도당(75) 〉 맥아당(32) 〉 갈락토오스(32) 〉 유당(16)의 순이다.

046
효소를 구성하는 주요 구성 물질은?

① 탄수화물　　② 지질
③ 단백질　　　④ 비타민

> 효소는 각종 화학반응에서 자신은 변화하지 않으나 반응속도를 빠르게 하는 단백질을 말한다. 즉, 단백질로 만들어진 생체내 촉매라고 할 수 있다.

047
무기질에 대한 설명으로 틀린 것은?

① 황(S)은 당질 대사에 중요하며 혈액을 알칼리성으로 유지시킨다.
② 칼슘(Ca)은 주로 골격과 치아를 구성하고 혈액응고 작용을 돕는다.
③ 나트륨(Na)은 주로 세포 외액에 들어있고 삼투압 유지에 관여한다.
④ 요오드(I)는 갑상선 호르몬의 주성분으로 결핍되면 갑상선종을 일으킨다.

> 황(S)은 함황아미노산, 비타민 B, 담즙산의 구성 성분이며 혈액응고, 해독작용 및 효소의 활성화 작용을 한다.

048
다음 중 단당류가 아닌 것은?

① 포도당
② 올리고당
③ 과당
④ 갈락토오스

> 올리고당은 포도당, 과당, 갈락토오스와 같은 단당류가 2~10개 정도 결합한 탄수화물이다. 순수한 올리고당의 감미도는 설탕의 20~40% 정도이며 칼로리가 적다.

049
동물성 지방을 과다 섭취하였을 때 발생할 가능성이 높아지는 질병은?

① 신장병
② 골다공증
③ 부종
④ 동맥경화증

> 동맥경화증은 혈관에 지방이 가라앉아 들어붙어 동맥이 좁아지고 탄력성을 잃게 되는 증상이다. 주로 콜레스테롤이나 중성지방이 침착(沈着)하여 혈관의 탄력이 떨어지고, 혈전이 생기는 등 동맥이 좁아진다.

050
다음 중 필수 아미노산이 아닌 것은?

① 트레오닌　　② 메티오닌
③ 글루타민　　④ 트립토판

> 필수아미노산은 체내 합성이 불가능하여 반드시 음식물에서 섭취해야 한다. 성인에게는 이소류신, 루신, 리신, 메티오닌, 페닐알라닌, 트레오닌, 트립토판, 발린 등 8종류가 필요하다.

051
호염성 세균으로서 어패류를 통하여 가장 많이 발생하는 식중독은?

① 살모넬라 식중독
② 장염 비브리오 식중독
③ 병원성 대장균 식중독
④ 포도상구균 식중독

> 장염 비브리오(Vibrio)균은 호염성 비브리오균으로 3~4% 염분농도에서 증식한다. 원인식품은 생선회, 어패류의 생식 등이다.

052
발효가 부패와 다른 점은?

① 미생물이 작용한다.
② 생산물을 식용으로 한다.
③ 단백질의 변화반응이다.
④ 성분의 변화가 일어난다.

> 발효(fermentation)는 식품에 미생물이 번식하여 식품의 성질이 변화를 일으키는 현상으로 그 변화가 인체에 유익한 경우를 말하며 빵, 술, 간장, 된장 등은 모두 발효를 이용한 식품들이다.

053
다음 중 감염형 식중독 세균이 아닌 것은?

① 살모넬라균
② 장염 비브리오균
③ 황색포도상구균
④ 캠필로박터균

> 세균성 식중독
> - 감염형 : 살모넬라 식중독, 장염비브리오 식중독, 웰치균 식중독, 병원성대장균 식중독, 캠필로박터균 식중독
> - 독소형 : 포도상구균 식중독, 보툴리누스 식중독, 클로스트리디움 퍼프린젠스 식중독

054
다음 중 동종간의 접촉에 의한 감염성이 없는 것은?

① 세균성이질
② 조류독감
③ 광우병
④ 구제역

055
다음 중 식품위생법에서 정하는 식품접객업에 속하지 않는 것은?

① 식품소분업
② 유흥주점
③ 제과점
④ 휴게음식점

> 식품위생법에 따른 식품접객업은 휴게음식점영업, 일반음식점영업, 단란주점영업, 유흥주점영업, 위탁급식영업, 제과점영업의 6가지이다.

056
감염병 발생의 3대 요인이 아닌 것은?

① 감염원(전염원)
② 감염(전염)경로
③ 성별
④ 숙주 감수성

> 감염병 발생의 3대 요인은 감염원(병원체를 내포하는 모든 것), 감염경로(병원체 전파 수단이 되는 모든 것), 숙주의 감수성이다.

057
다음 중 이형제의 용도는?

① 가수분해에 사용된 산제의 중화제로 사용된다.
② 제과·제빵을 구울 때 형틀에서 제품의 분리를 용이하게 한다.
③ 거품을 소멸·억제하기 위해 사용하는 첨가물이다.
④ 원료가 덩어리지는 것을 방지하기 위해 사용한다.

> 제과 및 제빵에서 제품을 틀에서 쉽게 분리하기 위하여 틀에 이형제를 바른다. 대표적인 이형제로는 유동 파라핀이 있다.

058
유지가 산패되는 경우가 아닌 것은?

① 실온에 가까운 온도 범위에서 온도를 상승시킬 때
② 햇빛이 잘 드는 곳에 보관할 때
③ 토코페롤을 첨가할 때
④ 수분이 많은 식품을 넣고 튀길 때

> 토코페롤은 천연 항산화제로 유지의 산패를 억제하는 작용을 한다.

059

식품 등을 통해 전염되는 경구 감염병의 특징이 아닌 것은?

① 원인 미생물은 세균, 바이러스 등이다.
② 미량의 균량에서도 감염을 일으킨다.
③ 2차 감염이 빈번하게 일어난다.
④ 화학물질이 주요 원인이 된다.

경구(소화기계) 감염병은 오염된 음식물 및 음용수에 의해 경구 감염되는 것으로 잠복기가 비교적 길고, 2차 감염이 있으며, 적은 양의 균으로도 발생 가능하다.

060

다음 세균성 식중독 중 일반적으로 치사율이 가장 높은 것은?

① 살모넬라균에 의한 식중독
② 보툴리누스균에 의한 식중독
③ 장염 비브리오균에 의한 식중독
④ 포도상구균에 의한 식중독

보툴리누스 식중독균의 아포는 열에 강하고 독소인 뉴로톡신(neurotoxin)은 열에 약해 80℃에서 30분이면 파괴된다. 식중독 중 치사율이 가장 높으며 원인식품은 완전 가열·살균 되지 않은 병조림, 통조림, 소시지, 훈제품 등이다.

03회 【정답】 최근 기출문제

001	002	003	004	005
③	③	③	④	②
006	007	008	009	010
③	④	③	①	④
011	012	013	014	015
②	②	③	②	④
016	017	018	019	020
③	④	③	②	③
021	022	023	024	025
④	④	④	②	②
026	027	028	029	030
④	④	①	③	③
031	032	033	034	035
④	④	①	①	②
036	037	038	039	040
①	④	④	③	③
041	042	043	044	045
③	①	③	④	①
046	047	048	049	050
③	①	②	④	③
051	052	053	054	055
②	②	③	③	①
056	057	058	059	060
③	②	③	④	②

제 04 회 최근 기출문제

○ CHECK POINT QUESTION

001
파운드 케이크를 구운 직후 달걀 노른자에 설탕을 넣어 칠할 때 설탕의 역할이 아닌 것은?

① 광택제 효과
② 보존기간 개선
③ 탈색 효과
④ 맛의 개선

> 파운드 케이크를 구운 후 노른자 100%에 30~50%의 설탕을 넣어 칠하면 광택제 효과, 보존기간 개선, 맛의 개선 등의 효과가 있다.

002
기포를 안정되게 하기 위해 오븐에 들어가기 직전 충격을 가하는 제품은?

① 카스테라
② 슈
③ 마카롱
④ 쇼트 브레드

> 카스테라는 스펀지 케이크 중의 하나로 결이 곱고 먹었을 때의 느낌이 부드러우며 촉촉하다는 특징이 있다. 오븐에 들어가기 전에 충격을 주어 기포를 안정되게 한다.

003
제품제조 공장에서의 선별 및 포장 공정의 조도로 알맞은 것은?

① 75 룩스
② 100 룩스
③ 200 룩스
④ 500 룩스

> 조도는 어떤 면이 받는 빛의 세기를 나타내는 양으로 단위는 룩스(Lux)이다. 일반적인 제품제조 공장에서 검사, 선별, 포장 공정을 위한 조도로는 500 룩스가 적당하다.

004
모카 아이싱(Mocha icing)의 특징을 결정하는 재료는?

① 커피
② 코코아
③ 초콜릿
④ 분당

> 예멘 해안의 항구도시 모카에서 출하되는 커피를 모카커피라고 한다. 모카는 커피를 사용한 제품의 특징을 나타낸다.

005
데블스 푸드 케이크(devil's food cake)에서 설탕 120%, 유화 쇼트닝 54%, 천연 코코아 20%를 사용하였다면 물과 분유 사용량은?

① 분유 12.6%, 물 113.4%
② 분유 113.4%, 물 12.6%
③ 분유 108.54%, 물 12.06%
④ 분유 12.06%, 물 108.54%

> 데블스 푸드 케이크의 재료 사용 범위는 쇼트닝 30~70%, 설탕 110~180%, '전란 = 쇼트닝 × 1.1', '우유 = 설탕 + 30 + (코코아 × 1.5) − 전란' 이며, 우유는 분유 10%와 물 90%로 대체 가능하다. '전란 = 54 × 1.1 = 59.4, 우유 = 120 + 30 + (20 × 1.5) − 59.4 = 120.6' 이므로 분유 12.06%, 물 108.54%로 대체 가능하다.

006
퐁당(fondant)을 만들기 위하여 시럽을 끓일 때 시럽의 온도로 가장 적당한 범위는?

① 72 ~ 78℃
② 82 ~ 85℃
③ 114 ~ 118℃
④ 131 ~ 136℃

> 퐁당(fondant)은 설탕 100에 대하여 물 30을 넣고 114~118℃로 끓인 뒤 냉각하여 희뿌연 상태로 재결정화 시킨 것으로 38~44℃에서 사용한다.

007
푸딩 표면에 기포 자국이 많이 생기는 경우는?

① 가열이 지나친 경우
② 달걀의 양이 많은 경우
③ 달걀이 오래된 경우
④ 오븐 온도가 낮은 경우

> 푸딩은 달걀의 열변성에 의한 농후화 작용을 이용한 제품으로 가열이 지나친 경우 기포 자국이 많이 생기게 된다.

008
퍼프 페이스트리에서 불규칙한 팽창이 발생하는 원인이 아닌 것은?

① 덧가루를 과량으로 사용하였다.
② 밀어펴기 사이에 휴지시간이 불충분하였다.
③ 예리하지 못한 칼을 사용하였다.
④ 쇼트닝이 너무 부드러웠다.

> **퍼프 페이스트리의 정형**
> • 접은 모서리는 직각이 되도록 하고 균일한 두께로 밀어 편다.
> • 밀어 편 반죽은 예리한 기구로 자른다.
> • 정형 후 30분~1시간 정도 휴지를 준다.

009
파운드 케이크 제조에 대한 설명으로 맞는 것은?

① 오븐온도가 너무 높으면 케이크의 표피가 갈라진다.
② 너무 뜨거운 오븐에서는 표피에 비늘 모양이나 점이 형성된다.
③ 여름철에는 유지온도가 30℃ 이상이 되어야 크리밍성이 좋다.
④ 윗면이 터지게 하려면 굽기 전후에 스팀을 분무한다.

> 너무 낮은 오븐에서 굽게 되면 표피에 비늘 모양이나 점이 형성되며, 여름철 유지의 온도는 24℃가 적당하다. 윗면을 안 터지게 하려면 처음부터 뚜껑을 덮고 굽거나 굽기 전에 윗면에 스팀을 분무한다.

010
흰자를 사용하는 제품에 주석산크림과 같은 산을 넣는 이유가 아닌 것은?

① 흰자의 알칼리성을 중화한다.
② 흰자의 거품을 강하게 만든다.
③ 머랭의 색상을 희게 한다.
④ 전체 흡수율을 높여 노화를 지연시킨다.

> 주석산 크림은 흰자의 알칼리성에 대한 중화역할로 튼튼한 거품을 만든다.

011
다음 제품 중 패닝할 때 제품의 간격을 가장 충분히 유지하여야 하는 제품은?

① 슈 ② 오믈렛
③ 애플파이 ④ 쇼트브레드쿠키

> 슈는 프랑스어로 양배추란 의미로 구웠냈을 때 표면에 생긴 균열과 부푼 형태가 양배추 모양과 비슷하다 하여 붙여진 명칭이다. 슈는 패닝할 때 제품의 간격을 가장 충분히 유지하여야 한다.

012
도넛의 가장 적합한 튀김 온도는?

① 130℃ 정도 ② 150℃ 정도
③ 180℃ 정도 ④ 220℃ 정도

> 도넛의 가장 적합한 튀김온도는 180~195℃이며 제품의 크기에 따라 조정한다.

013
데블스 푸드 케이크 제조 시 반죽의 비중을 측정하기 위해 필요한 무게가 아닌 것은?

① 비중컵의 무게
② 코코아를 담은 비중컵의 무게
③ 물을 담은 비중컵의 무게
④ 반죽을 담은 비중컵의 무게

> 비중은 부피가 같은 물의 무게에 대해 반죽의 무게를 숫자로 나타낸 값이다.

014
가나슈 크림에 대한 설명으로 옳은 것은?

① 생크림은 절대 끓여서 사용하지 않는다.
② 초콜릿과 생크림의 배합비율은 10 : 1이 원칙이다.
③ 초콜릿 종류는 달라도 카카오 성분은 같다.
④ 끓인 생크림에 초콜릿을 더한 크림이다.

가나슈는 초콜릿 크림의 한 종류로 끓인 생크림에 초콜릿을 섞어 만든다. 기본 배합은 1:1이다.

015
다음 제품 중 건조 방지를 목적으로 나무들을 사용하여 굽기를 하는 제품은?

① 슈　　　　　② 밀푀유
③ 카스테라　　④ 퍼프 페이스트리

카스테라는 달걀을 거품 내어 만드는 스펀지 케이크 중의 하나로 종이를 간 나무들에 반죽을 부어 구워낸다.

016
노화에 대한 설명으로 틀린 것은?

① α화 전분이 β화 전분으로 변하는 것
② 빵의 속이 딱딱해지는 것
③ 수분이 감소하는 것
④ 빵의 내부에 곰팡이가 피는 것

노화는 빵 속 수분이 껍질로 이동하며 발생된다. 호화전분의 퇴화(β화)가 주원인이며 조직이 거칠고 건조해 진다. 부패는 제품에 곰팡이가 발생하는 현상으로 맛이나 향이 변질되는 현상을 말하는 것이다.

017
빵의 부피와 가장 관련이 깊은 것은?

① 소맥분의 단백질 함량
② 소맥분의 전분 함량
③ 소맥분의 수분 함량
④ 소맥분의 회분 함량

소맥분의 단백질 함량은 반죽에서 글루텐 형성과 관련되며 형성된 글루텐은 발효에서 가스의 포집과 굽기에서 가스 팽창을 유지할 수 있는 원인이 된다.

018
냉동반죽 제품의 장점이 아닌 것은?

① 계획생산이 가능하다.
② 인당 생산량이 증가한다.
③ 이스트의 사용량이 감소된다.
④ 반죽의 저장성이 향상된다.

냉동반죽 제품은 이스트가 죽어 가스 발생력이 떨어지므로 이스트를 3.5~5%(2배) 정도 사용한다.

019
제빵 시 가수량, 믹싱 내구성, 믹싱 시간, 믹싱의 최적시기를 판단하는데 유용한 기계는?

① 레오미터(Rheometer)
② 익스텐소그래프(Extensograph)
③ 패리노그래프(Farinograph)
④ 아밀로그래프(Amylograph)

패리노그래프는 믹싱을 하며 반죽의 특성을 측정하는 기계로 밀가루의 흡수율(단백질 흡수율, 글루텐의 질), 반죽 내구성, 시간 등을 측정할 수 있다.

020
2차 발효에 관련된 설명으로 틀린 것은?

① 원하는 크기와 글루텐의 숙성을 위한 과정이다.
② 2차 발효는 온도, 습도, 시간의 세 가지 요소에 의하여 조절된다.
③ 2차 발효실의 상대습도는 75~92%가 적당하다.
④ 2차 발효실의 습도가 지나치게 높으면 껍질이 과도하게 터진다.

2차 발효실의 습도가 지나치게 높으면 껍질에 수포가 생기며, 습도가 낮을 때는 부피가 작고 껍질의 말라 터짐 현상이 발생된다.

021
다음 재료 중 발효에 미치는 영향이 가장 적은 것은?

① 이스트양　　② 온도
③ 소금　　　　④ 유지

> 이스트의 양과 발효 시간은 반비례하며, 소금과 설탕의 양이 많으면 효소작용을 억제하기 때문에 가스 발생을 저하시킨다. 반죽온도가 0.5℃ 상승함에 따라 15분의 발효시간 단축된다.

022
500g의 완제품 식빵 200개를 제조하려 할 때, 발효손실이 1%, 굽기 냉각손실이 12%, 총배합율이 180%라면 밀가루의 무게는 약 얼마인가?

① 47kg　　　② 55kg
③ 64kg　　　④ 71kg

> - 완제품 중량 = 500g × 200개 = 100,000g
> - 총반죽중량 = 완제품 중량 ÷ (1 − 발효손실률) ÷ (1 − 굽기 냉각손실률)
>   = 100,000 ÷ (1 − 0.12) ÷ (1 − 0.01)
>   = 114,784g
> - 총배합율 = 180%, 밀가루 비율 = 100%
> - 밀가루 중량(g) = (밀가루 비율 × 총반죽중량) / 총배합율
>   = (100% × 114,784g) / 180% = 63,768g

023
스트레이트법으로 식빵을 만들 때 밀가루 온도 22℃, 실내온도 26℃, 수돗물 온도 17℃, 결과온도 30℃, 희망온도 27℃라면 계산된 물 온도는?

① 2℃　　　　② 4℃
③ 6℃　　　　④ 8℃

> - 마찰계수 = (결과온도 × 3) − (실내온도 + 밀가루온도 + 수돗물 온도)
>   = (30 × 3) − (26 + 22 + 17) = 25
> - 사용할 물 온도 = (희망온도 × 3) − (실내온도 + 밀가루온도 + 마찰계수)
>   = (27 × 3) − (26 + 22 + 25) = 8

024
제빵 시 정형(make-up)의 범위에 들어가지 않는 것은?

① 둥글리기　　② 분할
③ 성형　　　　④ 2차 발효

> 제빵 시 정형과정은 분할 → 둥글리기 → 중간발효 → 성형 → 팬닝의 순으로 이루어져 있다.

025
굽기 중 전분의 호화 개시 온도와 이스트의 사멸 온도로 가장 적당한 것은?

① 20℃　　　　② 30℃
③ 40℃　　　　④ 60℃

> 밀가루 전분은 56~60℃에서 호화되기 시작하며 이스트의 사멸 온도 60℃(이스트는 10℃ 이하에서 활동이 정지되고 이스트 세포는 63℃ 전후에서, 포자는 69℃에서 사멸)이다.

026
다음의 재료 중 많이 사용할 때 반죽의 흡수량이 감소되는 것은?

① 활성 글루텐
② 손상전분
③ 유화제
④ 설탕

> 설탕의 양이 5% 증가되면 흡수율은 1% 감소된다.

027
발효의 설명으로 잘못된 것은?

① 발효속도는 발효의 온도가 38℃일 때 최대이다.
② 이스트의 최적 pH는 4.7이다.
③ 알코올 농도가 최고에 달했을 때 즉 발효의 마지막 단계에서 발효속도는 증가한다.
④ 소금은 약 1% 이상에서 발효를 지연시킨다.

028
제품의 판매가격은 어떻게 결정하는가?

① 총원가 + 이익
② 제조원가 + 이익
③ 직접재료비 + 직접경비
④ 직접경비 + 이익

> **판매가격 및 총원가**
> - 판매가격 = 총원가 + 이익
> - 총원가 = 제조원가(직접원가 + 제조간접비) + 판매비 + 일반관리비

029
성형하여 철판에 반죽을 놓을 때, 일반적으로 가장 적당한 철판의 온도는?

① 약 10℃
② 약 25℃
③ 약 32℃
④ 약 55℃

> 팬의 온도가 약 32℃ 일 때 팬 넣기에 가장 적당하다.

030
제빵용 포장지의 구비조건이 아닌 것은?

① 탄력성
② 작업성
③ 위생성
④ 보호성

> 포장지는 방수성이 있고 통기성이 없어야 하며 상품의 가치를 높일 수 있어야 한다. 단가가 낮고 포장에 의하여 제품이 변형되지 않아야 한다.

031
물에 대한 설명 중 옳은 것은?

① 연수 사용 시 이스트푸드로 경도를 조절한다.
② 경수 사용 시 발효시간이 감소한다.
③ 경도는 물의 염화나트륨(NaCl) 양에 따라 변한다.
④ 일시적 경수는 화학적 처리에 의해서만 연수가 된다.

> **제빵과 물의 성질**
> - 경수를 반죽에 사용하면 글루텐을 단단하게 하며, 발효속도가 느려진다.
> - 일시적 경수는 탄산칼슘의 형태로 들어있는 경수로 끓이면 불용성 탄산염으로 분해되고 가라앉아 연수가 된다.
> - 경도는 물에 녹아 있는 칼슘염과 마그네슘염을 탄산칼슘의 양으로 환산해서 ppm으로 표시한다.

032
달걀 흰자의 고형분 함량은 약 몇 % 정도인가?

① 12%
② 24%
③ 30%
④ 40%

> 달걀 흰자는 고형분 12%, 수분 88%로 구성되어 있다.

033
제빵에서 글루텐을 강하게 하는 것은?

① 전분
② 우유
③ 맥아
④ 산화제

> 산화제는 산화를 일으키는 물질로 글루텐의 탄력성을 높인다. 브롬산칼륨, 아스코르브산(비타민 C), 아조디카본아미드(ADA), 요오드칼륨 등이 있다.

034
패리노그래프와 관계가 적은 것은?

① 흡수율 측정
② 믹싱 시간 측정
③ 믹싱 내구성 측정
④ 호화 특성 측정

> 패리노그래프는 밀가루의 흡수율(단백질 흡수율, 글루텐의 질)을 측정하며 반죽 내구성, 시간 등을 측정한다. 호화 특성은 아밀로그래프를 이용한다.

035
유황을 함유한 아미노산으로 –S–S– 결합을 가진 것은?

① 리신(lysine)
② 루신(leucine)
③ 시스틴(cystine)
④ 글루타민산(glutamic acid)

> 유황을 함유한 아미노산에는 시스테인, 시스틴, 메티오닌이 있으며 이중 시스틴은 –S–S– 결합을 가지고 있다.

036
통상적인 우유(시유)의 고형질 함량은 약 얼마인가?

① 12%　　　　② 20%
③ 80%　　　　④ 88%

> 우유의 고형질 함량은 12% 정도로 단백질 3.4%, 유당 4.75%, 유지방 3.65% 등으로 구성되어져 있다.

037
밀가루와 밀의 현탁액을 일정한 온도로 균일하게 상승시킬 때 일어나는 점도의 변화를 계속적으로 자동기록하는 장치는?

① 아밀로그래프(Amylograph)
② 모세관 점도계(Capillary viscometer)
③ 피셔 점도계(Fisher viscometer)
④ 브룩필드 점도계(Brookfield visco meter)

> 아밀로그래프는 밀가루의 호화정도 등 밀가루 전분의 질을 측정하며 온도 변화에 따라 밀가루의 α–아밀라아제의 효과를 측정한다.

038
밀가루 단백질 중 알코올에 녹고 주로 점성이 높아지는 성질을 가진 것은?

① 글루테닌　　　② 글로불린
③ 알부민　　　　④ 글리아딘

> 글리아딘은 프롤라민에 속하는 단백질로 70% 알코올에 용해된다. 글루텐을 구성하는 단백질로 점성에 영향을 준다.

039
메성 옥수수(non-waxy corn) 전분의 호화 온도는?

① 45℃　　　　② 70℃
③ 80℃　　　　④ 95℃

> 55%의 아밀로오스를 함유한 옥수수 전분의 호화 시작온도는 67℃, 종결온도는 80℃이다.

040
버터크림을 만드는데 사용하는 유지의 가장 중요한 기능은?

① 완충제 기능　　② 크림화 기능
③ 호화 기능　　　④ 젤화 기능

> 크림화 기능은 유지가 믹싱 조작 중 공기를 포집하는 성질로 버터크림, 크림법으로 제조하는 케이크 등에서 중요한 기능이다.

041
기름의 산패를 촉진시키는 요인들로만 짝지은 것은?

① 산소, 고온, 자외선, 동
② 산소, 고온, 자외선, 질소
③ 산소, 고온, 동, 질소
④ 고온, 자외선, 동, 질소

> 산패는 유지를 공기 중에 오래 방치해 두었을 때 산화되어 불쾌한 냄새가 나고 맛이 나빠지거나 빛깔이 변하여 산가가 증가되는 현상으로 공기 속의 산소, 빛, 열, 세균, 효소, 습기 등에 의해 촉진된다.

042
머랭(meringue)을 만드는데 1kg의 흰자가 필요하다면 껍질을 포함한 평균무게가 60g인 달걀은 약 몇 개가 필요한가?

① 20 개　　　　② 24 개
③ 28 개　　　　④ 32 개

달걀의 구성에서 흰자의 비율은 60%로 60g의 달걀에서 흰자는 36g 정도를 구성하고 있다. 따라서, 1000 ÷ 36 = 27.7개로 28개의 달걀이 필요하다.

043
밀가루 속의 단백질 함량은 반죽(Dough)의 흡수율에 밀접한 관련이 있다고 한다. 일반적으로 단백질 1%에 대하여 반죽 흡수율은 얼마나 증가되는가?

① 약 1.5% ② 약 2.5%
③ 약 3.5% ④ 약 5%

단백질 1%가 증가되면 흡수율은 1.5~2%가 증가된다.

044
일반적으로 반죽을 강화시키는 재료는?

① 유지, 탈지분유, 달걀
② 소금, 산화제, 탈지분유
③ 유지, 환원제, 설탕
④ 소금, 산화제, 설탕

산화제는 산화를 일으키는 물질로 밀가루의 경우 환원성 물질을 산화시켜 반죽의 신장저항을 증대시키기 위해 사용한다.

045
이스트에 함유되어 있는 효소 중에서 지방을 지방산과 글리세린으로 분해하는 효소는?

① 프로테아제(protease)
② 리파아제(lipase)
③ 인버타아제(invertase)
④ 말타아제(maltase)

프로테아제는 단백질 분해효소, 인버타아제와 말타아제는 탄수화물 분해효소이다.

046
대장 내의 작용에 대한 설명으로 틀린 것은?

① 무기질의 흡수가 일어난다.
② 수분흡수가 주로 일어난다.
③ 소화되지 못한 물질의 부패가 일어난다.
④ 섬유소가 완전 소화되어 정장작용을 한다.

대장에서는 소화효소가 분비되지 않으며, 소화과정 중 수분과 무기질 흡수를 담당하고 있다. 섬유소는 사람의 소화효소로는 소화되지 않고 몸밖으로 배출되는 고분자 탄수화물이다. 무기질은 수용성 영양소로 소장의 융털에 있는 모세혈관에서 흡수된다.

047
탄수화물 식품 중 동물성 급원인 것은?

① 곡류
② 두류
③ 유즙류
④ 감자류

유즙은 포유류 암컷의 유선에서 만들어지며 이당류인 유당을 함유하고 있다.

048
필수지방산의 기능이 아닌 것은?

① 머리카락, 손톱의 구성 성분이다.
② 세포막의 구조적 성분이다.
③ 혈청 콜레스테롤을 감소시킨다.
④ 뇌와 신경조직, 시각기능을 유지시킨다.

필수지방산은 동물의 성장이나 정상적인 생리기능을 유지하는 데 필요하나, 체내에서는 합성되지 않기 때문에 음식물에서 섭취해야 하는 지방산이다. 생체막의 정상적인 기능 발휘에 도움을 주고, 대사나 기능의 조절작용을 하고 있으며 혈청콜레스테롤의 농도를 저하시키는 효과도 있다.

049
단백질 소화에 관한 설명으로 옳은 것은?

① 췌장에서 분비되는 trypsinogen은 활성형이다.
② papain은 casein을 응고시킨다.
③ 소장에서 aminopeptidase가 분비된다.
④ 위내 염산이 pepsin을 pepsinogen으로 전환시킨다.

단백질 소화
- 췌장에서 분비되는 trypsinogen은 단백질 분해효소인 trypsin의 불활성 전구체이다.
- 파파인은 단백질 가수분해효소이며, 카제인은 우유의 주요단백질이다.
- 소장에서 분비되는 aminopeptidase는 단백질 분해효소이다.
- 위장의 벽세포에서 분비된 염산(HCl)에 의해 pepsinogen이 pepsin으로 활성화시킨다.

050
제품 100g에 무기질이 2g 들어있다면 이 무기질로부터 얻을 수 있는 열량은?

① 0 kcal
② 4 kcal
③ 14 kcal
④ 18 kcal

열량을 내는 영양소는 탄수화물, 단백질, 지방으로 구성되어 있다.

051
장독소(enterotoxin)에 의해 발생하는 식중독은?

① 포도상구균 식중독
② 살모넬라 식중독
③ 웰치균 식중독
④ 장염비브리오 식중독

사람이나 동물의 화농성 질환의 대표적인 원인균인 황색포도상구균의 원인독소는 엔테로톡신(enterotoxin)으로 내열성이 있어 열에 쉽게 파괴되지 않는다.

052
일반적으로 식품의 저온 살균온도로 가장 적합한 것은?

① 20~30℃
② 60~70℃
③ 100~110℃
④ 130~140℃

저온장시간살균법(LTLT, pasteurization)은 62~65℃에서 30분간 살균하는 방법으로 우유의 살균에 주로 이용한다.

053
화학적 식중독에서 나타나는 일반적 증상과 가장 거리가 먼 것은?

① 두통
② 구토
③ 복통
④ 고열

화학적 식중독은 유독성 화학물질을 함유한 식품을 섭취함으로써 일어나는 식중독으로 구토, 두통 및 복통, 설사 등을 일으킨다.

054
제과·제빵의 부패요인과 관계가 가장 먼 것은?

① 수분함량
② 제품 색
③ 보관온도
④ pH

제품의 부패와 관련된 세균의 생육에 필요한 조건들은 식품, 산도, 시간, 온도, 산소, 수분이다.

055
폐디스토마의 제1중간 숙주는?

① 쇠고기
② 배추
③ 다슬기
④ 붕어

어패류를 통해 감염되는 기생충에서 폐디스토마(폐흡충)의 감염 경로는 유충 → 제1중간숙주(다슬기) → 제2중간숙주(가재, 민물게) → 사람의 순이다.

056
식품첨가물의 구분 및 종류에 대한 설명 중 틀린 것은?

① 식품첨가물은 그 원료물질에 따라 화학적합성품, 천연첨가물 및 혼합제제류로 나뉜다.
② 화학적합성품과 천연첨가물은 화합물 성격상 구조적인 차이가 있다.
③ 식품첨가물 중 유화제는 물에 혼합되지 않는 액체를 분산시키는데 사용된다.
④ 증점안정제는 식품의 점도 증가 또는 점착력 증가에 사용된다.

식품첨가물은 식품을 개량하여 보존성 또는 기호성을 향상시킨 뿐만 아니라, 영양가 및 식품의 실질적인 가치를 증진시킬 목적으로 식품을 제조, 가공 또는 보존함에 있어 식품에 첨가, 혼합, 침윤, 기타의 방법으로 사용하는 식품 본래의 성분 이외의 물질이다

057
다음 중 발병 시 감염성이 가장 낮은 것은?

① 콜레라　　　② 장티푸스
③ 납 중독　　　④ 폴리오

납 중독은 화학성 식중독으로 유해금속에 의한 식중독으로 도료, 안료, 농약 등에서 오염이 된다.

058
동물에게 유산을 일으키며 사람에게는 열병을 나타내는 인수공통감염병은?

① 탄저병
② 리스테리아증
③ 돈단독
④ 브루셀라증

브루셀라증은 파상열이라고도 한다. 그람음성 단간균인 브루셀라균에 의해 동물에 감염성 유산을 일으킨다.

059
우리나라 식중독 월별 발생 상황 중 환자의 수가 92% 이상을 차지하는 계절은?

① 1~2월　　　② 3~4월
③ 5~9월　　　④ 10~12월

월별 식중독 발생 상황은 난방시설 개선과 식생활양식의 변화로 계절에 관계없이 거의 모든 달에서 발생하고 있으나 특히 5~9월에 집중적으로 발생되고 있다.

060
다음 중 유해 표백제는?

① 페닐라틴　　　② 롱갈릿
③ 아우라민　　　④ 둘신

페닐라틴, 둘신은 유해 감미료, 아루라민은 유해착색료로 분류된다.

04회 【정답】 최근 기출문제

001	002	003	004	005
③	①	④	①	④
006	007	008	009	010
③	①	④	①	④
011	012	013	014	015
①	③	②	④	③
016	017	018	019	020
④	①	③	③	④
021	022	023	024	025
④	③	④	④	④
026	027	028	029	030
④	③	①	③	①
031	032	033	034	035
①	①	④	④	③
036	037	038	039	040
①	①	④	③	②
041	042	043	044	045
①	③	①	②	②
046	047	048	049	050
④	③	①	③	①
051	052	053	054	055
①	②	④	②	③
056	057	058	059	060
②	③	④	③	②

제 05 회 최근 기출문제

○ CHECK POINT QUESTION

001
나가사끼 카스텔라 제조 시 굽기 과정에서 휘젓기를 하는 이유가 아닌 것은?

① 반죽온도를 균일하게 한다.
② 껍질표면을 매끄럽게 한다.
③ 내상을 균일하게 한다.
④ 팽창을 원활하게 한다.

> 16세기 말에 일본에 전해지며 붙여진 명칭으로 카스텔라를 굽는 동안 주걱으로 저어 주는 이유는 껍질표면을 매끄럽게 하고 반죽온도를 균일하게 하여 결이 작고 균일하게 나누기 위함이다.

002
다음 중 스펀지 케이크 반죽을 팬에 담을 때 팬 용적의 어느 정도가 가장 적당한가?

① 약 10~20%
② 약 30~40%
③ 약 70~80%
④ 약 50~60%

> 스펀지 케이크는 거품형 반죽 케이크로 팬 높이의 50~60% 까지 채운다.

003
코코아 20%에 해당하는 초콜릿을 사용하여 케이크를 만들려고 할 때 초콜릿 사용량은?

① 16%
② 20%
③ 28%
④ 32%

> • 코코아 = 초콜릿 × 5/8(62.5%)
> • 코코아(20%) = 초콜릿 × 5/8
> ∴ 초콜릿 = 32%

004
40g의 계량컵에 물을 가득 채웠더니 240g이었다. 과자반죽을 넣고 달아보니 220g이 되었다면 이 반죽의 비중은 얼마인가?

① 0.85
② 0.9
③ 0.92
④ 0.95

> • 비중 = ((비중컵 + 반죽)의 무게 − 컵의 무게) / ((비중컵 + 물)의 무게 − 컵의 무게)
> • 비중 = (220 − 40) / (240 − 40) = 0.9

005
직접배합에 사용하는 물의 온도로 반죽온도 조절이 편리한 제품은?

① 젤리 롤 케이크
② 과일 케이크
③ 퍼프 페이스트리
④ 버터 스펀지 케이크

> 퍼프 페이스트리는 직접법으로 반죽하여 반죽에 유지를 싸서 밀어 결을 형성시키는 과자의 대표적인 제품으로 프렌치 파이라고도 한다.

006
롤 케이크를 말 때 표면이 터지는 결점을 방지하기 위한 조치 방법이 아닌 것은?

① 덱스트린을 적당량 첨가한다.
② 노른자를 줄이고 전란을 증가시킨다.
③ 오버 베이킹이 되도록 한다.
④ 설탕의 일부를 물엿으로 대체한다.

> 오버 베이킹은 낮은 온도에서 오래 굽는 것으로 표피가 건조하게 되어 롤 케이크가 터지는 원인이 된다.

007
일반 파운드 케이크와는 달리 마블 파운드 케이크에 첨가하여 색상을 나타내는 재료는?

① 코코아　　② 버터
③ 밀가루　　④ 달걀

> 마블 파운드 케이크는 코코아 풍미의 검은 반죽과 보통의 흰 반죽을 가볍게 섞어서 알록달록하게 구운 케이크를 말한다.

008
커스터드 푸딩을 컵에 채워 몇 ℃의 오븐에서 중탕으로 굽는 것이 가장 적당한가?

① 160~170℃　　② 190~200℃
③ 201~220℃　　④ 230~240℃

> 커스터드 푸딩은 달걀, 우유, 설탕 등을 혼합하여 중탕으로 구운 제품으로 물이 담긴 평철판에 배열한 후 160~170℃ 정도에서 오븐에 굽는다.

009
케이크 반죽의 혼합 완료 정도는 무엇으로 알 수 있는가?

① 반죽의 온도
② 반죽의 점도
③ 반죽의 비중
④ 반죽의 색상

> 반죽의 비중은 부피가 같은 물의 무게에 대해 반죽의 무게를 숫자로 나타낸 값으로 수치가 작을수록 비중이 낮고, 비중이 낮을수록 반죽 속에 공기가 많다는 것을 의미한다.

010
퍼프 페이스트리 반죽의 휴지 효과에 대한 설명으로 틀린 것은?

① 글루텐을 재정돈 시킨다.
② 밀어 펴기가 용이해 진다.
③ CO_2 가스를 최대한 발생시킨다.
④ 절단 시 수축을 방지한다.

011
튀김기름의 품질을 저하시키는 요인으로만 나열된 것은?

① 수분, 탄소, 질소
② 수분, 공기, 철
③ 공기, 금속, 토코페롤
④ 공기, 탄소, 세사몰

> 튀김기름의 품질을 저하시키는 요인으로는 온도, 공기, 수분, 이물질, 금속 등이다. 토코페롤은 항산화작용이 강한 지용성 비타민인 비타민 E이며 세사몰은 참깨에 들어 있는 항산화제이다.

012
퐁당(fondant)에 대한 설명으로 가장 적합한 것은?

① 시럽을 214℃까지 끓인다.
② 40℃ 전후로 식혀서 휘젓는다.
③ 굳으면 설탕 1 : 물 1로 만든 시럽을 첨가한다.
④ 유화제를 사용하면 부드럽게 할 수 있다.

> 퐁당은 식힌 시럽을 교반하여, 설탕을 부분적으로 결정시켜 희고 뿌연 상태로 만든 것으로 설탕 100에 대하여 물 30을 넣고 114~118℃로 끓인 뒤 냉각하여 희뿌연 상태로 재결정화 시킨 것이다.

013
쿠키가 잘 퍼지지(spread) 않은 이유가 아닌 것은?

① 고운 입자의 설탕 사용
② 과도한 믹싱
③ 알칼리 반죽 사용
④ 너무 높은 굽기 온도

> 알칼리성 반죽은 쿠키의 과도한 퍼짐에 영향을 준다.

014
머랭(meringue) 중에서 설탕을 끓여서 시럽으로 만들어 제조하는 것은?

① 이탈리안 머랭　　② 스위스 머랭
③ 냉제 머랭　　　　④ 온제 머랭

흰자를 거품내면서 뜨겁게 끓인 시럽(설탕 100에 물 30을 넣고 114~118℃로 끓임)을 부어 만든 머랭으로 흰자의 일부가 열에 응고하여 기포가 아주 인정된다. 무스나 크림 등 굽지 않는 제품을 만들 때 사용한다.

015
다음 중 제과 생산관리에서 제1차 관리 3대 요소가 아닌 것은?

① 사람(Man)
② 재료(Material)
③ 방법(Method)
④ 자금(Money)

생산관리에서 2차 관리는 방법(Method), 시간, 공정(Minute), 기계(Machine), 시설(Machine), 시장(Market) 등이 있다.

016
제빵 공정에서 2차 발효의 목적이 아닌 것은?

① 성형공정을 거치면서 가스가 빠진 반죽을 다시 부풀리기 위해
② 발효산물 중 유기산과 알코올이 글루텐의 신장성과 탄력성을 높여 오븐 팽창이 잘 일어나도록 하기 위해
③ 온도와 습도를 조절하여 이스트의 활성을 촉진시키기 위해
④ 빵의 향에 관계하는 발효산물인 알코올, 유기산 및 그 밖의 방향성 물질을 날려보내기 위해

2차 발효에서 빵의 향에 관계하는 알코올, 유기산 및 그 외의 방향성 물질을 생산한다.

017
분할기에 의한 식빵 분할은 최대 몇 분 이내에 완료하는 것이 가장 적합한가?

① 20분 ② 30분
③ 40분 ④ 50분

분할기에 의한 분할은 대량생산 공장에서 하는 방법으로 부피를 기준으로 분할하며 식빵은 20분, 과자류 빵은 30분 이내에 분할한다.

018
어떤 과자점에서 여름에 반죽온도를 24℃로 하여 빵을 만들려고 한다. 사용수 온도는 10℃, 수돗물의 온도는 18℃, 사용수 양은 3kg, 얼음 사용량은 900g일 때 조치사항으로 옳은 것은?

① 믹서에 얼음만 900g을 넣는다.
② 믹서에 수돗물만 3kg을 넣는다.
③ 믹서에 수돗물 3kg과 얼음 900g을 넣는다.
④ 믹서에 수돗물 2.1kg과 얼음 900g을 넣는다.

사용수 양은 3kg, 얼음 사용량은 900g일 때 조치사항으로는 수돗물 2.1kg과 얼음 900g을 넣는다.

019
어느 제과점의 지난 달 생산실적이 다음과 같은 경우 노동분배율은?

외부가치 600만원, 생산가치 3000만원, 인건비 1500만원, 총 인원 10명

① 50% ② 45%
③ 55% ④ 60%

노동분배율이란 기업이 창출한 부가가치 중에서 노동에 분배된 몫의 비중을 말한다. 보기의 경우 생산가치에 대한 인건비 비율을 적용하면 노동분배율은 50%이다.

020
빵 발효에 영향을 주는 요소에 대한 설명으로 틀린 것은?

① 사용하는 이스트의 양이 많으면 발효시간은 감소된다.
② 삼투압이 높으면 발효가 지연된다.
③ 제빵용 이스트는 약알칼리성에서 가장 잘 발효된다.
④ 적정량의 손상된 전분은 발효성 탄수화물을 공급한다.

발효에 관련된 이스트가 활동하기 가장 좋은 최적 pH는 약산성으로 pH 4.5~5.5(최적 pH 4.7)이다.

021
다음 중 제품의 특성을 고려하여 혼합 시 반죽을 가장 많이 발전시키는 것은?

① 불란서빵　　② 햄버거빵
③ 과자빵　　　④ 식빵

> 햄버거빵과 잉글리시 머핀은 과반죽 단계까지 반죽을 하여 반죽의 신장성이 커지는 단계까지 반죽한다.

022
수평형 믹서를 청소하는 방법으로 올바르지 않은 것은?

① 청소하기 전에 전원을 차단한다.
② 생산 직후 청소를 실시한다.
③ 물을 가득 채워 회전시킨다.
④ 금속으로 된 스크레이퍼를 이용하여 반죽을 긁어낸다.

023
성형한 식빵 반죽을 팬에 넣을 때 이음매의 위치는 어느 쪽이 가장 좋은가?

① 위　　　② 아래
③ 좌측　　④ 우측

> 팬 넣기는 정형이 완료된 반죽을 팬에 채우거나 나열하는 공정으로 반죽의 이음매는 팬의 바닥에 놓아 2차 발효나 굽기 공정 중 이음매가 벌어지는 것을 방지한다.

024
빵 포장의 목적으로 부적합한 것은?

① 빵의 저장성 증대
② 빵의 미생물오염방지
③ 수분증발 촉진
④ 상품의 가치 향상

> 빵 포장은 수분의 증발을 방지하여 제품의 노화를 지연시키기 위한 목적으로 행해진다.

025
냉동 반죽법에 적합한 반죽의 온도는?

① 18~22℃
② 26~30℃
③ 32~36℃
④ 38~42℃

> 냉동반죽법은 반죽을 -40℃로 급속냉동시켜 -18~-25℃ 전후로 보관한 후 해동시켜 제조하는 방법으로 반죽온도를 20℃로 한다.

026
완제품 중량이 400g인 빵 200개를 만들고자 한다. 발효 손실이 2%이고 굽기 및 냉각손실이 12%라고 할 때 밀가루 중량은? (단, 총 배합율은 180%이며, 소수점 이하는 반올림한다.)

① 51536g
② 54725g
③ 61320g
④ 61940g

> - 완제품중량(g) = 400 × 200 = 80,000
> - 총배합량(g) = 완제품중량 ÷ (1-발효손실) ÷ (1-굽기 및 냉각손실)
>   = 80,000 ÷ (1 - 0.02) ÷ (1 - 0.12) = 92,764
> - 밀가루 중량(g) = (밀가루 비율 × 총배합량) / 총 배합율
>   = (100 × 92,764) / 180 ≒ 51,536

027
빵의 제품평가에서 브레이크와 슈레드 부족현상의 이유가 아닌 것은?

① 발효시간이 짧거나 길었다.
② 오븐의 온도가 높았다.
③ 2차 발효실의 습도가 낮았다
④ 오븐의 증기가 너무 많았다.

> 브레이크와 슈레드(Break & Shred) 부족 현상의 원인은 발효부족, 너무 높은 오븐온도, 효소제 과다 사용, 2차 발효실 낮은 습도, 이스트푸드의 과다 사용 너무 진 반죽 등이 있다.

028
스펀지법에 비교해서 스트레이트법의 장점은?

① 노화가 느리다.
② 발효에 대한 내구성이 좋다.
③ 노동력이 감소된다.
④ 기계에 대한 내구성이 증가한다.

> 스트레이트법의 장점은 제조 공정이 단순, 제조장소, 제조 장비가 간단, 노동력과 시간이 절감, 발효 손실을 줄일 수 있다 등이 있다.

029
다음 중 빵 굽기의 반응이 아닌 것은?

① 이산화탄소의 방출과 노화를 촉진시킨다.
② 빵의 풍미 및 색깔을 좋게 한다.
③ 제빵 제조 공정의 최종 단계로 빵의 형태를 만든다.
④ 전분의 호화로 식품의 가치를 향상시킨다.

> 발효에 의해 생긴 탄산가스를 열 팽창시켜 빵의 부피를 갖추게 하며 전분을 호화시켜 소화가 잘 되는 제품으로 만든다. 또한 껍질에 구운 색을 내어 구조를 형성하고 맛과 향을 향상시킨다.

030
진한 껍질색의 빵에 대한 대책으로 적합하지 못한 것은?

① 설탕, 우유 사용량 감소
② 1차 발효 감소
③ 오븐 온도 감소
④ 2차 발효 습도 조절

> 1차 발효 시간을 줄이면 발효에 이용되지 않은 잔여당이 많아 남아 빵껍질색이 더 진하게 되는 원인이 된다.

031
반추위 동물의 위액에 존재하는 우유 응유효소는?

① 펩신
② 트립신
③ 레닌
④ 펩티다아제

> 레닌은 유즙 속의 단백질인 카세인을 분해하여 응고시키는 응유효소로 송아지의 제 4 위에 많이 들어 있다.

032
다음 혼성주 중 오렌지 성분을 원료로 하여 만들지 않는 것은?

① 그랑 마르니에(Grand Marnier)
② 마라스키노(Maraschino)
③ 쿠앵트로(Cointreau)
④ 큐라소(Curacao)

> 마라스키노(Maraschino)는 체리 리큐르이며 유고슬라비아산의 마라스카종(블랙체리)을 사용한다.

033
전분의 노화에 대한 설명 중 틀린 것은?

① $-18°C$ 이하의 온도에서는 잘 일어나지 않는다.
② 노화된 전분은 소화가 잘 된다.
③ 노화란 $α$-전분이 $β$-전분으로 되는 것을 말한다.
④ 노화된 전분은 향이 손실된다.

> 전분의 노화는 제품이 딱딱해지거나 거칠어지는 것으로, 호화된 $α$-전분의 수분이 빠지며 $β$-전분으로 되돌아가는 현상으로 냉장온도($0~7°C$)에서 가장 빠르다.

034
다음 중 중화가를 구하는 식은?

① $\dfrac{중조의 양}{산성제의 양} \times 100$

② $\dfrac{중조의 양}{산성제의 양}$

③ $\dfrac{산성제의 양 \times 중조의 양}{100}$

④ 산성제의 양 × 중조의 양

> 중화가는 산에 대한 탄산수소나트륨의 백분율로서 적정량의 유효 가스(이산화탄소)를 발생시키고 중성이 되는 양을 조절할 때 활용된다.

035
일시적 경수에 대한 설명으로 맞는 것은?

① 가열시 탄산염으로 되어 침전된다.
② 끓여도 경도가 제거되지 않는다.
③ 황산염에 기인한다.
④ 제빵에 사용하기에 가장 좋다.

> 탄산수소 이온이 들어있는 경수는 끓이면 연수가 되므로 이를 일시경수라 하고, 황산이온이 들어 있는 것은 끓여도 연수가 되지 않으므로 영구경수라 한다.

036
생크림 보존온도로 가장 적합한 것은?

① −18℃ 이하 ② −5~−1℃
③ 0~10℃   ④ 15~18℃

> 생크림은 유지방이 38% 이상인 크림으로 보관이나 작업의 온도는 3~7℃가 적당하다.

037
제과에서 유지의 기능이 아닌 것은?

① 연화작용   ② 공기포집 기능
③ 보존성 개선 기능 ④ 노화촉진 기능

038
제과·제빵용 건조재료와 팽창제 및 유지 재료를 알맞은 배합율로 균일하게 혼합한 원료는?

① 프리믹스   ② 팽창제
③ 향신료   ④ 밀가루 개량제

> 프리믹스는 밀가루에 팽창제, 설탕, 분유 등을 섞은 것으로 소비자가 물을 더해 굽기만 하면 되도록 만든 조제 가루이다.

039
반죽의 신장성과 신장에 대한 저항성을 측정하는 기기는?

① 패리노그래프
② 레오퍼멘토에터
③ 믹서트론
④ 익스텐소그래프

040
전화당을 설명한 것 중 틀린 것은?

① 설탕의 1.3배의 감미를 갖는다.
② 설탕을 가수분해 시켜 생긴 포도당과 과당의 혼합물이다.
③ 흡습성이 강해서 제품의 보존기간을 지속시킬 수 있다.
④ 상대적인 감미도는 맥아당보다 낮으나 쿠키의 광택과 촉감을 위해 사용한다.

> 전화당은 자당이 가수분해하여 생기는 포도당과 과당이 동량인 혼합물로 꿀, 물엿과 같은 액체로 이용한다. 감미가 상당히 강하여 케이크, 퐁당, 아이싱의 원료로 이용한다.

041
커스터드 크림에서 달걀의 주요 역할은?

① 영양가를 높이는 역할
② 결합제의 역할
③ 팽창제의 역할
④ 저장성을 높이는 역할

> 커스터드 크림은 우유, 설탕, 달걀을 혼합하여 만든 크림으로 달걀의 결합성을 이용한 크림이다.

042
우유에 대한 설명으로 옳은 것은?

① 시유의 비중은 1.3 정도이다.
② 우유 단백질 중 가장 많은 것은 카세인이다.
③ 우유의 유당은 이스트에 의해 쉽게 분해된다.
④ 시유의 현탁액은 비타민 B_2에 의한 것이다.

> 시유의 비중은 1.0320이며 우유의 유당 분해효소인 락타아제는 이스트에 들어 있지 않아 분해되지 않는다.

043
안정제의 사용 목적이 아닌 것은?

① 흡수제로 노화 지연 효과
② 머랭의 수분 배출 유도
③ 아이싱이 부서지는 것 방지
④ 크림 토핑의 거품 안정

> 안정제에는 한천, 젤라틴, 펙틴, CMC 등이 있으며 머랭의 수분 배출을 억제한다.

044
카카오버터의 결정이 거칠어지고 설탕의 결정이 석출되어 초콜릿의 조직이 노화하는 현상은?

① 템퍼링(tempering)
② 블룸(bloom)
③ 콘칭(conching)
④ 페이스트(paste)

> 온도변화에 따라 초콜릿 표면에 일어나는 현상을 블룸이라고 한다. 설탕블룸은 초콜릿에 들어 있는 설탕이 습기를 먹고 녹아서 결정화 됐기 때문으로 표면에 작은 회색빛 반점이 생기는 현상이다.

045
과실이 익어감에 따라 어떤 효소의 작용에 의해 수용성 펙틴이 생성되는가?

① 펙틴리가아제
② 아밀라아제
③ 프로토펙틴 가수분해효소
④ 브로멜린

> 프로토펙틴은 미숙한 과일에 많이 들어 있다. 물에 불용성이며 펙틴물질의 모체이다. 효소(protopectinase)에 의해 가수분해가 진행되면 펙틴(pectin)으로 되며 이것은 잘 익은 과일에 많이 들어 있다.

046
소화기관에 대한 설명으로 틀린 것은?

① 위는 강알칼리의 위액을 분비한다.
② 이자(췌장)는 당대사호르몬의 내분비선이다.
③ 소장은 영양분을 소화, 흡수한다.
④ 대장은 수분을 흡수하는 역할을 한다.

> 위액은 pH 2의 강산성이다.

047
한 개의 무게가 50g인 과자가 있다. 이 과자 100g 중에 탄수화물 70g, 단백질 5g, 지방 15g, 무기질 4g, 물 6g이 들어 있다면 이 과자 10개를 먹을 때 얼마의 열량을 낼 수 있는가?

① 1230 kcal
② 2175 kcal
③ 2750 kcal
④ 1800 kcal

> 열량영양소는 탄수화물, 단백질, 지방이므로 탄수화물(70g × 4kcal × 5) + 단백질(5g × 4kcal × 5) + 지방(15g × 9kcal × 5) = 1,400 + 100 + 675 = 2,175kcal

048
비타민과 관련된 결핍증의 연결이 틀린 것은?

① 비타민 A - 야맹증
② 비타민 B_1 - 구내염
③ 비타민 C - 괴혈병
④ 비타민 D - 구루병

> 비타민 B1의 결핍증은 각기병이다.

049
적혈구, 뇌세포, 신경세포의 주요 에너지원으로 혈당을 형성하는 당은?

① 과당
② 설탕
③ 유당
④ 포도당

> 포도당은 포유동물의 혈액 중에 0.1% 가량 포함되어 있다.

050
다음 중 수소를 첨가하여 얻는 유지류는?

① 쇼트닝 ② 버터
③ 라드   ④ 양기름

> 유지의 경화는 니켈을 촉매제로 하여 불포화 지방산의 이중결합에 수소를 첨가하여 포화지방산으로 만드는 방법으로 쇼트닝과 마가린을 생산한다.

051
장염비브리오 식중독을 일으키는 주요 원인식품은?

① 달걀   ② 어패류
③ 채소류 ④ 육류

> 장염비브리오균은 그람음성, 무아포 간균이며 발육최적온도는 37℃이며 하절기에 해산물이 원인식품이 되어 발생한다.

052
빵을 제조하는 과정에서 반죽 후 분할기로부터 분할할 때나 구울 때 달라붙지 않게 할 목적으로 허용되어 있는 첨가물은?

① 글리세린   ② 프로필렌 글리콜
③ 초산 비닐수지   ④ 유동 파라핀

> 이형제는 제과·제빵에서 제품을 틀에서 쉽게 분리하기 위하여 틀에 바르는 것으로 유동 파라핀을 사용한다. 글리세린과 프로필렌 글리콜은 용제로 사용된다.

053
밀가루의 표백과 숙성을 위하여 사용하는 첨가물은?

① 개량제 ② 유화제
③ 정착제 ④ 팽창제

> 밀가루 개량제는 제분된 밀가루의 표백과 숙성기간을 단축하기 위한 목적으로 사용된다. 브롬산칼륨, 아조디카본아마이드, 과산화벤조일, 이산화염소, 염소, 과황산암모늄 등이 있다.

054
부패를 판정하는 방법으로 사람에 의한 관능검사를 실시할 때 검사하는 항목이 아닌 것은?

① 색   ② 맛
③ 냄새 ④ 균수

> 관능검사는 물질의 특성을 사람의 시각, 후각, 미각, 촉각에 의해 인지하고 이를 측정, 분석, 해석하는 방법이다.

055
위생동물의 일반적인 특성이 아닌 것은?

① 식성 범위가 넓다.
② 음식물과 농작물에 피해를 준다.
③ 병원미생물을 식품에 감염시키는 것도 있다.
④ 발육기간이 길다.

> 위생동물은 식품을 오염시키고 병원체를 전파시켜 인체에 질병을 일으키거나 외관을 손상시켜 식품의 상품적 가치를 저하시킨다. 대표적인 위생동물은 쥐가 있다.

056
물수건의 소독방법으로 가장 적합한 것은?

① 비누로 세척한 후 건조한다.
② 삶거나 차아염소산 소독 후 일광 건조한다.
③ 3% 과산화수소로 살균 후 일광 건조한다.
④ 크레졸(cresol) 비누액으로 소독하고 일광 건조한다.

057
결핵의 주요한 감염원이 될 수 있는 것은?

① 토끼고기   ② 양고기
③ 돼지고기   ④ 불완전 살균우유

> 결핵은 결핵균에 의해 발생하는 질병으로 결핵균에는 주로 사람에게 감염되는 사람형, 소에게 감염되는 우형 등이 있다. 우형은 직접 우유나 이환 소의 고기에 의해 사람에게 감염된다.

058

살모넬라균에 의한 식중독 증상과 가장 거리가 먼 것은?

① 심한 설사 ② 급격한 발열
③ 심한 복통 ④ 신경마비

살모넬라 감염증상은 혈변을 동반하지 않는 설사, 복통, 열, 구역질과 구토 등이 6~48시간 후에 발생하고 증상은 1~2일 정도 지속되거나 그 이상 연장될 수도 있다.

059

급성감염병을 일으키는 병원체로 포자는 내열성이 강하며 생물학전이나 생물테러에 사용될 수 있는 위험성이 높은 병원체는?

① 브루셀라균 ② 탄저균
③ 결핵균 ④ 리스테리아균

탄저균은 그람 양성의 대형 간균으로 아포를 형성하며 100℃의 습열에서도 쉽게 사멸되지 않으므로 고압멸균이 필요하다. 여러 동물에 감염되나 감수성이 강한 것은 소, 양이며 말, 산양, 돼지는 가축 이환된다.

060

세균성 식중독에 관한 사항 중 옳은 내용으로만 짝지은 것은?

1. 황색포도상구균(Staphylococcus aureus) 식중독은 치사율이 아주 높다.
2. 보툴리누스균(Clostridium botulinum)이 생산하는 독소는 열에 아주 강하다.
3. 장염 비브리오균(Vibrio parahaemoly ticus)은 감염형 식중독이다.
4. 예르시니아균(Yersinia enterocolitica)은 냉장온도와 진공 포장에서도 증식한다.

① 2 ② 2, 3
③ 2, 4 ④ 3, 4

세균성식중독은 식중독 세균에 오염된 식품을 섭취함으로써 발생하는 중독. 보툴리누스균의 아포는 열에 강하고 독소인 뉴로톡신(neurotoxin)은 열에 약해 80℃에서 30분이면 파괴된다. 황색포도상구균에 의한 식중독은 구토, 설사와 심한 복통을 유발하는 급성위장염 등이며 치사율은 낮고 24~48시간 내에 회복된다.

05회【정답】 최근 기출문제

001	002	003	004	005
④	④	④	②	③
006	007	008	009	010
③	①	①	③	③
011	012	013	014	015
②	②	③	①	③
016	017	018	019	020
④	①	④	①	③
021	022	023	024	025
②	④	②	③	①
026	027	028	029	030
①	④	③	①	②
031	032	033	034	035
③	②	②	①	①
036	037	038	039	040
③	④	①	④	④
041	042	043	044	045
②	②	②	②	③
046	047	048	049	050
①	②	②	④	①
051	052	053	054	055
②	④	①	②	④
056	057	058	059	060
②	④	④	②	④

제 06 회 최근 기출문제

○ CHECK POINT QUESTION

001
도넛 설탕 아이싱을 사용할 때의 온도로 적합한 것은?

① 20℃ 전후
② 25℃ 전후
③ 40℃ 전후
④ 60℃ 전후

도넛의 설탕이나 계피설탕은 점착력을 증가시키기 위하여 도넛이 40℃ 전후일 때 뿌린다.

002
도넛 반죽의 휴지 효과가 아닌 것은?

① 밀어펴기 작업이 쉬워진다.
② 표피가 빠르게 마르지 않는다.
③ 각 재료에서 수분이 발산된다.
④ 이산화탄소가 발생하여 반죽이 부푼다.

도넛 반죽의 휴지 효과는 이산화탄소 가스의 발생, 각 재료의 수화, 껍질형성(표피가 마르는 현상)을 느리게 하며 반죽의 밀어 펴기 등 취급이 쉬워진다.

003
완성된 쿠키의 크기가 퍼지지 않아 작았다면, 그 원인이 아닌 것은?

① 사용한 반죽이 묽었다.
② 굽기 온도가 높았다.
③ 반죽이 산성이었다.
④ 가루 설탕을 사용하였다.

쿠키제조에서 사용한 반죽이 묽으면 쿠키가 퍼지는 원인이 된다.

004
과자 반죽의 모양을 만드는 방법이 아닌 것은?

① 짤주머니로 짜기
② 밀대로 밀어펴기
③ 성형 틀로 찍어내기
④ 발효 후 가스빼기

발효 후 가스빼기는 빵을 만드는 공정이다.

005
도넛의 흡유량이 높았을 때 그 원인은?

① 고율배합 제품이다.
② 튀김시간이 짧다.
③ 튀김온도가 높다.
④ 휴지시간이 짧다.

도넛의 흡유량이 높은 원인은 설탕, 유지, 팽창제의 사용량이 많고, 튀김시간이 길고, 글루텐이 부족할 경우, 믹싱 시간이 짧을 경우, 반죽에 수분이 너무 많고, 튀김온도가 낮았을 경우 등이다.

006
스펀지 케이크 제조 시 덥게 하는 방법으로 사용할 때 달걀과 설탕은 몇 ℃로 중탕하고 혼합하는 것이 가장 적당한가?

① 30℃
② 43℃
③ 10℃
④ 25℃

스펀지 케이크 반죽 제조에서 더운 방법(hot sponge method)은 달걀과 설탕을 중탕하여 37~43℃까지 데운 후 거품을 내는 방법이다.

007
실내온도 30℃, 실외온도 35℃, 밀가루온도 24℃, 설탕온도 20℃, 쇼트닝온도 20℃, 달걀온도 24℃, 마찰계수가 22이다. 반죽온도가 25℃가 되기 위해서 필요한 물의 온도는?

① 8℃   ② 9℃
③ 10℃   ④ 12℃

- 사용할 물 온도 = (희망 반죽온도 × 6) − (밀가루 온도 + 실내온도 + 설탕 온도 + 쇼트닝 온도 + 달걀 온도 + 마찰계수)
- 사용할 물 온도 = (25 × 6) − (24 + 30 + 20 + 20 + 24 + 22) = 150 − 140 = 10

008
오버베이킹에 대한 설명 중 옳은 것은?

① 높은 온도에서 짧은 시간 동안 구운 것이다.
② 노화가 빨리 진행된다.
③ 수분 함량이 많다.
④ 가라앉기 쉽다.

오버 베이킹은 낮은 온도에서 오래 구운 것으로 제품의 수분손실이 많아 노화가 빨리 진행된다.

009
다음 중 일반적으로 초콜릿에 사용되는 원료가 아닌 것은?

① 카카오버터   ② 전지분유
③ 이스트   ④ 레시틴

초콜릿은 카카오 빈을 주원료로 하며 카카오버터, 설탕, 유제품, 유화제 등을 섞은 것이다.

010
다음 중 달걀 노른자를 사용하지 않는 케이크는?

① 파운드 케이크
② 엔젤 푸드 케이크
③ 소프트 롤 케이크
④ 옐로 레이어 케이크

엔젤 푸드 케이크는 노른자를 전혀 사용하지 않고 고리 모양의 엔젤틀로 구운 하얀 스펀지 케이크 이다.

011
다음 중 제과용 믹서로 적합하지 않은 것은?

① 에어 믹서   ② 버티컬 믹서
③ 연속식 믹서   ④ 스파이럴 믹서

스파이럴 믹서는 제빵 전용 믹서(나선형 믹서)이다.

012
반죽무게를 구하는 식은?

① 틀부피 × 비용적   ② 틀부피 + 비용적
③ 틀부피 ÷ 비용적   ④ 틀부피 − 비용적

013
다음의 케이크 반죽 중 일반적으로 pH가 가장 낮은 것은?

① 스펀지 케이크
② 엔젤 푸드 케이크
③ 파운드 케이크
④ 데블스 푸드 케이크

엔젤 푸드 케이크는 흰자의 거품성을 이용하여 만드는 케이크로 거품의 단단함과 내상을 희게 만들기 위하여 제품의 적정 pH를 5.2~6.0으로 한다. 데블스 푸드 케이크 8.5~9.2, 파운드 케이크 6.6~7.1 등이다.

014
화이트 레이어 케이크 제조 시 주석산 크림을 사용하는 목적과 거리가 먼 것은?

① 흰자를 강하게 하기 위하여
② 껍질색을 밝게 하기 위하여
③ 속색을 하얗게 하기 위하여
④ 제품의 색깔을 진하게 하기 위하여

주석산을 사용하면 반죽의 pH를 낮추어 흰자를 강하게 하고 속색을 희게 한다.

015
다음 제품 중 일반적으로 비중이 가장 낮은 것은?

① 파운드 케이크 ② 레이어 케이크
③ 스펀지 케이크 ④ 과일 케이크

반죽의 비중이 낮은 제품은 거품형 반죽으로 만드는 케이크로 스펀지 케이크의 비중은 0.5~0.55 정도이다.

016
팬 오일의 구비조건이 아닌 것은?

① 높은 발연점
② 무색, 무미, 무취
③ 가소성
④ 항산화성

무색, 무미, 무취의 발연점이 높은 기름을 사용한다. 반죽 무게의 0.1~0.2% 정도 사용하며 과다 사용하면 제품의 밑 껍질이 두껍고 어둡게 된다.

017
둥글리기의 목적이 아닌 것은?

① 글루텐의 구조와 방향정돈
② 수분 흡수력 증가
③ 반죽의 기공을 고르게 유지
④ 반죽 표면에 얇은 막 형성

둥글리기는 다시 표피를 만들어 주는 공정으로 글루텐을 정돈하며 기공을 고르게 만들어 주는 과정이다.

018
굽기 과정 중 당류의 캐러멜화가 개시되는 온도로 가장 적합한 것은?

① 100℃ ② 120℃
③ 150℃ ④ 185℃

캐러멜화 반응은 당류가 존재할 때 가열에 의하여 갈색 색소를 형성하는 비효소적 반응이다.

019
냉동 반죽법에 대한 설명 중 틀린 것은?

① 저율배합 제품은 냉동시 노화의 진행이 비교적 빠르다
② 고율배합 제품은 비교적 완만한 냉동에 견딘다.
③ 저율배합 제품일수록 냉동 처리에 더욱 주의해야 한다.
④ 프랑스빵 반죽은 비교적 노화의 진행이 느리다.

020
식빵 제조시 최고 부피를 얻을 수 있는 유지의 양은? (단, 다른 재료의 양은 모두 동일하다고 본다.)

① 2% ② 4%
③ 8% ④ 12%

가스 보유에 영향을 주는 유지로 쇼트닝이 가장 좋으며 보통 3~4% 정도이다.

021
빵을 포장하는 프로필렌 포장지의 기능이 아닌 것은?

① 수분증발의 억제로 노화지연
② 빵의 풍미 성분 손실 지연
③ 포장 후 미생물 오염 최소화
④ 빵의 로프균 오염방지

빵의 로프는 내열성이 강하기 때문에 불에 굽더라도 사멸하지 않고, 빵이 된 후 적당한 환경조건에서 발아하여 증식한다.

022
불란서빵의 2차 발효실 습도로 가장 적합한 것은?

① 65~70% ② 75~80%
③ 80~85% ④ 85~90%

하스 브레드(불란서빵, 하드롤 등)의 적당한 2차 발효실 습도는 75~80%, 온도는 32℃ 이다.

023
희망 반죽온도 26℃ 마찰계수 20 실내온도 26℃ 스펀지 반죽온도 28℃ 밀가루온도 21℃ 일 때 스펀지법에서 사용할 물의 온도는?

① 11℃   ② 8℃
③ 7℃   ④ 9℃

> - 사용할 물 온도 = (희망 온도 × 4) – (밀가루 온도 + 실내온도 + 마찰 계수 + 스펀지온도)
> - 사용할 물 온도 = (26 × 4) – (21 + 26 + 20 + 28)
>   = 104 – 95 = 9(℃)

024
빵 제품의 노화 지연 방법으로 옳은 것은?

① –18℃ 냉동보관
② 냉장보관
③ 저배합, 고속 믹싱 빵제조
④ 수분 30~60% 유지

> 빵 제품의 노화를 지연시키는 방법으로 저장온도를 –18℃ 이하 또는 25~35℃로 보관한다.

025
대량생산 공장에서 많이 사용되는 오븐으로 반죽이 들어가는 입구와 제품이 나오는 출구가 서로 다른 오븐은?

① 데크오븐   ② 터널오븐
③ 로터리 래크 오븐   ④ 컨벡션오븐

> 터널 오븐(tunnel oven)은 반죽이 들어가는 입구와 제품이 나오는 출구가 서로 다른 오븐으로 대량 생산 공장에서 많이 사용된다.

026
스펀지 도법에 있어서 스펀지 반죽에 사용하는 일반적인 밀가루의 사용 범위는?

① 0~20%   ② 20~40%
③ 40~60%   ④ 60~100%

> 스펀지 도법은 두 번에 걸쳐 반죽하는 방법으로 처음의 반죽을 스펀지, 나중의 반죽을 본반죽이라 한다. 스펀지 반죽에 사용하는 일반적인 밀가루의 범위는 60~100% 이다.

027
다음 중 스트레이트법과 비교한 스펀지 도우법에 대한 설명이 옳은 것은?

① 노화가 빠르다.
② 발효 내구성이 좋다.
③ 속결이 거칠고 부피가 작다.
④ 발효향과 맛이 나쁘다.

> 스펀지 도우법의 장점은 발효 내구성이 강하며 노화가 지연되어 제품의 저장성이 좋다. 또한 부피가 크고 속결이 부드럽다.

028
발효 중 펀치의 효과와 거리가 먼 것은?

① 반죽의 온도를 균일하게 한다.
② 이스트의 활성을 돕는다.
③ 산소공급으로 반죽의 산화와 숙성을 진전시킨다.
④ 성형을 용이하게 한다.

> 펀치를 하는 이유는 반죽에 산소를 공급하며, 이스트의 활성과 산화, 숙성을 촉진 시켜주고, 반죽온도를 균일하게 해주며, 발효를 촉진시킨다.

029
제조공정상 비상반죽법에서 가장 많은 시간을 단축할 수 있는 공정은?

① 재료계량
② 믹싱
③ 1차 발효
④ 굽기

> 비상반죽법에서 1차 발효시간은 15분~30분으로 시간을 단축하는 공정이다.

030
모닝빵을 1000개 만드는데 한 사람이 3시간 걸렸다. 1500개 만드는데 30분 내에 끝내려면 몇 사람이 작업해야 하는가?

① 2명　　　　　　② 3명
③ 9명　　　　　　④ 5명

031
시유의 수분함량은 약 얼마인가?

① 12%　　　　　　② 78%
③ 87%　　　　　　④ 95%

살균과 균질화 과정을 거친 시유는 수분 88%, 고형분 12%로 구성되어 있다.

032
다음 중 발효시간을 단축시키는 물은?

① 연수　　　　　　② 경수
③ 염수　　　　　　④ 알칼리수

연수는 글루텐을 연화시켜 반죽을 끈적거리게 가스보유력을 떨어뜨린다.

033
비중이 1.04인 우유에 비중이 1.00인 물을 1:1 부피로 혼합하였을 때 물을 섞은 우유의 비중은?

① 2.04　　　　　　② 1.02
③ 1.04　　　　　　④ 0.04

우유와 물이 동량이기 때문에 물을 섞은 우유의 비중은 (1.04 + 1.00)/2 = 1.02

034
카제인이 산이나 효소에 의하여 응고되는 성질은 어떤 식품의 제조에 이용되는가?

① 아이스크림　　　② 생크림
③ 버터　　　　　　④ 치즈

레닌을 우유에 첨가하면 카세인의 미셀 구조가 파괴되면서 자체 내에 함유되어 있는 칼슘에 의하여 침전되는데 이와 같은 성질을 이용하여 치즈를 만든다.

035
이스트의 가스 생산과 보유를 고려할 때 제빵에 가장 좋은 물의 경도는?

① 0~60ppm
② 120~180ppm
③ 180ppm 이상(일시)
④ 180ppm 이상(영구)

제빵에서 가장 좋은 물은 아경수로 경도 120ppm 이상 ~ 180ppm 미만의 물이다.

036
분당은 저장 중 응고되기 쉬운데 이를 방지하기 위하여 어떤 재료를 첨가하는가?

① 소금　　　　　　② 설탕
③ 글리세린　　　　④ 전분

분당은 고순도의 설탕을 곱게 빻아 가루로 만든 가공당으로 덩어리가 생기는 것을 방지하기 위하여 3% 정도의 전분을 혼합한다.

037
전분은 밀가루 중량의 약 몇 % 정도인가?

① 30%　　　　　　② 50%
③ 70%　　　　　　④ 90%

탄수화물은 밀가루 함량의 70%를 차지하며 대부분은 전분이다.

038
일반적인 버터의 수분 함량은?

① 18% 이하　　　　② 25% 이하
③ 30% 이하　　　　④ 45% 이하

버터는 우유지방 80~81%, 수분 14~17%, 소금 1~3% 등으로 구성되어 있다.

039
밀가루의 물성을 전문적으로 시험하는 기기로 이루어진 것은?

① 패리노그래프, 가스크로마토그래피, 익스텐소그래프
② 패리노그래프, 아밀로그래프, 파이브로미터
③ 패리노그래프, 아밀로그래프, 익스텐소그래프
④ 아밀로그래프, 익스텐소그래프, 펑츄어 테스터

> 패리노그래프는 밀가루의 흡수율을, 아밀로그래프는 전분의 호화정도를, 익스텐소그래프는 반죽의 신장성 등을 시험하는 기기이다.

040
제과에 많이 쓰이는 럼의 원료는?

① 옥수수 전분
② 포도당
③ 당밀
④ 타피오카

> 럼은 사탕수수의 줄기를 압착해서 얻어진 액을 원심분리하여 결정화 시켜 설탕을 만들고 남은 비결정 성분인 당밀에 물을 넣고 발효시켜 정류하여 만든다.

041
케이크 제조에 사용되는 달걀의 역할이 아닌 것은?

① 결합제 역할
② 글루텐 형성 작용
③ 유화력 보유
④ 팽창 작용

> 글루텐은 밀가루 단백질과 수분이 결합하여 형성되는 것으로 제빵의 반죽공정에서 형성된다.

042
다음 중 반죽의 pH가 가장 낮아야 좋은 것은?

① 레이어 케이크
② 스펀지 케이크
③ 파운드 케이크
④ 과일 케이크

> 대표적인 적정 pH는 엔젤 푸드 케이크 pH 5.2~6.0, 데블스 푸드 케이크 pH 8.5~9.2, 초콜릿 케이크 pH 7.8~8.8, 파운드 케이크 pH 6.6~7.1 등이다.

043
빵 제조시 밀가루를 체로 치는 이유가 아닌 것은?

① 제품의 착색
② 입자의 균질
③ 공기의 혼입
④ 불순물의 제거

> 밀가루를 체로 쳐서 가루 속의 덩어리나 불순물을 제거하고, 이스트가 호흡하는데 필요한 공기를 넣어 발효를 촉진시킨다. 또한 재료를 고르게 분산시키며 밀가루 부피를 15%까지 증가시키고 흡수율이 증가된다.

044
이스트푸드 성분 중 물 조절제로 사용되는 것은?

① 황산암모늄
② 전분
③ 칼슘염
④ 이스트

> 이스트푸드의 사용 목적은 물의 경도 조절이다. 칼슘염을 공급하여 물의 경도를 조절한다. 황산칼슘, 인산칼슘, 과산화칼슘 등을 사용한다.

045
열대성 다년초의 다육질 뿌리로, 매운맛과 특유의 방향을 가지고 있는 향신료는?

① 넛메그
② 계피
③ 올스파이스
④ 생강

> 생강은 여러 해 살이 식물로 동남아시아가 원산지이다. 생강의 매운맛 성분은 진저론, 진저올, 쇼가올 등이다.

046
빵, 과자 속에 함유되어 있는 지방이 리파아제에 의해 소화되면 무엇으로 분해되는가?

① 동물성지방 + 식물성지방
② 글리세린 + 지방산
③ 포도당 + 과당
④ 트립토판 + 리신

> 리파아제는 지방을 지방산과 글리세린으로 분해한다.

047
다음 중 감미가 가장 강한 것은?

① 맥아당　　② 설탕
③ 과당　　　④ 포도당

> 감미도는 자당의 감미를 100으로 보았을 때 사람의 미각으로 느낄 수 있는 단맛의 정도를 숫자로 나타낸 값으로 과당이 가장 높다.

048
유아에게 필요한 필수 아미노산이 아닌 것은?

① 발린　　　② 트립토판
③ 히스티딘　④ 글루타민

> 필수아미노산은 생체 내에서 합성이 되지 않거나 합성이 되더라도 그 속도가 필요량을 채우지 못하므로 식품을 통해 매일 섭취해야 하는 아미노산이다. 성인의 필수 아미노산은 이소류신, 류신, 리신, 메티오닌, 페닐알라닌, 트레오닌, 트립토판, 발린의 8종이고, 영유아에게는 히스티딘을 포함하여 9종이 된다.

049
시금치에 들어 있으며 칼슘의 흡수를 방해하는 유기산은?

① 초산　　② 호박산
③ 수산　　④ 구연산

> 시금치에는 수산이 0.2~0.3% 가량 들어 있다. 수산을 많이 먹게 되면 체내의 칼슘과 결합하여 녹지않는 수산칼슘으로 변한다.

050
순수한 지방 20g이 내는 열량은?

① 80 kcal　　② 140 kcal
③ 180 kcal　④ 200 kcal

> 지방 1g은 9kcal의 열량을 발생시킨다.

051
정제가 불충분한 면실유에 들어 있을 수 있는 독성분은?

① 듀린　　② 테무린
③ 고시폴　④ 브렉큰 펀 톡신

> 고시폴은 식물에 함유되어 있는 유독성분으로 면실유에 다량 함유되어 있다

052
제2급 감염병으로 소화기계 감염병인 것은?

① 신종인플루엔자　② B형 간염
③ 장티푸스　　　　④ 디프테리아

> 제2급 감염병
> • 정의 : 전파가능성을 고려하여 발생 또는 유행 시 24시간 이내에 신고하여야 하고, 격리가 필요한 감염병
> • 종류 : 결핵, 수두, 홍역, 콜레라, 장티푸스, 파라티푸스, 세균성이질, 장출혈성대장균감염증, A형간염, 백일해, 유행성이하선염, 풍진, 폴리오, 수막구균 감염증, b형헤모필루스인플루엔자, 폐렴구균 감염증, 한센병, 성홍열, 반코마이신내성황색포도알균(VRSA) 감염증, 카바페넴내성장내세균속균종(CRE) 감염증, E형간염

053
다음 중 바이러스에 의한 경구감염병이 아닌 것은?

① 폴리오
② 유행성 간염
③ 전염성 설사
④ 성홍열

> 경구감염병은 병원미생물이 음식물이나 손, 기구, 음료수 등을 통하여 경구적으로 체내에 침입한 후 증식하여 질병을 일으키는 감염병으로 세균성이질, 장티푸스, 파라티푸스, 콜레라처럼 세균에 의한 것과 폴리오, 전염성 설사, 유행성 간염과 같은 바이러스에 의한 것, 아메바성 이질과 같이 원충류에 의한 것으로 나눌 수 있다.

054
빵이나 카스텔라 등을 부풀게 하기 위하여 첨가하는 합성 팽창제인 베이킹파우더(baking powder)의 주성분은?

① 염화나트륨　　② 탄산나트륨
③ 탄산수소나트륨　④ 탄산칼슘

> 베이킹파우더는 탄산수소나트륨에 산성제를 배합하고, 분산제로 전분을 첨가한 팽창제이다.

055
세균성 식중독의 예방원칙에 해당되지 않는 것은?
① 세균 오염방지 ② 세균 가열 방지
③ 세균 증식 방지 ④ 세균의 사멸

식중독 등을 유발하는 위해미생물을 사멸시키기 위해서는 철저히 가열하도록 한다.

056
식품첨가물 중 보존료의 조건이 아닌 것은?
① 변패를 일으키는 각종 미생물의 증식을 억제할 것
② 무미, 무취하고 자극성이 없을 것
③ 식품의 성분과 반응을 잘하여 성분을 변화시킬 것
④ 장기간 효력을 나타낼 것

보존료는 미생물의 증식에 의해서 발생되는 식품의 부패나 변패를 방지하기 위하여 사용되는 식품 첨가물이다. 식품첨가물은 이화학적 변화에 안정해야 한다.

057
식품 또는 식품첨가물을 채취, 제조, 가공, 조리, 저장, 운반 또는 판매하는 직접 종사자들이 정기 건강진단을 받아야 하는 주기는?
① 1회/월 ② 1회/3개월
③ 1회/6개월 ④ 1회/년

식품을 판매하는 일에 직접 종사하는 영업자 및 그 종업원은 건강진단을 받아야 한다. 정기 건강진단은 년 1회 받으며 건강진단항목은 장티푸스, 폐결핵, 전염성 피부질환 등이다.

058
곰팡이의 일반적인 특성으로 틀린 것은?
① 광합성능이 있다.
② 주로 무성포자에 의해 번식한다.
③ 진핵세포를 가진 다세포 미생물이다.
④ 분류학상 진균류에 속한다.

곰팡이는 절대 호기성인 진핵세포생물로서 진균류에 속하며, 균사나 포자에 의해서 증식하고 햇빛을 싫어하는 다세포 생물이다.

059
부패의 물리학적 판정에 이용되지 않는 것은?
① 냄새 ② 점도
③ 색 및 전기저항 ④ 탄성

냄새는 부패를 판정하는 관능검사이다.

060
다음 중 감염형 세균성 식중독에 속하는 것은?
① 파라티푸스균 ② 보툴리누스균
③ 포도상구균 ④ 장염비브리오균

감염형 세균성 식중독은 식품에 오염되어 다량 증식한 병원성 미생물을 섭취하여 발생하는 식중독 발현기전의 한 유형으로 살모넬라균에 의한 식중독, 장염비브리오균에 의한 식중독, 병원성 대장균에 의한 식중독 등이 있다.

06회 【정답】				최근 기출문제
001 ③	002 ③	003 ①	004 ④	005 ①
006 ②	007 ③	008 ③	009 ③	010 ③
011 ④	012 ③	013 ②	014 ④	015 ③
016 ③	017 ③	018 ③	019 ③	020 ②
021 ④	022 ②	023 ④	024 ①	025 ②
026 ④	027 ②	028 ④	029 ③	030 ③
031 ③	032 ①	033 ②	034 ④	035 ②
036 ④	037 ③	038 ①	039 ③	040 ③
041 ②	042 ④	043 ①	044 ③	045 ④
046 ②	047 ③	048 ④	049 ③	050 ③
051 ③	052 ③	053 ③	054 ③	055 ②
056 ③	057 ④	058 ①	059 ①	060 ④

제 07 회 최근 기출문제

CHECK POINT QUESTION

001
도넛 제조 시 수분이 적을 때 나타나는 결점이 아닌 것은?

① 팽창이 부족하다.
② 혹이 튀어 나온다.
③ 형태가 일정하지 않다.
④ 표면이 갈라진다.

002
파운드케이크의 팬닝은 틀 높이의 몇 % 정도까지 반죽을 채우는 것이 가장 적당한가?

① 50%
② 70%
③ 90%
④ 100%

파운드케이크의 비용적은 2.40cm³/g로 반죽은 팬 높이의 70% 까지 채운다.

003
쿠키의 제조 방법에 따른 분류 중 달걀흰자와 설탕으로 만든 머랭 쿠키는?

① 짜서 성형하는 쿠키
② 밀어 펴서 성형하는 쿠키
③ 프랑스식 쿠키
④ 마카롱 쿠키

마카롱은 달걀흰자, 아몬드, 설탕으로 만든 작은 과자이다.

004
구워낸 케이크 제품이 너무 딱딱한 경우 그 원인으로 틀린 것은?

① 배합비에서 설탕의 비율이 높을 때
② 밀가루의 단백질 함량이 너무 많을 때
③ 높은 오븐 온도에서 구웠을 때
④ 장시간 굽기 했을 때

케이크가 너무 딱딱한 경우는 반죽에 당분이 부족하거나 너무 오래 구웠을 때 나타난다.

005
다음 재료들을 동일한 크기의 그릇에 측정하여 중량이 가장 높은 것은?

① 우유
② 분유
③ 쇼트닝
④ 분당

우유의 비중은 1.032로 보기 중 가장 무겁다.

006
생산 공장시설의 효율적 배치에 대한 설명 중 적합하지 않은 것은?

① 작업용 바닥면적은 그 장소를 이용하는 사람들의 수에 따라 달라진다.
② 판매장소와 공장의 면적배분(판매 3 : 공장 1)의 비율로 구성되는 것이 바람직하다.
③ 공장의 소요면적은 주방설비의 설치면적과 기술자의 작업을 위한 공간면적으로 이루어진다.
④ 공장의 모든 업무가 효과적으로 진행되기 위한 기본은 주방의 위치와 규모에 대한 설계이다.

007
열원으로 찜(수증기)을 이용했을 때의 주 열전달 방식은?

① 대류 ② 전도
③ 초음파 ④ 복사

> 열전달 방식으로는 전도, 대류, 복사 등 3가지 형태가 있다. 전도는 열이 물체 속에서 순차적으로 전달되어 가는 현상이다. 대류는 물체 자체가 유동적으로 움직여 열이 운반되는 현상으로 액체나 기체에서 일어난다. 이는 흔히 물을 끓일 때 일어난다. 복사는 서로 떨어져 있는 물체 사이(공간)를 열선의 형태로 고온의 물체로부터 복사되는 현상으로, 열복사선을 흡수하는 능력은 물체 표면 상태에 따라 달라진다.

008
반죽의 온도가 정상보다 높을 때, 예상되는 결과는?

① 기공이 밀착된다. ② 노화가 촉진된다.
③ 표면이 터진다. ④ 부피가 작다.

> 반죽온도가 낮을 경우에는 제품의 기공이 조밀해 부피가 작고 식감이 나쁘다. 표면이 터지고 거칠다. 반죽온도가 높을 경우에는 제품의 기공이 커져 조직이 거칠고 노화가 빠르다.

009
다음 중 비중이 제일 작은 케이크는?

① 레이어케이크 ② 파운드케이크
③ 시폰케이크 ④ 버터 스펀지케이크

> 부피가 같은 물의 무게에 대해 반죽의 무게를 숫자로 나타낸 값으로 반죽형케이크는 0.8~0.85, 거품형케이크인 버터스펀지케이크는 0.50~0.60, 시폰케이크, 롤케이크 등은 0.40~0.50로 나타난다.

010
다음 중 반죽형 케이크에 대한 설명으로 틀린 것은?

① 밀가루, 달걀, 분유 등과 같은 재료에 의해 케이크의 구조가 형성된다.
② 유지의 공기 포집력, 화학적 팽창제에 의해 부피가 팽창하기 때문에 부드럽다.
③ 레이어 케이크, 파운드케이크, 마들렌 등이 반죽형 케이크에 해당된다.
④ 제품의 특징은 해면성(海面性)이 크고 가볍다.

> 스펀지 형태의 해면성은 달걀을 이용하여 거품을 올린 거품형케이크의 내면에 나타나는 특성이다.

011
베이킹파우더(baking powder)에 대한 설명으로 틀린 것은?

① 소다가 기본이 되고 여기에 산을 첨가하여 중화가를 맞추어 놓은 것이다.
② 베이킹파우더의 팽창력은 이산화탄소에 의한 것이다.
③ 케이크나 쿠키를 만드는데 많이 사용된다.
④ 과량의 산은 반죽의 pH를 높게, 과량의 중조는 pH를 낮게 만든다.

> 산은 반죽의 pH를 낮게, 중조는 알칼리로 pH를 높게 만든다.

012
젤리 롤 케이크 반죽을 만들어 팬닝하는 방법으로 틀린 것은?

① 넘치는 것을 방지하기 위하여 팬 종이는 팬 높이보다 2cm 정도 높게 한다.
② 평평하게 팬닝하기 위해 고무주걱 등으로 윗부분을 마무리한다.
③ 기포가 꺼지므로 팬닝은 가능한 빨리 한다.
④ 철판에 팬닝하고 볼에 남은 반죽으로 무늬반죽을 만든다.

> 팬 종이는 팬의 높이와 같거나 1cm 정도 높게 한다. 팬 종이가 높으면 열전달이 잘 일어나지 않는다.

013
젤리 롤 케이크 반죽 굽기에 대한 설명으로 틀린 것은?

① 두껍게 편 반죽은 낮은 온도에서 굽는다.
② 구운 후 철판에서 꺼내지 않고 냉각시킨다.
③ 양이 적은 반죽은 높은 온도에서 굽는다.

④ 열이 식으면 압력을 가해 수평을 맞춘다.

> 거품형케이크는 팬에서 냉각하는 경우 수분을 손실하게 되므로 팬에서 이탈시켜 냉각한다.

014
도넛을 글레이즈 할 때 글레이즈의 적정한 품온은?

① 24~27℃
② 28~32℃
③ 33~36℃
④ 43~49℃

> 글레이즈는 과자류 표면에 광택을 내거나 마르지 않도록 시럽 등을 발라 주는 것으로 살구잼, 프루츠젤리, 시럽, 퐁당 등을 이용한다.

015
다음 중 케이크 제품의 부피 변화에 대한 설명이 틀린 것은?

① 달걀은 혼합중 공기를 보유하는 능력을 가지고 있으므로 달걀이 부족한 반죽은 부피가 줄어든다.
② 크림법으로 만드는 반죽에 사용하는 유지의 크리밍성이 나쁘면 부피가 작아진다.
③ 오븐 온도가 높으면 껍질 형성이 빨라 팽창에 제한을 받아 부피가 작아진다.
④ 오븐 온도가 높으면 지나친 수분의 손실로 최종 부피가 커진다.

> 오븐 온도가 높으면 수분이 지나치게 손실되어 최종 부피가 작아진다.

016
다음 무게에 관한 것 중 옳은 것은?

① 1kg은 10g 이다.
② 1kg은 100g 이다.
③ 1kg은 1000g 이다.
④ 1kg은 10000g 이다.

> 단위는 어떤 물리량의 크기를 나타낼 때 비교의 기준이 되는 크기로 무게를 나타내는 기본단위는 킬로그램(kg)으로 1kg은 1000g이다.

017
빵과자 배합표의 자료 활용법으로 적당하지 않은 것은?

① 빵의 생산기준 자료
② 재료 사용량 파악 자료
③ 원가 산출
④ 국가별 빵의 종류 파악 자료

> 배합표는 빵, 과자를 만드는데 필요한 재료의 종류, 비율을 기록해 놓은 표로 1가지 재료(흔히 밀가루를 기준)의 중량을 100으로 하고 다른 재료의 중량을 백분율로 나타낸다.

018
빵을 구웠을 때 갈변이 되는 것은 어떤 반응에 의한 것인가?

① 비타민 C의 산화에 의하여
② 효모에 의한 갈색반응에 의하여
③ 메일라드 반응(maillard reaction) 반응과 캐러멜화 반응이 동시에 일어나서
④ 클로로필(chlorophyll)이 열에 의해 변성되어서

> 껍질의 갈색 변화는 캐러멜화 반응과 메일라드 반응에 의하여 껍질이 진하게 갈색으로 나타나는 현상으로 캐러멜화 반응은 높은 온도(160~180℃)에 의해 당류가 갈색으로 변하는 반응이며 메일라드 반응은 당류와 아미노산이 결합하여 갈색 색소인 멜라노이딘을 만드는 반응이다.

019
제빵 시 적절한 2차 발효점은 완제품 용적의 몇 %가 가장 적당한가?

① 40 ~ 45%
② 50 ~ 55%
③ 70 ~ 80%
④ 90 ~ 95%

> 2차 발효는 정형한 반죽을 발효실에 넣어 숙성시켜 좋은 외형과 식감의 제품을 얻기 위하여 제품 부피의 70~80%까지 부풀리는 작업으로 발효의 최종단계이다.

020
냉동 반죽법에서 혼합 후 반죽의 결과온도로 가장 적합한 것은?

① 0℃
② 10℃
③ 20℃
④ 30℃

냉동반죽법은 반죽을 -40℃로 급속냉동시켜 -18~-25℃ 전후로 보관한 후 해동시켜 제조하는 방법으로 반죽온도는 20℃로 한다.

021
다음 발효 중 일어나는 생화학적 생성 물질이 아닌 것은?

① 덱스트린
② 맥아당
③ 포도당
④ 이성화당

이성화당은 생화학적 반응에 의해 분자식은 같으나 구조식이 다른 당으로 변환된 당으로 이성질화당이라고도 한다. 옥수수나 고구마 등에서 녹말을 채취하여 포도당으로 가공한 후 이성질화효소를 처리하여 포도당보다 감미도가 1.5배 높고 맛이 좋은 과당을 만든다.

022
오븐에서 구운 빵을 냉각할 때 평균 몇 %의 수분 손실이 추가적으로 발생하는가?

① 2%
② 4%
③ 6%
④ 8%

냉각은 구워낸 빵을 식혀 상온의 온도로 낮추는 것이다. 냉각 온도는 35~40℃로 하며 식히는 동안 수분 증발로 인해 평균 2%의 무게 감소 현상이 일어난다.

023
스펀지/도법에서 스펀지 밀가루 사용량을 증가시킬 때 나타나는 결과가 아닌 것은?

① 도 제조시 반죽시간이 길어짐
② 완제품의 부피가 커짐
③ 도 발효시간이 짧아짐
④ 반죽의 신장성이 좋아짐

스펀지 밀가루 사용량을 증가시키면 스펀지의 발효시간은 길어지고 본반죽의 발효시간은 짧아진다. 본반죽의 반죽시간이 짧아지고 플로어 타임도 짧아진다.

024
단과자빵의 껍질에 흰 반점이 생긴 경우 그 원인에 해당되지 않는 것은?

① 반죽온도가 높았다.
② 발효하는 동안 반죽이 식었다.
③ 숙성이 덜 된 반죽을 그대로 정형하였다.
④ 2차 발효 후 찬 공기를 오래 쐬었다.

025
다음 중 중간발효에 대한 설명으로 옳은 것은?

① 상대습도 85%전후로 시행한다.
② 중간발효 중 습도가 높으면 껍질이 형성되어 빵 속에 단단한 소용돌이가 생성된다.
③ 중간발효 온도는 27~29℃가 적당하다.
④ 중간발효가 잘되면 글루텐이 잘 발달된다.

중간발효의 온도는 27~29℃, 습도 75%에서 10~20분 정도 한다. 손상된 글루텐 구조를 재정돈 시키며 가스 발생으로 반죽의 유연성을 회복한다.

026
2%이스트로 4시간 발효했을 때 가장 좋은 결과를 얻는다고 가정할 때, 발효시간을 3시간으로 감소시키려면 이스트의 양은 얼마로 해야 하는가? (단, 소수 첫째 자리에서 반올림하시오)

① 2.16%
② 2.67%
③ 3.16%
④ 3.67%

변경할 이스트의 양
$= \dfrac{\text{기존 이스트의 양} \times \text{기존 발효시간}}{\text{변경할 발효시간}}$
$= \dfrac{2 \times 4}{3} = 2.67\%$

027
안치수가 그림과 같은 식빵 철판의 용적은?

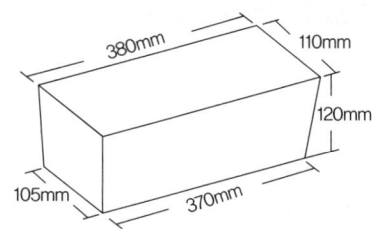

① 4662cm³
② 4837.5cm³
③ 5018.5cm³
④ 5218.5cm³

> 옆면이 경사진 사각팬의 부피(cm³) = 평균 가로길이 × 평균 세로길이 × 높이
> = (38.0+37.0)/2 × (10.5+11.0)/2 × 12.0
> = 37.5 × 10.75 × 12.0 = 4837.5

028
반죽제조 단계 중 렛다운(Let Down) 상태까지 믹싱하는 제품으로 적당한 것은?

① 옥수수식빵, 밤식빵
② 크림빵, 앙금빵
③ 바게트, 프랑스빵
④ 잉글리시 머핀, 햄버거빵

> 렛다운(과반죽)단계는 반죽이 탄력성을 잃으며 신장성이 커져 고무줄처럼 늘어지며 점성이 많아진다. 잉글리시 머핀, 햄버거빵의 반죽을 완료하는 단계이다.

029
다음 중 분할에 대한 설명으로 옳은 것은?

① 1배합당 식빵류는 30분 내에 하도록 한다.
② 기계분할은 발효과정의 진행과는 무관하여 분할시간에 제한을 받지 않는다.
③ 기계분할은 손 분할에 비해 약한 밀가루로 만든 반죽분할에 유리하다.
④ 손 분할은 오븐스프링이 좋아 부피가 양호한 제품을 만들 수 있다.

> 분할기를 이용할 경우 식빵은 20분, 과자류 빵은 30분 이내에 분할한다.

030
실내온도 23℃, 밀가루 온도 23℃, 수돗물온도 20℃, 마찰계수 20℃일 때 희망하는 반죽온도를 28℃로 만들려면 사용해야 될 물의 온도는?

① 16℃
② 18℃
③ 20℃
④ 23℃

> 사용할 물 온도 = (희망 온도 × 3) − (밀가루 온도 + 실내온도 + 마찰계수)
> = (28 × 3) − (23 + 23 + 20) = 18℃

031
유지의 기능 중 크리밍성의 기능은?

① 제품을 부드럽게 한다.
② 산패를 방지한다.
③ 밀어 펴지는 성질을 부여한다.
④ 공기를 포집하여 부피를 좋게 한다.

> 크리밍성은 유지가 믹싱 조작 중 공기를 포집하는 성질이다.

032
일반적으로 시유의 수분 함량은?

① 58% 정도
② 65% 정도
③ 88% 정도
④ 98% 정도

> 우유는 수분 88%, 고형물 12%로 구성되어 있다.

033
우유를 pH4.6으로 유지하였을 때, 응고되는 단백질은?

① 카제인(casein)
② α-락트알부민(lactalbumin)
③ β-락토글로불린(lactoglobulin)
④ 혈청알부민(serum albumin)

> 카제인은 우유 단백질의 80% 정도를 차지하며 응고시키기 위해서 응고 효소인 레닌을 이용하는 법과 pH 6.6을 pH 4.6으로 내려 응고 분리시키는 방법이 있다.

034
유지에 유리 지방산이 많을수록 어떠한 변화가 나타나는가?

① 발연점이 높아진다.
② 발연점이 낮아진다.
③ 융점이 높아진다.
④ 산가가 낮아진다.

지방이 분해되면 글리세롤과 유리지방산이 된다. 유리지방산 함량이 높은 기름은 글리세롤을 다량 함유하고 있다. 유리 지방산이 많아지면 발연점이 낮아진다.

035
바게트 배합률에서 비타민 C를 30ppm 사용하려고 할 때 이 용량을 %로 올바르게 나타낸 것은?

① 0.3%
② 0.03%
③ 0.003%
④ 0.0003%

ppm은 part per million, 백만분의 1을 나타내는 단위이다.

036
물의 경도를 높여주는 작용을 하는 재료는?

① 이스트푸드
② 이스트
③ 설탕
④ 밀가루

연수는 반죽을 처지게 하고, 경수는 글루텐을 강화시켜 반죽을 단단하게 하기 때문에 수질을 개선하기 위하여 이스트푸드를 사용하였다.

037
밀가루의 호화가 시작되는 온도를 측정하기에 가장 적합한 것은?

① 레오그래프
② 아밀로그래프
③ 믹사트론
④ 패리노그래프

아밀로그래프는 밀가루의 호화정도 등 밀가루 전분의 질을 측정하며 온도 변화에 따라 밀가루의 α-아밀라아제의 효과를 측정한다.

038
퐁당 크림을 부드럽게 하고 수분 보유력을 높이기 위해 일반적으로 첨가하는 것은?

① 한천, 젤라틴
② 물, 레몬
③ 소금, 크림
④ 물엿, 전화당 시럽

퐁당은 식힌 시럽을 교반하여 설탕을 부분적으로 결정으로 만들어 희고 뿌연 상태의 것으로 수분 보유력을 높이기 위해 물엿, 전화당 시럽을 사용한다.

039
달걀껍질을 제외한 전란의 고형질 함량은 일반적으로 약 몇%인가?

① 7%
② 12%
③ 25%
④ 50%

흰자와 노른자를 합한 전란의 고형질 함량은 25%이다.

040
빈 컵의 무게가 120g이었고, 이 컵에 물을 가득 넣었더니 250g이 되었다. 물을 빼고 우유를 넣었더니 254g이 되었을 때 우유의 비중은 약 얼마인가?

① 1.03
② 1.07
③ 2.15
④ 3.05

우유의 비중 = $\dfrac{\text{우유의 무게}}{\text{물의 무게}}$

= $\dfrac{(\text{컵}+\text{우유})\text{의 무게} - \text{컵의 무게}}{(\text{컵}+\text{물})\text{의 무게} - \text{컵의 무게}}$

= $\dfrac{254-120}{250-120}$ = 1.030

041
이스트에 존재하는 효소로 포도당을 분해하여 알코올과 이산화탄소를 발생시키는 것은?

① 말타아제(maltase)
② 리파아제(lipase)
③ 치마아제(zymase)
④ 인베르타아제(invertase)

치마아제는 산화·환원효소로 당류를 발효시켜 알코올과 이산화탄소로 만든다.

042
다음 중 글리세린(glycerin)에 대한 설명으로 틀린 것은?

① 무색, 무취로 시럽과 같은 액체이다.
② 지방의 가수분해 과정을 통해 얻어진다.
③ 식품의 보습제로 이용된다.
④ 물보다 비중이 가벼우며, 물에 녹지 않는다.

글리세린은 물에 잘 혼합되며 비중이 물보다 무겁다.

043
다음 중 설탕을 포도당과 과당으로 분해하여 만든 당으로 감미도와 수분 보유력이 높은 당은?

① 정백당
② 빙당
③ 전화당
④ 황설탕

전화당은 자당이 가수분해하여 생기는 포도당과 과당이 동량인 혼합물로 흡습성과 수분 보유력이 크다.

044
유지 산패와 관계없는 것은?

① 금속 이온(철, 구리 등)
② 산소
③ 빛
④ 항산화제

산패는 유지가 저장 중에 변질되어 점성도가 상승하거나 불쾌한 냄새가 나는 현상으로 불포화지방산을 많이 함유하거나 빛, 열, 금속 등에 의해 반응이 촉진된다.

045
다음 중 숙성한 밀가루에 대한 설명으로 틀린 것은?

① 밀가루의 황색색소가 공기 중의 산소에 의해 더욱 진해진다.
② 환원성 물질이 산화되어 반죽의 글루텐 파괴가 줄어든다.
③ 밀가루의 pH가 낮아져 발효가 촉진된다.
④ 글루텐의 질이 개선되고 흡수성을 좋게 한다.

밀가루의 숙성은 밀가루의 2차 가공성을 높이는 일로 제분한 직후의 밀가루는 2차 가공성이 떨어지므로 일정 기간 저장한 뒤 사용한다.

046
빵, 과자 중에 많이 함유된 탄수화물이 소화, 흡수되어 수행하는 기능이 아닌 것은?

① 에너지를 공급한다.
② 단백질 절약 작용을 한다.
③ 뼈를 자라게 한다.
④ 분해되면 포도당이 생성된다.

탄수화물은 에너지 공급원으로 1g당 4kcal의 열량을 공급한다. 단백질 절약작용을 한다.

047
단당류의 성질에 대한 설명 중 틀린 것은?

① 선광성이 있다.
② 물에 용해되어 단맛을 가진다.
③ 산화되어 다양한 알코올을 생성한다.
④ 분자내의 카르보닐기에 의하여 환원성을 가진다.

048
생체 내에서 지방의 기능으로 틀린 것은?

① 생체기관을 보호한다.
② 체온을 유지한다.
③ 효소의 주요 구성 성분이다.
④ 주요한 에너지원이다.

효소는 생물이 만들어내는 촉매작용을 가진 단백질로 생체촉매라고도 한다.

049
트립토판 360mg은 체내에서 니아신 몇 mg으로 전환 되는가?

① 0.6mg
② 6mg
③ 36mg
④ 60mg

니아신은 수용성 비타민인 B복합체에 속하는 비타민으로 현재는 니코틴산과 니토틴산아미드의 총칭으로 이용된다. 니코틴산 및 필수아미노산의 하나인 트립토판에서 합성된다. 트립토판 60mg이 니아신 1mg으로 전환된다.

050
다음 중 체중 1kg당 단백질 권장량이 가장 많은 대상으로 옳은 것은?

① 1~2세 유아
② 9~11세 여자
③ 15~19세 남자
④ 65세 이상 노인

유아의 단백질 섭취는 조직의 유지, 체구성의 변화, 새로운 조직의 합성을 위해 필요하다. 유아 1~2세의 단백질 평균 필요량은 0.96kg/일 이다.

051
원인균이 내열성포자를 형성하기 때문에 병든 가축의 사체를 처리할 경우 반드시 소각처리 하여야 하는 인수공통감염병은?

① 돈단독
② 결핵
③ 파상열
④ 탄저병

탄저병은 탄저균에 의해 일어나는 질병으로 탄저균은 그람 양성 대형 간균으로 아포를 형성하며 100℃의 습열에서도 쉽게 사멸되지 않으므로 고압멸균이 필요하다.

052
해수세균의 일종으로 식염농도 3%에서 잘 생육하며 어패류를 생식할 경우 중독될 수 있는 균은?

① 보툴리누스균
② 장염 비브리오균
③ 웰치균
④ 살모넬라균

장염비브리오 식중독은 호염균인 장염비브리오에 오염된 식품을 섭취하여 일어나는 감염형 식중독이다. 발육 최적온도는 37℃이며, 전형적인 하절기에 해산물이 원인식품이 되어 발생한다.

053
다음 중 유지의 산화방지를 목적으로 사용되는 산화방지제는?

① Vitamin B
② Vitamin D
③ Vitamin E
④ Vitamin K

산화방지제는 식품의 보존 시 공기 중의 산소에 의해 유지의 산패나 식품의 맛과 색이 변질되는 산화를 방지하기 위한 목적으로 사용되는 식품첨가물이다.

054
다음 중 사용이 허가되지 않은 유해감미료는?

① 사카린(Saccharin)
② 아스파탐(Aspartame)
③ 소프비톨(Sorbitol)
④ 둘신(Dulcin)

설탕 대용으로 사용하고 있는 인공감미료는 그 유해성이 문제되어 대부분 사용이 금지되고 있다. 과거에 사용되었던 유해감미료에는 p-nitro-o-toluidine, ethylene glycol, peryllartine, dulcin, cyclamate, glucin 등이 있다.

055
화농성 질병이 있는 사람이 만든 제품을 먹고 식중독을 일으켰다면 가장 관계가 깊은 원인균은?

① 장염비브리오균
② 살모넬라균
③ 보툴리누스균
④ 황색포도상구균

황색포도상구균 식중독은 사람이나 동물의 화농성 질환을 일으키는 대표적인 균으로 원인독소는 엔테로톡신(enterotoxin)으로 내열성이 있어 열에 쉽게 파괴되지 않는다.

056
미나마타병은 어떤 중금속에 오염된 어패류의 섭취 시 발생되는가?

① 수은
② 카드뮴
③ 납
④ 아연

일본에서 발생한 미나마타 사건은 수은이 수중에서 먹이 연쇄에 의해 바다연안 내의 어패류에 농축된 것을 식품으로 섭취한 것이 사람에게 이행, 농축되어 나타난 중금속에 의한 화학성 식중독으로 나타났다.

057
세균의 대표적인 3가지 형태분류에 포함되지 않는 것은?

① 구균(coccus)
② 나선균(spirillum)
③ 간균(bacillus)
④ 페니실린균(penicillium)

058
경구감염병의 예방법으로 부적합한 것은?

① 모든 식품을 일광 소독한다.
② 감염원이나 오염물을 소독한다.
③ 보균자의 식품취급을 금한다.
④ 주위환경을 청결히 한다.

경구감염병은 병원미생물이 음식물이나 손, 기구, 음료수 등을 통하여 경구적으로 체내에 침입한 후 증식하여 질병을 일으키는 감염병이다.

059
질병 발생의 3대 요소가 아닌 것은?

① 병인
② 환경
③ 숙주
④ 항생제

060
다음 중 조리사의 직무가 아닌 것은?

① 집단급식소에서의 식단에 따른 조리 업무
② 구매식품의 검수 지원
③ 집단급식소의 운영일지 작성
④ 급식설비 및 기구의 위생, 안전 실무

조리사는 식품위생법의 규정에 의한 소정의 면허를 소지하고 음식점 및 집단급식소에서 식품의 조리를 업으로 하는 사람을 말한다.

07회 【정답】				최근 기출문제
001	002	003	004	005
②	②	④	①	①
006	007	008	009	010
②	①	②	③	④
011	012	013	014	015
④	①	②	④	④
016	017	018	019	020
③	①	③	③	②
021	022	023	024	025
④	④	①	①	②
026	027	028	029	030
②	②	④	④	②
031	032	033	034	035
③	③	①	②	③
036	037	038	039	040
①	②	④	③	①
041	042	043	044	045
③	④	③	③	①
046	047	048	049	050
③	③	③	②	①
051	052	053	054	055
④	②	③	④	④
056	057	058	059	060
①	④	①	④	③

제 08 회 최근 기출문제

○ CHECK POINT QUESTION

001
다음 중 제품의 비중이 틀린 것은?

① 레이어 케이크 : 0.75 ~ 0.85
② 파운드 케이크 : 0.8 ~ 0.9
③ 젤리롤 케이크 : 0.7 ~ 0.8
④ 시퐁 케이크 : 0.45 ~ 0.5

젤리롤 케이크는 거품형 반죽으로 만드는 스펀지의 일종으로 비중은 0.40~0.50 이다.

002
블렌딩법으로 제조할 경우 해당하는 사항은?

① 달걀과 설탕을 넣고 거품 올리기 전 온도를 43℃로 중탕한다.
② 21℃ 정도의 품온을 갖는 유지를 사용하여 배합을 한다.
③ 젖은상태(wet peak) 머랭을 사용하여 밀가루와 혼합한다.
④ 반죽기의 반죽속도는 고속-중속-고속의 순서로 진행한다.

블렌딩법은 밀가루와 유지를 섞어 밀가루가 유지에 감싸이게 하는 방법이다.

003
일반적인 케이크 반죽의 팬닝 시 주의점이 아닌 것은?

① 종이 깔개를 사용한다.
② 철판에 넣은 반죽은 두께가 일정하게 되도록 펴 준다.
③ 팬기름을 많이 바른다.
④ 팬닝 후 즉시 굽는다.

팬닝은 반죽을 틀에 채우거나 철판에 나열하는 일로 케이크 반죽의 팬닝 시에는 종이깔개를 사용하거나 이형제를 얇게 바른다.

004
튀김용 기름의 온도로 가장 적합한 것은?

① 140 ~ 150℃   ② 160 ~ 170℃
③ 180 ~ 190℃   ④ 200 ~ 210℃

튀김용 기름의 온도로 가장 적합한 것은 180~190℃ 정도이며 제품의 배합 또는 크기에 따라 조절한다.

005
제빵 시 완성된 빵의 부피가 비정상적으로 크다면 그 원인으로 가장 적합한 것은?

① 소금을 많이 사용하였다.
② 알칼리성 물을 사용하였다.
③ 오븐온도가 낮았다.
④ 믹싱이 고율배합이다.

너무 낮은 오븐 온도는 제품의 부피를 비정상적으로 크게 하며 구운 색이 옅고 광택이 부족하다.

006
공립법, 더운 방법으로 제조하는 스펀지케이크의 배합 방법 중 틀린 것은?

① 버터는 배합 전 중탕으로 녹인다.
② 밀가루, 베이킹파우더는 체질하여 준비한다.
③ 달걀은 흰자와 노른자로 분리한다.
④ 거품 올리기의 마지막은 중속으로 믹싱한다.

공립법은 흰자와 노른자를 함께 섞어 거품을 내는 방법이다.

007
제조 공정 시 표면 건조를 하지 않는 제품은?
① 슈
② 마카롱
③ 밤과자
④ 핑거쿠키

슈는 평철판 위에 짠 후, 굽기 중에 껍질이 너무 빨리 형성되는 것을 막기 위해 분무 또는 물에 침지시킨다.

008
다크 초콜릿을 템퍼링(Tempering)할 때 맨 처음 녹이는 공정의 온도 범위로 가장 적합한 것은?
① 10~20℃
② 20~30℃
③ 30~40℃
④ 40~50℃

초콜릿의 템퍼링 온도
- 다크 초콜릿 : 45~50℃ → 27℃ → 32℃
- 밀크 초콜릿 : 43~45℃ → 26℃ → 31℃
- 화이트 초콜릿 : 40~42℃ → 25℃ → 29℃

009
제과 · 제빵 공장에서 생산관리 시 매일 점검할 사항이 아닌 것은?
① 제품 당 평균 단가
② 설비 가동률
③ 원재료율
④ 출근율

010
향신료(spice&herb)에 대한 설명으로 틀린 것은?
① 향신료는 주로 전분질 식품의 맛을 내는데 사용된다.
② 향신료는 고대 이집트, 중동 등에서 방부제, 의약품의 목적으로 사용되던 것이 식품으로 이용된 것이다.
③ 스파이스는 주로 열대지방에서 생산되는 향신료로 뿌리, 열매, 꽃, 나무껍질 등 다양한 부위가 이용된다.
④ 허브는 주로 온대지방의 향신료로 식물의 잎이나 줄기가 주로 이용된다.

향신료는 강렬한 방향과 매운 맛을 내는 식물성 향료로 풍부한 맛과 향을 내기 위해 소량첨가 하는 향료이다. 주재료와 어울려 풍미를 향상시키고 제품의 보존성을 높여주는 기능을 한다.

011
여름철(실온 30℃)에 사과파이 껍질을 제조할 때 적당한 물의 온도는?
① 4℃
② 19℃
③ 28℃
④ 35℃

파이와 퍼프 페이스트리의 적당한 반죽온도는 18℃이다.

012
공립법으로 제조한 케이크의 최종제품이 열린 기공과 거친 조직감을 갖게 되는 원인은?
① 적정온도보다 높은 온도에서 굽기
② 오버 믹싱 된 낮은 비중의 반죽으로 제조
③ 달걀 이외의 액체 재료 함량이 높은 배합
④ 품질이 낮은(오래된) 달걀을 배합에 사용

반죽의 비중이 낮은 경우 반죽에 공기가 많이 포함되어 기공이 열려 조직이 거칠고 부피가 크다.

013
반죽형 쿠키의 굽기 과정에서 퍼짐성이 나쁠 때 퍼짐성을 좋게 하기 위해서 사용할 수 있는 방법은?
① 입자가 굵은 설탕을 많이 사용한다.
② 반죽을 오래한다.
③ 오븐의 온도를 높인다.
④ 설탕의 양을 줄인다.

설탕 입자의 크기는 쿠키의 퍼짐성과 관련이 있다. 퍼짐성을 좋게 하기 위하여 입자가 굵은 설탕을 사용한다.

014
옐로레이어 케이크의 적당한 굽기 온도는?
① 140℃
② 150℃
③ 160℃
④ 180℃

015
무스크림을 만들 때 가장 많이 이용되는 머랭의 종류는?
① 이탈리안 머랭
② 스위스 머랭
③ 온제 머랭
④ 냉제 머랭

> 이탈리안 머랭은 흰자를 거품내면서 뜨겁게 끓인 시럽을 부어 만든 머랭으로 흰자의 일부가 열에 응고하여 기포가 아주 안정된다. 무스나 크림 등 굽지 않는 제품을 만들 때 사용한다.

016
다음 중 연속식 제빵법의 특징이 아닌 것은?
① 발효손실 감소
② 설비감소, 설비공간, 설비면적 감소
③ 노동력 감소
④ 일시적 기계구입 비용의 경감

> 연속식 제빵법은 액체발효법이 더 발달된 방법으로 공정이 자동으로 진행되며 기계적인 설비를 사용하여 적은 인원으로 많은 빵을 만들 수 있는 방법이다. 기계구입 비용의 부담이 큰 단점을 가지고 있다.

017
밀가루 반죽의 물성측정 실험기기가 아닌 것은?
① 믹소그래프
② 아밀로그래프
③ 패리노그래프
④ 가스크로마토그래프

> 가스크로마토그래프는 기체로 만든 시료를 전개용 운반체 가스로 송입하여 고체에 대한 흡착과 액체에 대한 용해도의 차를 이용하여 시료의 속도를 변화시켜 각 성분을 분리하는 방법이다.

018
중간 발효에 대한 설명으로 틀린 것은?
① 글루텐 구조를 재정돈한다.
② 가스발생으로 반죽의 유연성을 회복한다.
③ 오버 헤드 프루프(over head proof)라고 한다.
④ 탄력성과 신장성에는 나쁜 영향을 미친다.

> 중간발효는 반죽의 신장성을 증가시켜 정형과정에서의 밀어 펴기를 쉽게 한다.

019
밀가루 50g에서 젖은 글루텐을 18g 얻었다. 이 밀가루의 단백질 함량은?
① 6%
② 12%
③ 18%
④ 24%

> - 젖은 글루텐 함량(%) = (젖은 글루텐 무게 ÷ 밀가루 무게) × 100 = (18 ÷ 50) × 100 = 36(%)
> - 건조 글루텐 함량(%) = 밀가루 단백질 함량(%) = 젖은 글루텐 함량(%) ÷ 3 = 36(%) ÷ 3 = 12(%)

020
다음 중 빵 포장재의 특성으로 적합하지 않은 성질은?
① 위생성
② 보호성
③ 작업성
④ 단열성

021
굽기 손실에 영향을 주는 요인으로 관계가 가장 적은 것은?
① 믹싱시간
② 배합율
③ 제품의 크기와 모양
④ 굽기온도

> 굽기 손실은 반죽을 오븐에 넣고 구울 때 일어나는 중량 손실이다. 굽기 손실의 정도는 반죽의 성질과 오븐의 상태에 따라 다르다.

022
냉동과 해동에 대한 설명 중 틀린 것은?

① 전분은 −7 ~ 10℃ 범위에서 노화가 빠르게 진행된다.
② 노화대(stale zone)를 빠르게 통과하면 노화속도가 지연된다.
③ 식품을 완만히 냉동하면 작은 얼음결정이 형성된다.
④ 전분이 해동될 때는 동결 때보다 노화의 영향이 적다.

약 0℃로부터 약 −5℃까지의 부분을 최대얼음결정생성대(최대빙결정형성대)라고 부르고, 이 범위 내에서 식품 중의 수분의 대부분이 얼음으로 된다. 식품을 완만히 냉동하면 커다란 얼음결정이 형성된다.

023
단위당 판매가격이 70원, 단위당 변동비가 50원, 고정비가 5000원이라고 하면 손익분기점은 얼마인가?

① 150원　　　　② 200원
③ 250원　　　　④ 300원

손익분기점은 한 기간의 매출액이 당해기간의 총비용과 일치하는 점으로 매출액이 그 이하로 감소하면 손실이 나며, 그 이상으로 증대하면 이익을 가져오는 기점을 가리킨다.

024
식빵에서 설탕을 정량보다 많이 사용하였을 때 나타나는 현상은?

① 껍질이 엷고 부드러워 진다.
② 발효가 느리고 팬의 흐름성이 많다.
③ 껍질색이 연하며 둥근 모서리를 보인다.
④ 향미가 적으며 속 색이 회색 또는 황갈색을 보인다.

발효속도는 당의 사용량 5% 까지는 대략 비례적이나 그 이상이 되면 가스 발생력이 약해져 발효시간이 길어진다.

025
굽기의 실패 원인 중 빵의 부피가 작고 껍질색이 짙으며, 껍질이 부스러지고 옆면이 약해지기 쉬운 결과가 생기는 원인은?

① 높은 오븐열
② 불충분한 오븐열
③ 너무 많은 증기
④ 불충분한 열의 분배

026
다음 중 빵 반죽의 발효에 속하는 것은?

① 낙산발효
② 부패발효
③ 알코올발효
④ 초산발효

발효란 어떤 물질 속에서 효모, 박테리아, 곰팡이 같은 미생물이 당류를 분해하거나 산화·환원 시켜 알코올, 산, 케톤 등을 만드는 생화학적 변화를 말한다. 알코올 발효는 산소가 없는 상태에서 미생물에 의하여 당류가 알코올과 이산화탄소로 분해되어 알코올을 생성하는 발효이다.

027
다음과 같은 조건상 스펀지 반죽법(Sponge and dough method)에서 사용할 물의 온도는?

- 원하는 반죽온도 : 26℃
- 마찰계수 : 20
- 실내온도 : 26℃
- 스펀지 반죽온도 : 28℃
- 밀가루온도 : 21℃

① 19℃　　　　② 9℃
③ −21℃　　　④ −16℃

사용할 물 온도 = (희망 온도 × 4) − (밀가루 온도 + 실내온도 + 마찰 계수 + 스펀지온도)
= (26 × 4) − (21 + 26 + 20 + 28)
= 9℃

028
다음 중 제2차 발효실의 온도와 습도로 가장 적합한 것은?

① 온도 27 ~ 29℃, 습도 90 ~ 100%
② 온도 38 ~ 40℃, 습도 90 ~ 100%
③ 온도 38 ~ 40℃, 습도 80 ~ 90%
④ 온도 27 ~ 29℃, 습도 80 ~ 90%

> 2차 발효는 정형한 반죽을 발효실에 넣어 숙성시켜 좋은 외형과 식감의 제품을 얻기 위하여 제품 부피의 70~80% 까지 부풀리는 작업으로 발효의 최종단계이다.

029
빵의 부피가 너무 작은 경우 어떻게 조치하면 좋은가?

① 발효시간을 증가시킨다.
② 1차 발효를 감소시킨다.
③ 분할무게를 감소시킨다.
④ 팬 기름칠을 넉넉하게 증가시킨다.

> 빵의 부피가 작은 경우에는 2차 발효시간을 증가시킨다. 2차 발효에서 완제품 부피의 70~80% 까지 부풀린다.

030
산형식빵의 비용적으로 가장 적합한 것은?

① 1.5 ~ 1.8   ② 1.7 ~ 2.6
③ 3.2 ~ 3.5   ④ 4.0 ~ 4.5

> 비용적은 단위 질량을 가진 물체가 차지하는 부피를 말하며 단위는 cm^3/g이다. 산형식빵(오픈형)은 3.2~3.4cm^3/g, 풀먼형식빵(샌드위치형)은 3.3~4.0cm^3/g이다.

031
아밀로오스는 요오드용액에 의해 무슨 색으로 변하는가?

① 적자색   ② 청색
③ 황색   ④ 갈색

> 전분의 구성은 아밀로오스와 아밀로펙틴의 두 가지 구조 형태로 이루어지는데, 각각의 비율은 전분의 종류에 따라 다르다. 아밀로오스는 직쇄상 배열(α-1,4결합)로 요오드용액에 청색반응을 보인다.

032
껍질을 포함하여 60g인 달걀 1개의 가식부분은 몇 g 정도인가?

① 35g   ② 42g
③ 49g   ④ 54g

> 달걀은 껍질 10%, 노른자 30%, 흰자 60%의 비율로 구성되어 있다. 가식부분인 흰자와 노른자의 비율은 90%로 60g인 달걀의 경우 54g 정도이다.

033
젤리화의 요소가 아닌 것은?

① 유기산류   ② 염류
③ 당분류   ④ 펙틴류

> 젤리화의 조건은 펙틴 0.3~1.5%, 당도 60~ 65%, pH 3.0~3.50이다. 잼은 과즙 또는 과실에 설탕을 넣고 조린 농후한 당액으로 펙틴과 유기산과 작용하여 젤리화한 것이다.

034
다음의 크림 중 단백질 함량이 가장 많은 것은?

① 식용크림   ② 저지방포말크림
③ 고지방포말크림   ④ 포말크림

> 포말크림은 낮은 온도에서 강한 교반으로 미세한 기포를 생성시킨 크림. 유지방이 30~36%인 저지방 포말크림(light whipping cream)과 유지방이 36% 이상인 고지방 포말크림(heavy whipping cream)이 있다.

035
우유 중 제품의 껍질색을 개선시켜 주는 성분은?

① 유당   ② 칼슘
③ 유지방   ④ 광물질

> 유당은 우유나 분유에 들어있는 당으로 이스트에 의해 발효되지 않으므로 잔류당으로 남아 갈변반응을 일으켜 껍질색을 진하게 한다.

036
물의 기능이 아닌 것은?

① 유화 작용을 한다.
② 반죽 농도를 조절한다.
③ 소금 등의 재료를 분산시킨다.
④ 효소의 활성을 제공한다.

037
마가린의 산화방지제로 주로 많이 이용되는 것은?

① BHA　　　　　② PG
③ EP　　　　　　④ NDGA

산화방지제는 식품의 보존 시 공기 중의 산소에 의해 유지의 산패나 식품의 맛과 색이 변질되는 산화를 방지하기 위한 목적으로 사용하는 식품첨가물이다.

038
밀 단백질 1% 증가에 대한 흡수율 증가는?

① 0~1%　　　　② 1~2%
③ 3~4%　　　　④ 5~6%

단백질 1% 증가에 흡수율은 1.5~2% 증가된다.

039
다음과 같은 조건에서 나타나는 현상과 그와 관련한 물질을 바르게 연결한 것은?

> 초콜릿의 보관방법이 적절치 않아 공기 중의 수분이 표면에 부착한 뒤 그 수분이 증발해 버려 어떤 물질일 결정형태로 남아 흰색이 나타났다.

① 팻브룸(Fat bloom) - 카카오매스
② 팻브룸(Fat bloom) - 글리세린
③ 슈가브룸(sugar bloom) - 카카오버터
④ 슈가브룸(sugar bloom) - 설탕

설탕블룸(sugar bloom)은 초콜릿을 습도가 높은 곳에 보관할 때 초콜릿에 들어 있는 설탕이 수분을 흡수하여 녹았다가 재결정이 되어 표면이 하얗게 변하는 현상이다.

040
잎을 건조시켜 만든 향신료는?

① 계피　　　　　② 넛메그
③ 메이스　　　　④ 오레가노

오레가노(oregano)는 피자소스에 필수적으로 들어가는 것으로 톡 쏘는 향기가 특징으로 꽃이 피는 시기에 수확하여 건조시켜 보존하는데 잎을 말린 것을 향신료로 사용한다.

041
비터 초콜릿(bitter chocolate)원액 속에 포함된 코코아 버터의 함량은?

① 3/8　　　　　② 4/8
③ 5/8　　　　　④ 7/8

비터 초콜릿은 초콜릿을 만드는 과정에서 설탕을 더하지 않은 상태의 카카오 마스를 가리키는 총칭으로 코코아 62.5%(5/8), 코코아 버터 37.5%(3/8)으로 구성되어 있다.

042
베이킹파우더의 산-반응물질(acid-reacting material)이 아닌 것은?

① 주석산과 주석산염　　② 인산과 인산염
③ 알루미늄 물질　　　　④ 중탄산과 중탄산염

베이킹파우더는 탄산수소나트륨에 산성제를 배합하고, 분산제로 전분을 첨가한 팽창제이다. 탄산수소나트륨은 물과 열을 받으면 이산화탄소가스를 발생시켜 강력한 팽창력을 발휘한다. 이 때 이산화탄소 이외에 알칼리성인 탄산나트륨이 생겨 식품을 알칼리성으로 만들고, 빵의 색을 누렇게 바꾸며 풍미를 떨어뜨린다. 이런 결점을 보완하기 위하여 산 반응 물질을 같이 사용하게 된다. 주석산, 제일인산칼슘 등이 있다.

043
빵 발효에 관련되는 효소로서 포도당을 분해하는 효소는?

① 아밀라아제　　② 말타아제
③ 치마아제　　　④ 리파아제

치마아제는 이스트에 들어 있는 분해효소로 포도당, 과당, 갈락토오스와 같은 단당류를 알코올, 이산화탄소로 분해한다.

044
전분에 글루코아밀라제(glucoamylase)가 작용하면 어떻게 변화하는가?

① 포도당으로 가수분해 된다.
② 맥아당으로 가수분해 된다.
③ 과당으로 가수분해 된다.
④ 덱스트린으로 가수분해 된다.

글루코아밀라아제는 탄수화물, 특히 다당류를 분해하는 효소이며 식품의 제조·가공 과정에서 다양하게 사용되는 첨가물이다. 글루코아밀라아제는 전분을 덱스트린과 포도당으로 분해하는 데 사용되며, 전분시럽, 덱스트로스, 과일주스, 저칼로리 맥주 제조 등에 이용된다.

045
소다 1.5%를 사용하는 배합 비율에서 팽창제를 베이킹파우더로 대체하고자 할 때 사용량은?

① 4%
② 4.5%
③ 5%
④ 5.5%

베이킹파우더는 합성팽창제로 소다를 주성분으로 각종 산성제를 배합하고 완충제로서 전분을 더한 팽창제이다.

046
나이아신(niacin)의 결핍증은?

① 야맹증　　② 신장병
③ 펠라그라　　④ 괴혈병

나이아신은 비타민 B 복합체의 하나로 니코틴산과 니코틴아미드를 총칭한다. 티아민, 리보플라빈과 함께 당질·지질 및 단백질의 산화과정을 촉매하는 보조효소의 성분이다. 나이아신이 부족하면 펠라그라(pellagra) 증상이 나타난다.

047
지질대사에 관계하는 비타민이 아닌 것은?

① pantothenic acid　　② niacin
③ vitamin B_2　　④ folic acid

엽산(folic acid)은 비타민 B 복합체의 하나로 RNA와 DNA 및 단백질 생합성에 필수적이므로 인체 및 동물의 세포분열, 성장인자로 작용한다. 판토텐산(pantothenic acid)은 보조효소인 코엔자임 A의 구성성분이며 탄수화물, 지방, 단백질로부터 에너지를 내기 위해서는 판토텐산을 포함하는 코엔자임 A가 필요하다.

048
티아민(Thiamin)의 생리작용과 관계가 없는 것은?

① 각기병
② 구순구각염
③ 에너지 대사
④ TPP로 전환

티아민(vitamin B_1)은 당질대사, 식욕촉진 등의 역할을 하며 결핍증으로는 각기병, 식욕부진, 피로, 권태감, 신경통 등이 있다.

049
1일 2000kcal를 섭취하는 성인의 경우 탄수화물의 적절한 섭취량은?

① 1100 ~ 1400g
② 850 ~ 1050g
③ 500 ~ 725g
④ 275 ~ 350g

2005년 개정된 한국인 영양섭취기준에 따르면 20세 이상 성인의 경우 탄수화물의 에너지적정비율 55~70%이다. 따라서, 1100~1400kcal이 적정하며, 탄수화물의 경우 g당 4kcal의 열량을 발생시키므로 1일 2000kcal를 섭취하는 성인의 탄수화물의 적절한 섭취량은 275~350g이다.

050
글리세롤 1분자에 지방산, 인산, 콜린이 결합한 지질은?

① 레시틴　　② 에르고스테롤
③ 콜레스테롤　　④ 세파

레시틴은 인지질의 하나이다. 포스트파티딜 콜린이라고도 한다. 생체막의 주요 구성성분으로서 생체 기능을 발휘하는데 중요한 역할을 한다. 레시틴은 친수기와 소수성기를 모두 지니고 있어 유화제, 즉 계면활성제 역할을 한다.

051
살모넬라(salmonella)균 식중독에 대한 설명으로 옳은 것은?

① 극소량의 균량 섭취로 발병한다.
② 살모넬라균 독소의 섭취로 인해 발병한다.
③ 10만 이상의 살모넬라균을 다량을 섭취시 발병한다.
④ 해수세균에 해당한다.

살모넬라식중독은 그람음성, 통성혐기성 간균인 살모넬라에 의한 감염형식중독으로 일반적으로 다량의 살모넬라균(10^5 cells/g 이상)으로 감염된 음식을 섭취한 후 12~48 시간의 잠복기를 거쳐 나타난다. 감염증상은 혈변을 동반하지 않는 설사, 복통, 열, 구토 등이며 생육 적정온도는 37°C이다. 위생적인 식품취급 및 충분할 열처리 등으로 예방할 수 있다.

052
쥐나 곤충류에 의해서 발생될 수 있는 식중독은?

① 살모넬라 식중독
② 클로스트리디움 보툴리누스 식중독
③ 포도상구균 식중독
④ 장염 비브리오 식중독

살모넬라균에 감염된 쥐의 분뇨로 오염된 식육, 배설물에 오염된 가금류의 알을 사람이 섭취할 때에 식중독이 유발된다.

053
식품첨가물의 안전성 시험과 가장 거리가 먼 것은?

① 아급성 독성 시험법
② 만성 독성 시험법
③ 맹독성 시험법
④ 급성 독성 시험법

독성시험의 분류
• 급성독성시험(Acute Toxicity) : 마우스나 흰쥐를 사용하여 단기간에 독성이 나타나는 강도를 시험하는 것으로 경구투여에 의한 반수 치사량(LD50)을 구한다.
• 아급성독성시험(Sub-acute Toxicity) : 치사량 이하의 여러 용량으로 단기간 투여하였을 때 생체에 미치는 작용을 관찰하는 시험 방법이다.
• 만성독성시험(Chronic toxicity) : 장기간에 걸쳐 실험동물에 화학물질을 투여했을 때 장기나 기관에 어떠한 장애나 중독이 일어나는가를 알아보는 시험으로 식품이나 식품첨가물이 인체에 끼치는 최대무작용량(Maximum no effect level)을 판정하는 데 그 목적이 있다.

054
병원성 대장균 식중독의 가장 적합한 예방책은?

① 곡류의 수분을 10% 이하로 조정한다.
② 어류의 내장을 제거하고 충분히 세척한다.
③ 어패류는 민물로 깨끗이 씻는다.
④ 건강보균자나 환자의 분변 오염을 방지한다.

병원성 대장균 식중독은 원인식품은 특정한 식품에 한정되어 있지 않으며, 환자나 보균자의 분변으로부터 직·간접적으로 오염되는 식품이면 모두 원인 식품이 될 수 있다. 인축을 비롯한 생활주변에 원인균이 널리 분포되어 있기 때문에 항상 청결을 유지하고 모든 음식은 가열 섭취하는 것이 가장 유효한 예방법이다.

055
식품첨가물의 종류와 그 용도의 연결이 틀린 것은?

① 발색제 – 인공적 착색으로 관능성 향상
② 산화방지제 – 유지식품의 변질 방지
③ 표백제 – 색소물질 및 발색성 물질 분해
④ 소포제 – 거품 소멸 및 억제

발색제는 색소와 달리 그 자체에는 색이 없어서 식품을 직접 착색시킬 수는 없으나 식품 중에 존재하는 유색물질과 작용하여 그 색을 안정화하여 선명하게 발색케 하는 물질

056
환경 중의 가스를 조절함으로써 채소와 과일의 변질을 억제하는 방법은?

① 변형공기포장
② 무균포장
③ 상업적 살균
④ 통조림

변형공기포장은 공기조절포장으로 대기의 가스조성을 인공적으로 조절하여 청과물을 포장하여 품질 보전 효과를 높이는 포장법. 이산화탄소를 증가시키고 산소의 감소 및 질소를 증대시킨다.

057
제과에 많이 사용되는 우유의 위생과 관련된 설명 중 옳은 것은?

① 우유는 자기살균작용이 있어 열처리된 우유는 위생상 크게 문제되지 않는다.
② 사료나 환경으로부터 우유를 통해 유해성 화학물질이 전달될 수 있다.
③ 우유의 살균 방법은 병원균 중 가장 저항성이 큰 포도상구균을 기준으로 마련되었다.
④ 저온살균을 하면 우유 1ml당 약 10^2마리의 세균이 살아남는다.

058
식품조리 및 취급과정 중 교차오염이 발생하는 경우와 거리가 먼 것은?

① 씻지 않은 손으로 샌드위치 만들기
② 생고기를 자른 가위로 냉면 면발 자르기
③ 생선 다듬던 도마로 샐러드용 채소 썰기
④ 반죽에 생고구마 조각을 얹어 쿠키 굽기

교차오염(cross contamination)은 식품의 조리 및 취급에서 일어나는 미생물의 감염, 오염으로 식품이 유통되는 과정 또는 식품이 조리되기까지 일어나는 모든 과정에서 발생하는 모든 오염형태를 말한다.

059
장염 비브리오균에 감염되었을 때 나타나는 주요 증상은?

① 급성위장염 질환
② 피부농포
③ 신경마비 증상
④ 간경변 증상

장염비브리오 식중독은 그람음성, 무아포의 간균이며, 호염균인 장염비브리오에 오염된 식품을 섭취하여 일어나는 감염형 식중독으로 복통, 설사, 구토를 주 증상으로 한다.

060
사람에게 영향을 미치는 결핵균의 병원체를 보유하고 있는 동물은?

① 쥐   ② 소
③ 말   ④ 돼지

결핵균은 주로 사람에게 감염되는 사람형, 소에게 감염되는 우형, 조류에 감염되는 조형과 사람과는 무관한 파충형이 있다. 우형은 직접 우유나 이환 소의 고기에 의해 사람에게 감염된다.

08회 【정답】 최근 기출문제

001	002	003	004	005
③	②	③	③	③
006	007	008	009	010
③	①	④	①	①
011	012	013	014	015
①	②	①	④	①
016	017	018	019	020
④	④	④	②	④
021	022	023	024	025
①	③	③	②	①
026	027	028	029	030
③	②	③	①	③
031	032	033	034	035
②	④	②	④	①
036	037	038	039	040
①	①	②	④	④
041	042	043	044	045
①	④	③	①	②
046	047	048	049	050
③	④	②	④	①
051	052	053	054	055
③	①	③	④	①
056	057	058	059	060
①	②	④	①	②

제과제빵기능사 필기

2026년 01월 05일 인쇄
2026년 01월 20일 발행

저자	제과제빵연구회
발행처	(주)도서출판 책과상상
등록번호	제2020-000205호
발행인	이강복
주소	경기도 고양시 일산동구 장항로 203-191
대표전화	(02)3272-1703~4
팩스	(02)3272-1705
홈페이지	www.sangsangbooks.co.kr
ISBN	979-11-6967-263-4

저자협의
인지생략

값 18,000원
Copyright© 2026
Book & SangSang Publishing Co.